LES FRANCS-MAÇONS ET LE POUVOIR

DU MÊME AUTEUR

L'Algérie rebelle, Paris, Éditions Atlantic, 1957.
Le Quatrième Pouvoir, Paris, Éditions Jacquemart, 1958.
L'Agonie d'un régime, Paris, Éditions Atlantic, 1959.
La Véritable Histoire de la Commune, Paris, Éditions Atlantic, 1960, 3 volumes.
L'An un du système gaulliste, Paris, Presses Continentales, 1960.
Les Barricades d'Alger, Paris, Éditions Atlantic, 1960.
Alger la Maudite (roman), Paris, Éditions Galic, 1963.
La Ve République, Paris, Éditions Galic, 1963.
La Cage (roman), Paris, Éditions Galic, 1963.
Les Clubs politiques en France, Paris, Éditions John Didier, 1966.
Les Carnets d'un fédéré, Paris, Éditions Saint-Just, 1966.
La Gauche française sous de Gaulle, Paris, Éditions John Didier, 1969.
Histoire de la Commune, Paris, Éditions du Gerfaut, 1970, 2 volumes.
Histoire de la Grande Loge de France, Paris, Albatros, 1981.
Dictionnaire maçonnique, Paris, Éditions Jean Picolec, 1981.
Histoire du nazisme, Paris, Éditions du Gerfaut, 1985, 4 volumes.
Sais-tu d'où tu viens, mon fils ?, Paris, Éditions du Gerfaut, 1984.
Histoire de la franc-maçonnerie en France, Paris, Nouvelles Éditions Latines, 1968.
La Franc-Maçonnerie, vous connaissez ?, Paris, Nouvelles Éditions Latines, 1978 (*en collaboration avec* Achille Ricker).

JEAN-ANDRÉ FAUCHER

LES FRANCS-MAÇONS ET LE POUVOIR

De la Révolution à nos jours

Collection *Vérités et Légendes*

Librairie Académique Perrin
8, rue Garancière
PARIS

ISBN 2.262.00398-X

INTRODUCTION

Que peut-on écrire encore sur la franc-maçonnerie et sur les francs-maçons alors que près de quarante mille ouvrages leur ont déjà été consacrés ?

On peut encore écrire un livre qui tente d'établir le plus précisément possible le rôle de la franc-maçonnerie — par ses membres et par ses idées —, sur le pouvoir politique en France du XVIIIe siècle à nos jours.

Aucune autre société ne s'est vue attribuer un rôle aussi important dans l'histoire de France et aucune autre n'a été aussi mal servie par les historiens officiels. Les historiens maçons ont souvent romancé les origines de la maçonnerie. Ils ont exagéré l'influence et l'importance de leur institution alors que, pour justifier la thèse selon laquelle la maçonnerie aurait exercé en permanence pendant deux siècles un pouvoir politique occulte, ses adversaires n'ont jamais hésité à ajouter à quelques grands noms de francs-maçons authentiques et connus beaucoup d'autres dont l'appartenance ne pouvait être prouvée.

S'il est vrai que les légendes n'ont cessé de se multiplier pour tenter de démontrer que les loges maçonniques avaient sans cesse, depuis 1720 jusqu'à nos jours, tiré les ficelles du pouvoir politique, l'histoire officielle a délibérément ignoré l'ordre maçonnique. Il est ainsi fort significatif que l'académicien et historien Pierre Gaxotte, dont l'un des grands-pères était lui-même franc-maçon, n'ait consacré que neuf lignes à la maçonnerie dans les deux volumes de son *Histoire des Français* et qu'il n'ait cité qu'un seul nom de franc-maçon, celui du colonel marquis d'Havrincourt, membre de la loge militaire L'Union de Toul-Artillerie.

L'historien ne peut établir de façon formelle l'appartenance maçonnique d'un individu que s'il trouve son nom sur un tableau de loge. Il doit se garder avant tout d'accorder en cette matière quelque crédit à la rumeur publique ainsi qu'à la tradition orale des familles. A toutes les époques, les faux maçons ont été en France plus nombreux que les vrais. De nos jours encore, plus de 300 000 personnes, dans notre pays, passent ordinairement pour en être aux yeux de leurs voisins, de leurs parents, des habitants de leur ville. Parmi eux, il en est qui font tout ce qu'il faut pour entretenir cette réputation.

Quand on évoque les rapports de la franc-maçonnerie avec le pouvoir politique, on découvre vite que de nombreux ministres et parlementaires, qui n'ont jamais mis les pieds dans un temple maçonnique, sont désignés comme des initiés notoires par la presse et par l'opinion publique. Certains hommes de droite ont tendance à en voir partout. L'appartenance au parti radical, à la Ligue des droits de l'homme, à la Ligue de l'enseignement est suffisante pour coller l'étiquette dans le dos de personnages qui n'ont aucune relation avec les loges.

Voici quelques années, deux auteurs ont interrogé de nombreuses personnalités parisiennes afin de savoir qui correspondait le mieux à l'image qu'elles se faisaient personnellement du franc-maçon. La plupart des noms cités étaient ceux de personnages qui n'avaient jamais subi les épreuves de l'initiation maçonnique : Léon Blum, Albert Sarraut, François Mitterrand, Edouard Daladier, Edouard Herriot, Waldeck-Rousseau, Georges Clemenceau, Albert Bayet, Jean Monnet, Daniel Mayer, René Coty, Pierre Laval.

Il arrive parfois que l'on confonde le fils profane avec le père initié. C'est ainsi que l'amiral Darlan fut souvent accusé par la presse de Paris, pendant l'occupation allemande, d'être « un fils de la Veuve » alors que c'était son père, ministre de la Justice et des Cultes, qui avait figuré sur un tableau du Grand Orient de France.

Certains historiens se laissent également prendre au jeu des imposteurs qui distribuent de faux diplômes maçonniques. Les fausses obédiences maçonniques, si nombreuses en Italie et en Amérique du Sud, ont toujours besoin, pour être prises au sérieux par les profanes, de faire figurer des personnages célèbres parmi leurs prétendus adhérents.

Il y a également le cas des personnalités qui ont demandé l'initiation et qui ne l'ont pas reçue, soit qu'elles aient changé d'avis pendant les formalités de l'enquête, soit qu'elles aient été refusées.

Il est ainsi établi que Diderot a fait un jour une demande d'admission. Il est à peu près certain qu'il a reçu la visite des frères enquêteurs. Or, son nom n'a jamais pu être relevé sur aucun tableau de loge.

Il reste, pour les historiens de la franc-maçonnerie, quelques grands mystères sur lesquels ils débattent encore. Nous essaierons ainsi, dans cet ouvrage, de faire la lumière sur les cas de Louis XVI, de Mirabeau, de Napoléon Ier, de Victor Hugo et de Jean Moulin.

Pour celui qui veut établir la vérité sur la réalité du pouvoir politique exercé sous les régimes successifs par la maçonnerie, les références ne manquent pas, de l'avocat royaliste Berryer au roi de Naples Joseph Bonaparte, de Cambacérès à Léon Bourgeois, du Conventionnel Cavaignac à Sadi Carnot, du chansonnier révolutionnaire Jean-Baptiste Clément à Émile Combes, de Condorcet à Adolphe Crémieux, du duc Decazes à Delcassé, de Charles Dupuy à Paul Doumer, de Jules Ferry à Félix Faure, des deux Garnier-Pagès à Léon Gambetta, de La Fayette à Guizot, de Littré à Jean Macé, de Joseph de Maistre à Méline, de Proudhon à Camille Pelletan, de Talleyrand à Marcel Sembat, de Voltaire à Charles Hernu et de Viviani à Ramadier.

Cette liste est assez nourrie pour qu'il soit inutile d'y ajouter tous ces hommes politiques que les adversaires de la maçonnerie ont à l'occasion fait figurer sur leurs listes fantaisistes : Paul Reynaud, Jacques Duclos, François Pietri, Anatole de Monzie, Pierre Cot, Gabriel Péri, Gaston Bergery, Raymond Patenôtre, Pierre-Étienne Flandin, Edgar Faure ou Louis Mexandeau.

Il suffit d'ailleurs qu'un homme politique soit venu parler devant des francs-maçons dans le cadre d'une tenue blanche fermée, c'est-à-dire en qualité de conférencier profane, pour qu'il soit suspect. Ce fut ainsi que Marcel Déat fut dénoncé pendant l'Occupation comme franc-maçon par ses adversaires politiques. Or, à notre époque, parmi les orateurs des loges parisiennes, ont figuré des profanes célèbres comme Valéry Giscard d'Estaing, Jacques Chirac, Raymond Barre, Pierre Mauroy, Michel Rocard, Michel d'Ornano, Jean Lecanuet, Pierre Bérégovoy et Jacques Delors.

Pour certains, la maçonnerie est une maffia politique qui ne recule devant aucun moyen. Pour d'autres, elle n'est qu'une société d'entraide. Elle passe pour être un instrument aux mains d'Israël, après avoir été longtemps accusée, par l'Église romaine, de servir indirectement les intérêts du protestantisme. Il s'est même trouvé des auteurs pour voir en elle un instrument docile de l'impérialisme britannique, voire même du communisme international.

La maçonnerie s'interdit, en principe, de pénétrer dans l'arène politique, mais le rituel de fermeture des travaux de la loge recommande aux frères de poursuivre au-dehors l'œuvre commencée dans le temple. Dès lors, les obédiences françaises se flattent d'avoir pu faire passer en tant que lois les projets étudiés dans le temple. Et à juste titre, les maçons français peuvent rappeler qu'ils ont étudié, dès 1900, la réforme de l'enseignement et la suppression du baccalauréat ; dès 1902, le problème de l'habitat et des logements à bon marché ; dès 1903, le crédit agricole ; dès 1906, la réforme coloniale et en particulier la modification des structures administratives de l'Algérie ; dès 1907, le statut des fonctionnaires ; dès 1910, la Sécurité sociale.

Ainsi, il existe une contradiction flagrante entre l'opinion que le grand public se fait de la franc-maçonnerie, le rôle qui lui est attribué, et la vérité historique. C'est cette dernière que nous avons voulu ici retrouver, même si elle nous amène à constater qu'au-delà des grands courants politiques qui ont marqué la maçonnerie française à diverses époques, on a toujours trouvé, aux heures les plus dramatiques de l'histoire, des francs-maçons dans les camps opposés.

En étudiant l'attitude des francs-maçons face aux pouvoirs politiques successifs, nous allons être amené à constater qu'il y eut en fait dans notre pays plusieurs francs-maçonneries très différentes.

Dans un ouvrage intitulé *la Franc-Maçonnerie dans la Loire-Inférieure*, que préfaça le grand maître de la Grande Loge de France Michel Dumesnil de Gramont, Henri Librec a résumé dans un tableau très significatif l'évolution de la maçonnerie nantaise. Ce tableau correspond en gros à l'évolution de la franc-maçonnerie dans plusieurs autres régions :

1789 : elle est, selon lui, à la tête de la bourgeoisie libérale et réformatrice.

1790-1793 : elle est influencée par les idées dites « girondines ».

1794-1795 : elle est opposée à la dictature de la Montagne.

1795-1815 : elle est républicaine.

1815-1830 : elle est républicaine, mais elle se rallie à un dernier essai de monarchie constitutionnelle pour faire échec aux idées de dictature.

1832-1848 : elle est républicaine, car l'essai s'est révélé inopérant.

Ici, nous arrêterons notre citation, car les faits nous permettraient difficilement d'admettre que la franc-maçonnerie française, dans son ensemble, ait été républicaine sous le second Empire, comme Henri Librec l'affirme en ce qui concerne les loges de Nantes.

S'il faut convenir que, pendant deux cent cinquante ans, plus ou moins grande, l'influence politique a toujours existé, encore ne faudrait-il pas confondre le rôle des francs-maçons avec celui de la franc-maçonnerie. C'est un des militants les plus actifs de l'anti-maçonnisme contemporain, Henry Coston, qui a eu l'honnêteté d'écrire :

« Avant nous — et peut-être l'avons-nous fait aussi, en d'autres temps, — combien de fois n'a-t-on pas rejeté sur la maçonnerie ce qui ne pouvait être reproché qu'à des maçons, même lorsque ces maçons étaient de hauts maçons, même lorsqu'ils parlaient au nom de leur ordre. Il est injuste de faire supporter à des innocents la faute des coupables. »

En réalité, il faut convenir qu'il a toujours existé deux sortes de francs-maçons, et par là même deux maçonneries. Que peut-il y avoir de commun entre celui qui vient dans la loge pour se mieux connaître et pour s'accomplir pleinement dans tous les aspects de sa vie et celui qui, n'ayant aucune aspiration spirituelle, ne fait appel à la fraternité des autres que pour réussir sa carrière ? Ceux-ci ne se contentent pas de compromettre gravement l'Ordre qui les a fort imprudemment admis dans son sein. Ils paralysent souvent la vie des loges et leur interdisent d'accomplir véritablement le travail initiatique.

A son maître Stanislas de Guaïta, l'occultiste, qui lui demandait un jour comment rendre la vie à ce cadavre qu'était devenue la franc-maçonnerie, le grand initié Oswald Wirth répondait :

« Je n'ose pas espérer un résultat sérieux. Ce sera déjà beau si je réussis à galvaniser momentanément le cadavre dont vous parlez... Il faudrait pouvoir commencer par séparer le subtil de l'épais, et c'est pourquoi je prêche la scission en deux camps des maçons actuels : d'un côté, les aspirants à l'initiation, et de l'autre, les sectaires clubistes. »

Il devient clair alors qu'il ne faut chercher la vérité historique ni dans les réquisitoires sans nuances des adversaires farouches de la franc-maçonnerie ni dans les apologies immodestes de certains auteurs maçons. Un anti-maçon aussi engagé que Bernard Faÿ a bien voulu en convenir lui-même en écrivant, dans son étude sur *la Franc-Maçonnerie et la Révolution intellectuelle au XVIIIe siècle :*

« Les historiens non maçons sont en général guidés par un désir de dénoncer la maçonnerie, qui les entraîne le plus souvent à transformer leurs ouvrages en plaidoyers virulents ou en romans policiers. »

En fait, l'histoire de l'Ordre maçonnique ne commence sérieusement qu'en l'année 1717, avec la naissance à Londres de la maçonnerie spéculative. Pour tout ce qui concerne la période antérieure, c'est-à-dire celle de la maçonnerie opérative, on n'en est réduit qu'aux suppositions, les plus sérieuses comme les plus fantaisistes. C'est ainsi qu'en 1909, dans ses *Notes pour servir à l'histoire de la franc-maçonnerie à Nancy,* Charles Bernardin, membre du Conseil de l'ordre du Grand Orient de France et membre du Grand Conseil des Rites, avait pu relever, dans les deux cent six ouvrages qu'il avait lus, trente-neuf versions sur les origines de l'Ordre ! Certains de ces auteurs évoquaient, entre autres, la période gothique, les partisans des Stuarts, les jésuites, les anciens Rose-Croix, les Templiers, les albigeois, les druides, l'Ordre des assassins, les manichéens, les premiers chrétiens, les bâtisseurs du temple de Salomon, les bâtisseurs de la tour de Babel. Dans quinze ouvrages, il était même affirmé que la franc-maçonnerie remontait à la Création divine et qu'il avait existé une loge maçonnique dans le paradis terrestre !

Quant aux grands maîtres légendaires, ils étaient également nombreux puisqu'on trouvait dans la liste les noms d'Alexandre le Grand, du roi Arthur, de Bacon, de Cromwell, d'Erwin de Steinbach, le maître d'œuvre de la cathédrale de Strasbourg, de Godefroi de Bouillon, de Hugues de Payens, de Jacques II d'Angleterre, de Jacques de Molay, de Jésus-Christ, de Jules César, de Louis le Débonnaire, de Moïse, de Noé, de Pierre L'Ermite, de Richard Cœur de Lion, de Romulus, de Salomon, de Saint-Alban, de Saint-Michel l'archange, et aussi d'Hiram, l'architecte du temple de Salomon.

CHAPITRE PREMIER

LA MAÇONNERIE DES ARISTOCRATES

La maçonnerie opérative avait été pendant plusieurs siècles celle des bâtisseurs de cathédrales. Le passage à la maçonnerie spéculative, celle des aristocrates et des bourgeois, s'accomplit en 1717 avec la création de la Grande Loge de Londres.

Ce fut le duc de Montaigu, grand maître de la nouvelle obédience, qui entreprit d'introduire en France cette nouvelle maçonnerie.

Constitua-t-il le 13 octobre 1721 à Dunkerque la loge Amitié et Fraternité ? Rien n'a jamais été prouvé à ce sujet. Dans son *Essai sur l'origine de la franc-maçonnerie*, le professeur d'histoire Henri-Félix Marcy, qui fut membre du Conseil de l'ordre du Grand Orient de France, a établi que cette loge n'avait jamais pu produire de documents qui auraient établi sa création en 1721. Pour cette raison, la Grande Loge de France, en 1766, et le Grand Orient de France, en 1781, devaient refuser de lui reconnaître une existence réelle avant la date du 1er mars 1756.

De la même façon, rien n'est prouvé en ce qui concerne la prétendue apparition, en 1723, à Gravelines de la loge Les Philadelphes.

La première loge spéculative française dont la naissance est sérieusement établie est celle qui, sous le patronage de saint Thomas de Canterbury, siégea à partir de 1725 à Paris, rue des Boucheries, à l'enseigne du « Louis d'argent ». Là furent initiés les premiers maçons spéculatifs français, parmi lesquels Henri-Louis de Choiseul-Meuse et le duc de Montmorency-Luxembourg.

Il s'agit là d'une maçonnerie anglaise et les stuartistes sont très actifs au sein des premières loges installées dans le royaume de France. Or, il existe dans le texte des constitutions adoptées le 17 janvier 1723 par la Grande Loge de Londres, un article II qui n'a été rédigé que pour interdire aux loges anglaises de soutenir les Stuarts dans leur lutte contre le trône : « S'il arrivait à un frère d'être rebelle à l'État, il ne devrait pas être soutenu dans sa rébellion et, quoique la fidèle fraternité doive désavouer sa rébellion, néanmoins, s'il n'était point convaincu d'un autre crime, il ne pourrait point être exclu de sa loge, et son rapport avec elle ne pourrait être annulé. »

Ce fut à partir de 1725 que la noblesse française, écartée des affaires par le pouvoir royal, prit goût aux sociétés secrètes.

Il est certain que dans les premiers temps, la présence parmi les initiés français de quelques aristocrates de haut rang valut aux loges maçonniques un traitement de faveur. Peut-être le Régent comptait-il alors sur la maçonnerie pour faciliter un rapprochement avec l'Angleterre...

Lorsque le pasteur Désaguliers, fondateur de la Grande Loge de Londres, vint à Paris assister à l'ouverture de la loge de Bussy, le comte de Saint-Florentin, secrétaire d'État, et Montesquieu assistaient à la cérémonie. Un peu plus tard, ce fut Louis de Pardaillan de Gondrin, duc d'Antin, qui fut initié.

C'est alors, en 1736, qu'une bulle du pape Clément XII va prononcer la première condamnation de l'Ordre des francs-maçons. Le pape y dénonce les pratiques maçonniques comme contraires à la tranquillité des états temporels et au salut des âmes. Il fait défense à tous les fidèles de Jésus-Christ d'entrer dans les sociétés maçonniques, de recevoir les maçons et de leur donner asile, sous peine d'excommunication.

La mesure est grave. Elle constitue indiscutablement une déclaration de guerre de l'Église à la franc-maçonnerie.

Certains écrivains chrétiens s'efforceront plus tard d'établir que la condamnation prononcée par Clément XII intéressait surtout l'Italie et ne visait que les agissements de quelques agents anglais établis à Florence et se couvrant du patronage des loges. D'autres soutiendront que le pape n'a voulu réagir qu'à la mainmise des protestants sur la maçonnerie anglaise. Au demeurant, cette bulle sera suivie de peu d'effets et les évêques de France préfèreront l'ignorer.

Aujourd'hui, nous pouvons considérer que la franc-maçonnerie commençait à devenir une puissance avec laquelle il allait falloir compter. Elle inquiétait l'Église comme elle inquiétait le pouvoir temporel. 1736, ce n'est pas seulement l'année de la première condamnation pontificale, c'est aussi celle qui voit le cardinal de Fleury ordonner à la police de multiplier les descentes dans les tavernes où siègent habituellement les loges. Le chevalier de Ramsay, protégé du Régent, lui écrit à deux reprises pour lui demander de soutenir l'ordre au lieu de le traquer, mais ces démarches restent sans résultat. Le lieutenant de police Hérault envoie ses sbires dans les auberges fréquentées par les maçons et il tient ses dossiers à jour. Il établit sans peine, au début de 1737, que sept loges existent à Paris et qu'elles regroupent une centaine d'initiés. Il réussit à alarmer le Conseil du roi, et le 14 septembre 1737, il est autorisé à signer une ordonnance qui fait défense « à toutes personnes de tels états, qualités et conditions qu'elles soient, de s'assembler ni de former aucune association sous quelque prétexte et sous quelques dénominations que ce soit, et notamment sous celle des freys-maçons ».

La menace est prise au sérieux. Aucun aristocrate français ne veut assumer la grande maîtrise de peur de se retrouver à la Bastille. Quelques frères, qui se croient particulièrement menacés, se réfugient en Lorraine, auprès de la loge de Lunéville que préside le duc de Brissac.

L'Ordre doit trouver au plus vite la protection de personnages puissants. C'est ainsi que le comte de Schadpky, cousin de la reine de France, consent à présider la loge du duc de Villeroy, et que plusieurs chevaliers du Saint-Esprit sont initiés. Le lieutenant de police Hérault n'en continue pas moins ses perquisitions chez les frères qu'il a réussi à identifier. Le 10 septembre 1737, un commissaire du Châtelet se présente à neuf heures et demie du soir, accompagné de plusieurs escouades du guet, chez le traiteur Chapelot, qui tient auberge à la Rapée, à l'enseigne de « Saint-Bonnet ». Il y découvre une quarantaine de personnes de haut rang, portant des tabliers de peau blanche et des cordons de soie bleue. Il dresse procès-verbal, mais il feint d'oublier de relever l'identité des aristocrates présents. Seul le traiteur Chapelot sera condamné à payer mille livres d'amende et son auberge sera fermée pendant six mois.

La police va continuer à disperser les réunions maçonniques. Elle entend paralyser le développement de l'Ordre mais, de toute évidence, elle a reçu des instructions pour éviter les arrestations de personnages importants. La présence des Noailles, des Montmorency, du duc d'Aumont et du comte de Saint-Florentin parmi les initiés incite le Régent à une certaine prudence.

En mars 1737, nous trouvons dans les Mémoires du duc de Luynes la note suivante :

« Il est souvent question, parmi la jeunesse, de l'ordre des *Frimaçons.* Plusieurs jeunes gens de ce pays-ci, et de nom, se sont fait recevoir depuis peu dans cet ordre. On prétend qu'il est établi depuis six cents ans par des titres bien authentiques, que plusieurs personnages s'y sont fait recevoir... »

A ce moment, le comte de Derwenwater, grand maître de la maçonnerie française, décide de rentrer dans son pays pour y reprendre la lutte contre la dynastie hanovrienne. Il convoque pour le jour de la Saint-Jean 1738 une assemblée qui doit désigner son successeur. Celui-ci est élu *ad vitam*, et c'est le premier grand maître français, le très puissant Louis de Pardaillan de Gondrin, duc d'Antin et d'Epernon.

Le choix est fort habile. Désormais, lorsque Hérault va s'autoriser à pénétrer dans une tenue de loge, il suffira au duc d'Antin de mettre l'épée au poing pour que le lieutenant de police se retire sans demander son reste.

A partir de ce moment, le roi Louis XV va indiscutablement ménager la franc-maçonnerie. Il oublie même de faire enregistrer par le parlement la bulle du pape Clément XII qui reste donc inapplicable en France.

Le duc d'Antin est alors l'un des personnages les plus respectés du royaume. Sa présence à la tête de l'Ordre confère immédiatement à celui-ci un prestige considérable.

Les loges françaises viennent ainsi de faire un premier pas vers leur émancipation de la tutelle anglaise. La désignation, comme grand maître d'un pair de France, vient en fait de dissocier la maçonnerie française, fortement teintée de catholicisme, de la Grande Loge d'Angleterre, de plus en plus marquée par le protestantisme.

C'est à partir de 1740 que la police cesse en France d'inquiéter les loges, mais l'Ordre est l'objet d'une campagne de libelles qui provoque un malaise dans ses rangs.

A la mort du duc d'Antin, en 1743, c'est un autre prince du sang, Louis de Bourbon-Condé, comte de Clermont, qui est appelé à lui succéder.

Le nouveau grand maître, qui a été préféré au prince de Conti et au maréchal de Saxe, est un militaire qui a fait ses preuves, un esprit brillant, mais aussi un libertin qui se plaît dans la compagnie des filles de théâtre. Grand maître médiocre, il abandonne l'autorité à son substitut, le banquier genevois Baur, qui n'est pas d'une honnêteté scrupuleuse. L'Ordre maçonnique va très vite entrer en crise.

Le nom du comte de Clermont est malgré tout pour les maçons français une caution efficace. Lorsque le lieutenant de police Feydeau de Marville fait surprendre par un exempt l'avocat Petit d'Aine qui porte des convocations pour une tenue maçonnique à l'hôtel de Bussy, le grand maître fait savoir qu'il honore ce franc-maçon de sa considération, et Feydeau de Marville décide aussitôt d'arrêter les poursuites. Il ne tient nullement à engager une lutte d'influence avec ce maréchal des armées du roi.

De même, le 1er mars 1744, la police saisit des papiers qui établissent qu'un certain Potel s'emploie à créer une nouvelle loge à Paris. Potel et ses frères sont arrêtés et interrogés. Ils passent aux aveux mais leur détention ne dure qu'une dizaine de jours. Feydeau de Marville croit alors pouvoir convoquer le banquier Baur et le réprimander, mais lorsque ce dernier explique qu'il a signé les pièces constitutives de la nouvelle loge au nom du comte de Clermont, le chef de la police parisienne n'insiste pas.

Le 20 octobre 1745, la Grande Loge du Royaume de France installe un atelier maçonnique qui prend le titre de Loge de la Chambre du Roi, laquelle ne comprend que des officiers attachés au service du souverain en qualité de valets de chambre, de pages, de gardes du corps, d'officiers aux gardes. Il est fort possible que Louis XV n'en ait pas été informé.

Malgré tout, en 1749, le roi n'hésite pas à exiler le comte Louis de Mailly-Nesle, auquel il reproche d'avoir tenu chez lui loge et souper de francs-maçons malgré ses ordres réitérés. Il est cependant fort possible que cet incident, rapporté dans les Mémoires de d'Argenson, ait eu un autre motif que les seules activités maçonniques du comte. Celles-ci n'auraient été qu'un prétexte, car Louise-Julie de Mailly, épouse du comte de Mailly, était à ce moment-là la maîtresse du roi, précédant dans cet office ses deux sœurs, la comtesse de Vintimille et la marquise de Châteauroux.

En 1751, le pape Benoît XIV prononce contre l'Ordre une nouvelle condamnation. Certains ont cru pouvoir écrire que, s'il avait tenu à confirmer ainsi l'excommunication prononcée par son prédécesseur Clément XII, c'était avant tout pour mettre un terme aux rumeurs selon lesquelles il aurait lui-même été initié dans sa jeunesse par une loge de Bologne. Rien, à vrai dire, n'est jamais venu confirmer ces suppositions, mais la bulle de Benoît XIV ne sera pas enregistrée par le parlement de Paris. Les prélats français, en majorité gallicans, l'ignoreront tout autant que celle de

Clément XII, malgré la lettre adressée par le Saint-Père au cardinal de Tencin, archevêque de Lyon.

La querelle qui oppose en 1766, au sein de la Grande Loge de France, quinze maîtres de loges petits-bourgeois aux dignitaires aristocrates de l'obédience amène la police à interdire toutes les réunions maçonniques. Les loges françaises vont ainsi travailler pendant quatre années sans qu'aucun lien obédientiel soit maintenu entre elles. C'est seulement le 8 octobre 1769 que les frères Brest de la Chaussée et Chaillon de Jonville prennent le parti de réveiller la Grande Loge de France en adressant une circulaire aux loges de Paris et de province.

La franc-maçonnerie française est, à ce moment-là, presque exclusivement une société d'aristocrates. Malgré tout, dès sa naissance, la maçonnerie spéculative, en admettant dans le temple, entre tous les frères, une égalité qui leur est refusée dans la Cité remet en cause les fondements de la société royale.

Dans la loge Coustos-Villeroy, créée le 17 décembre 1736, Bontemps, le valet de chambre du roi Louis XV, se retrouve avec le marquis de Villeroy, le procureur de Bauclar, le comte de Briaz et le comte de Montmorency.

Il porte comme eux le cordon brodé des maîtres maçons, et ce cordon n'est autre que le cordon porte-épée qui, à l'extérieur du temple, n'est autorisé que pour les nobles. Il est même considéré dans la loge comme un symbole de l'égalité. Les privilèges dus à la naissance figurent parmi les « métaux » que l'initié abandonne à la porte de la loge.

Ce n'est là encore qu'un principe et il est loin d'être accepté dans tous les ateliers. Les maîtres de loges, que l'on appellera plus tard les vénérables, sont inamovibles et certains aristocrates sont propriétaires d'une loge, comme on est à l'époque propriétaire d'une charge ou d'un régiment.

Cette situation va même provoquer assez vite une lutte interne entre les défenseurs de ces privilèges et les frères qui veulent obtenir l'élection des officiers de la loge. Il n'en demeure pas moins que l'Ordre maçonnique apparaît alors comme la promesse d'un ordre social nouveau pour nombre de ceux qui viennent frapper à la porte du temple.

Malgré la présence parmi les vénérables parisiens du duc d'Ayen, du duc de Crussol, du comte de Choiseul, du comte de Noailles, du comte de Thiercé, du baron de Langeron, du baron de Tschoudy et du baron de Toussainct, le lieutenant de police refuse obstinément d'autoriser la reprise des travaux. Il en est ainsi jusqu'au moment où, en juin 1771, meurt le comte de Clermont, qui porte la responsabilité d'avoir laissé l'Ordre maçonnique sombrer dans l'anarchie. Sa disparition va rendre à la Grande Loge de France toutes ses chances. Cinq jours après le décès, l'obédience réunit les vénérables sous la présidence du frère de Puisieux et décide de reprendre ses activités.

Le 24 juin suivant, le duc de Chartres, prince du sang, fils du duc d'Orléans [1] est désigné comme grand maître. Anne-Charles-Sigismond de Montmorency-Luxembourg, duc de Pinay-Luxembourg et Châtillon-sur-Loing, premier baron chrétien de France, vénérable de la loge militaire de Montmorency-Luxembourg, devient substitut général de la Grande Loge.

Le duc de Chartres, futur Philippe Égalité, sera finalement un maçon d'aussi piètre qualité que son prédécesseur. En revanche, Montmorency-Luxembourg, qui prend le titre d'administrateur général, va s'entourer de frères choisis parmi les plus compétents. Avec eux, il va préparer une réorganisation générale de l'Ordre et c'est de cette initiative que naîtra deux ans plus tard le Grand Orient de France.

Le premier collège des grands officiers de la nouvelle obédience aligne les noms de personnages très puissants à la Cour.

Le duc de Chartres et le duc de Montmorency-Luxembourg ont, en effet, à leurs côtés : comme Grand Conservateur, le comte de Buzançois, brigadier des armées du roi ; comme représentant du grand maître, le prince de Rohan-Guéménée, mestre de camp de cavalerie ; comme premier grand surveillant, le chevalier de Luxembourg, capitaine des gardes du corps du roi ; comme deuxième grand surveillant, le duc de Lauzun, colonel d'infanterie ; comme grand orateur, Bacon de la Chevalerie, colonel d'infanterie ; comme grand secrétaire, le marquis de Seigneley, brigadier des armées du roi ; comme grand roi d'armes, le prince de Tarente, pair de France et maréchal de camp ; comme grand expert, le prince de Pignatelly, mestre de camp de dragons ; comme grand garde des Sceaux, le vicomte de Roualt, colonel d'infanterie ; comme grand garde des Archives, le chevalier de Launey, colonel d'infanterie ; comme grand architecte, le comte d'Ossun, colonel d'infanterie ; comme grand introducteur, le marquis de Clermont-Tonnerre, mestre de camp de cavalerie ; comme grand maître des cérémonies, le marquis de Fitz-James, brigadier des armées du roi ; comme grand aumônier, le marquis de Briqueville, maréchal de camp.

Par ailleurs, Méry d'Arcy, directeur de la Compagnie des Indes, préside la Chambre d'administration dans laquelle siègent le comte

1. Le titre de duc de Chartres était porté par le fils aîné du duc d'Orléans.

de Lespinasse-Langeac, le savant Jérôme de Lalande, le conseiller du roi Savalette de Lange.

Un certain nombre de maîtres des loges parisiennes refuse l'autorité de la nouvelle obédience et décide de maintenir l'ancienne Grande Loge de France.

Le duc d'Orléans est en vérité un grand maître qui ne croit guère aux vertus de l'Ordre et à l'utilité de la démarche initiatique. Nous en avons la preuve par une lettre qu'il écrit le 6 août 1772 à Mme de Genlis, sa maîtresse :

« On s'ennuie beaucoup ici et, pour se dédommager, comme M. de Fronsac et M. de Lauzun ont parlé francs-maçons, Mme de Courtebonne et Mme de Laval avaient imaginé de se faire recevoir et, quand je suis arrivé, elles m'ont demandé de les recevoir. Mon père devait être de la loge ; j'étais charmé de l'avoir là, sous ma férule. Mais il a fait réflexion que ce ne serait pas honnête pour M. le prince de Conti, que cela disperserait la compagnie, il m'a dit qu'il ne fallait pas et cela n'a pas eu lieu... »

Ce document, qui a été retrouvé dans les archives du ministère des Affaires étrangères, exprime de la part du grand maître une totale incompréhension de l'Ordre, de ses raisons, de ses principes et de ses règles.

Le cas, à vrai dire, n'est pas unique. Les princes du sang et les aristocrates, que les francs-maçons ont reçus chez eux et qui les protègent contre le pouvoir royal, ont souvent les mêmes réactions.

Dès lors, la qualité des travaux en loge s'en ressent. Il existe à coup sûr des ateliers qui présentent un catalogue de recherches fort sérieuses. Beaucoup d'autres, en revanche, ne sont que des cercles mondains. Leurs tenues ne sont que prétextes à bombances. Certaines se terminent par des orgies. La maçonnerie française n'a pas lieu de se montrer fière des loges de ce temps-là.

On pourrait croire que le pouvoir royal va désormais protéger les maçons, mais dans certaines régions, sur l'initiative personnelle de quelques commis, les persécutions policières se poursuivent. C'est ainsi que le secrétaire de la loge de Poitiers La Vraie Lumière écrit alors au Grand Orient :

« Les officiers de police de cette ville, jaloux sans doute des amusements honnêtes et de liaison intense qui nous unissent, prennent des mesures pour détruire notre atelier et anéantir l'Ordre royal dans cet Orient. Nous sommes informés que le lieutenant général de police en exercice a mis au nombre de quelques exécutions qu'il se propose de faire la démolition de notre auguste temple. Nos cœurs sont pénétrés de la plus vive douleur ; elle est d'autant plus fondée que nous sommes menacés d'un prompt anéantissement si la qualité de nos pères et de nos protecteurs ne vient à notre secours. »

Le Grand Orient se contente de conseiller la prudence, de suspendre provisoirement les tenues et de veiller à préserver le secret de la loge. Il faut croire que, sur le plan parisien, des démarches sont faites dans le même temps, car le lieutenant général de police va très vite renoncer à son offensive antimaçonnique et les travaux de La Vraie Lumière vont pouvoir reprendre normalement.

Jean-Claude Faucher, historien de la maçonnerie poitevine, avance à ce sujet une autre explication : le lieutenant général de police de Poitiers aurait été calmé par son collègue de Niort, le franc-maçon Laydin de Labouterie. Il est vrai aussi que le policier a pu être influencé par l'accueil réservé par les frères poitevins à leur grand maître le duc de Chartres, de passage dans leur ville en compagnie de son épouse.

De plus en plus, la maçonnerie française accueille des bourgeois, des négociants et des commis. Il y a encore peu de cohabitation dans les mêmes loges entre les artistocrates et les roturiers. En fait, les nobles appartiennent souvent aux mêmes loges parisiennes et les négociants sont accueillis ailleurs.

Cette discrimination n'est possible qu'à Paris. Dans les loges de province, en revanche, beaucoup moins nombreuses, tout le monde se retrouve dans le même temple. On a identifié à cette époque 1 383 francs-maçons répartis entre les différentes loges de Lyon. Sur ce nombre, on trouve :

— 681 bourgeois ou négociants.

— 122 nobles ou gentilshommes, parmi lesquels 16 membres de l'Ordre de Saint-Louis et 13 membres de l'Ordre de Malte.

— 113 robins, parmi lesquels un conseiller au parlement.

— 65 ecclésiastiques.

— 12 agents de change.

— 47 professions médicales.

— 83 professions libérales ou artistiques, parmi lesquels un docteur en Sorbonne.

— 44 artisans ou fabricants.

— 74 serviteurs de l'État, parmi lesquels 8 trésoriers de France et intendants des Finances, 7 commissaires de la Marine et commissaires des guerres, 3 chefs de bureau ou membres de la police.

Albert Ladret, historien de la maçonnerie lyonnaise, qui a fait des recherches à ce sujet, établit ainsi qu'il y a 12 % de nobles et 88 % de bourgeois.

Les loges de cette époque attachent une très grande importance à leurs œuvres philanthropiques. Albert Ladret cite quelques exemples :

Le 25 décembre 1763, à la suite du décès du frère Grandon, grand maître de la mère-loge des Maîtres Réguliers de Lyon, une quête est faite pour venir en aide à sa veuve. Elle produit 339 livres et les frères se chargent plus tard de ses enfants.

Le 18 octobre 1776, une pension de 300 livres par an est accordée au frère Binlassanneau, dessinateur.

En 1777, une somme de 2 400 livres est recueillie par les loges de Lyon pour les victimes de l'incendie du 1er juin.

En 1778, la Grande Loge Provinciale envoie à Paris un don gratuit de 360 livres.

En 1780, deux nouveaux incendies s'étant produits dans la ville, la loge lyonnaise La Bienfaisance fait savoir au Grand Orient qu'elle se prépare à procurer les moyens de travailler à un tireur d'or, père de famille honnête et chargé d'enfants, que l'incendie des quais de la Saône et de la rue Mercière a plongé dans le dénuement le plus complet.

Cette correspondance prouve que, conformément à la règle et à la tradition, les aides de la charité maçonnique ne sont pas alors réservées exclusivement aux francs-maçons et à leur famille.

Il en est ainsi dans toutes les régions de France et ces activités de bienfaisance sont alors l'essentiel de la démarche des loges où la recherche initiatique est pratiquement nulle.

C'est également vrai pour les loges féminines d'adoption.

Il demeure que va débuter l'une des périodes les plus fastes de l'histoire maçonnique en France et elle se prolongera jusqu'à la Révolution.

On ne peut pourtant aller jusqu'à prétendre que la création du Grand Orient a contribué de quelque façon à démocratiser la maçonnerie française. La plupart des hauts dignitaires ont été choisis parmi les membres de la loge Saint-Jean de Montmorency-Luxembourg et le caractère aristocratique de la nouvelle obédience est indéniable.

Le 1er août 1775 est constituée, à la Cour de Versailles, la loge militaire des Trois Frères Unis. Certains historiens francs-maçons ont cru pouvoir en tirer la conclusion que le roi Louis XVI et ses deux frères, les futurs Louis XVIII et Charles X, avaient eux-mêmes présidé à la naissance de cette loge. Cette explication ne peut être retenue.

Le vénérable des Trois Frères Unis est en effet un personnage assez modeste des services de la cour, le frère Schmidt, commissaire de la Marine au bureau des Colonies.

Admettons que le doute subsiste. Ainsi que l'a fort justement observé M. Roger Priouret, s'il est permis d'affirmer qu'Un tel a été initié parce que son nom figure dans les archives d'une loge, il ne nous est pas permis d'affirmer que tel autre ne l'a pas été pour la simple raison que nous n'avons pas retrouvé son nom.

M. Priouret admet que la reine Marie-Antoinette et le comte d'Artois, le futur Charles X, ont à peu près sûrement fréquenté les loges, alors que Louis XVI et le futur Louis XVIII n'y sont probablement jamais venus. Or, en affirmant que le comte d'Artois a dû fréquenter les loges, il ne s'engage guère, car il est possible de visiter les loges, dans leurs tenues ouvertes, sans être pour autant franc-maçon.

Il est pourtant certain que, par réaction contre le pouvoir absolu du souverain et de ses ministres, la maçonnerie était très à la mode dans l'aristocratie la plus haute, et Marie-Antoinette y était favorable.

Nous nous sommes attardés à étudier cette question et nous avons lu à peu près tout ce qui a pu être écrit à ce sujet. Il en ressort clairement que les auteurs qui ont été les plus catégoriques ont négligé de citer leurs sources. La légende de Louis XVI franc-maçon trouve son origine dans un ouvrage consacré par Louis Amiable à la loge parisienne Les Neuf Sœurs, paru en 1897. Il s'y autorise à écrire :

« Le roi Louis XVI était franc-maçon. Pour lui, et pour ses deux frères, le comte de Provence et le comte d'Artois, avait été fondée, le 1er août 1775 à l'Orient de la Cour, la loge militaire Les Trois Frères Unis. »

L'auteur ajoute que si Louis XVI a négligé de mettre sa police en action contre Voltaire, c'est uniquement parce qu'il est lui-même maçon. Éliane Brault, dans son étude sur *la Franc-maçonnerie et l'émancipation de la femme*, a repris cette thèse à son compte.

Il existe cependant un document difficilement réfutable. Il s'agit de la lettre adressée le 2 septembre 1775 au Grand Orient de France par le frère de Saint-Martin, exempt des gardes du corps du comte d'Artois. Il précise en effet, au sujet de la loge des Trois Frères Unis :

« Les membres composant la loge sont ou gardes du corps du Roi, de Monsieur, ou de Monseigneur le comte d'Artois, des officiers des Suisses de la garde, des commis du bureau de la Guerre et aussi des candidats proposés des corps de gendarmes et de chevau-légers, moyennant quoi, cette loge n'étant composée que de frères attachés à la famille royale, ce devrait être un titre pour lui mériter celui de royale que le Grand Orient refuse, celui de militaire ne pouvant guère être contesté, non plus que d'établir son Orient à la Cour, tous les frères étant obligés de la suivre dès lors qu'elle quitte Versailles. »

Nous pouvons alors poser la question : si Louis XVI et ses deux frères appartenaient vraiment à cette loge, le frère de Saint-Martin n'oublierait pas de le rappeler au Grand Orient pour justifier sa prétention au titre de loge royale. Alors qu'il existe à cette époque dans Paris des ateliers maçonniques fréquentés par la plus haute noblesse du royaume, le roi et ses deux frères auraient-ils choisi d'appartenir à une loge de petites gens et d'y travailler sous l'autorité d'un simple commissaire du bureau de la Marine ? Si le roi de France était franc-maçon, il ne pourrait qu'être le premier dans l'Ordre, comme ce fut le cas dans d'autres pays pour d'autres monarques.

Les maçons, dans les années qui précèdent la Révolution, savent d'ailleurs très bien à quoi s'en tenir. S'ils sont très nombreux à manifester leur attachement à la monarchie, ils considèrent le roi comme « un maçon sans tablier », ce qui revient à dire qu'il n'a pas été initié. C'est ainsi qu'en 1784, au banquet rituel de la loge de Carcassonne Le Conseil des Élus, un certain abbé Klein entonne, sur l'air à la mode de *Ne v'là-t-il pas que j'aime !*, une chanson dont il a écrit les paroles :

Pour le plus chéri des Bourbons
Notre âme se dilate.
Qu'au triple feu de nos canons,
Notre plaisir éclate.

Sans tablier, Louis a les mœurs
De tout maçon, bon frère.
Tirons avec tous les honneurs
Une santé si chère.

En 1776, sur le tableau de la loge parisienne La Candeur, nous trouvons le marquis de Saisseval et le comte, son frère ; le marquis d'Arcambal, le duc de Luynes. Un peu plus tard, vont venir les rejoindre dans le temple le vicomte de Gand, le comte de Sesmaisons, le marquis de Caumartin.

C'est pourtant à partir de cette époque que la maçonnerie française va commencer à accueillir les idées nouvelles dont les philosophes se font les défenseurs.

Il nous faut alors aborder l'une des grandes énigmes de l'histoire maçonnique : Mirabeau était-il ou non franc-maçon ?

Il est à peu près certain qu'au cours de l'année 1776, il se soit rendu à Brunswick et qu'il y ait fréquenté les Illuminés de Bavière.

De nombreux auteurs ont longtemps attribué à Mirabeau la paternité d'un mémoire concernant une association « à établir dans l'ordre des francs-maçons pour le ramener à ses vrais principes et le faire tendre au bien de l'humanité ». Ce texte portant la signature d'Arcésilas devait être retrouvé dans ses papiers posthumes, écrit de sa main, et ses neveux conclurent qu'il était de lui. Ils intégrèrent alors ce document dans ses œuvres et plusieurs historiens ont voulu y voir la preuve que Mirabeau avait réellement été initié. On sait aujourd'hui, grâce aux recherches effectuées par René Le Forestier sur les Illuminés de Bavière, qu'Arcésilas était en fait le professeur allemand Mauvillon, et que Mirabeau s'était contenté de recopier de sa main ce mémoire qui présentait pour lui un grand intérêt.

Depuis cette découverte de Le Forestier, Mirabeau a disparu des listes de maçons célèbres. Or, le seul fait qu'il ne soit pas Arcésilas ne peut suffire à établir qu'il n'a jamais été maçon.

En septembre 1776, il arrive en Hollande et présente aux francs-maçons de ce pays une lettre de recommandation de leurs frères de France. Il nous faut donc en conclure qu'il a déjà été initié à cette époque. A vrai dire, aucun document n'est encore venu le confirmer et il nous faut accepter la version selon laquelle il aurait été admis dans une loge militaire, alors qu'il servait en Corse, dans la Légion de Lorraine, sous le nom de Pierre-Buffière, titre et nom portés par la branche limousine de sa famille, et dont il devait souvent se servir.

Lorsqu'il est enfermé en 1779 au donjon de Vincennes, les lettres qu'il adresse à Sophie, sa maîtresse, ne laissent subsister aucun doute quant à son appartenance maçonnique :

« Comment ! écrit-il alors, tu hais les francs-maçons qui me gardent trois heures du matin ? Tu dois convenir du moins qu'ils finissent leurs assemblées par des avis très agréables aux dames, et que je me suis toujours efforcé de les suivre le plus à la lettre que j'ai pu... Haïs de tout ton cœur le bon ange : il est franc-maçon. »

Ce texte fort précis n'a pourtant pas suffi à convaincre tous les historiens. Il s'en trouve encore pour prétendre que Mirabeau, pour justifier certaines infidélités, aurait invoqué de fausses activités maçonniques.

Cependant, si l'on admet que Mirabeau a bien été initié dans une loge militaire, l'incident survenu au Jeu de paume devant les 150 députés réunis sous la présidence du frère d'Aiguillon prendra un sens très particulier. Tout le monde connaît en effet la fière réplique que Mirabeau aurait adressée au marquis de Dreux-Brézé, le maître des cérémonies de la Cour : « Monsieur, allez dire à ceux qui vous envoient que nous sommes ici par la volonté nationale et que nous n'en sortirons que par la puissance des baïonnettes. »

La phrase a été quelque peu arrangée pour l'Histoire. Mirabeau, selon divers témoignages, a dit quelque chose qui ressemble à cela, mais dans une forme moins châtiée. Nous retiendrons ici que lorsque le frère Mirabeau parle de la sorte, il s'adresse au franc-maçon de Dreux-Brézé, ce qui donne une valeur assez particulière à l'incident.

Le succès de la maçonnerie est tel que la reine Marie-Antoinette peut se permettre d'écrire, dans une lettre datée du 26 janvier 1781 : « Tout le monde en est. »

Un grand événement s'est produit, en 1778, c'est l'initiation de Voltaire par la loge parisienne Les Neuf Sœurs. La cérémonie, qui s'est déroulée en présence du frère Benjamin Franklin, était présidée par le frère de Lalande. L'admission dans l'Ordre de cet écrivain, qui avait si souvent fustigé l'Église, avait été proposée par l'abbé Cordier de Saint-Firmin. Voltaire est alors âgé de quatre-vingt-quatre ans. Il est donc dispensé des épreuves physiques de l'initiation en raison de son âge. Il est ceint du tablier qui a appartenu au philosophe Helvétius. Il n'honorera pas longtemps la maçonnerie française puisqu'il décédera sept semaines plus tard.

La police s'intéresse de près à cette loge. Elle est alors inquiétée pour avoir reçu la marquise de Villette et Mme Denis, la nièce de Voltaire, au cours d'une tenue funèbre. La chambre de Paris se saisit de l'affaire et reproche au vénérable de Lalande un certain nombre d'irrégularités.

Un autre personnage célèbre fréquentera un peu plus tard les loges parisiennes. Il s'agit de Joseph Balsamo, plus connu sous le nom de Cagliostro. Il arrive en France en passant par Strasbourg en 1781 et ses pratiques de magie, de magnétisme et d'alchimie intéressent très vite les gens de la Cour. Il est franc-maçon et il fonde un rite égyptien, dont il se déclare le grand cophte et dont l'ésotérisme assez étrange sert de prétexte à des pratiques de spiritisme. Ce n'est de toute évidence qu'un charlatan et un aventurier, mais ses connaissances dans les sciences occultes sont incontestables.

Au début, les officiers du Grand Orient de France ne prennent guère au sérieux le personnage. Dans une lettre adressée au marquis de Chefdebien à la veille du convent de Wilhelmsbad, le frère Savalette de Lange écrit, à propos du franc-maçon Wecter dont le rôle est à cette époque très important en Allemagne : « Tout ceci ressemble plus à Cagliostro qu'au sage que nous cherchons. »

Cagliostro est cependant le protégé du cardinal de Rohan, qui l'héberge et qui se charge de le lancer dans la haute société.

L'affaire du Collier de la reine éclate, le 15 août 1785, par l'arrestation du cardinal de Rohan. Cette affaire va contraindre Cagliostro à renoncer à toutes ses ambitions maçonniques. Il est emprisonné à la Bastille, mais au cours du procès, il plaide l'innocence et il est finalement acquitté. 8 000 Parisiens l'acclament alors qu'il regagne son domicile après sa sortie de prison. Il juge cependant nécessaire de franchir au plus vite la frontière. De Londres, il va diffuser des pamphlets contre la Bastille, mais il commettra un peu plus tard l'erreur de se rendre en Italie. Accusé d'avoir eu des activités maçonniques dans les États pontificaux, il sera impliqué dans une grave affaire de fausse monnaie et condamné à la prison perpétuelle. Il mourra dans son cachot en 1795.

Il est indéniable que, sept ans seulement avant la prise de la Bastille, la franc-maçonnerie française est encore très attachée à la monarchie.

Dans des loges auxquelles appartiennent et que dirigent le plus souvent la plus haute aristocratie, des éléments du haut clergé, les plus grands commis de l'administration royale, des militaires de tous grades, personne ne se risquerait à remettre en cause le pouvoir du souverain.

Les premiers ferments de contestation politique qui vont apparaître dans cette maçonnerie des aristocrates viendront de la faction du duc d'Orléans, mais il est établi que ces conjurés pensaient moins à balayer la monarchie qu'à changer le roi.

Certes, à la faveur des discussions philosophiques dans les ateliers, on a entendu s'exprimer, à partir de 1780, des hommes porteurs d'espérances nouvelles. Ceux-là admettent dès lors que le monde est en train de changer et ils s'efforcent de le faire admettre par leurs frères. C'est ainsi — et ainsi seulement — que les frères jouent un rôle dans ce grand mouvement d'idées qui va conduire à la Révolution française.

Ils ne conspirent pas. Ils n'ont à aucun moment envisagé la chute du trône. Pas un seul d'entre eux n'a encore envisagé la mort du roi. Ils discutent dans le temple et leurs discussions vont finalement susciter l'événement.

Jamais la direction du Grand Orient de France n'a donné des consignes en vue de saper les assises de la monarchie. L'engagement politique des francs-maçons, de plus en plus évident, est un choix individuel.

Les hauts dignitaires ne se sont pas trompés dans leurs analyses. Ils ont prévu que la révolution qui gronde va remettre en cause, dans toutes les provinces, la solidarité maçonnique et que la plupart des loges n'y résisteront pas. En général, les dignitaires ont considéré qu'il fallait au plus vite réaliser des réformes, mais ils ont constamment désapprouvé les émeutes, se contentant, avec la faction du duc d'Orléans, d'envisager une monarchie constitutionnelle comme il en existe une en Angleterre.

En 1788, dans une *Apologie des francs-maçons* publiée à Amsterdam sous la signature de l'abbé Willart de Grécourt par un prêtre qui fréquente les loges de la région de Tours, on peut lire :

« ... Qu'est-ce qu'un franc-maçon ? En voici le portrait :
C'est un bon citoyen, un sujet plein de zèle,
A son Prince, à l'État fidèle,
Et de plus un ami parfait.

CHAPITRE II

LA RÉVOLUTION FRANÇAISE

On a souvent écrit que la franc-maçonnerie avait inspiré et soutenu le mouvement des Encyclopédistes. Là encore, il faut se garder de généraliser. Tous les francs-maçons n'ont pas adopté la même attitude. C'est ainsi qu'en 1782 Saint-Martin publie *le Tableau universel des rapports qui existent entre Dieu, l'homme et l'univers.* Il y défend la Providence contre l'Encyclopédie et il soutient que la franc-maçonnerie n'est que le résultat d'une révélation divine, que son but reste de mettre les initiés en relations étroites avec la divinité.

Ainsi se précise, en regard du mouvement philosophique qui, de plus en plus, va pénétrer les loges françaises celui du christianisme transcendental, un courant qui va s'épanouir à la faveur du climat romantique du XIXe siècle. C'est surtout dans les hauts grades maçonniques que va se développer cette théorie qui oppose, à la notion chrétienne du salut des âmes, celle de la libération de l'être par l'initiation.

Malgré tout, à partir de 1782, il est clair que le mouvement philosophique d'émancipation pénètre les loges un peu partout.

On ne peut pourtant pas dire que les 70 000 francs-maçons français adoptent la même attitude devant ce mouvement. Ainsi, en 1787, devant l'Assemblée des notables, le grand maître Philippe d'Orléans combat les projets de Calonne alors que son substitut, le duc de Montmorency-Luxembourg, les soutient, même lorsqu'ils impliquent pour la noblesse de très lourds sacrifices. De même, au parlement, le grand maître affiche un opportunisme de tous les instants, alors que Montmorency prend ouvertement le parti de l'opposition. Le 17 novembre 1787, il va même jusqu'à accuser le roi d'avoir commis une illégalité. Il est immédiatement invité à se rendre à Villers-Cotterêts et à n'en plus bouger.

S'il est indéniable que la maçonnerie a activement contribué au développement des idées nouvelles qui vont conduire à la Révolution, les loges vont le plus souvent rester en dehors du mouvement. Si de nombreux francs-maçons entendent jouer un rôle dans les événements qui agitent le pays, ils le font, dans l'un et l'autre parti, à titre personnel. Malgré tout, nous pouvons retenir ici l'opinion émise par Pierre Gaxotte dans la préface qu'il a donnée à l'ouvrage de M. Roger Priouret, *la Franc-Maçonnerie sous les lys :*

« La maçonnerie est bâtie au rebours de la société existante ; elle fonctionne régulièrement avec ses lois, qui sont celles de la démocratie organisée, à l'intérieur d'un État qui est à l'opposé de la démocratie... Ce régime d'initiés est un régime d'assemblée et d'élections... Elle aura formé un personnel habitué au maniement d'une Chambre ou d'un club... Les maçons ont pris part, en particulier, à toute l'agitation qui a précédé la convocation des États, à la rédaction des Cahiers, et beaucoup ont été élus... La loge n'est pas un club ; elle peut participer à la naissance d'un club. »

Il est clair cependant que la plupart des francs-maçons de la Cour conspirent ouvertement. Nous avons trouvé dans les Mémoires de Théodore de Lameth une anecdote fort significative. Comme on parlait de l'éventuelle déposition du roi Louis XVI dans les couloirs du palais du Luxembourg, le frère de la Châtre, premier gentilhomme de la Chambre de Monsieur, confia à Mme de Balbi, la favorite du comte de Provence :

« En tout cas, si cela arrive, je me charge de ramener l'Autrichienne chez elle, avec cinquante dragons de mon régiment. »

Il faut admettre que la plupart de ces aristocrates qui fréquentent les loges vont, dans leur désir de libération de la monarchie, aider involontairement à l'éclosion du mouvement révolutionnaire. Ils s'efforceront en vain, par la suite, de le freiner, mais ils en deviendront très vite les victimes. De nombreux jeunes aristocrates, officiers le plus souvent, qui affichent en 1788 leur sympathie pour les idées nouvelles, seront contraints de s'exiler deux ans plus tard et nous les retrouverons dans les rangs de l'armée de Condé.

Lorsque le mouvement se précise, les francs-maçons de la noblesse et du clergé y participent au même titre que ceux de la bourgeoisie. Par exemple, l'Assemblée provinciale du Maine, qui se réunit au Mans sous la présidence du marquis de Juigné le 6 octobre 1787, comprend deux maçons sur les sept membres du clergé, les frères Rottier de Moncé et Le Pelletier de Feumusson ; trois, sur les sept membres de la noblesse, le comte de Tessé, le vidame marquis de Vassé et le baron Pasquier de Coulans. On ne trouve qu'un seul franc-maçon parmi les quinze membres du Tiers État, le frère Chesneau-Desportes.

Le franc-maçon La Fayette, devant l'assemblée des notables, demande la suppression des lettres de cachet et des prisons d'État. Il préconise également la réforme du Code criminel, le rétablissement des protestants dans leurs droits civils, et la convocation d'une assemblée nationale périodique. Le frère Sabathier de Cabres est le premier à réclamer la convocation des États généraux. Il est un peu plus tard mis en état d'arrestation et emprisonné au Mont-Saint-Michel pour avoir pris l'initiative d'adresser une pétition au roi pour protester contre l'exil imposé au duc d'Orléans.

A Paris, les partisans du bouleversement révolutionnaire vont désormais se retrouver dans les comités et dans les clubs.

Le frère de Montmorency-Luxembourg préside une société patriotique clandestine, la Société des Enragés, à laquelle appartiennent, entre autres, les francs-maçons de Ressé, d'Aiguillon et Stanislas de Clermont-Tonnerre. Elle siège rue Caumartin, dans l'hôtel d'Aumont, et deviendra plus tard la Société de Viroflay. Ses membres ont prêté le serment de garder le secret des délibérations, mais le frère de Richelieu informe la reine de tout ce qui s'y dit et de tout ce qui s'y fait.

A la même époque, le frère Jacques Brissot de Warville, initié à la loge parisienne La Bienfaisance, fonde la Société des Amis des Noirs à laquelle appartiennent La Fayette, Mirabeau, Valence, Lameth et Liancourt. Cette société tient ses réunions rue Croix-des-Petits-Champs, en l'hôtel de Lussan.

Dès 1788, la Société des Trente donne son premier état-major à la Révolution. Nous y trouvons plusieurs francs-maçons, parmi lesquels le frère Adrien Duport de Prélaville, de la loge Les Amis Réunis, conseiller en la grande chambre du parlement de Paris. Son hôtel de la rue du Grand-Chantier devient un lieu de réunions que fréquentent Jean-Jacques Duval d'Eprémesnil, ancien vénérable de la loge parisienne Saint-Joseph et député des Neuf Sœurs ; le frère Louis-Michel Le Pelletier de Saint-Fargeau, de La Parfaite Union de Valenciennes ; le frère Isaac Le Chapelier, de La Parfaite Union de Rennes.

La plupart de ces francs-maçons et des profanes qui militent avec eux pour la cause révolutionnaire se sont reconnus au cours des batailles juridiques de l'affaire du Collier de la reine, où ils avaient fait alliance secrètement pour essayer d'obtenir l'acquittement du cardinal de Rohan.

A ce groupe initial vont très vite se joindre de nombreux aristocrates maçons : le duc de Luxembourg, administrateur général du Grand Orient de France ; le duc de Luynes, de la loge parisienne La Candeur ; le duc de Liancourt ; le duc d'Aumont, de Saint-Alexandre du Contrat Social ; le duc de Richelieu, de la loge militaire Les Dragons Unis ; son cousin, le duc d'Aiguillon, officier d'honneur du Grand Orient ; le marquis de Condorcet ; le comte de Castellane, de L'Olympique de la Parfaite Estime. Avec eux se retrouvent des militaires : le maréchal de Beauvau, de La Parfaite Intelligence d'Albi ; le marquis de La Fayette ; le vicomte de Noailles ; le duc de Lauzun, de la loge Saint-Jean de Montmorency-Luxembourg ; le marquis de La Tour-Maubourg, du Contrat Social de Paris ; Alexandre de Lameth, de L'Olympique de la Parfaite Estime, et son frère Charles, membre de la loge militaire Saint-Louis, au régiment du Roy-Infanterie.

Le groupe trouve l'appui du frère Maurice de Talleyrand-Périgord, évêque d'Autun, membre de la loge Les Philalètes ; du frère marquis de Méréville, de L'Olympique de la Parfaite Estime ; du frère Étienne Clavière, des Amis Réunis.

La Société des Trente n'hésite pas à envoyer des émissaires dans les provinces. C'est le cas notamment du frère Volney, qui fait paraître à Rennes en novembre 1788 un journal intitulé *la Sentinelle du peuple.*

On a pu identifier avec certitude vingt-deux francs-maçons sur les trente-cinq membres connus de la Société.

Ces conjurés agissent en liaison avec la faction du duc d'Orléans que dirige le frère Choderlos de Laclos, de la loge La Candeur, et à laquelle appartiennent Philippe Merlin, dit Merlin de Douai, le vicomte de Valence et le comte de la Touche-Tréville, tous les deux membres de La Candeur et du Contrat Social, le colonel Henri Shée, de la loge Saint-Jean de Chartres, à l'Orient de Mousseaux, et Brissot de Warville.

Certaines loges, par la nature même de leur recrutement, sont appelées à jouer un rôle essentiel dans les événements qui se préparent. C'est notamment le cas de la loge parisienne Les Neuf Sœurs, à laquelle auraient appartenu Sieyès, Greuze, Bailly, Pétion, Florian, l'abbé Delille, Guillotin, Brissot, Camille Desmoulins, Danton, Lacépède, Cabanis et Condorcet. On y est sensible à la philosophie des Lumières, bien que, contrairement à l'opinion fort répandue, l'*Encyclopédie* ne soit pas une œuvre maçonnique. Sur cent cinquante de ses rédacteurs, on ne peut guère citer que dix initiés.

Tout naturellement, les maçons qui entendent participer activement au mouvement se retrouvent dans certains ateliers maçonniques. C'est ainsi que Sieyès, l'abbé Grégoire, Talleyrand, Condorcet, Pétion, Marat participent aux travaux de la loge Le Comité Secret des Amis Réunis.

Citer tant de noms de personnages que la Révolution a rendu célèbres pourrait faire oublier que tous les francs-maçons, de 1788 et 1789, ne sont pas préoccupés de renverser le trône et de bafouer la religion. Si les loges de l'époque ignorent ce que va devenir le frère Rouget de Lisle, alors membre très effacé d'une loge militaire, elles peuvent juger des efforts qu'accomplit le frère Necker pour essayer de sauver la royauté malgré elle.

La Révolution couve. Et tous ces hommes, aristocrates, prêtres, bourgeois, militaires, qui ont fraternisé dans les loges pendant des années, le mouvement révolutionnaire va les jeter dans l'un et l'autre camp. Certains vont même tout mettre en œuvre pour favoriser le mouvement qui finira par les emporter.

A Paris, les frères qui ont engagé la lutte sont maintenant traqués. C'est le cas de Duval d'Eprémesnil, arrêté le 6 mai 1788 en plein parlement, qui est enfermé aux îles Sainte-Marguerite.

L'Histoire officielle a mis beaucoup de temps à rétablir la vérité sur le rôle exact de la franc-maçonnerie dans la Révolution française. Il est vrai que, maçons ou adversaires de la maçonnerie, les faux témoins n'avaient pas manqué. C'est Jean Palou qui observe à ce sujet :

« La Révolution française fut un tel bouleversement des structures politiques, sociales et économiques qu'il semble vain, aujourd'hui que ce grand mouvement est étudié sans passion, de le voir encadré et dirigé par la franc-maçonnerie, si importante soit la place de celle-ci dans la société européenne de la fin du XVIIIe siècle. Il fut un temps où partisans et adversaires de l'Ordre s'affrontèrent sur ce sujet alors encore brûlant. Les uns et les autres n'avaient qu'une vue limitée du sujet et ne considéraient — parfois avec raison — la maçonnerie que sur un plan extérieur à la vie propre des loges. Leur erreur fut d'avoir confondu deux plans, celui des maçons (qui sont malgré tout des hommes vivant dans le monde) et celui de la vie initiatique de l'Ordre. Cette erreur est aussi bien propre aux historiens antimaçonniques qu'à certains maçons tout englués dans le social et partant, le politique (souvent au sens le plus bas du terme) alors que l'Ordre représente tout autre chose que la vie quotidienne de la Cité. »

Cette différence, qu'ils jugent essentielle, les historiens maçons de la nouvelle génération ne cessent de la répéter à propos de diverses périodes, mais ils sont rarement entendus. La légende a été trop souvent redite et imprimée pour qu'il soit aujourd'hui facile de la balayer.

Ceux qui, après l'abbé Barruel et l'abbé Lefranc, ont pendant deux siècles tenté d'établir, à l'aide de faux, d'inexactitudes historiques, de ragots, que la Révolution française avait été l'œuvre préméditée des francs-maçons, ont eu la partie belle puisque leur thèse, historiquement stupide, a été reprise sans cesse par des intellectuels et des hommes politiques francs-maçons, dont elle flattait les opinions progressistes.

A vrai dire, si les débats en loge avant la Révolution ont permis de diffuser les idées nouvelles, il est vrai aussi que les idées nouvelles ont pénétré dans les loges et en ont très vite modifié l'esprit, sans qu'à aucun moment les dignitaires de l'Ordre l'aient voulu, ou seulement souhaité.

Cette fois, le monde va changer de base. Rien ne pourrait plus, en France, sauver le trône qui chancelle.

Sur le rôle des francs-maçons dans cette période de l'histoire de France, Fred Zeller, grand maître du Grand Orient de France, écrira dans son livre *Trois points, c'est tout,* paru en 1976 :

« Assurément, les maçons n'ont pas conspiré contre le trône, ni travaillé à l'avènement de la République. En vérité, personne n'y songeait. Mais ils ont lentement, patiemment, pendant un demi-siècle de discussions secrètes — et interdites par les lois en vigueur — imprégné la conscience nationale de l'espérance et de la volonté de changement. En 1789, la France comptait plus de 70 000 maçons. Comment s'étonner que, dans les assemblées révolutionnaires, on ait constaté la présence d'une majorité de parlementaires formés dans les loges maçonniques ! »

Le grand maître Paul Gourdot défendra la même thèse en 1983 en déclarant, en ouverture d'un colloque sur les institutions de la République organisé par le Grand Orient :

« Que ce soit à travers les Encyclopédistes, par les écrits et les exemples des Montesquieu, des Diderot, des Voltaire, ils en préparèrent l'esprit ; ce sont les Condorcet, les Saint-Just, les Danton, qui appliquèrent les principes de la mise en œuvre de la Première République dont l'immortelle Déclaration des droits de l'homme et du citoyen avait été élaborée dans nos loges. »

Dès le 4 janvier 1789, le Grand Orient de France adresse à

toutes ses loges une circulaire dans laquelle il fait un pressant appel aux devoirs du citoyen envers la Patrie et du maçon envers l'humanité.

A Paris, les frères engagés dans le mouvement révolutionnaire sont plus actifs que jamais. Lauzun, Talleyrand-Périgord, Montmorency-Laval, La Rochefoucauld-Liancourt, Noailles et d'Arenberg, tous maçons, appartiennent à la faction du duc d'Orléans. La maîtresse de ce dernier, Mme de Genlis, appartient à la loge d'adoption La Candeur. Elle est l'épouse du comte de Genlis, lequel est membre de la loge militaire La Parfaite Union, à l'Orient du régiment de Vermandois. Tout ce groupe conspire contre la branche régnante au profit du duc d'Orléans.

Le duc fonde le 11 février 1789 le club de Valois qui siège dans un appartement du Palais-Royal. Les frères La Fayette, Choderlos de Laclos, Lauzun, d'Aiguillon et Mirabeau y applaudissent le franc-maçon Mathieu de Montmorency lorsqu'il invite la foule parisienne à manifester contre le roi Louis XVI.

Certains historiens sérieux ont affirmé que plusieurs maçons de ce groupe, comme Brissot, auraient reçu alors des fonds du gouvernement anglais pour encourager le mouvement populaire.

Dans les provinces, les francs-maçons sont souvent désignés pour exprimer dans les assemblées locales les doléances des citoyens.

En fait, dans l'ensemble du pays, que cette constatation plaise ou déplaise aux uns et aux autres, il est permis d'observer que l'esprit de la franc-maçonnerie a contribué à rendre la Révolution possible, que les frères qui ont participé à son explosion ont malgré tout été peu nombreux mais que, en revanche, ils ont souvent su jouer un rôle lorsque l'événement s'est produit. Dans son essai *Sciences et philosophie de l'Histoire,* Henri Sée a pu aller jusqu'à écrire :

« Les loges, où se coudoient des hommes appartenant à des classes différentes, peuvent avoir contribué assez fortement à créer un état d'esprit favorable aux idées nouvelles, à une entente momentanée entre les trois ordres désireux de voir la France dotée d'une constitution. »

Il est important de souligner que, malgré l'affirmation contraire de Fred Zeller, les maçons ont toujours été minoritaires au sein du Tiers État. Or, c'est cet ordre qui porte le coup le plus dur à l'absolutisme royal, le 1er juin 1789, en exprimant la volonté de la Nation au cours de la séance des États généraux où la décision est prise de siéger en Assemblée nationale. De là va sortir la nuit du 4-Août qui verra l'abolition des privilèges. Or, jamais personne n'a pu prouver que ce mouvement ait répondu à un quelconque mot d'ordre des loges maçonniques, mot d'ordre qui non seulement n'a jamais existé, mais qui de plus n'a jamais été prévu ni envisagé.

Lorsque la Révolution éclate, la plupart des maçons français s'en réjouissent. C'est ainsi que les membres de la loge Les Élus de Chartres font célébrer le 29 juin une messe pour fêter « la Révolution heureuse » qui vient de se produire.

Les maçons écrivent beaucoup. Les frères Sieyès, Target, Thouret, Volney, Guillotin, Condorcet, Camille Desmoulins, Mirabeau, livrent aux imprimeurs leur prose la plus ardente.

Dans sa préface à l'ouvrage de Roger Priouret, *la Franc-Maçonnerie sous les lys,* Pierre Gaxotte explique :

« Les maçons ont pris part à toute l'agitation qui a précédé la convocation des États, à la rédaction des cahiers, et beaucoup ont été élus. En Bretagne, Augustin Cochin établit que cinquante-trois personnes ont composé les députations envoyées à la Cour en janvier et février 1789. Sur ces cinquante-trois, il y a trente et un francs-maçons. Cette proportion est considérable. Dans le Nivernais, à la Charité, sur six députés du Tiers au bailliage, il y a quatre maçons. A Montreuil-sur-Mer, sur dix rédacteurs du cahier du Tiers, deux sont maçons. »

Acceptons ces chiffres, encore qu'il nous soit permis de regretter que Pierre Gaxotte ait cru devoir faire appel au témoignage d'Augustin Cochin, un auteur qui, dans son étude sur *les Sociétés de pensée et la Révolution en Bretagne,* a voulu prouver à tout prix que la Révolution française était née d'un complot tramé dans les loges maçonniques de Bretagne.

Il est vrai, malgré tout, que les francs-maçons de Bretagne ont été particulièrement actifs pendant cette période, et qu'ils ont réussi à faire élire vingt-neuf des leurs sur les quarante députés que comptait le Tiers État dans leur province.

Dans le même temps, plusieurs des hauts dignitaires de leur Ordre ont pris sans attendre le chemin de l'exil. Le duc de Montmorency-Luxembourg, administrateur général du Grand Orient de France, prend la fuite en direction de Londres au lendemain de la prise de la Bastille. Le même jour, le comte d'Artois gagne la Belgique.

Montmorency-Luxembourg renonce ainsi au rôle de porte-parole de la noblesse face au roi qu'il s'était assigné. De Londres, il écrit au comte de Chasteigner :

« J'avais désiré une restauration sage et nécessaire, et non pas une subversion générale et l'anarchie. »

En Angleterre, il retrouve beaucoup de frères exilés comme lui, notamment le député de la noblesse parisienne Duval d'Eprémesnil, et aussi le député de la noblesse de Chartres, le baron de Montboissier-Beaufort-Canillac, gendre de Malesherbes et ancien vénérable de la loge Les Amis à l'épreuve. La famille de Rohan, qui compte plusieurs maçons, s'est réfugiée en Autriche.

Tous suivent alors de loin l'évolution de la situation en France et ils sont convaincus que quelques mois d'agitation vont suffire à ramener l'ordre monarchique.

Ils savent pourtant combien de leurs frères sont maintenant engagés dans l'action. Toutes les archives maçonniques ne permettent pas d'évaluer exactement le nombre des députés maçons. On a cité le chiffre de 97 pour la noblesse et il paraît exact. Dans son ouvrage *la Franc-Maçonnerie française et la préparation de la Révolution*, Gaston Martin a cité pour le Tiers État le chiffre de 477, et il semble à peine exagéré. On ne peut sérieusement mettre en doute l'appartenance maçonnique que pour une dizaine d'entre eux.

S'il est vrai que la franc-maçonnerie ne peut être accusée d'avoir prémédité la Révolution, ses membres étaient mieux préparés que beaucoup d'autres à jouer un rôle dans les événements révolutionnaires.

Alors que la société sous l'Ancien Régime était étroitement cloisonnée, les loges avaient depuis 1730 fait asseoir fraternellement les uns auprès des autres des hommes de la grande et de la petite noblesse, du clergé et du Tiers État. Les francs-maçons qui s'étaient retrouvés aux États généraux s'étaient bien vite reconnus.

Malgré tout, ceux qui s'engagèrent alors dans l'action révolutionnaire le firent de leur propre initiative et sans avoir reçu de leur Ordre aucune consigne. C'est Émile Dermenghem, dans son introduction aux *Sommeils* de Jean-Baptiste Willermoz, qui écrit fort justement :

« Si les francs-maçons du XVIIIe siècle ont préparé la Révolution, ce n'est sans doute pas en qualité de maçons, mais en tant qu'hommes du XVIIIe siècle soumis plus ou moins, comme tous leurs contemporains, à l'influence de Voltaire et de Rousseau. »

Il existe une légende qui trouve des défenseurs parmi les historiens les plus sérieux. André Malraux lui-même crut devoir y apporter sa caution : la bataille de Valmy aurait été truquée. Les frères Danton, Lebrun et Dumouriez, a-t-on expliqué, auraient secrètement négocié avec le duc de Brunswick, commandant en chef de l'armée autrichienne. Certains ont même ajouté que la trahison de Brunswick lui aurait rapporté huit millions de l'époque et qu'il aurait pu ainsi rembourser les énormes dettes qu'il avait contractées.

Beaucoup parlent encore avec assurance du prétendu complot maçonnique de Valmy. Le malheur, pour ceux qui ont échafaudé cette thèse, c'est qu'ils ont confondu Charles-Guillaume-Ferdinand de Brunswick, le commandant en chef de Valmy, avec son oncle, le grand maître de la Stricte Observance templière. Le Brunswick de Valmy était franc-maçon, lui aussi, mais il était bien loin d'avoir dans l'Ordre le renom de son oncle. Il paraît difficile qu'en pleine guerre Danton, Lebrun et Dumouriez aient eu à un moment quelconque la possibilité de faire jouer la solidarité maçonnique pour réussir à le soudoyer.

En réalité, il suffit de se rendre au moulin de Valmy et d'étudier sur place le récit détaillé de la bataille pour comprendre que les généraux ont joué leur partie comme aux échecs, avançant un pion, et puis l'autre, et que Brunswick a jugé inutile de faire tuer des hommes lorsqu'il a compris qu'il était manœuvré.

Les francs-maçons qui ont pris le parti de la Révolution ne sont pas tous solidaires. Malgré la proposition de la loge parisienne La Bienfaisance, il n'est pas possible de réunir dans une assemblée commune les frères qui siègent aux États généraux dans les différents groupes. Le Grand Orient entend d'ailleurs conserver sa neutralité dans cette grande bataille politique et il fait interdiction formelle à ses loges de se réunir dans des locaux où siègent des clubs révolutionnaires. Il menace d'exclure celles qui accueilleront dans leur temple des associations profanes. Cette attitude de neutralité de principe, souvent démentie dans les faits par le choix personnel des francs-maçons, se répétera constamment dans toutes les périodes dramatiques de l'Histoire.

Un certain nombre de frères élus députés participent, dès leur arrivée à Versailles, à la constitution du Club breton, créé par le frère Le Chapelier. Plusieurs auteurs se référeront plus tard à cette organisation pour soutenir que la maçonnerie bretonne a joué le rôle essentiel dans le déclenchement de la Révolution. C'est en effet le franc-maçon Le Chapelier qui propose et qui obtient, avec l'appui de son frère l'abbé Sieyès, la constitution des États généraux en Assemblée nationale. C'est lui qui présidera également la séance historique de la nuit du 4-Août.

On voit malgré tout des maçons bretons comme Le Chapelier et Lanjuinais s'efforcer de sauver les biens du clergé.

Cependant, si l'on compte à l'Assemblée nationale 129 maçons bretons parmi les élus du Tiers État, ils seront plus rares à l'Assemblée législative et à la Convention. Le frère Defermon présidera la première séance du procès de Louis XVI alors que le frère de Sèze siégera parmi les défenseurs du roi. De tous les députés bretons, un seul, le frère Chaumont, de l'Ille-et-Vilaine, votera la mort du roi.

Le 23 janvier 1789, une loge de Rennes, La Parfaite Union, a initié le futur général Moreau. Au cours de la cérémonie, un frère nommé Corbin de Pontbriand a prononcé une allocution à laquelle plusieurs auteurs se référeront plus tard pour étayer la thèse du complot breton :

« C'est de nos temples, déclare-t-il, et de ceux élevés à la sainte philosophie que sont parties les premières étincelles du feu sacré qui, s'étendant rapidement de l'Orient à l'Occident, du Midi au Septentrion de la France, a embrasé les cœurs de tous les citoyens... Aucun de nous, mes très chers frères, n'ignore que notre grand maître, le duc d'Orléans, a concouru plus que personne à l'heureuse révolution qui vient de s'opérer. Empressons-nous d'entrer dans ses vues... »

Durant cette période, les francs-maçons occupent les premiers rangs de la scène historique. Les aristocrates qui, le 25 juin, prennent la tête du groupe qui rejoint le Tiers État, sont tous des maçons : Clermont-Tonnerre, Talleyrand, Montesquiou-Fézensac, d'Orléans, Aiguillon, Latour-Maubourg, Luynes, Lameth, Montmorency, La Touche-Tréville. Leurs frères Tessé, La Fayette et Noailles refusent de les imiter.

Lorsque Necker est disgracié et se rend en Suisse avec son épouse, c'est le frère marquis de Savonnières qui est chargé par Louis XVI de l'escorter jusqu'à la frontière.

Lorsque la Bastille est envahie par la foule parisienne, c'est le frère vicomte de Noailles qui apporte la nouvelle à l'Assemblée réunie à Versailles. C'est alors le frère marquis de Sillery qui demande à l'Assemblée de voter une motion pour exiger de Louis XVI le renvoi immédiat de ceux qui l'ont poussé à se séparer de Necker. Le roi consent alors à rappeler son ministre, et le premier commis du contrôle général des Finances, qui part à la recherche de Necker, porteur à la fois d'une lettre de Louis XVI et d'un message de l'Assemblée, est le frère Louis-César du Fresnes-Saint-Léon, membre de la loge parisienne Les Neuf Sœurs.

C'est également sur la proposition du frère Brissot que le district des Filles-Saint-Thomas fait proclamer par les citoyens le frère La Fayette comme commandant général de la milice parisienne.

La maçonnerie est troublée, ébranlée. On commence à voir des frères abandonner les ateliers. C'est le cas notamment de Claude de Saint-Martin qui demande à être rayé des listes. Certaines loges se mettent en sommeil. C'est le cas de La Réunion des Élus à Marseille.

Il est certain que la confiscation des biens du clergé, votée le 2 novembre 1789 sur la proposition de Mirabeau, jette de nombreux frères catholiques dans le parti contre-révolutionnaire. Dans plusieurs villes de province, et notamment au Mans, les loges cessent de se réunir.

Malgré tout, le 19 juin 1790, les francs-maçons La Fayette, Charles de Lameth, Noailles et Mathieu de Montmorency prennent l'initiative de proposer la suppression des titres de noblesse :

— Nous ne reconnaissons plus d'autres distinctions que celles des vertus, proclame le vicomte de Noailles.

Le duc d'Orléans croit encore, avec le soutien de sa faction, pouvoir provoquer le départ de Louis XVI et lui succéder sur le trône, mais le frère La Fayette, qui détient le commandement de toutes les unités armées de la force révolutionnaire, contrôle toujours les événements et s'oppose à cette ambition. Pendant toute l'année 1790, il s'obstine à croire qu'il va lui être possible d'imposer au pays une monarchie constitutionnelle.

Le duc d'Orléans est alors manœuvré par le club breton où les frères Duport, Lameth et le profane Barnave feignent d'entrer dans son jeu, mais sont en réalité bien décidés à ne pas lui permettre de monter sur le trône.

Le club breton se transforme très vite. Il prend d'abord le nom de Société des Amis de la Constitution, puis il devient le Club des Jacobins.

La Fayette, qui en est membre, finit par s'effrayer des tendances révolutionnaires de ceux qui le dirigent. Il fonde alors avec Bailly, Talleyrand, Brissot, Condorcet et Sieyès la Société de 1789. Dans le même temps, le frère Stanislas de Clermont-Tonnerre, le frère de Luynes, le marquis de Juigné et l'abbé de Montesquiou créent le Club des Amis de la Constitution monarchique. Le frère Marat s'installe au Club des Cordeliers.

De nombreux maçons se répartissent alors entre ces tendances opposées : ils vont très vite s'entre-tuer.

Quelques loges, parmi les plus influentes, adhèrent ouvertement aux nouvelles institutions. C'est le cas de Saint-Jean d'Écosse du Contrat Social qui adresse à toutes les loges du rite écossais une circulaire qui précise :

« Nous devons chérir la nouvelle constitution française ; nous devons l'appuyer de tout l'ascendant de nos vertus, de toute l'expansion de nos lumières ; nous devons être les premiers, comme citoyens les plus vertueux, et comme citoyens les plus éclairés, à donner l'exemple de l'obéissance aux décrets acceptés ou sanctionnés ; nous devons redoubler d'efforts pour convaincre de plus en plus tous ceux au milieu desquels nous vivons qu'il n'est point de bonheur sans la paix, qu'il n'est point de paix sans soumission aux lois. »

C'est l'occasion pour certains meneurs révolutionnaires de se faire initier en maçonnerie.

La loge parisienne Les Neuf Sœurs s'est transformée en club littéraire et artistique. Elle a pris le nom de Société nationale des Neuf Sœurs, puis elle a disparu en 1792. Le Grand Orient de France finit par s'inquiéter de voir tant de loges françaises disparaître les unes après les autres et, le 30 juin 1791, il diffuse une circulaire :

« La maçonnerie en France serait-elle menacée de tomber dans l'anarchie et la confusion dont vous l'avez tirée avec tant de peines et de soins ? Le patriotisme de nos frères causerait-il la destruction des temples qu'ils se sont plu à élever à la vertu et qu'ils ont si souvent rendus accessibles au cri de l'humanité souffrante ? Leur civisme mérite sans doute notre reconnaissance et notre estime ; mais est-il impossible de concilier les devoirs de maçon avec ceux de citoyen ? »

Cet appel désespéré révèle une analyse fort réaliste de la situation puisque la Grande Loge de France est amenée à cesser ses travaux en 1791 et que le Grand Orient est obligé de faire de même en 1793.

On ne saurait donc prétendre que la franc-maçonnerie a été au pouvoir pendant la Révolution française même si elle a contribué à l'expansion des idées qui l'ont nourrie et que de nombreux maçons ont assumé dans le même temps des responsabilités politiques essentielles.

En réalité, ceux-là ne constituent qu'une minorité. Dès 1791, les neuf dixièmes des loges françaises sont fermées, soit par décision de l'autorité révolutionnaire, soit par décision de leurs membres. La plupart des initiés se cachent et cherchent à se faire oublier, dans l'espoir qu'il leur sera possible de traverser l'orage sans trop de risques. De nombreux frères sont en prison ou en exil. Les ateliers qui survivent ont dû se transformer en clubs révolutionnaires. C'est le cas des Amis de la Liberté à Paris et de La Bonne Amitié à Marseille. A Toulouse, plusieurs loges ont renoncé à leur caractère initiatique pour se proclamer « loges républicaines de France sous la protection des lois ».

Les maçons continuent à se déterminer selon leur seule conscience, sans que leur Ordre intervienne pour leur imposer, voire pour leur suggérer un choix. C'est ainsi que, le 23 juin 1791, au retour de Varennes, le frère vicomte de Noailles et le frère duc d'Aiguillon sauvent la reine Marie-Antoinette de la foule à l'entrée des Tuileries.

A l'Assemblée nationale, les députés maçons avaient été les défenseurs de l'idéal révolutionnaire. Dans la Législative, assez nombreux encore, ils se montrent pour la plupart effrayés par les excès des sans-culottes et ils soutiennent ouvertement la réaction. Sous la Convention, ils sont traités en suspects. Les loges sont alors dénoncées comme des foyers de la contre-révolution. Le Conventionnel Garnier, représentant du peuple à Saintes, prend même à Bordeaux le 24 messidor de l'an II un arrêté tendant à la destruction de toute association secrète, et « nommément celles dites maçonniques », qu'il regarde comme des foyers du modérantisme et comme le refuge de gens chassés des sociétés populaires.

L'Ordre maçonnique est alors interdit en France et le restera jusqu'en 1795.

Et pourtant...

Le frère Clavière devient ministre des Finances le 24 mars 1792, ce qui tend à prouver que la Révolution se méfie davantage de la franc-maçonnerie que des francs-maçons. Le frère Stanislas de Girardin devient président de l'Assemblée législative le 24 juin 1792. Le frère Chaumette est l'un des membres les plus influents de la Commune.

Il est clair que l'engagement personnel de ces frères ne concerne qu'eux. La maçonnerie, qui a vu au départ dans la Révolution le triomphe de ses idées de liberté, d'égalité et de fraternité, est maintenant effrayée par l'explosion de violence qu'elle a apportée.

La colère populaire se tourne maintenant contre les loges. Certains temples sont attaqués et pillés. De hauts dignitaires de l'Ordre sont jetés au cachot. Par mesure de prudence, le Grand Orient de France ne répond plus aux lettres des vénérables. C'est ainsi que le frère Hue, orateur de la loge La Martinique, s'étant préoccupé de savoir si le Grand Orient existait toujours et n'ayant reçu aucune réponse, envisage de fonder lui-même une nouvelle obédience.

Les frères de La Parfaite Union de Rennes se dispersent en juin 1792. Le vénérable de L'Heureuse Rencontre de Brest place le bonnet phrygien sur l'autel des serments de sa loge. La Vertu Triomphante de Saint-Brieuc suspend ses travaux. A Dinan, La Tendre Fraternité est dissoute par le représentant du peuple Le Carpentier. Il déclare que, sous un régime républicain de jouissance de la liberté, nul n'a besoin des ombres du mystère.

L'Amitié d'Aix disparaît à son tour, ainsi que la plupart des loges de Marseille. Dans cette ville, La Parfaite Sincérité juge habile de donner des preuves publiques du patriotisme et du civisme de ses membres. Le 2 septembre, elle décide à l'unanimité de planter un arbre de la liberté dans le jardin attenant au temple, et d'afficher la Déclaration des droits de l'homme près de l'autel des serments.

Le 24 février 1792, le frère Bergevin, vénérable de L'Heureuse Rencontre de Brest, écrit au Grand Orient à Paris :

« L'esprit maçonnique ayant été tellement propagé dans les assemblées politiques, nos temples sont pour ainsi dire déserts et il est même à préciser que de trois loges qui existent à Brest, on aura peut-être de la peine sous peu à en former une. »

La franc-maçonnerie française va cependant recevoir un coup terrible et elle le devra à son grand maître qui signe maintenant Égalité.

Dans une lettre adressée le 22 février 1793 au journaliste Milscent et publiée le dimanche 24 février dans le supplément du *Journal de Paris,* le père du futur roi Louis-Philippe renie publiquement la franc-maçonnerie. Cet acte sera considéré à la fois par les frères comme une trahison et comme une dénonciation. Il écrit en effet :

« Voici mon histoire maçonnique. Dans un temps où, assurément, personne ne prévoyait notre révolution, je m'étais attaché à la franc-maçonnerie qui offrait une sorte d'image d'égalité, d'image de liberté. J'ai depuis quitté le fantôme pour la réalité. Au mois de décembre dernier, le secrétaire du Grand Orient s'étant adressé à la personne qui remplissait auprès de moi les fonctions de secrétaire du grand maître pour me faire parvenir une demande relative aux travaux de cette société, je répondis à celui-ci, à la date du 5 janvier : " Comme je ne connais pas la manière dont le Grand Orient est constitué, et que par ailleurs je pense qu'il ne doit y avoir aucun mystère, ni aucune assemblée secrète dans une république, surtout au commencement de son établissement, je ne veux plus me mêler en rien du Grand Orient, ni des assemblées de francs-maçons ". »

Philippe Égalité a effectivement envoyé sa lettre du 5 janvier. Elle sera soumise le 11 avril à la Grande Loge de Conseil qui en délibérera. Le 13 mai, l'assemblée extraordinaire du Grand Orient de France prendra la décision de laisser vacante la fonction de grand maître.

Par sa déclaration à Milscent, le grand maître démissionnaire ne se contente pas de renier la maçonnerie, il s'efforce également de justifier les mesures prises contre elle par le pouvoir révolutionnaire. Il veut aussi, c'est évident, fuir la répression qui s'annonce. Pour mesurer la portée de son geste, il faut rappeler que le banquier Tassin, président de la chambre d'administration du Grand Orient, va être guillotiné pendant la Terreur et que le frère Roettiers de Montaleau sera emprisonné. A la Conciergerie, ce dernier retrouvera entre autres deux frères de L'Aménité de Châteaudun, l'ancien maire Barré et l'ancien député Boucher.

Finalement, la trahison du grand maître ne va pas suffire à le sauver et il sera lui-même guillotiné.

Le mépris que son attitude a inspiré à ses frères s'est exprimé par l'acte symbolique du président de l'assemblée extraordinaire du 13 mai. Ayant lu la lettre de démission aux délégués des loges, il s'est saisi de l'épée du grand maître, l'a brisée sur ses genoux et en a jeté les morceaux au milieu de l'assistance.

Pendant toute cette période révolutionnaire où les actes de cruauté entre Français ont été si nombreux, il convient toutefois d'observer que les francs-maçons directement impliqués dans l'action n'ont pas hésité à se secourir.

Jamais sans doute le signe de détresse maçonnique n'a eu dans l'histoire de France autant d'efficacité qu'à cette époque.

Un jour, deux députés de la noblesse, Montesson et Vassé sont reconnus par les sans-culottes à Savigné. Lorsque le frère de Vassé comprend qu'il risque d'être massacré, il fait le signe de détresse et l'un des chefs révolutionnaires, le frère Aubry, maître de poste et membre de la loge Saint-Julien de l'Étroite Union, lui donne le refuge et permet aux deux aristocrates de s'enfuir par les jardins.

En janvier 1792, le Grand Orient de France fait un devoir à tous les francs-maçons d'aider par tous les moyens les frères en danger et, le cas échéant, de leur procurer un asile. Cette consigne est le plus souvent suivie, même par certains des frères les plus engagés dans l'action révolutionnaire. Ici, il n'est pas inutile de rappeler les efforts accomplis par le frère Hébert pour essayer de sauver la princesse de Lamballe, grande maîtresse des loges féminines d'adoption.

Cette attitude, très vite signalée aux plus farouches épurateurs des clubs révolutionnaires, est certainement à l'origine de l'enquête ordonnée par la Convention à Barère sur les activités suspectes des loges.

En décembre 1793, lorsque les Vendéens occupent la ville du Mans, ils ont à leur tête le général Charles d'Autichamp, membre avant la Révolution de la loge militaire La Parfaite Union, au régiment du Dauphin-Dragons. Le général s'installe chez un industriel franc-maçon de la ville, le frère Desportes de la Fosse, et ce dernier en profite pour lui arracher la grâce de quelques révolutionnaires mis en état d'arrestation par les royalistes. Il est vrai que dans le même temps les Vendéens pillent la maison du franc-maçon Le Prince de Claisigny sans qu'Autichamp et Desportes de la Fosse puissent intervenir.

Le frère François Primaudière, représentant du peuple, intervient en vain auprès du comité révolutionnaire pour tenter d'obtenir la libération du frère Louis Corbineau, écroué comme fédéraliste.

Partout, à côté de maçons engagés dans la répression la plus impitoyable, nous trouvons des initiés qui pratiquent, souvent au péril de leur vie, la tolérance et la fraternité.

Après Thermidor, de nombreux détenus francs-maçons sont libérés. C'est l'un d'entre eux, le frère Roettiers de Montaleau, qui va tenter en décembre 1795 de réveiller les loges du Grand Orient. Dix-huit seulement répondent à son premier appel. Il prend alors le titre de Grand Vénérable du Grand Orient de France. La renaissance de l'Ordre est pénible et il va falloir attendre la période du Consulat pour qu'il retrouve une certaine force.

Alexandre-Louis Roettiers de Montaleau, ancien directeur de la Monnaie, est un ancien Philalète. Passionné d'ésotérisme, il se révèle en l'occurrence homme d'action et de décision. Il a été président de la Chambre des provinces du Grand Orient en 1787, puis membre de la Chambre des grades, enfin président de la Chambre d'administration après l'arrestation du banquier Daniel Tassin. Pendant la Terreur, il a transporté chez lui, rue de Bondy, toutes les archives de l'obédience.

C'est à cette époque qu'un jésuite, le Père Barruel, publie quatre volumes sous le titre *Mémoires pour servir à l'histoire du jacobinisme*. En plus de deux mille pages, il présente un roman historique selon lequel la Révolution française serait née d'un complot tramé dans les loges, et c'est chez lui que pendant cent cinquante ans les historiens, même parmi ceux qui ont fort bonne réputation, vont venir chercher les arguments qui permettront d'entretenir cette légende.

Nodier, Joseph de Maistre, l'abbé Grégoire s'efforcent en vain de réfuter les allégations fantaisistes du Père Barruel, et Augustin Cochin, acceptant cette thèse, refusera malgré tout de prendre au sérieux le roman-feuilleton de ce religieux qu'il dénoncera comme une « conspiration de mélodrame et un sabbat d'arrière-loge ».

Pour Eugène Ruault, historien reconnu de la maçonnerie bretonne, il ne fait aucun doute que l'abbé Barruel a été finalement « la source impure de la calomnie ». Et cependant, lorsque Gustave Bord voudra à son tour attaquer les loges et la Révolution, c'est encore à l'abbé Barruel qu'il se référera.

Or, l'abbé Barruel ne cache à aucun moment ses arrière-pensées. C'est ainsi qu'il explique le but de sa démarche :

« Ce qu'il importe de démontrer, écrit-il, c'est que dans cette Révolution française, tout, jusqu'à ses forfaits les plus épouvantables, a été prévu, combiné, résolu, préparé avec la plus profonde scélératesse par des hommes qui avaient seuls le fil des conspirations longtemps ourdies dans les sociétés secrètes. »

En fait Barruel s'exagère la force et la cohérence des loges d'avant 1789. Dans ces cercles distingués où des personnes de la bonne société n'attachaient d'importance qu'au cérémonial, aux œuvres de charité et à la qualité des banquets, qui peut croire qu'on aurait pu sérieusement préparer un changement de régime ?

Dans aucune loge on ne trouve trace d'une recherche sérieuse sur une nouvelle forme de société, sur l'égalité sociale, sur la tolérance. Dans son ouvrage *la Franc-Maçonnerie sous les lys,* paru en 1953, Roger Priouret soutient, contre Barruel, que la franc-maçonnerie n'a été pour rien dans la formation d'un esprit philosophique d'incrédulité critiquant le dogme, les livres sacrés, l'histoire et les rites de la religion catholique.

Bernard Faÿ situe ailleurs le rôle essentiel joué par la maçonnerie dans la Révolution.

« L'impulsion révolutionnaire, écrit-il, le fond révolutionnaire, les chefs révolutionnaires, dans les deux premières années de la Révolution, viennent des classes privilégiées. Si le duc d'Orléans, Mirabeau, La Fayette, si la famille de Noailles, les La Rochefoucauld, les Bouillon, les Lameth et les autres nobles libéraux n'avaient point déserté la noblesse pour se rallier à la cause du Tiers et de la Révolution, il aurait manqué aux révolutionnaires cet appoint qui leur permit de triompher dès le début. Or, tous ces nobles se rallièrent d'emblée à la cause des idées nouvelles, bien qu'ils dussent par la suite y perdre leur fortune, leur situation, leur rang, et leur vie, tous étaient francs-maçons et l'on ne peut voir là un hasard, à moins de nier l'évidence. »

Sans aller aussi loin que Barruel, Bernard Faÿ attribue le rôle essentiel à la loge parisienne Les Neuf Sœurs au sein de laquelle se retrouvaient Parny, Boucher, François de Neufchâteau, Chamfort, le peintre Vernet, le sculpteur Houdon, les écrivains Desmeuniers et Fontanes, des parlementaires tels que Duval d'Esprémesnil, de Sèze, le président du Paty, des journalistes comme Fallet, secrétaire de *la Gazette de France,* des financiers comme Bailly, des savants comme Lacépède, Berthelot, E. de Beaumont, Fourcroy, Lalande, des grands seigneurs comme le prince E. de Salm, le prince Charles de Rohan, le duc de La Rochefoucauld, le marquis de Condorcet, et des nouveaux venus dont on ne savait pas grand-chose, sauf que leur nom était obscur et leurs ambitions flamboyantes : Pétion, Brissot, Danton, Rabaut Saint-Étienne, l'abbé Sieyès.

Le jésuite Barruel mourra à Paris en 1820 avant d'avoir vu des auteurs fort sérieux, et qui n'étaient pas tous maçons, s'employer à démolir ses thèses et à ridiculiser ses prétendues preuves.

Il n'en demeure pas moins que son réquisitoire est aujourd'hui encore la bible de l'antimaçonnisme dans plusieurs pays.

Alain Guichard affirme :

« ... Pour sa démonstration, Barruel a usé d'une technique bien connue aujourd'hui : l' " amalgame ". Il a mélangé à ses mensonges une dose de vérité suffisante pour assurer leur crédibilité. L'entreprise était d'autant plus aisée que la franc-maçonnerie, c'est l'évidence, a contribué, ne serait-ce que par osmose, à la diffusion des idées de progrès, de fraternité universelle, d'égalité et de liberté. Ses loges fonctionnaient selon un système électif, comme des assemblées parlementaires, et leur régime démocratique ne pouvait que fasciner les sujets du roi. »

Certes, de la Société des Trente au club des Jacobins, de la loge Les Neuf Sœurs au Comité Secret des Amis Réunis, les francs-maçons qui ont contribué à la chute du trône et au succès de la Révolution ont été nombreux. Mais il est juste d'observer qu'ils ont toujours été minoritaires dans les loges par rapport à ceux de leurs frères qui affirmaient leur fidélité à la monarchie.

Alain Guichard cite quelques faits précis :

« En Vendée, par exemple, sur 731 maçons recensés, il y avait 111 ecclésiastiques, dont 69 refusèrent de prêter le serment à la Constitution civile du clergé. Celui qui allait devenir l'un des chefs de l'insurrection vendéenne, M. de Charette, était membre du Grand Orient. Le recrutement hétérogène des loges fournit la raison de leur éclatement et de leur long sommeil pendant les années terribles. Voit-on Marat discutant paisiblement avec les aristocrates de son atelier ! Il est très significatif aussi que les premières loges qui se reconstituent soient celles des armées de l'émigration. La Convention chargera d'ailleurs Barère d'ouvrir une enquête sur les activités des loges, toutes suspectes de royalisme. »

Il ne faudrait pas non plus exagérer dans ce sens. S'il n'y avait eu que des royalistes dans les loges de 1789, on n'aurait certainement pas compté 477 francs-maçons parmi les 605 députés appelés à siéger aux États généraux en février 1789.

S'il n'y avait pas eu des francs-maçons parmi les élus de la noblesse, parmi ceux du clergé, parmi ceux du Tiers État, l'entente des trois ordres n'aurait sans doute pas pu se réaliser et la franc-maçonnerie a fort consciemment usé de son influence à ce moment pour favoriser cette entente qui a permis de voter la nouvelle Constitution [1].

La fraternité qui existait entre ces hommes a été alors assez forte pour résister à la pression des événements.

Dans son ouvrage *la Bretagne pendant la Révolution*, l'historien Kerviler se réfère à un propos qu'aurait tenu le frère Le Coroller du Moustoir, député de Lorient, à Malouët, et selon lequel le complot maçonnique contre le trône n'aurait été que le résultat des convents de Paris en 1785 et de Francfort en 1786, au cours desquels les Martinistes de France et d'Angleterre se seraient mis d'accord avec les Illuminés allemands.

Qu'en faut-il croire ?

D'une part, rien ne nous permet de supposer que le propos prêté à Le Coroller du Moustoir soit authentique, et même s'il l'était, le propos tenu entre deux portes par un seul franc-maçon ne peut suffire à nous faire accepter une thèse qu'une multitude de faits établis suffit à balayer.

Par ailleurs, le Grand Orient de France, qui contrôlait à la veille de la Révolution la presque totalité des loges, a été tenu à l'écart des convents de Paris et de Francfort. Il ne peut, en conséquence, être tenu pour responsable des décisions qui y auraient été prises. Il ne peut être considéré comme solidaire.

Qui peut encore de nos jours ajouter foi à cette version ?

Qui peut accepter de croire que la fin de la monarchie et la mort du roi Louis XVI auraient été préméditées dans les loges bretonnes, auxquelles appartenaient un grand nombre d'aristocrates dont beaucoup sont morts sur l'échafaud, ont servi dans l'armée de Condé ou bien ont rejoint la chouannerie ?

Sans doute, avant 1789, ces aristocrates n'étaient-ils pas en majorité dans les loges bretonnes, mais ils y exerçaient des fonctions essentielles, alors que les francs-maçons bretons, qui devaient jouer un rôle de premier plan dans la Révolution, les frères Le Chapelier, Lanjuinais et Defermon, pour ne citer qu'eux, n'occupèrent jamais aucun office maçonnique de quelque importance.

N'en déplaise à Pierre Gaxotte, les hommes dont Augustin Cochin a prétendu faire les chefs du complot des loges bretonnes, le comte de Guichen à Morlaix, La Chalotais à Rennes, de Corlay, Georgelin le Remuant n'étaient pas francs-maçons.

Le 24 février 1797, le Grand Orient adresse une circulaire à toutes ses loges pour annoncer la reprise de ses activités.

---

1. C'est le comte de Virieu, franc-maçon, qui fut le premier député de la noblesse à se prononcer pour la réunion des trois ordres.

Or, certains maçons sont encore à l'époque engagés dans la lutte armée contre-révolutionnaire. C'est le cas du frère Gervais Savare qui, sous le nom de Pierre-Pierre, est l'un des chefs les plus respectés de la chouannerie. Beau-frère du révolutionnaire Pottier de la Morandière, il parcourt la région de Saint-Denis-d'Orques en compagnie du général royaliste et franc-maçon Marie-Paul de Scepeaux.

Les rapports de la maçonnerie avec le pouvoir politique restent tendus et difficiles.

Plusieurs francs-maçons meurent à la prison parisienne de la Force au cours de l'année 1798. Le 18 février 1798, le *Journal des Hommes libres* publie l'article suivant :

« L'on écrit de Laval qu'une loge maçonnique vient de s'y rouvrir avec un scandaleux éclat. Cette loge établit des correspondances et recueille de préférence des fonctionnaires destitués de fructidor, les parents d'émigrés, les chouans rentrés, les affiliés du fameux club de Clichy, et ceux qui ont arboré la cocarde blanche, enfin les juges bourreaux et tous les voleurs comptables des deniers publics. La réouverture de cette société monstrueuse est du plus sinistre augure pour les républicains et ils ne voient pas sans une certaine surprise redoubler l'activité de ces éternels conspirateurs, de ceux-là mêmes qui ont royalisé les dernières élections. Tous se demandent quelles heureuses nouvelles ont ranimé leur courage abattu. »

Il est vrai que beaucoup de loges mises en sommeil pendant la période révolutionnaire choisissent ce moment pour se réveiller. C'est ainsi que le frère Boutet, vénérable de la loge de Morlaix L'École des Mœurs, écrit le 24 juin 1799 au Grand Orient de France :

« Depuis quelques années, notre correspondance se trouve suspendue et nos travaux ralentis. Dans les crises auxquelles notre patrie a été livrée, la prudence nous a commandé cette privation pénible. Aujourd'hui, sous un gouvernement juste et fort, et dont la plupart des membres ont probablement puisé entre l'équerre et le compas les principes de sagesse et d'équité qui les dirigent, nous travaillons de nouveau avec zèle et sécurité. »

Le frère Boutet ne se trompe pas. Ce gouvernement qu'il juge juste et fort, c'est celui du Directoire, et parmi les ministres qui en font partie entre octobre 1795 et novembre 1799, il peut sans peine identifier les francs-maçons Merlin de Douai, François de Neufchâteau, Talleyrand, Fouché, Cambacérès et le contre-amiral Bruix.

Une fois encore, des maçons détiennent le pouvoir public alors que l'Ordre maçonnique reste très menacé. C'est ainsi que nous avons relevé, dans les Comptes décadaires du commissaire du gouvernement en remplacement près de l'administration de Toulon, à la date du 20 février 1800, l'observation suivante :

« Il n'a pas été encore possible de détruire jusqu'à présent la Société Franc-Maçonnerie, mais nous avons pris, de concert avec le commandant de la place, tous les moyens possibles pour la dissoudre et nous y parviendrons d'après les mesures de police mises en vigueur. C'est ce dont je vous rendrai compte et ma fermeté et mon zèle prouveront que j'emploierai tout pour y réussir. »

Le 2 mars suivant, ce fonctionnaire écrira encore :

« Les mesures prises de concert avec le commandant de la place ont eu tout l'effet que j'en attendais et il ne s'est plus parlé de la Société dont il s'agit. »

Ce commissaire du gouvernement se contente de peu. Est-il besoin de préciser que les loges toulonnaises étaient toujours pleines d'activité ?

La maçonnerie qui se réveille ainsi sous le Directoire est fort différente de celle que les frères avaient connue avant la Révolution. Les catholiques y sont maintenant moins nombreux. Les prêtres y sont rares. Seuls quelques vieux religieux ont consenti à reprendre leur place dans le temple. Comme l'observe Pierre Chevallier dans son *Histoire de la franc-maçonnerie française*, il sera de plus en plus difficile, tout au long du XIXe siècle, d'être à la fois catholique et franc-maçon.

Dans cette période révolutionnaire qui s'achève, la maçonnerie française a failli mourir à plusieurs reprises des coups qui lui ont été portés par certains de ses membres. Les uns, par leur appartenance à la noblesse, avaient été compromis lors de la chute de la monarchie. Les autres, adeptes des nouvelles thèses républicaines, avaient aidé au succès d'un nouvel ordre politique, qui devait traiter les loges maçonniques en associations suspectes.

Une première séquence de l'histoire maçonnique finit là.

La maçonnerie des petits-bourgeois, des commis et des négociants va bien vite céder la place, sous le premier Empire, à une maçonnerie militaire toute-puissante qui va créer des loges dans toute l'Europe à la faveur des campagnes de la Grande Armée.

Celle-ci, après la Révolution de 1848, devra à son tour s'effacer devant une franc-maçonnerie d'avocats et de classes moyennes qui marquera fortement le Grand Orient de France et la Grande Loge jusqu'en mai 1958.

Avant de tourner la page sur cette période révolutionnaire, il est permis de rappeler, notamment aux francs-maçons de 1986 qui les ont oubliés, tous ceux des leurs qui tombèrent victimes de la Terreur. Il est permis également d'évoquer ceux qui furent victimes de la terrible répression ordonnée par la Convention après l'insurrection de Lyon et qu'illustrèrent les épouvantables boucheries de la plaine des Terreaux. Parmi ceux qui furent alors mis à mort, on a compté plus de cent francs-maçons dont quelques personnalités en vue des loges lyonnaises, comme l'imprimeur-libraire Claude-André Faucheux et le mercier Antoine Willermoz.

En résumé, il faut admettre que, sans consignes de leurs dignitaires, qui n'avaient pas qualité pour leur en donner, les francs-maçons, dans cette période tragique, ont presque toujours été solidaires de leur caste, et souvent plus sensibles à leurs intérêts personnels qu'à l'intérêt public. Les aristocrates ont pour la plupart choisi l'exil au moment où la Révolution a fait fonctionner la guillotine. Leurs frères bourgeois, qui avaient accueilli avec enthousiasme les premières réformes et applaudi la nuit du 4-Août, ne se sont pas reconnus dans les abus de 1793.

En fait, il y a eu en France deux révolutions successives. On peut dire que la plupart des maçons français avaient accepté celle de 1789 et ont tourné le dos aux excès de la Terreur.

1789 a été avant tout une révolte bourgeoise et il est vrai que l'esprit des loges avait contribué à remettre en discussion l'inégalité qui existait entre les classes sociales. On peut admettre que la franc-maçonnerie a joué un rôle dans les événements de 1789.

Cette révolte bourgeoise bien encadrée par les francs-maçons va être balayée par une révolution populaire et les gens du peuple n'ont jamais été admis dans les loges. Lorsque Roger Priouret écrit que l'Ancien Régime et la franc-maçonnerie sont morts ensemble, c'est à cela qu'il se réfère, parce qu'il est vrai que pour les révolutionnaires de 1793 la franc-maçonnerie est un corps qui appartient au passé. La franc-maçonnerie qui va ressusciter après la Révolution sera très différente de celle que la Révolution a fait provisoirement disparaître.

La grande mutation va s'accomplir.

« La franc-maçonnerie, qui n'était pas politique avant la Révolution, va le devenir, observe Albert Ladret. Les frères anciens ou nouveaux vont se grouper en tendances. »

Avec le général Villot et Roettiers de Montaleau, les loges de droite, ou loges de Clichy, seront royalistes constitutionnelles. A gauche, les loges jacobines seront gouvernementales, anticléricales après Thermidor et elles iront, à Toulouse, jusqu'à se regrouper au sein d'un Grand Orient du Midi. La liaison entre les deux courants sera assurée par les loges girondines, notamment à Lille et à Marseille.

Nombre des nouvelles recrues sont opportunistes. La maçonnerie redevient à la mode et il est fort habile d'en être. La bourgeoisie cultivée, qui eut tellement peur, s'efface. Les militaires, sortis du rang pour la plupart, sont nombreux à frapper à la porte des temples. La caste militaire constitue, il est vrai, la nouvelle classe dominante.

CHAPITRE III

LA MAÇONNERIE BONAPARTISTE

Avant d'évoquer le rôle de la franc-maçonnerie sous le premier Empire, il convient sans doute de préciser si Napoléon Bonaparte était lui-même franc-maçon.

Lorsqu'il régnait, la plupart des maçons français en étaient convaincus. Depuis, des historiens sérieux l'ont affirmé. Aujourd'hui encore, certains dignitaires de l'Ordre le croient. En réalité, toutes les hypothèses qui ont été émises au sujet de son initiation ont été démenties par les recherches. Personne n'a jamais pu retrouver son nom sur un tableau de loge.

Il existait avant la Révolution à Valence une loge, La Sagesse, à laquelle appartenaient l'imprimeur Aurel et son fils. Ce dernier était alors l'ami du lieutenant d'artillerie Napoléon Bonaparte. Il n'en a pas fallu davantage pour que certains auteurs émettent la supposition que Napoléon aurait pu être initié en 1785 par La Sagesse, ou encore par une loge militaire souchée sur cet Orient. Aucun document n'est jamais venu confirmer cette thèse, alors que les archives de La Sagesse existent et qu'elles permettent de suivre la carrière de Joseph-Emmanuel Aurel, dit Marc-Aurel, dont Napoléon Ier devait faire plus tard l'imprimeur officiel de l'armée en campagne.

En 1798, il séjourne à Malte. Il se trouve encore aujourd'hui des historiens pour émettre l'opinion qu'il aurait pu s'y faire initier en juillet 1798. Sur ce point encore, il nous est facile de constater qu'aucune preuve sérieuse n'existe et que, de toute évidence, Bonaparte n'a jamais franchi la porte d'un temple maçonnique.

Quant à l'initiation du lieutenant Napoléon Bonaparte, les versions sont nombreuses et l'historien Jean Palou s'est efforcé d'en évoquer le plus grand nombre.

Dans un ouvrage consacré au « Soldat Impérial », Jean Morvan a affirmé, de façon catégorique, que Bonaparte avait été initié en Italie alors qu'il était lieutenant d'artillerie, qu'il avait fait partie de la loge égyptienne Hermès, et qu'il était devenu par la suite à Paris chevalier écossais.

Dans les *Souvenirs des guerres d'Allemagne pendant la Révolution et l'Empire*, le baron Comeau explique :

« Bonaparte, lieutenant, était franc-maçon. A Paris, en 1814, on m'a affirmé de façon sérieuse que Bonaparte, à Marseille, étant lieutenant-colonel, fut initié à la loge du Grand Orient. En Italie, il fut agrégé à la loge égyptienne Hermès. A Paris, il devint chevalier écossais moyennant le sacrifice du sang (le duc d'Enghien). »

Le baron Comeau, qui ne connaît rien à la maçonnerie, reprend à son compte la légende de ces hauts grades de vengeance qui feraient commettre des crimes pour venger la mort des Templiers. Il écrit encore :

« En 1809, après Wagram, Napoléon fut par Metternich, Montgelas et autres, reçu Illuminé de Weisshaupt. En 1813, il succomba à la guerre que lui firent les Philadelphes. En 1815, le Grand Orient le repoussa et il en perdit la tête. »

Besuchet, quant à lui, reprend à son compte la thèse d'une initiation à Malte. Pour l'abbé Grégoire, Napoléon aurait été initié le 6 juin 1805. Pour Clavel, il aurait été reçu en loge à Malte pendant son séjour en Égypte.

Beaucoup plus sérieux sont les témoignages de ceux qui affirment que, de passage à Nancy le 3 décembre 1797, Bonaparte revenant du congrès de Radstadt aurait tenu à visiter la loge locale et, bien qu'il n'ait été que maître, le vénérable lui aurait fait rendre les honneurs de la voûte d'acier, réservés aux dignitaires, et lui aurait offert le maillet, symbole de son autorité dans le temple.

Charles Bernardin cite à ce propos un frère historien, membre de la loge de Nancy Saint-Jean de Jérusalem qui aurait eu en main le procès-verbal de cette tenue et qui en aurait entendu le récit de la bouche même de ceux qui y avaient assisté.

Jean Palou, qui croit à l'appartenance maçonnique de l'Empereur, cite encore deux autres faits. D'une part, Valleteau de Chabrefy, dignitaire du Grand Orient, parlant dans le temple de la loge parisienne Saint-Louis de la Martinique le 22 janvier 1806, se permettait d'affirmer :

« La maçonnerie, en butte à plusieurs siècles de persécutions, repose sous les auspices d'un prince puissant, qui s'est déclaré le protecteur de l'Ordre maçonnique en France, après avoir lui-même participé à nos travaux, connu la pureté de nos principes, et la sagesse de nos mystères. »

Enfin, selon un texte paru dans le numéro de novembre 1924 de la revue maçonnique *l'Acacia*, une tradition orale voudrait que l'Empereur ait assisté à une tenue dans une loge de Sens, un peu avant la bataille de Montereau. On lui aurait prêté un tablier qu'il aurait signé ensuite — en souvenir de sa réception à cette loge — et paraphé.

Et ceux qui auraient de la sorte reçu l'Empereur dans le temple seraient incapables de dire quelle loge l'avait initié ? Ils n'auraient pas établi un procès-verbal de la tenue en précisant, comme c'était et comme c'est encore la règle, le nom de la loge à laquelle il appartenait ?

Quant à la visite de l'Empereur, en pleine déroute de son armée, à la loge de Sens, si souvent évoquée par les historiens maçons, elle dérange en fait toutes les thèses. Il demeure qu'on ne voit guère comment un vénérable apprenant la présence de son souverain escorté de tous les hauts dignitaires du régime qui se mettent à l'ordre maçonnique conformément au rituel, pourrait traiter Napoléon comme un profane et l'inviter à se retirer.

D'autant que les vénérables de France savaient d'ailleurs que l'Empereur avait placé au Conseil directeur du Grand Orient de France, depuis 1803 et 1804, des hommes sûrs, depuis Murat jusqu'au sénateur de Choiseul-Praslin, de Lacépède à Jérôme Lalande, du sénateur Jaucourt à l'amiral Magon, de Macdonald à de Beurnonville, du maréchal Sébastiani au sénateur de Luynes, de Kellermann à Augereau, de Lefebvre à Cambacérès.

Et puis, Joséphine, son épouse, n'était-elle pas membre d'une loge féminine d'adoption à Paris ? N'avait-elle pas présidé à Strasbourg une tenue de la loge impériale d'adoption Les Francs-Chevaliers ?

Dès lors, l'Empereur est considéré par de nombreux initiés comme « un maçon sans tablier ». Son père, ses frères, ses neveux, ses amis les plus proches, tous ceux qui l'accompagnent tout au long de son ascension appartiennent, ou vont appartenir à l'Ordre maçonnique.

En avril 1801, la loge de Toulon La Paix initie l'aspirant de marine Jérôme Bonaparte. A la même époque, au cours d'une cérémonie célébrée par la loge de Douai La Parfaite Union, le frère Baumal, orateur, déclare :

« Aujourd'hui, très chers frères, vos principes d'humanité, de liberté et d'égalité sont la base de notre gouvernement ; ils sont hautement proclamés, unanimement adoptés... En s'occupant de ces avantages réels, qu'il est doux de pouvoir nommer l'homme célèbre qui nous les a assurés ! Il est dans notre cœur, mes frères, avant que son nom soit sur vos lèvres. Oui, Bonaparte, nous te portons dans nos cœurs, et ta modération, ta modestie, tes grandes vues font l'objet de notre reconnaissance la plus sincère et la plus vive. Bonaparte est sûrement l'enfant chéri de la Veuve puisqu'il possède toutes les vertus maçonniques. »

Le frère Baumal a même composé une musique sur des paroles du frère Delalande, son vénérable, et dans le temple de Douai les maçons chantent :

A ce héros dont le puissant génie
Rouvrit ton temple et dressa les autels :
Au plus illustre, au plus grand mortel,
Donne une heureuse, une brillante vie.
Que tout le bien qu'il fit à la patrie,
Comme guerrier, citoyen et maçon,
De ses hauts faits soit le premier rayon.
Que les Français, sa mémoire chérie,
Nous rappellent qu'à sa seule énergie
Nous devons tous la Parfaite Union.

Cet enthousiasme s'explique sans doute par le fait que, dans toutes les loges de France, on a vite appris que, grâce à l'intervention du frère Cambacérès, l'administration de Bonaparte protège les travaux maçonniques. C'est ainsi que le 19 novembre 1802, le préfet du Var écrit au sous-préfet de Toulon :

« Vous me consultâtes, citoyen sous-préfet, par votre lettre du 14 Messidor, sur la question de savoir si vous devez tolérer les loges de francs-maçons. Par ma réponse du 19 du même mois, je vous mandais que je ne connaissais aucune loi qui défendît une société dont l'objet n'était pas de s'occuper de discussions politiques ou religieuses, mais que ces réunions, comme toute autre, étaient soumises à l'action de la police, c'est-à-dire que le maire doit être prévenu du lieu où l'on s'assemble, parce qu'il est de son devoir de veiller à la police extérieure. Vous auriez pu induire de là qu'une association de citoyens honnêtes et composée en grande partie de fonctionnaires publics, ne doit pas être soumise à des règles plus légères. Je suis persuadé que la société qui vient de se former n'aura jamais aucun démêlé avec la police et, si vous croyez que mon approbation soit absolument nécessaire, je la donne de tout mon cœur. »

Napoléon lui-même encourage le réveil des loges dans toutes les villes de France. Il sait que des officiers et des sous-officiers de son armée sont nombreux à les fréquenter, et il peut compter sur eux pour veiller à ce que les adversaires de son régime n'en modifient pas l'esprit.

Curieusement, ce sont ces soldats de la Grande Armée qui vont apporter dans les loges civiles cette tendance laïque et anti-papale qui triomphe dans les loges militaires et qui inquiète très fort les dignitaires de l'Ordre.

Pour Napoléon, les francs-maçons ne sont rien que « des enfants qui s'amusent », mais il voit avec satisfaction ceux de ses maréchaux et de ses ministres qui n'en étaient pas encore solliciter leur initiation. Il lui faudra, en 1805, découvrir la conspiration du général François Malet, maçon de la loge de Niort, pour admettre qu'une surveillance policière des activités maçonniques est devenue pour lui une nécessité. L'affaire de l'enlèvement du sénateur Clément de Ris aurait pu un peu plus tôt lui ouvrir les yeux sur les liens étroits qui unissaient certains frères aux ennemis de l'Empire.

De cette affaire, Balzac a fait un de ses romans et il était bien placé pour découvrir quelques-uns des secrets de cette ténébreuse histoire, puisque son propre père avait très bien connu Clément de Ris dans les loges de Tours.

Dominique Clément de Ris, qui devait se voir conférer le 33e degré par le Suprême Conseil du Rite Écossais quelques années plus tard, avait été enlevé, en septembre 1800, par six individus armés dans son château situé dans la commune d'Azay-sur-Cher. Il devait rester dix-sept jours enfermé dans un caveau obscur avant d'être relâché.

Napoléon, très ému par la disparition de Clément de Ris, avait envoyé Savary en personne à Tours pour diriger les recherches. Le général Liebert, franc-maçon, battait la campagne avec sa troupe.

Différentes versions ont circulé au sujet de cette affaire et aucune n'est convaincante. Pour les uns, le sénateur aurait été libéré par quatre chouans aux ordres de M. de Bourmont. Pour d'autres, et pour Clément de Ris lui-même, ces quatre hommes étaient des agents de Fouché.

Dix accusés comparurent devant le tribunal criminel spécial d'Indre-et-Loire et trois d'entre eux furent exécutés à Angers.

Balzac dans *Une ténébreuse affaire ;* Crétineau-Joly dans son étude sur *la Vendée militaire ;* la duchesse d'Abrantès dans ses

Mémoires, devaient affirmer que Clément de Ris avait été enlevé dans le cadre d'une conspiration tramée contre Bonaparte par Fouché, avec l'appui de Talleyrand, de Sieyès, de Carnot. Clément de Ris et quelques-uns de ses frères étaient du complot. Les hommes qui avaient enlevé le sénateur avaient été chargés par Fouché de vérifier si Clément de Ris avait bien fait brûler dans son château tous les documents compromettants qui lui avaient été confiés, et ils auraient outrepassé les instructions qui leur avaient été données.

Dans quelle mesure Clément de Ris avait-il joué le double jeu entre la conjuration de Fouché et quelques-uns des francs-maçons qui appartenaient à la société secrète des Philadelphes ? Il n'est pas possible de l'établir.

Le Grand Orient de France compte alors 818 loges en activité, dont 104 dans les départements extérieurs créés par l'Empire dans les territoires annexés, 34 à l'étranger, 16 dans les colonies françaises et 4 dans les colonies étrangères.

La grande force de la maçonnerie bonapartiste est surtout représentée par les 70 loges militaires. Ce sont ces loges militaires qui vont essaimer à travers toute l'Europe à la faveur des campagnes et créer des loges sédentaires en Allemagne, en Pologne, en Autriche, en Italie, en Belgique, en Hollande. D'une certaine façon, la franc-maçonnerie militaire du premier Empire est à l'origine du rayonnement nouveau de la maçonnerie européenne.

A cette époque, la maçonnerie française est de loin la plus développée au monde, précédant la maçonnerie anglaise, la maçonnerie allemande, la maçonnerie prussienne et la maçonnerie écossaise.

La maçonnerie française, sous le premier Empire, est une association libre, mais elle est étroitement surveillée par la police.

Les loges sont nombreuses. Leur composition sociale est très variée. Les orientations politiques sont fort différentes et elles vont du jacobinisme au royalisme le plus fervent.

Le 5 novembre 1804, Joseph Bonaparte devient grand maître du Grand Orient de France. Il est assisté d'un collège de Grands Officiers fort impressionnant :

— Le prince Louis Bonaparte est grand maître adjoint.

— Le maréchal Masséna est grand administrateur.

— Le duc de Choiseul-Praslin, sénateur, est grand conservateur.

— Le maréchal Murat est premier grand surveillant.

— De Lacépède, grand chancelier de la Légion d'honneur, est deuxième grand surveillant.

— Le savant de Lalande, membre de l'Institut, est grand orateur.

— Le sénateur de Jaucourt est grand secrétaire.
— Le contre-amiral Magon de Médine est grand trésorier.
— L'ambassadeur de Beurnonville est premier grand expert.
— Le général Macdonald est deuxième grand expert.
— Le général Sébastiani est grand garde des Sceaux.
— Le maréchal Kellermann est grand garde des Archives.
— Le sénateur de Luynes est grand architecte.
— Le législateur Duranteau et le tribun Stanislas de Girardin sont grands maîtres des cérémonies.
— Le maréchal Augereau est grand hospitalier.
— Le maréchal Lefebvre est grand aumônier.

Parmi les hauts dignitaires figurent encore le Grand Conservateur, Joseph Fouché, ministre de la Police générale ; le général de division de Valence ; le ministre et secrétaire d'État Hugues Maret ; le maréchal Pérignon ; le sénateur Clément de Ris ; le maréchal Sérurier ; le maréchal Brune ; le maréchal Mortier ; le ministre de l'Intérieur Champagny ; le maréchal Soult ; le premier président de la Cour de cassation Muraire ; le maréchal Lannes.

A considérer un tel palmarès, on est tenté de penser que jamais la franc-maçonnerie n'a autant influencé le pouvoir. En fait, c'est le contraire qui se produit. La présence parmi ses membres de tant de dignitaires du régime la transforme en institution quasi officielle. Elle apparaît comme un instrument du pouvoir, non comme un pouvoir secret.

L'historien François Collaveri est en droit d'écrire :

« L'Empire accaparera la maçonnerie. L'Empereur, qui en avait mesuré l'importance, verra justement le parti qu'il pouvait en tirer pour sa politique, à l'intérieur comme au-delà des frontières... »

Le ministre Portalis, vénérable de la loge L'Étroite Persévérance des Amis Réunis, fait observer à l'Empereur :

« Avec le retour au calme, on a vu renaître les loges. Il a été infiniment sage de les diriger, puisqu'on ne pouvait pas les proscrire. »

La franc-maçonnerie devient alors, pour le pouvoir politique, un moyen efficace de contrôler l'opinion et de l'orienter.

Il est certain que le ministre de la Police Joseph Fouché, bien que lui-même franc-maçon, s'emploie à introduire des mouchards dans les loges.

Recevant un jour Kellermann, de Grasse-Tilly et Pyron, dignitaires du rite écossais, Cambacérès leur révèle que Napoléon avait envisagé un moment d'interdire les loges et qu'il n'y a finalement renoncé que sur l'intervention passionnée de Masséna.

Cette méfiance de l'Empereur s'exprime publiquement lorsqu'il déclare en séance du Conseil d'État :

« Aussi longtemps que la maçonnerie n'est que protégée, elle n'est pas à craindre ; si, au contraire, elle était autorisée, elle deviendrait trop puissante et pourrait être dangereuse. Telle qu'elle est, elle dépend de moi, et moi je ne veux pas dépendre d'elle. »

Fouché est bien placé pour lui faire savoir que certains frères très influents dans les loges demeurent hostiles à l'Empire. C'est le cas notamment de La Fayette qui a refusé l'hommage à l'Empereur et qui a préféré rester en exil.

Nous avons pu établir de façon certaine qu'en 1804 la direction du Grand Orient de France a espéré un moment que Napoléon allait accepter les fonctions de grand maître. Masséna a été chargé alors de faire la démarche et le 3 mars, Roettiers de Montaleau lui a écrit :

« La maçonnerie a besoin en France d'un chef illustre. Cette institution ancienne d'amitié et de bienfaisance fait le bonheur de ceux qui y sont admis. Elle a besoin de protection ; mais elle ne la désire que dans la proportion de son dévouement aux lois et aux gouvernements dans les États où elle est tolérée. Ce sentiment intime lui fait désirer d'avoir un grand maître digne d'une association aussi intéressante. Elle ne peut prétendre à Napoléon Bonaparte, mais le plus cher de tous ses vœux serait que ce nom chéri devînt le cri de ralliement de la famille maçonnique. Je vous prie, au nom de tous les frères, d'employer vos bons offices à l'effet de déterminer Bonaparte à accepter la place de grand maître de l'Ordre de la maçonnerie en France. Ce bienfait inappréciable serait vivement senti et le jour de son acceptation serait un jour d'allégresse universelle. »

Napoléon refuse, mais il consent à recommander au Grand Orient plusieurs hommes qui jouissent de sa confiance.

Le climat est tel dans les loges que toute opposition déclarée au régime est considérée comme une faute maçonnique grave. C'est ainsi qu'un incident éclate à Strasbourg, au sein de la loge La Concorde, où un certain frère Drake est exclu solennellement pour avoir conspiré contre la vie de l'Empereur. Ce Drake est un capitaine irlandais. Venu faire des études à l'Université de Strasbourg, il avait été initié par le vénérable Gauthier de Clermont, contrôleur des postes.

En 1804, toutes les loges françaises rendent hommage à l'Empereur. Son buste est mis en place dans les temples.

L'unification de la maçonnerie, souhaitée par Napoléon, n'a pu se réaliser. Ceux des maçons français qui, en refusant la fusion avec le Grand Orient, ont maintenu la tradition écossaise avec la loge

Saint-Alexandre d'Écosse, décident avec Grasse-Tilly le 27 août 1804 de créer la Grande Loge Écossaise de France. Cette nouvelle puissance maçonnique voit le jour officiellement le 22 octobre suivant, avec Louis Bonaparte comme grand maître. Le 22 septembre, souché sur cette Grande Loge, est créé le Suprême Conseil de France chargé d'administrer les hauts grades maçonniques.

L'Empereur considère maintenant la maçonnerie comme une organisation officieuse sur laquelle il sait pouvoir compter.

Malgré tout, à Marseille, où le frère Anthoine, baron d'Empire et beau-frère de Joseph Bonaparte et de Bernadotte, est devenu maire, certaines loges bourgeoises, composées le plus souvent de négociants, d'artisans, de courtiers maritimes, restent opposées à l'Empereur. C'est ainsi qu'en 1805 la police est amenée à fermer le temple de La Triple Amitié.

A la loge L'Amitié, certaines résistances sont si vives que l'orateur doit mettre ses frères en garde au cours de la tenue du 8 avril 1805.

A Toulon, les loges La Double Union, Les Vrais Amis Réunis d'Égypte, Les Amis Constants, Les Élèves de Mars et de Neptune s'assemblent dans le temple de la loge La Paix et la Parfaite Union, sous la présidence du frère amiral Emiriau, chef d'escadre, pour inaugurer solennellement le buste de l'Empereur.

De la franc-maçonnerie française à cette époque, M. Tourrenc-Caroux écrira plus tard, dans le bulletin intérieur de la loge Pax : « Dès le Consulat, et tout particulièrement sous l'Empire, elle fut noyautée par l'entrée dans ses rangs de nombreux militaires et policiers. »

Assimiler de la sorte les officiers aux policiers de Fouché et de Savary, c'est sans aucun doute faire bon marché de la sincérité des militaires maçons qui, à cette époque-là, assurent à la maçonnerie française le rayonnement le plus large qu'elle ait jamais eu.

M. Tourrenc-Caroux insiste sur le fait que la maçonnerie se montre sous l'Empire fort obéissante. S'il en est ainsi, ce n'est pas tant que le pouvoir politique surveille étroitement les loges, mais surtout que les francs-maçons français, dans leur grande majorité, sont indiscutablement bonapartistes.

L'opposition et la conspiration vont pourtant désormais chercher à s'abriter derrière le mystère de l'Ordre.

A Angers, en 1808, quelques royalistes regroupés par le frère comte de la Bourdonnaye, conseiller général du Maine-et-Loire, et par les frères Bouteiller de Châteaufort, Gaspard de Contades et Guy de Charnacé, fondent une nouvelle loge à laquelle ils donnent le titre distinctif de Saint-Napoléon. Ils n'ont choisi ce nom que pour donner le change et mieux camoufler leurs activités contre l'Empire. C'est tellement vrai que, violant délibérément toutes les règles de l'Ordre maçonnique, le frère de la Bourdonnaye et ses amis prétendent ne recevoir dans cette loge que des maçons dont les opinions politiques auront reçu leur approbation.

L'existence de quelques loges d'opposition ne doit pas nous abuser. En 1810, dans presque toutes les régions de France, les francs-maçons sont devenus les piliers du régime impérial. Et plus la maçonnerie française se montre docile au pouvoir politique, moins elle se préoccupe des travaux exclusivement maçonniques. R.C. Feuillette, l'un des historiens du Grand Orient de France, a observé à ce sujet :

« Les discours prononcés à cette époque dénotent souvent une ignorance profonde de la maçonnerie, et, surtout, un grand désir de plaire. »

Les loges sont devenues un lieu de rencontre pour les notables et pour la bonne société.

Malgré tout, une réaction commence à se produire dans les hauts grades, où les officiers républicains sont nombreux.

Le divorce est alors total entre ces maçons, jacobins et royalistes qui refusent le régime impérial, et les dignitaires de leur Ordre, qui s'obstinent à faire des loges l'armée vigilante du bonapartisme. C'est ainsi que, dans un discours prononcé le 28 décembre 1812, pour la fête de l'Ordre, Cambacérès n'hésite pas à déclarer : « Si l'État était en danger, j'appellerais, autour de ma personne, tous les enfants de la Veuve ; et, avec ce bataillon sacré, en marchant aux factieux, je prouverais au monde entier que l'Empereur n'a pas de plus fidèles sujets que les maçons français. »

Rien d'étonnant dès lors à ce que de nombreux maçons républicains choisissent de quitter des loges politiquement trop marquées. Cette désaffection est notamment très nette dans les ateliers de Marseille.

Quand arrivent pour l'Empire les heures douloureuses, les épreuves ne vont pas épargner les loges qui ont pris trop ouvertement position.

L'année 1814 est une année difficile à vivre pour l'Ordre maçonnique. La France est envahie. Paris capitule le 30 mars. Toutes les loges cessent leurs travaux. Les dignitaires vont manifester beaucoup d'hésitations en face des événements et nous pouvons les résumer ici en rappelant quelques dates.

— Le 24 juin, le Grand Orient de France célèbre solennellement le retour du roi Louis XVIII.

— Le 1er juillet, il déclare vacants la grande maîtrise ainsi que tous les offices de grands dignitaires et de grands officiers d'honneur.

— Le 12 août, il prend la décision de confier provisoirement les attributions de la grande maîtrise à une commission de trois grands conservateurs.

Les frères sont nombreux à multiplier les manifestations de loyalisme envers les Bourbons. Cambacérès est déchu, mais le roi Louis XVIII choisit lui-même les membres du Grand Conseil de l'Ordre créé le 12 août 1814. C'est lui qui désigne le général de Valence pour porter le titre de grand conservateur aux côtés du comte de Beurnonville et du maréchal Macdonald, duc de Tarente.

Le 1er juin 1814, la loge de La Flèche Eleusis écrit à Roettiers de Montaleau : « Nous avons partagé avec vous la vive allégresse qu'inspire à tous les Français le retour si longtemps désiré des Bourbons. »

Ceux qui se sont compromis au service du régime impérial s'efforcent maintenant de sauver les apparences. Ainsi, le 16 avril 1814, l'orateur de la loge marseillaise La Française de Saint-Napoléon, devenue fort opportunément quelques jours plus tôt La Française de Saint-Louis, croit justifier cette volte-face en déclarant solennellement dans le temple :

« Une expérience funeste nous a prouvé, mes frères, que nos espérances ont été trompées. L'abus du pouvoir usurpé, une tyrannie mille fois plus cruelle dans ses combinaisons et dans ses effets, voilà ce qui a comprimé nos âmes pendant dix ans. Les champs de Moscou et de Leipzig, arrosés du sang de nos braves, ont mis le comble à nos maux, et nous ont démontré d'une manière bien funeste à quoi peut être exposée une grande nation par l'ambition effrénée d'un usurpateur. »

Et l'orateur salue alors Louis XVIII comme « le monarque chéri ». Il demande à sa loge d'arborer désormais le drapeau blanc à la place de « la ridicule bigarrure tricolore ».

Le 22 avril 1814, le conseil d'administration de la loge L'Amitié et l'Impériale des Francs-Chevaliers, Amis Fidèles du Grand Napoléon (réunies), prend la décision de demander au Grand Orient de France de changer son titre distinctif et de dénoncer l'Empereur déchu comme « un homme qui, par sa folle ambition, a fait depuis longtemps le malheur de la France. »

Le 3 septembre 1814, La Constance de Laval fête le rétablissement des Bourbons sur le trône. Le frère Cottereau, un vieux républicain, refuse de s'associer à cette manifestation, et sa loge le dénonce aux dignitaires de l'obédience.

En fait, la maçonnerie est très divisée. Dans leur *Histoire de la franc-maçonnerie dans la Mayenne*, André Bouton et Marius Lepage rapportent :

« Les bourgeois libéraux, les anciens fonctionnaires de la République et de l'Empire, les débris de l'armée, manifestaient leurs regrets pour le régime disparu et les principes qui avaient soulevé leurs ardeurs ; ils ne pouvaient que se heurter aux fervents du trône restauré. »

A Lorient, la loge L'Union préfère se mettre en sommeil plutôt que de se soumettre aux exigences du gouvernement royal. La loge de Belle-Ile-en-Mer, L'Unité, disparaît elle aussi, ainsi que La Bienfaisante Union à Port-Louis. L'Amitié de Marseille, malgré l'empressement qu'elle a mis à renier l'Empire, doit cesser ses travaux.

Le roi Louis XVIII, c'est certain, a beaucoup de sympathie pour la franc-maçonnerie, mais sans doute commet-il l'erreur de croire qu'elle est encore, en 1814, telle qu'il l'a connue avant la Révolution. En fait, regroupant désormais en majorité des éléments de la bourgeoisie libérale, elle ne saurait, malgré les apparences, se rallier sérieusement à la monarchie.

La noblesse s'en rend d'ailleurs compte très vite et elle ne reprend pas dans le temple la place qui était la sienne avant 1789.

En ce qui concerne le retour de Napoléon de l'île d'Elbe, il est intéressant de se reporter à l'article paru le 31 octobre 1952 dans l'hebdomadaire royaliste *Aspects de la France* sous la signature de Charles Maurras. Reprenant à son compte la thèse de Frédéric Masson, il prête à la loge de Grenoble un rôle déterminant. Après le débarquement de Golfe-Juan, l'armée se montrant en général hostile à l'Empereur, les francs-maçons de Grenoble auraient fait pression sur la garnison de leur ville, provoquant ainsi le ralliement du maréchal Ney.

Même si le fait est exact, il ne peut suffire à faire oublier à Napoléon le reniement de nombreux maçons. Pendant les Cent-Jours, son attitude envers la maçonnerie va s'en ressentir.

Les commissaires généraux, qui sont envoyés dans les départements pour organiser la levée en masse, s'empressent d'ordonner partout la fermeture des loges maçonniques.

Ces mesures prises contre l'Ordre ne peuvent suffire à éliminer les maçons des affaires publiques. Le retour de l'Empereur provoque le retour des bonapartistes. Les maçons sont nombreux parmi les fidèles que la monarchie a sanctionnés, et ceux-là retrouvent tout de suite leur influence.

Tous leurs espoirs sont balayés par la bataille de Waterloo. Le 18 juin 1815 est une des journées les plus sanglantes de l'histoire maçonnique. C'est là que vient mourir glorieusement cette maçonnerie militaire du premier Empire qui reste sans aucun doute l'un des grands moments de la maçonnerie française.

D'un côté, il y a le frère Wellington, de la loge de Trim Wellesley, et le frère Blucher, de la loge d'Emmerich La Paix. Dans l'autre camp, il y a les frères Ney, Grouchy et Cambronne. Quarante mille cadavres accompagnent dans la sinistre plaine la chute définitive de l'Empire.

Chapitre IV

POLITISATION DES OBÉDIENCES

C'est alors que commence une période pendant laquelle la franc-maçonnerie française va voir son influence diminuer considérablement dans le temps même où les sociétés politiques clandestines vont se multiplier à Paris et dans toutes les grandes villes de province.

Louis XVIII et Charles X seront toujours prêts à manifester leur bienveillance aux loges maçonniques, à la condition qu'elles demeurent fidèles à l'esprit du Grand Orient d'avant 1789, c'est-à-dire qu'elles contribuent à l'alliance du trône et de l'autel.

Les francs-maçons ne permettront pas à leurs dignitaires de jouer longtemps cette carte-là et l'historien maçon Le Bihan explique :

« Le ralliement du Grand Orient à la monarchie, avec un état-major aussi imposant que sous l'Empire, et la protection assurée de l'éminent frère écossais qu'était le duc Decazes, ministre favori de Louis XVIII, lui étaient autant de garanties. Mais elle eut contre elle la désertion de nombre d'ateliers et la réputation de servir de refuge aux ennemis du régime. Contre elle, l'extension de rites maçonniques dissidents (Misraïm ou Néo-templiers), fort suspects au pouvoir, et de sociétés non maçonniques, mais aux affinités évidentes avec les loges, et jugées menace directe pour l'État (Chevaliers de la Liberté, et surtout Charbonnerie). Contre elle enfin, la plus constante et la plus sourcilleuse des surveillance policières. »

Il faudra attendre la monarchie de Juillet pour que les loges françaises reprennent un peu partout force et vigueur.

Avec le départ de Napoléon pour Sainte-Hélène la maçonnerie française entre une fois encore dans une période difficile. Joseph Bonaparte, qui avait été rappelé à la grande maîtrise pendant les Cent-Jours, est éliminé à nouveau. Les fleurs de lys refleurissent dans les temples. Des bustes de Louis XVIII sont inaugurés par de nombreuses loges, mais ces signes de ralliement ne suffisent pas à effacer les souvenirs de la période impériale. Les loges qui sont en activité sont moins nombreuses que sous l'Empire. Celles qui se sont compromises doivent disparaître.

François Collaveri observe alors :

« Ce ne sont pas seulement les dignitaires des loges qui acceptaient avec soulagement l'abdication de l'Empereur et l'avènement de Louis XVIII. La grande majorité des maçons partageaient ce sentiment. Un régime s'effondrait auquel la maçonnerie s'était montrée trop intimement associée. Mais fallait-il reprendre de nouveaux et inutiles combats ? »

A Marseille, La Française de Saint-Louis, dont le vénérable est le frère Grange, émet le vœu de voir un prince de sang royal accéder à la dignité de grand maître. Louis XVIII, auquel cette demande est transmise, ne consentira jamais à y répondre favorablement.

Les loges deviennent alors un refuge pour la jeunesse républicaine. Jean-Thomas Nordmann l'a fort bien expliqué dans son *Histoire des radicaux :*

« Durant la période de la Restauration, écrit-il, militants et cadres se recrutent surtout dans ce qu'il est alors convenu d'appeler la jeunesse des écoles. Le quartier Latin fournit le gros des participants aux différentes manifestations dirigées contre le gouvernement et contre le régime. Les étudiants parisiens rejoignent souvent les sociétés secrètes qui regroupent opposants et contestataires ; certains adhèrent d'abord à la franc-maçonnerie, qui représente quelques garanties de sécurité, car elle reste encore largement étrangère aux idées républicaines, réunit surtout des personnages parfaitement dévoués à la monarchie restaurée et se trouve à l'abri de toute poursuite, offrant, par là même, un refuge commode. C'est ainsi que se forme, dès 1818, autour de Bazard, la loge des Amis de la Vérité ; en certaines circonstances, notamment lorsqu'il s'agit de défendre le drapeau tricolore, les étudiants républicains membres de la loge se réunissent avec d'anciens officiers bonapartistes. Mais très vite, la surveillance du Grand Orient, ajoutée aux inquisitions de la police ou confondues avec elles, pèse trop lourd. La loge ne tarde pas à faire place à la Charbonnerie que Joubert et Dugied importent d'Italie. »

Cette synthèse, dans son raccourci, simplifie exagérément les choses, mais en gros elle reflète assez bien la situation qui existe alors dans les loges républicaines, à Paris comme dans les grandes villes de province.

Les trois loges d'Aix ferment à leur tour leurs portes en 1816. De nombreux francs-maçons bonapartistes et jacobins sont contraints de prendre le chemin de l'exil et ils trouvent refuge dans des loges étrangères. C'est le cas de l'ancien Conventionnel Prieur de la Marne, qui arrive à Bruxelles, en 1816, où il est admis à la loge Les Amis Philanthropes dont il va devenir l'orateur.

Des enquêtes sont ouvertes dans les départements sur les frères qui ont joué un rôle politique actif pendant les années de la Révolution et de l'Empire. A Bordeaux, les scellés sont apposés sur les portes de la salle où les loges se réunissent habituellement, parce qu'un capitaine de chasseurs s'est permis, à la fin d'un banquet maçonnique, d'entonner un refrain à la gloire de l'Empereur déchu. Les archives des loges bordelaises sont alors saisies par les policiers et envoyées à Paris, à la direction de la Police générale.

La Triple Amitié disparaît à Marseille.

La maçonnerie a besoin de protection et, le 8 septembre 1818, profitant de la démission de Grasse-Tilly, elle offre au duc Decazes la dignité de grand commandeur du Suprême Conseil de France. Ce choix a-t-il été conseillé par le roi ?

Dans son ouvrage *Crimes et secrets d'État,* Robert Ambelain a écrit à ce sujet :

« Observons que Grasse-Tilly est un ami fidèle de Louis XVIII et que cette " augmentation de salaire " est, pour Decazes, une faveur royale de plus, conseillée par le roi à Grasse-Tilly. »

Ce n'est là, en vérité, qu'une simple supposition. Aucun document, aucun témoignage ne permet d'avancer que Louis XVIII, qui venait de refuser à Beurnonville la désignation de l'un de ses parents comme grand maître, soit personnellement intervenu pour que Decazes, son favori, devienne grand commandeur.

La maçonnerie n'est pas ralliée dans son ensemble. Dans certaines loges, l'attitude des dignitaires de l'Ordre favorables à la monarchie provoque des réactions hostiles. C'est ainsi que La Constance de Laval constate qu'un certain nombre de ses membres refusent de participer aux travaux et désertent le temple sur les conseils du frère Cottereau.

C'est dans ce climat que le carbonarisme va tenter d'utiliser les loges françaises au service d'une conjuration internationale.

Les carbonari constituent une association secrète qui a été fondée à la fin du XVIIIe siècle dans le royaume de Naples. A la suite du triomphe de leurs adversaires en Italie, les carbonari cherchent refuge en France et s'emploient à recruter dans les milieux libéraux.

Le carbonarisme est organisé en cellules de vingt membres, les ventes, et l'association est dirigée par une Haute Vente. Les créateurs du carbonarisme français sont Bazard, Buchez et Flotard. Buchez est maçon. Dans la Haute Vente siègent Dugied, Carriol, Joubert, Limperani, La Fayette, Dupont de l'Eure, le colonel Dentzel, Kœchlin, Corcelles et Voyer d'Argenson. Grâce aux francs-maçons Buchez, La Fayette et Dupont de l'Eure, la société secrète recrute dans les loges. Des ventes sont organisées dans les régiments.

Le carbonarisme prépare activement un soulèvement républicain contre la monarchie.

La presse royaliste ne laisse passer aucune occasion pour attaquer la maçonnerie. Après l'assassinat du duc de Berry par le fanatique Louvel, M. de Martinville, ignorant délibérément l'appartenance de ce prince à une loge maçonnique, écrit dans *le Drapeau blanc* :

« Oui, M. Decazes, c'est vous qui avez tué le duc de Berry ! Mille vies comme la vôtre valent-elles un jour de la vie d'un Bourbon ? »

Évidemment, en la personne du duc Decazes, c'est le souverain grand commandeur du Suprême Conseil de France qui est ainsi attaqué, mais le roi Louis XVIII, en le nommant ambassadeur, va s'empresser de faire justice de ces accusations. Le roi sait d'ailleurs que de nombreux maçons servent loyalement la monarchie. Decazes est de ceux-là, au même titre que le frère de La Rochejacquelein.

Les demi-soldes francs-maçons, qui sont restés très attachés à l'Empire, s'efforcent malgré tout de se regrouper. Ainsi, les anciens frères du 17e régiment, le négociant Baudiment de Lacroix, l'ancien sous-lieutenant Pierre-Albert Heingle devenu fabricant, le capitaine Gabriel-Dominique Larrey, et le capitaine en retraite Francis Ébrard recréent à Paris, en 1820, la loge et le chapitre Les Émules d'Assas.

Le développement du carbonarisme incite cependant la police royale à surveiller les loges très étroitement. En 1820, trente préfets sont en mesure d'affirmer à leur ministre que des ventes existent dans leurs départements. Dès 1821, tout semble prêt pour un soulèvement armé.

Les dirigeants de la franc-maçonnerie française sont eux aussi fort bien informés de ces préparatifs, et ils ont des raisons sérieuses pour en redouter les conséquences. Il leur est pourtant difficile de s'opposer efficacement au développement du carbonarisme dans les loges. L'autorité des dignitaires est discutée et la franc-maçonnerie française est une fois de plus très divisée.

Il a été prévu par les conjurés que le mouvement insurrectionnel éclatera à Belfort le 29 décembre 1821 et gagnera Colmar, Niort, Poitiers, Nantes, Bordeaux et Toulouse.

Des soulèvements se produisent, en effet, mais les trahisons sont nombreuses, et le frère La Fayette tarde volontairement à assumer le rôle qui lui a été attribué. De cet échec, le carbonarisme ne se relèvera pas et la répression qui va le frapper sera impitoyable. Le général Berton est arrêté, ainsi que les quatre sergents du 45e de ligne, Bories, Pommier, Joubin et Raoulx, les quatre sergents de La Rochelle, qui seront guillotinés le 22 septembre 1822. L'un de ces quatre sous-officiers est maçon.

Le 13 septembre 1821, le pape Pie VII a prononcé une nouvelle condamnation de la maçonnerie. Cette fois, le texte pontifical vise plus particulièrement les carbonari, dont la société est considérée par Rome comme une imitation, sinon comme un rejeton de la maçonnerie. La bulle *Ecclesiam a Jesu Christo* précise que la promiscuité d'hommes de toute religion et de toute secte est inadmissible et que l'Église ne saurait accepter de voir donner à chacun, par la propagation de l'indifférence en matière de religion, toute licence de se créer une religion à sa fantaisie et suivant ses opinions.

Une fois encore, le carbonarisme a permis de réveiller la légende selon laquelle la maçonnerie ne serait rien d'autre qu'un complot permanent contre les trônes et contre l'autel.

L'existence d'un plan établi par les chefs du carbonarisme afin d'utiliser les loges au service de leur conjuration ne peut être mise en doute. Dans la collection de documents mis par le Vatican à la disposition de Cretineau-Joly pour qu'il écrive son ouvrage *l'Église romaine en face de la Révolution*, figurait une lettre écrite par Piccolo-Tigre, fondateur de la vente de Turin, à la date du 18 janvier 1822 :

« La Haute Vente, affirmait-il, désire que, sous un prétexte ou sous un autre, on introduise dans les loges maçonniques le plus de princes et de riches que l'on pourra. Les princes de maisons souveraines, et qui n'ont pas l'espérance légitime d'être rois par la grâce de Dieu, veulent tous l'être par la grâce d'une révolution... Il n'en manque pas, en Italie et ailleurs, qui aspirent aux honneurs assez modestes, du tablier et de la truelle symboliques. D'autres sont déshérités ou proscrits. Flattez tous ces ambitieux de popularité : accaparez-les pour la franc-maçonnerie : la Haute Vente verra après ce qu'elle pourra en faire d'utile à la cause du progrès. Un prince qui n'a pas de royaume à attendre est une bonne fortune pour nous. Il y en a beaucoup dans ce cas-là. Faites-en des francs-maçons. La loge les conduira au carbonarisme. Un jour viendra où la Haute Vente, peut-être, daignera se les affilier. En attendant, ils serviront de glu aux imbéciles, aux intrigants, aux citadins et aux besogneux. Ces pauvres princes feront notre affaire en croyant ne travailler qu'à la leur. C'est une magnifique enseigne, et il y a toujours des sots disposés à se compromettre au service d'une conjuration dont un prince quelconque semble être l'arc-boutant. »

Ce document, souvent utilisé par les adversaires de la franc-maçonnerie, compromet surtout le carbonarisme.

Les demi-soldes de l'ancienne armée impériale sont nombreux dans les ventes carbonaristes. Ils vont y retrouver le prince Louis-Napoléon Bonaparte, le futur Napoléon III. Ils se regroupent également au sein des loges du rite de Memphis et du rite de Misraïm. Comme toujours, les indicateurs de police s'y retrouvent également et ces ateliers, rapidement suspects, se trouvent dans l'obligation de cesser leurs travaux ou de se réfugier dans la clandestinité.

De toute évidence, en 1822, la franc-maçonnerie française est sérieusement gangrenée par la politique. La maçonnerie officielle, celle des hauts dignitaires, se veut royaliste et déiste. La maçonnerie dissidente, majoritaire à la base, s'affirme bonapartiste et républicaine. Ces opposants sont athées pour la plupart. Les loges qui prétendent encore maintenir à la tradition initiatique son sens ésotérique sont devenues très rares et elles ont perdu toute influence.

Dans *les Mémoires de ma vie*, Charles de Rémusat a écrit :

« L'année 1822 fut remplie des œuvres du carbonarisme : j'ai été témoin de leurs conspirations ;... contrairement à ce qu'on pouvait attendre du caractère national, le secret fut bien gardé, si bien que le public ne soupçonna jamais toute l'étendue de la conspiration ; il en admit à peine l'existence et il ignore encore cette partie de son histoire. Un réseau de ventes occultes fut étendu sur la France entière sans que la France s'en doutât. »

Parmi les conspirateurs que la police se met à traquer et qui risquent la peine de mort devant la Cour royale de Colmar figure le peintre Eugène Delacroix.

Officiellement fils d'un ancien ministre, peut-être fils naturel du franc-maçon Talleyrand-Périgord, protégé du baron Gérard, frère d'un général de division en demi-solde et d'un commandant de chasseurs tué à la bataille de Friedland, Eugène Delacroix est aussi le cousin du ministre des Postes de Napoléon, Lavalette, condamné à mort par la justice royale et qui n'a pu échapper au peloton d'exécution qu'en s'évadant de prison grâce au sacrifice de son épouse.

Delacroix est accusé par la Cour royale de Colmar d'avoir participé à une tentative de soulèvement préparée avec l'accord du franc-maçon La Fayette par le franc-maçon Jacques Kœchlin, député et chef du carbonarisme en Alsace. Dénoncé au ministre de l'Intérieur comme un homme particulièrement dangereux, Delacroix est, en outre, accusé d'avoir participé à des réunions clandestines chez le général Thierry et d'avoir entretenu des relations coupables avec les députés d'Argenson et Kœchlin, de même qu'avec le colonel Caron, condamné à mort pour avoir voulu soulever les régiments de Strasbourg.

Un rapport de police établi en 1822 ou 1823 et conservé aux Archives nationales (F7 6666) signale que les documents de l'ordre de Misraïm saisis au cours de perquisitions effectuées dans les loges de Paris et de province travaillant à ce rite permettent d'établir que ce courant maçonnique très particulier est dirigé par un Conseil Suprême auquel appartiennent les trois frères Bédarride, le comte Muraire, le lieutenant-général baron de Teste, l'avocat à la Cour royale Muret, l'officier général comte de Fernig, le docteur Rathery, le colonel comte de Fauchecourt, l'ancien conseiller d'État Briot, le négociant Allegri, l'ancien administrateur Charles Teste. Parmi les membres honoraires de l'ordre de Misraïm figurent en outre le duc Decazes, le duc de Saxe-Weimar, le duc de Leicester, le duc de Sussex.

En septembre 1822, vingt-deux loges de Misraïm sont en activité à Paris, six à Lyon, six à Metz, cinq à Toulouse, trois à Bordeaux.

Un franc-maçon provoque un peu plus tard un violent incident à la Chambre des députés. Il s'agit du frère Jacques-Antoine Manuel, né à Barcelonnette en 1775, député de la Vendée et du Finistère. Il a été initié par la loge de Marseille Saint-Jean d'Écosse. Le 26 février 1823, alors que la Chambre discute les crédits de la guerre d'Espagne, Manuel monte à la tribune et, sous les huées, veut rappeler les circonstances dans lesquelles, en 1792, la Révolution a proclamé la patrie en danger. Il est injurié et rappelé à l'ordre. On l'accuse de vouloir justifier le régicide.

Le 27 février, le député La Bourdonnaye demande l'expulsion de Manuel. Cette proposition est votée le 3 mars. Le lendemain, lorsque Manuel veut gagner sa place dans l'hémicycle, le président l'invite à se retirer. Manuel refuse. La séance est suspendue et la garde nationale est appelée pour procéder à l'expulsion *manu militari.* C'est alors que se produit une scène inattendue : le sergent Mercier et le peloton qu'il commande refusent d'obtempérer à l'injonction du président. On doit appeler à la rescousse un détachement de gendarmerie placé sous les ordres d'un colonel. Celui-ci fait à Manuel trois sommations. Les gendarmes se saisissent alors du député et l'entraînent de force en dehors de l'enceinte.

Le scandale est immense. Plusieurs gazettes laissent entendre que le sergent Mercier serait lui-même franc-maçon et qu'il a refusé pour cette raison de porter la main sur l'un de ses frères. Nous devons à la vérité de préciser que nous avons en vain recherché le nom de ce sous-officier sur les tableaux de loges de l'année 1823.

Le 18 janvier 1823, en se référant à des documents violemment antireligieux découverts au cours d'une perquisition chez un certain frère Vernhes, documents qui émaneraient d'une loge de Montpellier, un tribunal de police correctionnelle ordonne la dissolution en France de l'ordre de Misraïm. Ses membres vont malgré tout poursuivre clandestinement leurs activités, mais cette mesure, en leur interdisant toute réunion légale, va interdite pour une longue période le développement du rite.

Malgré ces incidents, la franc-maçonnerie française reste cependant respectueuse de l'ordre établi.

C'est ainsi que la fête rituelle de la Saint-Jean d'hiver de 1824 fournit au Grand Orient de France l'occasion de procéder dans ses locaux à l'inauguration officielle d'un buste du roi Charles X. C'est au cours de cette cérémonie que « le très illustre frère » Rampon déclare :

« Charles X, les maçons du Grand Orient de France, réunis autour de ton buste, en donnant une larme à Louis XVIII, viennent te payer le tribut que tout Français doit à son souverain. Permets que son président te couronne au nom des frères de ce respectable atelier, et qu'ils t'offrent le serment d'une fidélité inviolable. »

Le 3 novembre 1824, la loge écossaise Emeth organise une tenue solennelle au cours de laquelle est prononcé l'éloge funèbre de Louis XVIII et célébré l'avènement de Charles X. Le frère Clavel déclare en cette circonstance :

« Louis était trop magnanime pour prêter l'oreille aux calomnies dont la maçonnerie est l'objet. Il applaudit à nos nobles travaux, et il permit qu'une médaille en constatât l'événement et en perpétuât la mémoire. Admis autrefois à la connaissance de nos mystères, il en avait apprécié les moyens et la fin... Charles X a autrefois pénétré dans le sanctuaire de nos temples. La lueur de l'initiation a brillé à ses yeux ! Le grand et noble but qui nous rassemble s'est déroulé à son esprit : comment pourrait-il donc ne pas nous protéger ? J'entrevois déjà dans un avenir très près de nous, sous son protectorat puissant, la maçonnerie reprendre tout à coup son ancienne splendeur ! C'est en vain qu'on voudrait lui prêter le dessein d'abolir notre Ordre généreux ! La supposition seule en est une injure... Ce sont nos ennemis, ce sont des méchants, qui nous suscitent ces craintes. Leur tentative sera vaine. »

L'espoir du frère Clavel ne sera pas totalement exaucé. La répression va très vite frapper certaines loges. C'est ainsi que La Fidèle Maçonne de Saint-Servan est amenée à disparaître. Son dernier vénérable, le frère Macheux, en informe le Grand Orient par une lettre en date du 9 mars 1824 :

« Le commissaire de police, assisté de deux gendarmes, s'est présenté à la porte de notre loge. Porteur d'un réquisitoire de M. le maire de cette ville, il nous a sommé de nous dissoudre sur-le-champ. Nous avons obéi à cette sommation par trop arbitraire et vexatoire en protestant contre. Il y avait seize présents, y compris les visiteurs. Bien que le commissaire de police ait refusé de dresser procès-verbal de son opération et de nous délivrer copie ainsi que du réquisitoire. »

En 1827, paraît à Paris une brochure antimaçonnique intitulée *Révélation à S.A.R. le duc d'Orléans, affreusement trompé par la profonde hypocrisie de plusieurs loges maçonniques.* Ce texte est précédé d'une « révélation au roi d'un affreux complot tramé dans les repaires de la franc-maçonnerie contre la religion et le trône ».

Il ne fait, en effet, aucun doute que le duc d'Orléans, le fils de Philippe Égalité, futur Louis-Philippe, a des sympathies pour la franc-maçonnerie. C'est même la raison pour laquelle une commission du Grand Orient s'est rendue auprès de lui pour lui offrir la grande maîtrise mais il ne s'est guère montré empressé de répondre favorablement.

Une note de police en date du 5 mai 1828 signale au ministre de l'Intérieur que deux candidats sont en présence pour l'élection du grand maître du Grand Orient : les frères Macdonald et Lauriston. En réalité, la police est mal informée, car Lauriston n'a aucune chance d'être élu, pas plus d'ailleurs que le duc de Choiseul qui fait, à son tour, acte de candidature. Les républicains tentent alors de faire élire le frère La Fayette, mais ils ne peuvent y parvenir. C'est donc le frère Macdonald qui va continuer à diriger l'obédience en qualité de premier grand maître adjoint.

Il faut bien dire que dans toute cette période, qui va de la chute du premier Empire à la Révolution de 1830, les hauts dignitaires du Grand Orient adoptent une attitude que de nombreux francs-maçons français déplorent. Dans son *Histoire de dix ans,* le frère Louis Blanc a lui-même condamné ce qu'il appelle « les puérilités solennelles » du Grand Orient. En revanche, dans les loges, les maçons sont nombreux à s'engager dans la résistance républicaine. C'est le cas de Manuel, de Dupont de l'Eure, de Jacques Kœchlin.

Dans les journées historiques de 1830, qui chassent le roi Charles X de son trône, des maçons se trouvent placés au premier rang dans l'action. C'est le cas notamment de La Fayette, de David d'Angers, qui participe aux premières escarmouches, de Charles Teste, dont le rôle est essentiel au soir du 27 juillet, et qui, le 28, distribue les armes et les uniformes.

Le nom du duc de Choiseul figure sur la liste du premier gouvernement provisoire dressée le 30 dans les bureaux du journal *le National* sur l'initiative du frère Charles Teste et de Taschereau, mais le duc refuse parce qu'il lui répugne de siéger aux côtés de La Fayette.

La confusion règne cependant parmi les initiés. Alors que le frère Teste appartient au groupe des républicains qui offre la dictature à La Fayette, ce dernier suggère d'attribuer la couronne au duc d'Orléans. Dans le même temps, on voit d'autres francs-maçons s'efforcer, avec le vieux Charles de Lameth, de sauver le trône menacé.

L'Histoire passe une fois de plus et les dignitaires s'inclinent devant elle. Le 10 octobre 1830, les délégués des loges du rite français et ceux du rite écossais se retrouvent dans un grand banquet au cours duquel le roi des Français et sa famille sont l'objet d'ovations unanimes.

Les maçons ont des raisons de croire à la bienveillance du nouveau roi Louis-Philippe. C'est, en effet, sous son règne que la cause républicaine va considérablement gagner du terrain dans les loges françaises. Dorénavant, La Fayette devient, pour ses frères, le symbole du franc-maçon républicain.

La libre pensée trouve également dans l'Ordre de nombreux adeptes. A partir de ce moment, les règlements intérieurs du Grand Orient cessent de prévoir des messes annuelles pour le repos de l'âme des frères décédés. Sous l'influence des condamnations pontificales répétées, par l'action également d'un certain clergé, les catholiques s'éloignent de plus en plus de la franc-maçonnerie et, par réaction, la maçonnerie va prendre des attitudes très marquées d'anticléricalisme et de libre pensée.

Bien loin de manifester sa reconnaissance aux francs-maçons qui ont joué un rôle déterminant dans les événements de juillet 1830, le roi Louis-Philippe se montre hostile aux organisations et aux hommes qui l'ont porté au pouvoir. Et il n'exclut pas la maçonnerie de cette réprobation. Le frère La Fayette apparaît cependant comme le premier personnage du royaume. On le voit recevoir au nom du roi le serment des légions. Le frère Talleyrand est ambassadeur à Londres. C'est dire — une fois de plus — l'erreur que l'on commet quand on attribue à la franc-maçonnerie prise dans son ensemble une influence décisive soit pour soit contre le pouvoir. On trouve des francs-maçons bien placés dans le gouvernement comme dans l'opposition. Toutefois, la franc-maçonnerie glisse de plus en plus vers une opposition républicaine.

Les membres de la loge Les Amis de la Vérité qui, derrière leur vénérable Cahaigne, ont été à la tête des combats pendant la révolution de Juillet, rejoignent collectivement les rangs de la Société des Amis du Peuple. Avec elle, ils s'efforcent de ressusciter les traditions du Club des Jacobins et ils proclament dans une brochure :

« Le profit du travailleur doit retourner au travailleur : plus d'hommes qui servent d'instrument à un autre homme. »

Cette Société est traînée devant les tribunaux. Ses chefs, Raspail, Blanqui, Thouret, Bonnias et Gervais sont condamnés à des amendes et à des peines de prison. Cependant, d'autres sociétés secrètes viennent vite joindre leurs efforts aux siens, la Société des Droits de l'homme, la Société Gauloise, le Comité organisateur des municipalités. Ce sont elles qui déclenchent l'émeute le jour des obsèques du général Lamarque.

Les francs-maçons légitimistes contestent eux aussi le nouveau pouvoir politique. C'est ainsi que, dans la Mayenne, le château du frère Camille de Pontfarcy est le rendez-vous des nouveaux chouans qui conspirent ouvertement. Pontfarcy ne cesse pas pour autant de fréquenter ses frères de la loge La Constance du Mans. Le jour où une dénonciation parvient au ministère de l'Intérieur qui l'accuse de cacher des armes dans son château d'Arquenay, c'est le frère Defermon, sous-préfet de Château-Gontier, qui se porte garant pour lui, affirmant que Camille de Pontfarcy est sans aucun doute légitimiste, mais qu'il ne tentera rien contre l'autorité du roi Louis-Philippe.

Le sous-préfet s'est beaucoup avancé puisque la police établit, un peu plus tard, que Pontfarcy est à la tête des chouans qui attaquent un détachement de la gendarmerie sur la route de Meslay à Laval, et que c'est encore lui qui provoque des émeutes à Goron, à Évron et à Sainte-Suzanne. Le 25 mai 1832, il va même jusqu'à prendre la tête d'un soulèvement dans les cantons de Meslay, de Bierné, de Grez-en-Bouère.

L'opposition politique, d'abord discrète dans les loges maçonniques, finit par s'y manifester avec force. Les travaux de nombreux ateliers sont de moins en moins initiatiques. Une tendance républicaine et anticléricale s'y précise, qui va très vite modifier le recrutement. Les véritables maçons, dans plusieurs villes, vont déserter le temple maçonnique et laisser la place à des militants républicains.

Le gouvernement suit de près cette évolution et donne des ordres aux préfets pour faire surveiller les loges par la police. En 1834, Thiers écrit :

« La question n'est pas de savoir si les membres qui composent les loges sont républicains, mais s'ils agissent ostensiblement et hostilement comme composant une association républicaine. Bornez-vous donc à constater les faits et à en acquérir la preuve. Par suite du rapport spécial que vous aurez soin de m'adresser, on avertira le Grand Orient, et ensuite on agira judiciairement si les avis aux supérieurs maçonniques restent sans effet. »

Cette circulaire de Thiers pourrait laisser croire que le gouvernement du roi Louis-Philippe sait pouvoir compter sur les hauts dignitaires du Grand Orient pour sanctionner les loges de leur obédience qui toléreraient en leur sein des activités républicaines. En réalité, le Grand Orient se contente de modérer, autant qu'il le peut, les prises de position politiques, mais il peut mesurer son impuissance sur ce terrain. Les francs-maçons de cette époque se situent à gauche pour la plupart. L'idée républicaine va très vite gagner toutes les loges de France.

Le Suprême Conseil de France doit alors lutter pour empêcher la politique d'envahir les loges du rite écossais placées sous son autorité. Il est ainsi amené, en 1833, à retirer sa patente à la loge Les Trois Jours, fondée à Paris après les journées révolutionnaires de 1830 par l'archéologue Alexandre de Laborde, le banquier Laffitte, le préfet Odilon Barrot. Il est en effet reproché à ses membres d'avoir suivi, bannière maçonnique en tête, le cortège funèbre du général Lamarque qui a dégénéré en émeute.

Les sociétés secrètes se multiplient et de nombreux francs-maçons participent à leurs activités. Le gouvernement finit par promulguer une loi sur la liberté d'association et le Grand Orient de France est alors amené à réagir. Il adresse à toutes ses loges une circulaire dans laquelle il rappelle un certain nombre de principes :

« De graves circonstances, y lit-on, ayant déterminé le gouvernement à provoquer une mesure rigoureuse, celle de l'adoption de la loi sur les associations, la promulgation de cette loi change-t-elle la position de la franc-maçonnerie en France, et le Grand Orient et les ateliers de sa correspondance doivent-ils suspendre leurs travaux philanthropiques jusqu'à l'obtention d'une autorisation légale ?... L'ancienne monarchie, le Directoire, le Consulat et la Restauration nous ont laissé travailler librement. Malgré l'article 291 du Code pénal, nous avons été tolérés ; dans le dernier état de la législation, nous serons nécessairement placés sous la protection accordée aux sociétés que l'autorité a déclaré n'avoir pas besoin d'autorisation nouvelle pour se livrer à la pratique du bien. Notre institution a le même but, et nous ne sommes pas, comme Ordre maçonnique, suspects au gouvernement. On se rappelle encore que, dans une circonstance récente, où la politique avait envahi notre domaine, le Grand Orient n'a point balancé, quelque peine qu'il en éprouvât, à sévir contre une loge qui s'était un instant égarée. Demander au nom de l'Ordre maçonnique une autorisation expresse, ce serait en quelque sorte assumer sur le Grand Orient la responsabilité des actes politiques que pourraient se permettre des associations hostiles qui se glisseraient inaperçues sous le manteau de la franc-maçonnerie. Le Grand Orient déclare solennellement aujourd'hui, à tous les ateliers de son obédience, qu'il est déterminé à poursuivre avec vigueur les infractions aux statuts généraux et notamment l'article 334. Il compte d'ailleurs sur l'empressement de ses ateliers pour écarter de leur sein tout genre de discorde. Le Sénat maçonnique veillera sans cesse à ne point laisser détourner de son véritable but ce que la France possède de plus honorable dans tous les rangs de l'ordre social. »

Cette prose n'est pas accueillie favorablement par toutes les loges. C'est ainsi qu'un atelier d'Angoulême, Les Amis de la Paix, adresse à son tour une circulaire à toutes les loges de France pour dénoncer avec énergie l'attitude adoptée par le Grand Orient face au pouvoir politique.

La Constance des Amis Unis de Laval s'associe sans attendre à cette protestation. On constate ainsi que la majorité des maçons français est en train de devenir républicaine.

L'agitation est très vive dans certaines loges. Les Trinosophes et Moria Cenonans offrent le spectacle d'une scène violente au cours de laquelle le buste de Louis-Philippe, qui figure dans le temple, est jeté à terre et brisé. Thiers, ministre de l'Intérieur, demande aussitôt à tous les préfets de faire surveiller les agissements politiques des loges maçonniques.

Le Grand Orient veut se montrer vigilant. Il interdit à une loge de Brest, Les Élus de Sully, où plusieurs carbonaristes ont été initiés, de célébrer une cérémonie funèbre à la mémoire d'un frère tombé pour une cause politique. L'atelier proteste et, passant outre, célèbre solennellement la mémoire de trois officiers portugais morts pour la cause républicaine.

La répression s'abat alors sur plusieurs loges. Des francs-maçons doivent à nouveau fuir à l'étranger pour éviter l'arrestation. C'est le cas du frère Granger, un pharmacien du Mans, qui réussit à passer en Suisse grâce à l'aide de ses frères.

Une loge d'Aix, Les Arts et l'Amitié, doit interrompre ses travaux le 25 mars 1835.

La police arrête bientôt à Paris un jeune officier polonais qu'elle accuse de regrouper, pour le service de son pays, des carbonaristes et des francs-maçons. Les préfets reçoivent l'ordre d'ouvrir une enquête sur toutes les loges qui ont initié des réfugiés polonais. Le préfet de la Sarthe est ainsi amené à convoquer le vénérable et les officiers de la loge du Mans, et il leur reproche d'accueillir parmi eux des Polonais et des républicains. Il est vrai que les sentiments des frères manceaux ne sauraient faire de doute, puisqu'ils ont tapissé leur temple de caricatures découpées dans *le Charivari* de Philippon.

Une crise grave s'ouvre le 19 décembre 1836. Ce jour-là, en effet, la loge de Brest, Les Élus de Sully, adresse une protestation solennelle à tous les ateliers avec lesquels elle entretient une correspondance pour protester contre les agissements politiques des dirigeants du Grand Orient de France. Cette loge affirme que ces agissements heurtent les sentiments républicains de ses membres.

Cette initiative appelle une sanction, et le Grand Orient décide que la loge de Brest sera rayée de son tableau. De nombreuses loges se déclarent immédiatement solidaires de l'atelier ainsi sanctionné.

Le 22 mai 1837, La Fidèle Union de Morlaix écrit à toutes les loges de France :

« Jusqu'ici, la maçonnerie en France n'avait rien eu de commun avec la politique des divers gouvernements qui s'y sont succédé. Cette sublime institution est toujours restée calme, mais libre, sous la verge du despotisme comme au milieu des horreurs de l'anarchie. Le Grand Orient a rayé du tableau des ateliers réguliers notre sœur affiliée à l'Orient de Brest, la loge Les Élus de Sully, prétextant que cette respectable loge, dans sa planche du 19 du 10e mois 5836, s'était servie de termes inconvenants pour qualifier les jugements du Grand Orient qui suspendaient plusieurs ateliers de sa correspondance. Or, les jugements prononcés par le Grand Orient de France sont en contradiction avec les statuts généraux de l'Ordre... Ces remontrances portaient sur la violation des lois et ne pouvaient qu'être sévères pour lui puisqu'il condamnait injustement plusieurs loges. »

Le Grand Orient veut alors exclure à son tour La Fidèle Union, mais cette fois les réactions indignées sont tellement nombreuses, que les dignitaires préfèrent composer et ouvrir une négociation avec Les Élus de Sully.

La situation ne cesse de s'aggraver dans le pays. Blanqui, disciple du maçon Buonarotti, diffuse dans les sociétés secrètes la théorie de la dictature révolutionnaire. Les maçons républicains sont nombreux à le suivre dans l'action.

Une insurrection armée éclate le 12 mai 1839. Un gouvernement provisoire est constitué auquel appartiennent Armand Barbès, Voyer d'Argenson, Auguste Blanqui, Lamennais, Martin-Bernard, Dubosc et Laponneraye. Sous la pression de l'émeute, le roi change de gouvernement et confie la présidence du Conseil au maréchal Soult, un ancien dignitaire du Grand Orient de France.

L'insurrection est écrasée. Barbès est condamné à mort et Mialon aux travaux forcés à perpétuité. Lamartine intervient auprès de Montalivet, pair de France, pour que la reine reçoive la sœur de Barbès.

Le 13 juillet, 3 000 étudiants défilent dans Paris en réclamant l'abolition de la peine de mort en matière politique. Victor Hugo et Victor Schœlcher demandent la grâce du condamné, que le roi finit par accorder le 14 juillet.

Blanqui, jugé en janvier 1840, sera à son tour condamné à mort et verra sa peine commuée.

Parmi les pairs de France qui ont jugé et condamné les accusés, figurent plusieurs francs-maçons notoires.

En 1848, le Suprême Conseil de France doit faire face à une scission. Sept loges, le jugeant trop rétrograde sur le plan politique, se détachent de lui, et fondent la Grande Loge nationale de France. Il s'agit en fait d'une tentative pour donner à la franc-maçonnerie française un caractère plus républicain. Les loges rebelles condamnent à la fois la souveraineté individuelle, les hauts grades et les fonctions inamovibles. Dans un manifeste adressé aux républicains, ces maçons déclarent :

« La franc-maçonnerie se souviendra que ceux-ci dominent et entraînent le monde, qu'ils en dirigent la pensée, et que dès lors il est de son droit et de son devoir qu'il ne soit rien fait sans qu'on ait à composer avec elle. »

En fait, la grande majorité des francs-maçons français accueille avec enthousiasme la Révolution de 1848. De nombreux frères prennent la tête du mouvement en faveur des idées républicaines, malgré la volonté manifeste du Grand Orient et du Suprême Conseil de France de maintenir l'Ordre au-dessus et en dehors des batailles politiques.

Le gouvernement provisoire compte plusieurs maçons : les frères Adolphe Crémieux, Ferdinand Flocon, Louis-Antoine Garnier-Pagès, Louis Blanc. Cependant, les maçons aux opinions socialistes se regroupent sans plus attendre dans les clubs qui, derrière Proudhon et Raspail, engagent le combat contre ce gouvernement.

Lorsque les délégations du Grand Orient et du Suprême Conseil viennent féliciter les membres du gouvernement provisoire, le frère Bertrand déclare :

« Les francs-maçons ont porté de tout temps sur leurs bannières ces mots : Liberté, Égalité, Fraternité. En les retrouvant sur le drapeau de la France, ils saluent le triomphe de leurs principes, et s'applaudissent de pouvoir dire que la patrie tout entière a reçu par vous la consécration maçonnique. »

C'est le frère Adolphe Crémieux, haut dignitaire du rite écossais, qui est chargé de lui répondre au nom du gouvernement :

« La République est dans la maçonnerie, dit-il, eh bien ! la République fera ce que fait la maçonnerie : elle deviendra le gage éclatant de l'union des peuples sur tous les points du globe, sur tous les côtés de notre triangle, et le Grand Architecte de l'Univers, du haut du ciel, sourira à cette noble pensée de la République qui, se répandant de toutes parts, réunira dans un même sentiment tous les citoyens de la terre. »

Sur ce que représente alors l'apport de la franc-maçonnerie au parti républicain, il est intéressant de se reporter à une étude d'André Combes parue dans les *Cahiers d'histoire du radicalisme.*

« A quelques exceptions près, écrit-il, (Ledru-Rollin, Blanc, peut-être Arago), l'état-major du parti républicain est-il passé par les ateliers maçonniques. Opposons cependant, peut-être arbitrairement, ceux qui ont eu une importante activité maçonnique comme Buonarrotti, Flocon, Pagnerre, Baudin, Peigné, Bègue-Clavel, Ronjat, Antide Martin, Charrassin... à d'autres qui, tels Barbès, Blanqui, Carnot, Raspail, Schœlcher, Perdiguier, Trelat, Pyat, Marie, n'ont que peu fréquenté les loges. Pour opposer deux sensibilités, disons que le journal *la Réforme* est en 1848 d'inspiration plus maçonnique que *le National* moins radical. C'est revêtus de leurs décors maçonniques que Garnier-Pagès, Flocon et Pagnerre accueillirent la délégation du Grand Orient venue présenter ses félicitations au gouvernement provisoire de la Seconde République. »

Cette étude est intéressante, encore qu'il serait facile d'apporter quelques rectifications. Pourquoi citer Louis Blanc parmi les républicains non maçons, alors qu'il fut initié pendant l'exil par une loge de Londres, et qu'il fréquenta dans les dernières années de sa vie les loges du rite écossais ?

Les dignitaires de l'Ordre sont alors très inquiets devant l'attitude extrémiste prise par ceux de leurs frères qui jouent un rôle important dans les clubs révolutionnaires, et pourtant, ce sont ceux-là qui viennent de sauver la maçonnerie française. Sans eux, le Grand Orient de France, fort compromis par ses positions politiques en regard de la monarchie de Juillet, n'aurait sans doute pas survécu à la Révolution de 1848.

Ce sont cependant ces mêmes maçons radicaux et socialistes qui, désormais donneront à la philosophie des loges un caractère nettement anticlérical.

Le prince Pierre-Napoléon Bonaparte, fils de Lucien, officier d'honneur de la loge parisienne Saint-Lucien, est élu député à l'Assemblée législative. Parmi les élus du peuple figure également son cousin le prince Napoléon Bonaparte, fils de Jérôme, membre de la loge parisienne Les Amis de la Patrie.

Ils retrouvent à l'Assemblée de nombreux frères députés parmi lesquels l'avocat libéral Saint-Albin de Berville, grand maître adjoint du Grand Orient, celui-là même qui a plaidé pour Paul-Louis Courier, pour Béranger, pour les quatre sergents de La Rochelle.

De nombreux frères n'hésitent pas à arborer leur qualité maçonnique sur les affiches électorales. On peut lire sur les murs de Paris un appel aux francs-maçons pour une réunion organisée le 14 mars 1848 dans le but de constituer un comité central électoral. Les noms des membres de ce comité seront plus tard affichés dans la capitale.

En province, certains maçons agissent de même. Ainsi, à Clermont-Ferrand, un nommé Malet-Vandègre signe le 16 mars une affiche destinée aux initiés de la ville dans laquelle, en l'absence d'une loge régulièrement constituée, il les invite à se rassembler le 25 suivant, à 3 heures de l'après-midi, sur la place Saint-Pierre, nantis de leur diplôme maçonnique.

On croit rêver ! Qui donc pourrait soutenir devant de telles manifestations que la franc-maçonnerie est encore une société secrète ?

On peut alors se demander sérieusement si le Grand Orient n'a pas consenti à collaborer avec le gouvernement afin de sanctionner les loges trop politisées. En effet, dans une circulaire adressée le 30 octobre 1850 par le ministre de l'Intérieur à tous les préfets, celui-ci les invite à lui signaler les loges qui s'occupent de menées ou de discussions politiques à l'effet de les faire suspendre provisoirement par le Grand Orient.

De fait, dans tous les départements, la surveillance de la police sur les loges s'accentue. A Aix notamment, le gouvernement s'intéresse particulièrement à la loge Les Arts et l'Amitié, dont le vénérable est l'ancien sous-préfet républicain Bremond et qui compte deux cents membres, tous démocrates.

L'activité maçonnique des républicains exilés est alors très importante et les initiatives qu'ils prennent auront des conséquences nombreuses dans l'évolution de la maçonnerie française.

Le radicalisme maçonnique, qui va triompher à Paris après 1877, naît en fait en 1850 à Londres au sein de la Grande Loge des Philadelphes, créée par des exilés, et dont le premier président est le publiciste républicain Jean-Philibert Berjeau. Là se regroupent les réfugiés montagnards, et parmi eux, des anciens représentants du peuple comme Duché, Greppo, Charrassin. Des hommes apparaissent ainsi dans les soirées maçonniques de Londres, qui vont devenir des figures marquantes du parti républicain : Martin Nadaud, Talandier, Gustave Naquet, Louis Blanc.

Dans le même temps, les loges françaises pénètrent dans de nouvelles couches sociales.

Pendant les premières années de la IIe République, ce sont les francs-maçons qui animent dans la plupart des départements les clubs politiques. C'est ainsi que dans la Vienne, le frère Aglophile Fradin, membre de la loge de Châtellerault La Vraie Harmonie et sous-préfet de l'arrondissement, est soutenu activement aux élections de mai 1849 par le club « La Solidarité républicaine », une société au sein de laquelle les influences maçonniques sont très fortes. Son principal animateur est d'ailleurs l'avocat Duplaisset, membre de la loge Les Amis Réunis. Ce club, très surveillé par la police locale, tient ses réunions au-dessus d'un café de la ville.

Il est également établi que, sentant monter la menace bonapartiste, les francs-maçons ont tenté d'organiser le parti républicain. Ce sont les loges qui, notamment, ont pris l'initiative, pour les élections législatives de 1849, de regrouper les socialistes et les radicaux au sein d'un Comité démocrate socialiste. Le programme de ce comité, publié en avril 1849, a voulu ajouter à la formule traditionnelle « liberté, égalité, fraternité », les notions de l'ordre, de l'unité et du progrès. Ce texte est fortement marqué par l'influence maçonnique.

Le Comité démocrate socialiste n'a fait élire que 180 députés en face des 500 que revendique le parti de l'ordre. Avec deux millions et demi de suffrages, il représente la France républicaine du sud de la Loire et les faubourgs ouvriers de Lyon, de Limoges, de Lille et de Rouen.

Le grand virage historique a été pris. Avec Adolphe Crémieux à la tête du Rite écossais et des hommes comme Brisson et Floquet dans les loges relevant du Suprême Conseil de France, avec Léon Gambetta et Jules Ferry au sein du Grand Orient, la franc-maçonnerie française a accueilli trop de républicains dans ses rangs pour que le respect du régime en place affiché par certains dignitaires puisse modifier le comportement anticésarien de la plupart des loges.

Chapitre V

LE SECOND EMPIRE

L'année 1851, qui sera celle du coup d'État bonapartiste, débute le 2 janvier par un arrêt du préfet de police qui interdit la Grande Loge nationale de France, coupable d'avoir exprimé ouvertement ses sentiments républicains et son désir d'intervenir dans les affaires politiques. Commentant cette décision, dans un essai sur *la Franc-Maçonnerie écossaise,* Antonio Coen et Michel Dumesnil de Gramont, qui seront tous les deux grands maîtres de la Grande Loge de France, ont écrit :

« Cet arrêt du préfet de police précise bien le rôle uniquement philosophique et initiatique permis à l'Ordre par les pouvoirs publics, en même temps (détail de première importance) que la reconnaissance de fait accordée aux deux obédiences maçonniques — Grand Orient et Suprême Conseil — dont le temps et les antécédents ont en quelque sorte consacré l'existence régulière. »

Si la plupart des adversaires de la franc-maçonnerie se retrouvent tout naturellement le 2 décembre avec ceux qui balaient la République, de nombreux maçons prennent place parmi les républicains qui tentent vainement de s'opposer au coup d'État du prince-président Louis Napoléon Bonaparte. Le député Baudin, tué sur les barricades parisiennes, est lui-même franc-maçon. On voit alors le curé de l'église de la Trinité refuser de recevoir son corps.

Le pape Pie IX, apprenant les événements survenus à Paris, a ce mot fort significatif :

« Le ciel vient de payer à la France la dette de l'Église. »

Il félicite Louis Napoléon de son succès et l'Église de France se rallie, dans sa totalité, unanimement et officiellement, au second Empire.

Dans le même temps, les maçons figurent en bonne place parmi les républicains vaincus que la répression atteint. Le frère Agricol Perdiguier, l'apôtre du compagnonnage, a bataillé pendant six jours avec les représentants du peuple. Le 7 décembre au matin, il est arrêté à son domicile et enfermé à la prison de Mazas.

Le frère Eugène Angot, de la loge de Mayenne, est incarcéré le 8 décembre. Il se pend dans sa cellule dans la nuit du 9 au 10.

Le 10 décembre, le Grand Orient de France prend la décision de suspendre toutes les réunions maçonniques jusqu'à la fin de l'année. Plusieurs loges sont alors dissoutes par la police. Ce sont celles qui ont été signalées comme républicaines. C'est le cas entre autres des Amis de la Bienfaisance à Aix. La franc-maçonnerie française a désormais des raisons sérieuses de se croire menacée. Le gouvernement, les préfets, mais aussi l'Église redevenue puissante, manifestent l'intention de prendre contre elle des mesures sévères.

C'est indiscutablement parce qu'ils jugent nécessaire de prendre de toute urgence des dispositions politiques pour tenter de sauver leur Ordre, que les hauts dignitaires du Grand Orient et du Suprême Conseil de France envisagent alors de renouer avec les traditions maçonniques du premier Empire.

Plus tard, les adversaires de la maçonnerie ne manqueront pas de faire grand cas de ce ralliement opportuniste au pouvoir issu du coup d'État, mais, dans son *Histoire de la France contemporaine*, l'académicien Gabriel Hanoteaux résumera objectivement la situation en observant :

« Sous le Second Empire, la franc-maçonnerie accepte, pour grands maîtres, le prince Murat, le maréchal Magnan et le général Mellinet. Elle fait peu de progrès ; mais le travail des loges se poursuit et garde, au fond, sa fidélité à l'idée démocratique et républicaine. Parmi les hommes marquants de l'opposition, bon nombre, par la nécessité de l'entente et de la rencontre, étaient affiliés. Ce cadre était tout prêt quand éclata la révolution du 4 septembre. »

Le 9 janvier 1852, le prince Murat, alors âgé de quarante-huit ans, est élu grand maître du Grand Orient de France par l'Assemblée générale à l'unanimité des 132 membres présents. Initié en Amérique, il va très vite se montrer très autoritaire dans l'exercice de ses fonctions. Son administration, très critiquable et très critiquée, provoque bien vite une crise qui touche de nombreuses loges de province.

Lorsque le gouvernement impérial est amené, dans le cadre de la guerre d'Italie, à protéger le Saint-Siège, le prince Murat, en sa qualité de sénateur, soutient cette politique, et son attitude dresse contre lui de nombreux francs-maçons de son obédience. Murat est amené à sévir contre eux. Il n'hésite pas à suspendre plusieurs vénérables, et notamment le frère Baille, vénérable de la loge de Marseille La Réunion des Amis Choisis. Dès lors, l'autorité du grand maître est activement combattue au sein de l'Ordre.

A vrai dire, imposé au Grand Orient par le gouvernement impérial, Murat n'a jamais été accepté par les loges.

Napoléon III voudrait, à l'égard de la maçonnerie, renouer avec la politique de son oncle. Se souvenant sans doute du temps où il fréquentait les ventes carbonaristes, l'Empereur juge nécessaire de contrôler les sociétés secrètes qu'il est impossible de faire disparaître par décret. Son cousin Murat ayant été élu grand maître, il a pris la décision de laisser survivre la maçonnerie. Le ministre de l'Intérieur Persigny a alors écrit aux préfets qu'ils devaient laisser aux loges la possibilité de se réunir librement. Lui-même s'engage à signaler au grand maître du Grand Orient les cas où des mesures d'interdiction seraient justifiées.

Une fois encore, c'est le pouvoir politique qui contrôle étroitement la direction de la maçonnerie française, et non celle-ci qui contrôle ou influence le pouvoir. Le prince Jérôme-Napoléon devient même grand commandeur du Suprême Conseil.

En 1857, la loge de Marseille La Réunion des Amis Choisis est à nouveau suspendue par un décret du grand maître pour avoir publié une brochure dans laquelle le régime impérial est dénoncé comme autoritaire et dictatorial. Il lui est reproché notamment de faire surveiller par sa police les travaux maçonniques. Commentant cette sanction, Félix Chevrier et Antoine Alessandri écriront, dans leur ouvrage *la Vie hermétique de Marseille* paru en 1952 :

« Un franc-maçon a-t-il le droit de se mêler aux luttes politiques ? Bien sûr ! Disons mieux : citoyen dans toute l'acception du terme, il n'a pas le droit de se désintéresser des destinées de son pays. Mais il ne peut et il ne doit le faire qu'à titre privé, dans la vie profane. Son action personnelle de citoyen ne peut et ne doit engager ni sa loge ni la franc-maçonnerie. »

On peut observer que pour avoir le droit d'imposer au frère Baille les principes invoqués par Félix Chevrier et Antoine Alessandri, la franc-maçonnerie n'aurait pas dû accepter de confier les fonctions de grand maître au prince Murat, c'est-à-dire à un homme totalement acquis au pouvoir impérial. En effet, il est évident que lorsque le sénateur Murat prend publiquement une attitude politique dans la vie profane, il engage fatalement par là même l'Ordre dans lequel il assume les plus hautes responsabilités.

Ce double rôle ne peut que choquer ceux des francs-maçons qui, entre-temps, luttent pied à pied contre le régime de Napoléon III.

Lorsque le comte italien Orsini prépare un attentat contre l'Empereur, le premier républicain qu'il recrute est un franc-maçon nommé Pieri, résidant à Birmingham, membre d'un groupe fraternel auquel appartiennent notamment le révolutionnaire Greppo et le frère Chevassus, vénérable de la loge du rite de Memphis de Birmingham. Or, les bombes du 14 janvier 1858, si elles ratent l'Empereur, tuent douze personnes.

Jamais les divergences n'ont été aussi grandes entre la direction de la maçonnerie française, entièrement inféodée au pouvoir impérial, et les loges de province, fidèles dans leur presque totalité à la cause républicaine. D'ailleurs, personne ne s'y trompe, et surtout pas les démocrates profanes.

Le pouvoir impérial ne s'y trompe pas non plus. Les déportations et les procès d'opposants se multiplient. C'est alors que le frère Berryer, plaidant pour Montalembert, s'écrit en plein tribunal :

« Oui, à cette heure même, tous les cœurs français vous répondent qu'ils aspirent à la liberté de se parler, de s'entendre, de se concerter, de s'unir, de chercher à établir cet accord sur les principes sans lequel il n'y a pas d'ordre public digne de la raison humaine. »

Le frère Jean Faucher, l'un des fondateurs de la loge écossaise L'Étoile Limousine à Limoges, reste caché pendant sept ans dans une carrière proche de Linards, traqué par la gendarmerie impériale et ravitaillé par ses frères et par ses parents.

Le prince Murat est de plus en plus critiqué par les membres du Grand Orient. Certains vont même jusqu'à l'accuser de pactiser ouvertement avec les ennemis de l'Ordre maçonnique. Sa réélection à la tête de l'obédience semble impossible et il le comprend. Il n'hésite pas alors à faire appel à la police contre ceux de ses frères qui ne veulent pas voter pour lui. Cette menace se révèle inefficace et, à l'assemblée générale de 1860, c'est le prince Napoléon qui obtient la majorité. Furieux, Murat en appelle à l'Empereur, et Napoléon III donne l'ordre à ses deux cousins de se retirer tous les deux de la compétition. La grande maîtrise va donc rester sans titulaire pendant deux ans.

Cette situation ne peut s'éterniser et les dirigeants du Grand

Orient veulent trouver une solution. Le 23 mai 1861, le préfet de police interdit aux délégués des loges de se réunir avant le mois d'octobre pour procéder à l'élection d'un nouveau grand maître.

Dans le même temps, le prince Murat conteste aux loges de la Seine le droit de se réunir sans son autorisation. Les députés des loges à l'assemblée législative du Grand Orient protestent sans attendre contre cette décision arbitraire, contre l'introduction de la police impériale dans le temple maçonnique à la demande du représentant du grand maître, contre la menace d'expulsion par la force armée des députés des loges revêtus de leurs insignes.

L'assemblée législative est convoquée pour le 14 octobre mais, quatre jours avant cette date, le préfet de police fait savoir que, pour ne pas troubler l'ordre public, il est interdit aux francs-maçons de se réunir pour élire un grand maître de l'Ordre maçonnique avant le mois de mai 1862. Cependant, comme le Grand Orient ne peut rester sans direction et que Murat n'a plus aucune autorité, le 24 octobre, le ministre de l'Intérieur autorise une commission de cinq membres à administrer provisoirement l'obédience. Ces cinq frères prendront le titre de grands conservateurs. C'est malgré tout le prince Murat qui choisit lui-même les membres de cette commission. Le 3 novembre, le Conseil du grand maître proteste auprès du préfet de police contre cette prétention du prince à vouloir faire valoir, sur la direction du Grand Orient, des droits qui ne lui sont plus reconnus par ses frères.

Contrairement à ce que cette crise interne pourrait laisser croire, le gouvernement impérial n'est encore nullement indisposé à l'égard de l'Ordre maçonnique, du moins tente-t-il de lui faire des yeux doux pour le reprendre en main. En 1860, en présence de Mgr Dupanloup, le ministre Persigny se risque même à faire l'éloge de la maçonnerie qu'il voudrait légaliser par une reconnaissance officielle. Il en fait la proposition en ces termes :

« Établie en France depuis 1725, la franc-maçonnerie n'a pas cessé de maintenir sa réputation de bienfaisance, et, tout en remplissant sa mission de charité, se montre animée d'un patriotisme qui n'a jamais fait défaut aux grandes circonstances. Tels sont l'ordre et l'esprit qui règnent dans cette association, qu'il ne peut qu'être avantageux d'autoriser et de reconnaître son existence. »

Le Grand Orient refuse immédiatement cette offre du gouvernement. Les frères Massol, Edmond About et Fauvety expliquent qu'ils veulent bien que leur Ordre soit toléré, mais qu'ils n'acceptent pas de le voir protégé officiellement par le pouvoir. Une telle reconnaissance supposerait une investigation permanente. L'Église de son côté proteste violemment et juge scandaleuse la proposition du ministre de l'Intérieur.

Le 16 octobre 1861, le ministre prescrit alors à toutes les associations d'adresser à la préfecture de leur département une demande d'autorisation. Plusieurs commissaires de police ouvrent aussitôt une enquête et demandent aux loges maçonniques de faire connaître les noms et qualités de leurs officiers. Les refus sont nombreux.

Finalement, le 11 janvier 1862, un décret de l'Empereur nomme grand maître du Grand Orient le maréchal Magnan, un des artisans du coup d'État de 1851. Ce militaire brutal n'est même pas franc-maçon. Pour qu'il puisse exercer ses nouvelles fonctions, il faudra l'initier le 13 janvier et lui conférer d'un coup les trente-trois degrés de la connaissance initiatique.

Comme il ne connaît rien à l'Ordre maçonnique, son premier geste consiste à faire sommation au Suprême Conseil de France d'avoir à s'intégrer immédiatement au Grand Orient. Comme le Suprême Conseil ne répond pas, il renouvelle son ordre à trois reprises, assorti de menaces. Le grand commandeur est alors l'académicien Viennet, ancien officier d'active et monarchiste notoire. Il se décide à écrire le 25 mars 1862 au nouveau grand maître :

« Monsieur le Maréchal, vous me sommez pour la troisième fois de reconnaître votre autorité maçonnique, et cette dernière sommation est accompagnée d'un décret qui prétend dissoudre le Suprême Conseil du Rite Écossais Ancien et Accepté. Je vous déclare que je ne me rendrai pas à votre appel, et que je regarde votre arrêté comme non avenu. Le décret impérial qui vous a nommé grand maître du Grand Orient de France, c'est-à-dire d'un rite maçonnique qui existe seulement depuis 1772, ne vous a point soumis l'ancienne maçonnerie, qui date de 1723. Vous n'êtes pas, en un mot, comme vous le prétendez, grand maître de l'Ordre maçonnique en France, et vous n'avez aucun pouvoir à exercer à l'égard du Suprême Conseil de France que j'ai l'honneur de présider : l'indépendance des loges de mon obédience a été ouvertement tolérée, même depuis le décret dont vous vous étayez sans en avoir le droit. L'Empereur a seul le pouvoir de disposer de nous ; si Sa Majesté croit devoir nous dissoudre, je me soumettrai sans protestation. »

Le Suprême Conseil de France ne sera pas dissous, mais le pouvoir impérial va considérer désormais la maçonnerie écossaise comme un corps maçonnique hostile au régime. Les loges écossaises vont dès lors devenir le refuge des francs-maçons républicains.

Le maréchal Magnan a été installé le 8 février 1862 dans ses fonctions de grand maître en présence de six cents délégués des loges françaises. Le frère qui le salue solennellement au nom de l'assistance regrette que la maçonnerie ait été privée du droit d'élire elle-même le plus haut de ses dignitaires. Dans sa réponse, le maréchal se montre habile en affirmant qu'il veillera à être, en toutes circonstances, un grand maître respectueux des constitutions de l'Ordre maçonnique, bienveillant, affectueux pour tous, et qu'il saura se conduire en véritable maçon. Le propos ne manque pas de saveur puisqu'il n'est encore membre d'aucune loge et que c'est seulement le 26 mars qu'il s'affilie à la loge parisienne Les Frères Unis Inséparables.

Curieusement, c'est grâce à la protection que le nom du maréchal Magnan va assurer à la maçonnerie française, que de nombreux hommes politiques aux idées avancées se regroupent en son sein pendant cette période. Les socialistes révolutionnaires disciples de Blanqui semblent même, dans les dernières années du second Empire, obéir à une consigne car, un peu partout en France, ils sollicitent leur initiation. Ils apportent même dans les loges un courant de libre pensée qui trouve très vite de nombreux adeptes.

Le maréchal Magnan, qui se sait toujours très contesté, tente alors auprès du rite de Misraïm une démarche identique à celle qu'il a vainement développée en direction du Suprême Conseil de France. Le frère Hayère lui fait une réponse aussi digne que celle du frère Viennet :

« Le rite de Misraïm, proclame-t-il, tient trop à son indépendance pour reconnaître vos pouvoirs et subir votre domination ; si l'Empereur croit devoir nous supprimer, qu'il le fasse ; mais nous ne nous soumettrons jamais. »

Nous en arrivons à 1863, c'est-à-dire au moment où l'étoile de Napoléon III va commencer à pâlir et où l'Empire va accumuler les défaites. Les élections de 1863 ne lui sont pas favorables. Pour la première fois, l'opposition républicaine l'emporte à Paris.

Napoléon III prend soudain conscience du fait que le maréchal Magnan est désormais accepté par un grand nombre de francs-maçons français. Il rapporte donc son décret le nommant grand maître. Le Grand Orient de France retrouve ainsi son droit d'élection. Le 20 mai 1864, son assemblée législative élit le maréchal à l'office de grand maître par cent quarante-huit voix sur cent cinquante-deux votants.

Le vote du 20 mai 1864 prouve que les députés des loges françaises, dans leur quasi-totalité, ont approuvé ce ralliement politique de leurs dirigeants.

Lorsque le maréchal Magnan meurt en 1865, il a droit à des

obsèques nationales à Notre-Dame et la cérémonie va provoquer un incident très grave entre le Vatican et l'Église de France.

L'archevêque de Paris, Mgr Darboy, celui même qui sera fusillé en 1871 par les communards, consent à bénir dans la nef le cercueil sur lequel ont été déposés les insignes maçonniques du grand maître. L'incident fait aussitôt scandale. Le pape Pie IX en profite pour prononcer une allocution dans laquelle il rappelle les condamnations pontificales de la maçonnerie. Mgr Darboy, dont l'attachement aux thèses gallicanes est notoire, s'empresse de répondre à Rome qu'il n'avait pas vu sur le catafalque les insignes maçonniques du défunt. Il ajoute, par ailleurs, qu'il n'a pas à connaître les bulles pontificales fulminées contre la maçonnerie parce qu'elles n'ont pas été promulguées en France.

La hiérarchie de l'Église de France ne montre alors aucun empressement pour se ranger derrière le pape en désavouant l'archevêque de Paris. Sur quatre-vingt-sept diocèses, dix-huit seulement publient le nouveau texte pontifical contre les maçons. Parmi les évêques qui consentent à diffuser la condamnation, il est vrai que certains s'engagent formellement. C'est notamment le cas de Mgr Wicart, évêque de Laval. Il publie même une lettre pastorale de six pages dans laquelle il rappelle toutes les condamnations pontificales et les journaux locaux publient cette lettre. La loge de Laval La Constance veut y répondre et entretenir la polémique, mais le journal *l'Indépendance de l'Ouest* refuse de lui ouvrir ses colonnes. L'incident aura malgré tout ce résultat d'amener le clergé local à refuser à l'avenir les obsèques religieuses aux dignitaires de la franc-maçonnerie.

La loge de Condom L'Auguste Amitié répond en termes si vifs à la condamnation pontificale que l'archevêque d'Auch dépose une plainte pour outrages à la religion catholique et au souverain pontife. Le procureur général fait savoir au ministre de la Justice que le pamphlet adressé par la loge à l'archevêque n'ayant eu aucun caractère public, il ne saurait donner lieu à poursuites.

Le 9 juin 1865, le Grand Orient de France élit son nouveau grand maître, le général Mellinet. Il s'agit cette fois d'un franc-maçon initié de longue date par la loge de Nantes Mars et les Arts, fils et petit-fils de maçons. Lors de son élection, il est âgé de soixante-sept ans.

La franc-maçonnerie est amenée à prendre acte des attaques de plus en plus fréquentes lancées contre elle par l'Église. Dans le même temps, la presse catholique française s'efforce de mettre en évidence les tendances les plus anticléricales de la maçonnerie. Une grande offensive antimaçonnique se développe ainsi dans le pays et de nombreux pamphlets paraissent.

L'Ordre est obligé de considérer les risques que lui fait courir la présence de nombreux francs-maçons français au sein de la résistance républicaine au régime impérial. Cette situation incite l'assemblée générale du Grand Orient de France à voter en 1865 un nouvel article 2 de sa Constitution qui déclare que la franc-maçonnerie n'a pas à se préoccuper de l'organisation politique des États. Cet article précise même :

« Dans la sphère élevée où elle se place, elle respecte les sympathies politiques de chacun de ses membres ; dans ses réunions, toute discussion sur ce sujet est formellement interdite. »

Dans ses *Mémoires d'un républicain,* le frère Arthur Ranc porte témoignage du rôle joué par les loges dans le parti républicain pendant les années du second Empire. Il conte comment, aux obsèques d'un vieux républicain socialiste, les francs-maçons avaient sorti leurs écharpes et rendu hommage à un membre de leur loge. Un étudiant fit alors observer :

— Trop de maçons ! On ne peut plus faire un enterrement sans eux ! Les maçons nous ennuient. Ils se fourrent partout. Ils changent le caractère de nos enterrements.

— Mais, lui rétorqua un frère nommé Lamardière, vous oubliez que les loges sont le seul endroit à Paris où, depuis l'Empire, on puisse parler librement et où l'on parle. Il se fait là un travail de propagande excellent. Vous reprochez aux maçons un cérémonial vieilli, une mise en scène ridicule ; mais, sans ce cérémonial, sans cette mise en scène, depuis longtemps la franc-maçonnerie n'existerait plus. On y aurait mis bon ordre. On l'aurait traitée comme une simple société secrète. Sixième chambre : président Salmon. Et puis, après tout, vous ne devriez pas l'oublier, la franc-maçonnerie, c'est la fraternité.

— La maçonnerie, répliqua l'étudiant, c'est encore une religion ! Vous avez bien vu que Massol et tous nos amis n'ont pu les faire renoncer à inscrire en tête de leur programme le Grand Architecte. Pourquoi pas tout de suite l'Être Suprême ?

Déjà, la fraternité ne suffit plus aux socialistes les plus avancés. Ils entendent lui substituer la justice sociale. C'est le début d'un débat qui se poursuivra dans les rangs du parti socialiste au XXe siècle.

Le franc-maçon Persigny, ministre de l'Intérieur, a envoyé à ses préfets circulaire sur circulaire pour leur signifier qu'il convenait d'ordonner la fermeture de toutes les loges qui s'occupaient de politique, et plus particulièrement de celles qui servaient d'asiles à des socialistes.

Il dispose de ses informateurs personnels dans les loges.

Par exemple, le commissaire de police de Tours rédige un rapport sur la loge Les Démophiles où il écrit :

« Jusqu'à présent, aucun acte d'hostilité envers le gouvernement n'est parti de cette société. (...) Du reste, ils sont en si petit nombre et font si peu de prosélytes, que leur réunion a plutôt le caractère d'un cercle que d'une loge maçonnique. Ils ont un jeu de billard, des boissons à meilleur marché que dans les cafés, voilà pourquoi quelques-uns d'entre eux vont y passer leurs soirées... En résumé, je tiens que la loge maçonnique de Tours n'est pas dangereuse. »

Ce commissaire manque de clairvoyance, ou bien il a de sérieuses raisons pour ne pas voir la réalité des choses.

L'intention de dépolitiser l'activité des loges existe à coup sûr au sommet de l'obédience, mais comment est-elle reçue à la base ?

En réalité, entre 1865 et 1870, il existe en France deux courants maçonniques opposés l'un à l'autre et qui cohabitent très difficilement. L'historien Daniel Ligou, lui-même dignitaire du Grand Orient, écrira à propos de cette période en 1966 :

« En fait, la maçonnerie du Second Empire finissant était assez nettement divisée. Certains de ses membres, Blanche, Fauvety, étaient satisfaits du régime d'un Empire libéral maçonnique et avaient soutenu loyalement Magnan et Mellinet. Ils s'étaient opposés au prince Murat et étaient satisfaits de la monarchie constitutionnelle et tempérée. Mais, déjà en 1870, cette tendance avait perdu la partie, débordée qu'elle était sur sa gauche par des éléments plus progressifs, libres penseurs ou positivistes, républicains comme André Rousselle, Colfavru, Alexandre Massol, Eugène Pelletan, et surtout Léonide Babaud-Laribière. L'opposition entre les deux tendances se manifestait à chaque convent... »

En 1868, le frère Jules Simon, répondant à l'attente de la jeunesse républicaine, consent à tenir le rôle de chef du parti radical. C'est pour satisfaire cette exigence qu'il publie un ouvrage intitulé *Politique radicale* dans lequel il s'efforce de définir la doctrine et le programme du radicalisme.

Son autorité sur les radicaux est de courte durée. Le procès intenté à ceux qui ont organisé une souscription en vue d'élever un monument au franc-maçon Baudin, tombé sur les barricades de décembre 1851, permet au jeune avocat Léon Gambetta de s'imposer en un jour comme le nouveau leader du radicalisme.

Face au républicain modéré Hippolyte Carnot, adversaire résolu de l'Empire, Gambetta accepte de se présenter dans la première circonscription de la Seine. C'est alors que le Comité démocratique radical, qui a sollicité et obtenu sa candidature, lui propose ce programme de Belleville qui va devenir la charte du nouveau radicalisme.

C'est là un programme qui répond à l'attente des loges républicaines et qui va donc devenir la référence de base de tous ceux qui vont s'efforcer, au cours des années suivantes, de radicaliser la direction du Grand Orient de France.

Gambetta est élu à Paris, devançant Carnot de plus de dix mille voix. Il est élu également à Marseille et il opte de siéger à la Chambre comme représentant des électeurs marseillais. C'est d'ailleurs pendant cette campagne électorale qu'il est initié par une loge locale. On chercherait en vain dans sa correspondance publiée par la suite un écho quelconque à cette cérémonie.

La politisation des ateliers s'accentue encore. C'est ainsi que le 11 avril 1868, passant outre aux interdictions de leur obédience, les frères de La Constance de Laval étudient dans le temple, au cours d'une tenue solennelle, les conditions dans lesquelles ils vont pouvoir créer un journal d'opposition qui s'intitulera *le Libéral de la Mayenne.*

Les élections des 23 et 24 mai 1869 sont l'occasion d'une lutte très vive entre le pouvoir impérial et l'opposition républicaine. Le gouvernement, pour affoler l'opinion, exagère la menace révolutionnaire. Des journaux de propagande, qui invoquent le spectre rouge, sont distribués par milliers dans les milieux paysans des différentes régions.

A Paris, les républicains, baptisés « irréconciliables », l'emportent triomphalement sur les bonapartistes, camouflés sous l'étiquette d'indépendants. Les 143 470 Parisiens qui avaient voté contre l'Empire en 1863 sont devenus plus de 250 000 en 1869.

Le franc-maçon Bancel l'a emporté sur Émile Ollivier. Ce dernier est malgré tout sauvé par les électeurs du Var, et c'est à lui que l'Empereur, en décembre, va confier le soin de constituer un nouveau gouvernement sous le signe de l'Empire libéral. Cette manœuvre politique va offrir au régime impérial de plus en plus menacé un sursis de quelques mois.

Comme nous l'avons vu, l'avocat républicain Léon Gambetta, élu député à la fois par Paris et par Marseille, a opté pour cette dernière ville. Le 20 mai 1869, il a été initié par la loge marseillaise La Réforme, dans laquelle l'avocat radical Gaston Crémieux est alors l'orateur adjoint. Cette loge s'emploie pour l'heure à affilier des républicains et notamment : Gustave Naquet, rédacteur en chef du journal *le Peuple*, initié à Londres au rite de Memphis par la loge anglaise Les Proscrits ; Esquiros, qui vient d'être élu député de Marseille en même temps que Gambetta et le frère Rouvier, ce dernier comme orateur de la loge.

Le 12 janvier 1870, le jour des obsèques de Victor Noir, qui vient d'être assassiné par le prince Pierre Bonaparte, c'est le frère Gustave Flourens qui tente d'entraîner à l'émeute une foule de 200 000 Parisiens que Rochefort et Delescluze cherchent au contraire à apaiser. Ces chefs républicains ne veulent pas fournir au gouvernement impérial une occasion pour faire écraser le peuple de Paris par la troupe. Parce qu'il refuse d'entendre leurs raisons, Flourens accuse Rochefort de trahison. Il provoque ainsi une scission chez les radicaux et devient le chef du parti activiste.

Sa popularité est immense dans les quartiers populaires. Malgré tout, quand il tente de soulever Belleville et La Villette le 7 février, il n'est pas suivi par le peuple parisien. Les agents de la police viennent facilement à bout de la barricade qu'il a fait édifier dans le faubourg de Puebla. Le 8 février, on se bat encore dans Paris pour protester contre l'arrestation de Rochefort, mais cette agitation provoque l'inculpation pour complot contre la sûreté de l'État et contre la vie de l'Empereur de quatre cent cinquante personnes.

Le frère Gustave Flourens a réussi à gagner Londres. De là, il envoie à ses amis de Paris les fonds nécessaires pour poursuivre leur lutte contre le régime impérial.

Les républicains maçons sont maintenant au premier rang dans la lutte. Pour le plébiscite du 8 mai 1870, on trouve au bas du manifeste de la gauche les signatures des frères Bancel, Adolphe Crémieux, Esquiros, Gambetta, Garnier-Pagès.

Le 15 février commence une guerre contre la Prusse à laquelle l'Empire ne survivra pas. Il va connaître sa fin au rendez-vous de Sedan. Dans les décombres du régime impérial va naître la IIIe République.

Le grand maître du Grand Orient de France est alors l'avocat et représentant du peuple Léonide Babaud-Laribière, un républicain de Limoges âgé de cinquante et un ans. Les délégués des loges de l'obédience l'ont élu de préférence à Lazare-Hippolyte Carnot.

A l'aube de la IIIe République, le Grand Orient offre, par l'appartenance politique de ses membres, les caractéristiques qui vont faire dire que la franc-maçonnerie exerce un véritable pouvoir occulte sous les républiques successives.

CHAPITRE VI

NAISSANCE DE LA IIIe RÉPUBLIQUE

L'armée française capitule à Sedan le 2 septembre 1870. La nouvelle de la défaite parvient à Paris le lendemain. Le même soir, Léon Gambetta, Thiers, Ernest Picard, Jules Favre, Jules Simon et Magnin se réunissent dans un bureau du Palais-Bourbon. Ces hommes n'envisagent pas encore de proclamer la République. Ils pensent seulement à confier le pouvoir à un triumvirat composé de Schneider, président du Corps législatif, de Thiers, et du général Cousin-Montauban, comte de Palikao. C'est ce dernier qui, en termes très prudents, annonce aux députés la capitulation. La séance de l'assemblée est très courte et aucune décision n'y est prise.

Jules Favre a cependant pris l'initiative de déposer une proposition tendant à proclamer la déchéance de Napoléon III et de sa famille, ainsi que la désignation par le Corps législatif d'une commission de gouvernement. Cette proposition porte les signatures de tous les élus républicains les plus en vue, et notamment celles des francs-maçons Adolphe Crémieux, Garnier-Pagès, Gambetta, ainsi que de quelques hommes qui seront initiés plus tard.

Le 4 septembre au matin, le gouvernement Palikao fait apposer sur les murs de Paris des affiches annonçant que l'Empereur est prisonnier et que les ministres prennent toutes les mesures que requiert la gravité des événements.

La colère du peuple explose à Paris. En cette matinée de dimanche, les foules se mettent en marche spontanément de tous les quartiers de la capitale en direction de la place de la Concorde. Edmond Adam et des gardes nationaux ouvrent le cortège qui envahit sans difficulté le Palais-Bourbon et parvient jusqu'à la salle des séances. Une clameur immense de la foule interrompt les délibérations des députés : « Vive la République ! »

Ce sont les chefs de la gauche parlementaire, notamment les francs-maçons Gambetta et Crémieux, qui invitent alors les manifestants à respecter la liberté des délibérations.

C'est à cet instant précis que l'Empire va s'écrouler.

Le président Schneider et les ministres du gouvernement Palikao prennent la fuite. L'impératrice quitte à la hâte le palais des Tuileries dont la garde de voltigeurs, fidèle jusqu'au bout, est commandée par le général Mellinet, le grand maître du Grand Orient de France.

La foule délivre Rochefort de la prison de Sainte-Pélagie, et les élus de la gauche prennent la direction de l'Hôtel de Ville où ils vont proclamer la République. Soudain, un phénomène étrange se produit. La foule, qui quitte le Palais-Bourbon en compagnie des élus républicains, se constitue en deux cortèges. L'un, avec les républicains modérés, suit la rive droite de la Seine. Sur la rive gauche, avancent les socialistes et les révolutionnaires des diverses tendances. Ainsi, les hommes qui vont offrir au pays la IIIe République en sont déjà à ne pas se confondre. D'un côté, il y a ceux qui, six mois plus tard, seront à la tête de l'insurrection parisienne de la Commune. Sur l'autre berge se retrouvent ceux qui, avec Thiers, les combattront impitoyablement. Or, dans les deux cortèges, se trouvent des francs-maçons. Ils appartiennent souvent à la même loge.

A tous ceux qui affirment que la IIIe République a été créée par la franc-maçonnerie, il est facile de répondre que la Révolution du 4 septembre 1870 a été faite spontanément par la rue, que les chefs républicains issus des loges n'avaient rien prémédité avant la capitulation militaire de Sedan, que le peuple a mis la gauche parisienne en demeure de proclamer la République et que, tout naturellement, ceux des francs-maçons qui, depuis plusieurs années, avaient pris la tête de la lutte démocratique contre l'Empire, ont été portés par les événements. C'est ce qui explique que les maçons aient été nombreux dans le gouvernement de Défense nationale. Si la franc-maçonnerie n'a pas créé la IIIe République, elle a largement contribué à l'édifier et à l'orienter.

Léon Gambetta devient ministre de l'Intérieur et, parmi les

républicains auxquels il confie des postes administratifs importants, figurent des hommes formés dans les loges. C'est ainsi que le grand maître Léonide Babaud-Laribière devient préfet de la Charente.

Aux socialistes révolutionnaires, amis d'Auguste Blanqui et de Gustave Flourens, et qui veulent alors imposer à la France le drapeau rouge, Gambetta a exposé ses préférences pour le drapeau tricolore.

— Il est sali, lui a lancé un homme.

— Nous le laverons, a répondu un républicain.

Plusieurs loges parisiennes se réunissent aussitôt pour envisager l'envoi d'une délégation auprès du roi de Prusse. Cette demande aurait pour but de faire appel à ses sentiments de franc-maçon afin qu'il donne l'ordre à ses troupes d'épargner les femmes, les vieillards et les enfants, de respecter la propriété individuelle, de cesser les bombardements inhumains. Les maçons présents à cette réunion finissent tout de même par admettre ce que cette démarche effectuée en pleine guerre aurait d'irréaliste. Ils se séparent en décrétant que le roi de Prusse et le prince royal son fils sont des monstres, indignes de leur qualité de maçon. La franc-maçonnerie allemande sera longue à pardonner cette offense.

Incontestablement, la République gambettiste est encore très marquée par la maçonnerie. Au sein du gouvernement provisoire de 1870 se retrouvent les frères Crémieux, Gambetta, Pelletan, Garnier-Pagès, Simon et Arago.

Sans plus attendre, la maçonnerie française commence à modifier le caractère social de son recrutement. Elle va très vite devenir le refuge d'une nouvelle classe politique, celle de la petite-bourgeoisie, encore très proche des ouvriers et des paysans ; une petite-bourgeoisie composée essentiellement de petits patrons, de commerçants modestes, de petits fonctionnaires, d'employés, d'artisans, de vignerons, d'instituteurs, de médecins de campagne, d'aubergistes. A une ou deux générations près, ceux-là ont encore leurs racines dans les classes laborieuses. Ils ne sont pas acceptés par la haute bourgeoisie et ils en ont conscience à chaque instant de leur existence.

« Ceux-ci, a écrit Gabriel Hanotaux, sont restés fidèles à la tradition voltairienne. Ils gardent la vieille méfiance nationale contre " le gouvernement des curés ". Il y a, dans leurs sentiments, de l'aigreur, de l'intolérance, un goût prononcé — et qui tient peut-être aux origines serves — pour le complot sournois, les machinations ourdies de longue main, les influences occultes. Mais il y a aussi de l'entrain, de l'allant, de l'élan. Cette néo-bourgeoisie est moins glaciale que son aînée ; elle a plus d'ardeur, plus d'énergie ; elle a la volonté d'être, de savoir ; elle sait vouloir. Elle entre dans les comités électoraux qui s'organisent ; elle s'enrôle dans la franc-maçonnerie qui pousse son recrutement prudent des villes aux bourgs, et des bourgs aux campagnes ; elle suit avec une attention passionnée les marches et les contre-marches des campagnes électorales, si difficiles en province, où tout le monde se connaît, se surveille, se pèse. Vivant près du peuple, elle a sur lui une influence immédiate : elle distribue les bulletins et mène les fidèles à l'urne. Elle fait en somme, dans la démocratie, office de levain. »

C'est finalement cette petite-bourgeoisie qui, sous les couleurs du radicalisme, va construire la IIIe République. Ses représentants dans la franc-maçonnerie, et surtout au Grand Orient de France, lui donneront précisément cet esprit voltairien qui va vite s'accentuer avec les campagnes antimaçonniques menées conjointement par l'Église et par la droite.

La présence au gouvernement des francs-maçons Gambetta, Crémieux, Arago, Picard, Favre, Simon, Garnier-Pagès et Pelletan donne au grand public le sentiment que la République est née, d'une certaine façon, sous l'influence directe des loges.

Paris capitule le 28 janvier 1871. Dans tout le pays, le peuple des campagnes et la bourgeoisie rurale poussent alors un soupir de soulagement. Les francs-maçons qui siègent au gouvernement sont très divisés en face de l'événement : les signataires de l'armistice, qui sont restés dans la capitale, sont désavoués par la délégation de Tours, que préside Léon Gambetta et qui tend de plus en plus à se constituer en gouvernement national.

C'est à Bordeaux que Gambetta va tenter de poursuivre la lutte. Il doit cependant se soumettre et donner sa démission du gouvernement lorsque son frère Jules Simon, au nom du gouvernement, lui apporte l'annulation, exigée par Bismarck, du décret frappant d'inéligibilité les hommes tenus pour responsables de la guerre et de la défaite, ministres, sénateurs, conseillers d'État de l'Empire.

Les délégués des vingt arrondissements de Paris, représentant pour la plupart le courant socialiste révolutionnaire, refusent la capitulation de leur ville et déclarent vouloir continuer la guerre contre les Prussiens. Leur appel au peuple de Paris porte la signature de plusieurs francs-maçons, et notamment des frères Louis Lucipia, futur grand maître du Grand Orient, de Benoît Malon et de Jules Vallès.

Quelques révolutionnaires vont attaquer la prison de Mazas et délivrer le frère Gustave Flourens, qui y est enfermé depuis les émeutes d'octobre. Ces éléments vont ensuite occuper la mairie du XXe arrondissement, mais ils ne parviennent pas à soulever les faubourgs.

Ce n'est là qu'une répétition de ce qui se produira le 18 mars suivant.

Les francs-maçons parisiens se divisent alors en deux tendances opposées, le parti révolutionnaire, qui va deux mois plus tard proclamer la Commune, et le parti de l'ordre, qui se regroupera par la suite à Versailles autour de Thiers.

Les élections des députés à l'Assemblée nationale se déroulent le 8 février. Les électeurs ne peuvent se tromper sur ce que le gouvernement attend d'eux. En fait, les hommes du 4 Septembre demandent aux citoyens français de répondre à la question : Devons-nous arrêter immédiatement cette guerre en ouvrant des négociations avec les Prussiens ?

Comme les candidats républicains sont accusés de vouloir, avec Gambetta, prolonger la lutte, ce sont les hommes de la droite qui apparaissent un peu partout dans les départements comme les candidats du parti de la paix. Paris donne toutefois le succès à la gauche républicaine et, parmi les élus de la capitale, figurent les maçons Léon Gambetta, Félix Pyat et Jules Favre. Dans les provinces, en revanche, ce sont presque partout les amis de Thiers et du général Trochu qui l'emportent, avec mission d'engager rapidement des pourparlers de paix avec Bismarck.

Le gouvernement du 19 février, mis en place après les élections et sous la présidence de Thiers, conserve dans son sein plusieurs maçons : Jules Favre est aux Affaires étrangères, Ernest Picard à l'Intérieur, Jules Simon à l'Instruction publique et aux Cultes.

Parmi les députés qui prennent place par la même occasion sur les bancs de l'Assemblée de Bordeaux, nous reconnaissons des hommes qui sont l'espoir de la maçonnerie républicaine : Esquiros et Gambetta, Étienne Arago et Louis Blanc, Hippolyte Carnot et Félix Pyat. Même à droite, on retrouve toujours le duc Decazes.

Le premier orateur de la gauche à se lever à Bordeaux pour interpeller la nouvelle majorité est le franc-maçon Gaston Crémieux, un avocat radical de Marseille :

— Vous n'êtes qu'une majorité rurale, leur crie-t-il des tribunes du public, le 13 février, alors que l'Assemblée vient de refuser la parole à son frère Garibaldi.

Les événements vont alors se précipiter jusqu'à l'insurrection parisienne du 18 mars, qui va permettre l'installation d'un pouvoir révolutionnaire à l'Hôtel de Ville.

Ce drame de la Commune est à coup sûr une séquence importante dans l'histoire de la franc-maçonnnerie française dont les obédiences gardent encore aujourd'hui le souvenir.

Les loges vont pour la première fois sortir des temples et se montrer au public.

L'Ordre va se diviser très vite entre le parti révolutionnaire, le parti de Versailles, et les partisans de la réconciliation et de la paix civile.

Il n'est pas possible d'évoquer une position officielle de la maçonnerie pendant cette période tragique.

Les francs-maçons du parti de l'Ordre restent aux côtés de Thiers et vont participer avec lui à la reconquête militaire de la capitale. Des généraux maçons, comme le général Montaudon, se retrouvent à la tête de l'armée versaillaise. Certains frères de gauche, comme Louis Blanc, désavouent alors l'insurrection et continuent de siéger à l'Assemblée de Versailles. Pendant ce temps, la plupart des vénérables de Paris et de province tentent de retarder l'épreuve de force et veulent à tout prix empêcher la guerre civile.

Il demeure que de nombreux francs-maçons prennent le parti de la Commune et jouent un rôle de premier plan dans l'appareil révolutionnaire. Il est impossible de les citer tous, mais il est évident que cette page, qui sera par la suite glorifiée par le mouvement socialiste international, est fortement marquée par l'esprit des loges parisiennes.

Le frère Assi, membre de l'Internationale ouvrière, devient colonel fédéré et gouverneur de l'Hôtel de Ville de Paris. Après la Semaine sanglante, il sera déporté en Nouvelle-Calédonie et deviendra, après l'amnistie, conseiller municipal de Nouméa.

L'entrepreneur Charles Beslay, initié en 1815, député en 1831 et en 1848, devient délégué à la Banque de France. Il lui faudra s'exiler en Suisse.

Camélinat, le futur administrateur du journal *l'Humanité*, est nommé par la Commune délégué à la Monnaie. Il lui faudra s'exiler en Angleterre.

Jean-Baptiste Clément, l'auteur de la célèbre chanson *le Temps des cerises*, est élu à la Commune par les citoyens de Montmartre. Il s'exile à Londres, lui aussi.

Gustave Flourens, physiologiste réputé, professeur au Collège de France, devient colonel fédéré et se fait tuer à Rueil le 4 avril, au cours d'une sortie des bataillons communards.

Le journaliste Paschal Grousset, devenu délégué du pouvoir révolutionnaire aux Affaires extérieures, est déporté en Nouvelle-Calédonie. Il s'évadera du bagne de la presqu'île Ducos en compagnie de Rochefort le 20 mars 1874 et se réfugiera à Londres.

Francis Jourde, de la loge Les Zélés Philanthropes, devient délégué de la Commune aux Finances. Il sera lui aussi de l'évasion du 20 mars et vivra alors six années d'exil, à Strasbourg d'abord, à Bruxelles, puis à Londres.

Louis Lucipia, rédacteur au journal de Vallès *le Cri du peuple*, deviendra, après un séjour au bagne, président du Conseil municipal de Paris et grand maître du Grand Orient de France.

L'ancien lieutenant de vaisseau Charles Lullier, devenu général fédéré, partira lui aussi les fers aux pieds pour la Nouvelle-Calédonie. Il y finira sa vie comme aubergiste dans le village de Bourail.

Le député socialiste Benoît Malon, membre de la loge Le Bien des Peuples et les Bienfaiteurs Réunis, est élu à la Commune par le XVIIe arrondissement. Il doit s'exiler en Suisse.

Elie May, qui deviendra plus tard grand maître adjoint de la Grande Loge de France, est nommé par la Commune intendant révolutionnaire. Il quitte la France après la Semaine sanglante et se réfugie à New York.

Le député Félix Pyat, élu à la Commune par le Xe arrondissement, parvient, avec l'aide des frères de sa loge, La Clémente Amitié, à gagner Londres. De là, il passera en Suisse.

Élu par le XXe arrondissement, Gabriel Ranvier est commandant fédéré. Il commande encore, le 24 mai, dans les Buttes-Chaumont, et parvient ensuite à gagner l'Angleterre.

Quant à Jules Vallès, membre du Grand Orient de France, c'est le XVe arrondissement qui fait de lui un membre de la Commune. Il lui faudra vivre neuf années d'exil en Belgique, en Suisse, puis à Londres.

Beaucoup d'autres frères, qui n'ont pas légué à l'histoire du mouvement ouvrier parisien un souvenir aussi précis que ceux-là, ont pourtant tenu dans l'affaire un rôle non négligeable.

Par exemple, le 18 mars, dans un local de la rue Basfroi, c'est le franc-maçon Boursier, un marchand de vins du faubourg du Temple, qui offre à son frère Charles Lullier le commandement en chef des bataillons fédérés de la Garde nationale.

Le 19 mars, alors que le drapeau rouge flotte sur l'Hôtel de Ville, quelques maires de Paris, parmi lesquels se trouve le frère Tirard, constituent une commission municipale qui prétend incarner la légalité en face du Comité central de la Fédération républicaine de la Garde nationale. Ses membres sont bien vite dispersés par les soldats fédérés.

Le 28 mars, les résultats des élections à la Commune de Paris sont proclamés : soixante-six révolutionnaires, douze libéraux et six républicains modérés sont élus. Les francs-maçons Tirard, Lefrançais, Jourde, Goupil, Beslay, Ulysse Parent, Malon, Félix Pyat, Assi, Protot, Léo Meillet, Émile Eudes, Jules Vallès, Jean-Baptiste

Clément, Ranvier et Gustave Flourens sont élus. En revanche, leurs frères Bernard Landeck, Louis Blanc, Léon Gambetta, Raspail et Louis Lucipia figurent parmi les vaincus de ces élections.

Ici, nous devons ouvrir une parenthèse au sujet de Thiers, l'homme qui va combattre et écraser la Commune, qui va s'employer à briser les efforts des vénérables de loges maçonniques en vue de mettre un terme à la guerre civile. A-t-il été maçon, comme certains journalistes l'ont écrit ?

A la vérité, il n'a jamais été initié. En revanche, il est certain qu'il a appartenu dans sa jeunesse au carbonarisme.

Il demeure malgré tout qu'à plusieurs reprises au cours de sa longue carrière politique Thiers avait cru devoir ménager la maçonnerie et les francs-maçons.

En mars 1871, il n'ignore pas que la division survenue entre les frères jette le trouble au sein des loges parisiennes les plus importantes. C'est ainsi que parmi les membres de la loge écossaise numéro 133, La Justice, on compte des communards comme Vallès, Eudes, Raspail, mais aussi des hommes qui choisissent avec Gambetta le parti intermédiaire. C'est le cas notamment du radical Arthur Ranc. D'autres, comme Brisson, le futur président de la Chambre des députés, ou, comme Charles Floquet, ne cachent pas leurs sympathies pour le parti de l'Ordre.

Élie Reclus, qui tient le fusil dans un bataillon fédéré, appartient à la loge La Renaissance.

La Commune nomme Émile Eudes délégué à la Guerre à l'heure même où l'avocat républicain Protot, membre de la loge L'Alliance Fraternelle, devient délégué à la Justice.

Le frère Goupil, docteur en médecine, élu à la Commune par le VIe arrondissement, est délégué à l'Instruction publique. Il a été grand maître du Rite Écossais Rectifié. Il sera plus tard vénérable de la loge L'Alliance Fraternelle et membre de La Justice.

Un autre membre de la Commune, Eugène Pottier, l'auteur des paroles de *l'Internationale*, n'est pas franc-maçon à cette époque. Il sera initié en décembre 1875 à New York par la loge Les Égalitaires, fondée par les proscrits.

Après deux semaines d'attente, pendant lesquelles Thiers s'est efforcé de reconstituer son armée, la guerre civile commence véritablement le 2 avril.

Les bataillons fédérés tentent d'avancer en direction de Versailles mais ne peuvent y parvenir. Le frère Flourens est abattu à Rueil par un gendarme. Le frère Reclus est fait prisonnier à Châtillon. Plusieurs loges maçonniques de Paris prennent alors position et adressent aux deux pouvoirs politiques antagonistes un même appel : « Arrêtez l'effusion de ce sang précieux. »

Le 8 avril, cet appel est repris publiquement par l'ensemble de la franc-maçonnerie parisienne. Deux membres du Conseil de l'Ordre du Grand Orient de France, les frères Montanier et Recourt, rédigent de leur propre initiative un texte que contresignent aussitôt les vénérables Dandre, Baumann, Chanut, Barré, Limonadré, Motard, Bagaine, Martin, Marchal, Simon, Hirsch et Belmotte.

A Limoges, la loge locale fait savoir qu'elle adhère aux initiatives des radicaux en faveur de la conciliation. Les francs-maçons de Paris lancent aussi un appel dans ce sens à tous leurs frères de province. Une délégation de francs-maçons, désignée par les loges de Paris, se rend à Versailles. Elle est reçue par Jules Simon, et ce ministre maçon déclare :

— Toute conciliation est impossible.

Le lendemain, les délégués rencontrent Thiers qui les accueille très froidement et leur explique :

« Ce que vous appelez la conciliation, je l'appelle, moi, la démission du pouvoir légal. Il ne peut en être question. Votre devoir de citoyens, c'est de vous adresser à la Commune et d'exiger la soumission des insurgés. »

A Bordeaux, un appel est lancé par les maçons qui réclament la fin de la guerre civile.

Le 18 avril, le frère Charles Floquet reçoit une délégation du conseil municipal de Lyon venue apporter son appui à la ligue parisienne des conciliateurs. Les francs-maçons de Paris désignent une commission pour organiser leur collaboration avec cette ligue et avec l'Union des chambres syndicales qui œuvre dans le même sens.

Toute cette action pacifiste finit par porter ses fruits puisque, le 21 avril, Thiers reçoit une nouvelle délégation maçonnique. A sa demande, il consent à autoriser le général Ladmirault à accorder une trêve pour permettre l'évacuation de la population de Neuilly, des Ternes et de Sablonville.

Dès son retour à Paris, cette délégation informe les loges des réponses faites par Thiers. En fait, la négociation a échoué une fois de plus, et il est décidé de rendre public cet échec. Ainsi, plusieurs loges de province écrivent aux dignitaires parisiens de l'Ordre maçonnique pour leur transmettre des motions favorables à la Commune. C'est ainsi que la loge de Lure adopte une position formelle en faveur de la Révolution du 18 mars.

Le 23 avril, en conséquence, les maçons parisiens tiennent une assemblée générale sous la présidence du frère Saugé. C'est le frère

Ceiz qui occupe le plateau de premier surveillant, le frère Chanut celui de deuxième surveillant, le frère Rougier celui de l'orateur, et le frère Manœuvre celui de secrétaire. Cette assemblée est irrégulière. Les frères qui l'ont convoquée n'ont aucun mandat des obédiences pour prendre une telle initiative. Les hauts dignitaires se gardent pourtant bien de les désavouer.

L'assemblée entend tout d'abord un compte rendu de la délégation qui a été reçue par Thiers à Versailles. Elle adopte ensuite le texte d'une affiche dans laquelle il est pris acte du refus du gouvernement d'accorder à la Ville de Paris des franchises municipales. Les frères présents jurent d'employer, pour obtenir ces franchises, tous les moyens dont ils disposent. Quelques dignitaires apposent leurs signatures, et notamment les frères Ernest Hamel, Baumann, Cercueil, Ragaigne, Douvet, Martin, Saugé et Chanut.

A la même heure, à Limoges, la loge L'Étoile Limousine, sur l'initiative de son vénérable, le frère Fonsagrives, un employé des chemins de fer de la Charente, adhère à la motion conciliatrice des francs-maçons de Bordeaux.

Les délégués des loges parisiennes qui ont obtenu sur le front de Neuilly une trêve de quelques heures espèrent encore pouvoir la prolonger afin d'aboutir à un véritable armistice. Le gouvernement de Versailles s'y refuse et, le 25 avril, à 5 heures du soir, les combats reprennent. Tout de suite, il apparaît que Thiers a profité de ces heures de répit pour installer de nouvelles batteries d'artillerie sur les hauteurs de Meudon, de Breteuil, de Bagneux et de Châtillon. Alors, pour exprimer le refus des loges devant la politique de guerre à outrance voulue par Thiers, vont se produire dans Paris ces grandes manifestations maçonniques dont la population devait conserver longtemps le souvenir.

Le 27 avril, les maçons parisiens tiennent une assemblée générale dans le théâtre du Châtelet. Un de leurs orateurs propose, sous les applaudissements unanimes, d'aller planter sur les remparts de la ville les bannières des loges. Quelques opposants tentent bien de tempérer l'enthousiasme et déconseillent cette extériorisation qui n'a pas obtenu l'accord des dignitaires, mais ils ne sont pas entendus.

L'assemblée décide de se rendre en cortège à l'Hôtel de Ville pour informer les membres de la Commune de cette décision.

Le frère Ranvier et le frère Thirifocq prennent la tête du cortège. Ils sont ainsi deux mille maçons, revêtus de leurs cordons et de leurs sautoirs, qui se retrouvent un peu plus tard dans la cour d'honneur de l'Hôtel de Ville. Le frère Thirifocq, haut dignitaire du rite écossais, prend la parole :

« Au début, explique-t-il, nous n'avons pas voulu agir parce que nous voulions acquérir la preuve que Versailles refuserait toute conciliation. Aujourd'hui, notre décision est prise. Nous irons aux remparts, nous y planterons les étendards de la maçonnerie, et si l'un d'eux vient à être transpercé d'une balle des Versaillais, nous nous répandrons dans la ville et nous irons nous-mêmes exciter au combat ceux qui n'ont pas encore pris jusqu'ici une part active à la lutte. »

La foule applaudit. Fédérés et francs-maçons s'embrassent. Le frère Jules Vallès dit quelques mots, puis il enlève son écharpe rouge, insigne des membres de la Commune, et il l'attache à la hampe de la bannière maçonnique de couleur bleue qui se trouve devant lui. C'est ensuite le tour du frère Lefrançais de remercier avec chaleur les loges parisiennes du geste qu'elles viennent d'accomplir. La Commune de Paris offre à la franc-maçonnerie un drapeau rouge en souvenir de cette journée. Ce drapeau sera longtemps conservé dans les locaux du Grand Orient de France, rue Cadet. La légende des loges veut qu'il ait été retrouvé en 1940 par les Allemands et transporté à Berlin.

Après la cérémonie, une délégation de l'Hôtel de Ville raccompagne les francs-maçons jusqu'à leur temple de la rue Cadet. Là, le frère Ranvier prononce une dernière allocution. Un appel est adressé à toutes les loges de Paris pour qu'elles se rassemblent, arborant leurs bannières, le 29 avril à 9 heures du matin dans la cour du Louvre.

Cette fois, les dirigeants de l'obédience ne peuvent plus cacher leur inquiétude devant ces prises de position politique. Le 28 avril, le Conseil de l'Ordre du Grand Orient de France tient à faire savoir publiquement qu'il refuse d'endosser la responsabilité de cette exhibition des loges maçonniques dans les rues de la capitale. Il précise qu'il s'agit là d'une initiative personnelle de quelques francs-maçons qui n'ont aucun mandat pour engager leur Ordre de cette façon.

Ces dignitaires sont restés silencieux trop longtemps pour avoir une chance d'être entendus dans un pareil climat passionnel. Le 29 à l'aube, alors que les obus versaillais arrosent Clichy, un groupe d'hommes traverse Saint-Ouen et se dirige vers Paris. Ce sont les francs-maçons de Saint-Denis qui se sont mis en route de bonne heure pour se rendre au lieu de rassemblement.

Plusieurs écrivains de cette époque ont laissé des récits de cette journée de manifestations dont ils furent les témoins. La franc-maçonnerie possède un document plus intéressant. Il s'agit du registre des procès-verbaux de la loge de Levallois Les Travailleurs. Ses membres ont défilé avec leurs frères de Saint-Denis et de Clichy. Leur secrétaire a reproduit fidèlement le compte rendu de la journée.

Tout au long du quai de Conti, une foule de maçons marche en direction du Louvre. Il fait un temps splendide. Le long des trottoirs, tout un peuple est aligné, qui contemple avec surprise le spectacle inhabituel qui lui est offert. Malgré la bataille qui fait rage au même moment du côté de Neuilly et d'Asnières, malgré les bombardements qui accablent Issy et Vanves, nombreux sont les badauds accourus, admiratifs et joyeux, pour voir ces francs-maçons qui, pour la première fois, sortent du mystère de leurs loges et affrontent la curiosité populaire.

Quelques hauts dignitaires du Grand Orient de France ont fait coller dans la nuit sur les murs de la capitale une affiche par laquelle ils protestent contre cette manifestation, mais au rendez-vous des loges parisiennes, dans la cour du Carrousel, 6 000 francs-maçons sont rassemblés. Ils appartiennent à cinquante-six loges différentes. Six membres de la Commune sont également présents. Ils ont reçu mission de conduire le cortège jusqu'à l'Hôtel de Ville, tout au long d'un parcours où la foule, de plus en plus dense, est encadrée par des fédérés en armes.

Pour cette foule, les francs-maçons, qu'est-ce au juste ?

Les badauds n'ont à ce sujet aucune idée précise. Ils sont impressionnés, terrorisés parfois, par de vagues légendes, par la renommée d'un pouvoir occulte que l'on dit redoutable, par le secret de mystères que l'on prétend terribles. Les propos recueillis dans la foule par plusieurs témoins sont fort significatifs à ce sujet.

Ces gens-là, dit-on, détiennent depuis le roi Salomon, et même de plus loin encore dans le temps, une irrésistible puissance. Cachés dans le fond de repaires inconnus, ils mènent le monde. Les rois tremblent devant eux.

Toutes les calomnies dont on a si longtemps chargé la franc-maçonnerie remontent soudain à la surface de la mémoire populaire pour auréoler ces manifestants d'un jour d'une force d'autant plus puissante qu'elle est imaginaire.

Des voix s'élèvent de la foule pour expliquer : « A présent, tout est gagné. Du moment que les francs-maçons sont avec nous, sûr que Versailles va maintenant mettre les pouces ! Grâce aux francs-maçons, le monde verra de quel côté est la justice et l'humanité. Derrière la maçonnerie, c'est l'humanité entière qui sera entraînée et qui viendra à notre secours. »

Au milieu de cette foule, inquiète et passionnée, plusieurs milliers de maçons avancent dans un immense flot chatoyant de tabliers, de rubans bleus, verts, blancs, rouges, noirs, brodés d'or et d'argent, sous les plis des bannières maçonniques et sous le balancement des drapeaux tricolores.

En tête, portés par le frère Thirifocq et le vieux frère Charles Beslay, s'avancent côte à côte la grande bannière blanche aux lettres écarlates d'une loge de Vincennes, avec l'inscription « Aimons-nous les uns les autres », et le drapeau rouge de la Commune.

Une musique joue des hymnes maçonniques rituels, cependant que, derrière les membres élus de la Commune, prennent place les vénérables, précédant soixante-cinq bannières, et toute la foule des maçons. Quelques-uns arborent l'écharpe rouge de la Commune sur leurs insignes maçonniques.

Suit une loge de femmes au grand complet.

On se répète, dans la foule, que l'adhésion de la franc-maçonnerie à la Commune aura un retentissement universel, qu'elle va obliger Thiers à capituler. Lorsque le défilé commence, plus de dix mille personnes, qui n'ont jamais rien eu à voir avec la maçonnerie, prennent place dans le cortège. Ceux qui savent, et ceux qui croient savoir, expliquent à la cantonade :

« Regardez ! Ceux qui ont autour du cou un ruban rouge, ce sont les rose-croix !... Et puis ceux-ci, avec le ruban en sautoir, ce sont les chevaliers kadoches !... »

Place de l'Hôtel-de-Ville, un ballon est lâché. Il porte d'un côté les trois points symboliques et, de l'autre, cette formule : « La Commune à la France. » La foule crie : « Vive la République ! Vive la Commune ! » Et les francs-maçons répondent : « Vive l'humanité ! »

Tous les élus du peuple de Paris sont rassemblés dans la cour Louis-XIV pour accueillir le cortège des francs-maçons. Les bannières des loges s'alignent. Les musiciens jouent *la Marseillaise.* Le frère Félix Pyat prend alors la parole. C'est au nom de la Commune qu'il s'efforce de dégager le sens historique de cette journée. Après lui, le frère Charles Beslay exprime son émotion devant cette manifestation chargée de tant de symboles. Le frère Léo Meillet présente le drapeau rouge en termes chaleureux à la foule des maçons. Et puis, c'est enfin au frère Thirifocq qu'il revient de dégager le sens de cette grande manifestation. Il annonce à ses frères que tous les vénérables présents vont se rendre sur les remparts et qu'ils planteront les bannières sur la ligne de feu.

« — Et nous dirons à ceux qui tirent en ce moment sur Paris, ajoute-t-il : " Soldats de la même patrie, venez nous embrasser, et que la paix soit faite ! " »

Il précise encore que, si cet appel n'est pas entendu, la franc-maçonnerie entière se dressera dans toutes les provinces, que ses frères supplieront les troupes de ne pas marcher sur Paris, parce que tous les francs-maçons sont solidaires, parce que, désormais, les francs-maçons sont aux côtés de la Commune de Paris, et que quiconque tire sur le peuple de Paris dresse contre lui les francs-maçons de partout. Si les balles versaillaises devaient continuer à frapper Paris, tous se joindraient aux républicains pour défendre et sauver Paris, ou bien pour mourir avec lui.

Les vénérables, suivis par une très nombreuse assistance, se mettent alors en marche et se dirigent vers les portes de la capitale, du côté où l'on entend le canon. Un frère qui appartient à la loge La Persévérance explique aux curieux qu'il a revendiqué l'honneur de planter sa bannière face aux Versaillais avant toutes les autres :

« Je représente, dit-il, une loge qui a été créée en 1790, à l'heure des grandes fédérations. »

Lorsque le cortège arrive sur les Champs-Élysées, les obus tirés du mont Valérien tombent si nombreux autour de l'Arc de triomphe que les francs-maçons doivent s'éparpiller et gagner les remparts par les petites rues du quartier.

Les vénérables plantent les bannières tout au long de la ligne des remparts, de la porte Bineau à la porte Maillot. Le frère Thirifocq arbore la sienne à l'endroit le plus dangereux de la porte Maillot.

Qu'on imagine ce que peut être la surprise des frères qui servent dans les rangs de l'armée versaillaise !

Précisément, le général versaillais qui commande à cet endroit est le franc-maçon Montaudon. Ce militaire limousin, rescapé de toutes les guerres du second Empire, ne peut se résoudre à faire tirer sur ses frères. De sa propre initiative, il ordonne un cessez-le-feu. Une délégation de vénérables s'avance par l'avenue de Neuilly. Un officier versaillais l'accompagne jusqu'au pont de Courbevoie où Montaudon la reçoit.

« Je ne suis qu'un soldat, explique-t-il à ses frères. J'obéis aux ordres. La seule chose qu'il me soit permis de faire, c'est d'ordonner une trêve pour permettre à vos délégués de se rendre à Versailles et de faire cesser le tir jusqu'à leur retour. »

En attendant le retour de la délégation, les vénérables montent la garde sur les fortifications, et les maçons se réunissent dans un immeuble de l'avenue de Wagram.

Thiers hésite beaucoup avant de recevoir ces nouveaux envoyés de la maçonnerie parisienne. De toute évidence, ces délégations l'agacent. Il fait longtemps attendre les émissaires des loges et leur déclare finalement, entre deux portes, qu'il en a assez de perdre son temps avec les avocats de la conciliation, qu'il ne veut plus en recevoir, qu'il s'en tient à ce qu'il a déjà dit à plusieurs reprises : il continuera les hostilités contre Paris aussi longtemps que les insurgés n'auront pas déposé les armes.

C'est sous la pluie que les vénérables, fort déçus, reviennent à Paris le 30 au matin. Ils expliquent l'échec de leur démarche. Une assemblée générale de francs-maçons parisiens, immédiatement réunie salle Dourlan, décide que les loges parisiennes vont inviter leurs membres à se battre aux côtés de la Commune, que les frères iront au combat avec leurs insignes maçonniques. L'émotion est à son comble quand on apporte dans la salle les premières bannières des loges traversées par les balles versaillaises. Plusieurs d'entre elles seront conservées par les obédiences françaises comme de pieuses reliques.

Le journal révolutionnaire *le Père Duchêne,* que dirigent les journalistes communards Vermersch, Vuillaume et Humbert, sort son numéro 45 avec un titre révélateur : « A moi les enfants de la Veuve, ou le grand appel du Père Duchêne à ses bons amis francs-maçons, pour qu'ils appellent à eux les frères des départements, puisque les jean-foutre de Versailles se foutent d'eux encore plus que des patriotes de Paris. »

Ici, il importe de souligner que tous ces francs-maçons qui, face à l'attitude de Thiers, décident de soutenir le pouvoir de la Commune de Paris, ne sont pas pour autant des révolutionnaires. C'est tellement vrai que l'une des assemblées maçonniques, au cours de laquelle l'adhésion à la révolution parisienne est décidée, est présidée par le frère Charles Floquet, celui-là même qui deviendra président du Conseil en 1888.

La franc-maçonnerie française mettra longtemps à se laver de l'étiquette socialiste et communarde que lui ont valu les manifestations publiques des frères parisiens.

Il est vrai que les dignitaires n'ont pas couvert ces initiatives. Mais leurs protestations sont restées des plus timides.

Le 8 mai, une délégation maçonnique comprenant les frères Levacque, Lecomte, Minor et Chéramy, inspecte les remparts, de la porte Dauphine à la porte Maillot. Le lendemain, une autre délégation de maçons se présente devant le Comité de Salut Public pour lui proposer la création d'un bataillon recruté exclusivement dans les loges parisiennes.

Le dimanche 21 mai, les troupes versaillaises pénètrent dans Paris, et la bataille des rues commence. Le frère Assi est fait prisonnier rue Beethoven, dans le XVIe arrondissement. Il est surpris par une colonne versaillaise alors qu'il inspecte à cheval, en uniforme de colonel fédéré, les positions de la Commune.

Le 22, le frère Boursier commande la barricade de la rue

Richelieu. Un pharmacien du quartier veut lui interdire d'établir sa position en ce lieu.

« — Et moi, lui répond Boursier très calmement, je vais vous brûler la cervelle. »

Un citoyen nommé Lussaut, qui a aperçu des insignes maçonniques sur l'uniforme de Boursier, lui fait un signe de reconnaissance et lui demande :

— Vous ne ferez pas cela, sans doute ?

— A vous, non, parce que vous êtes un frère, mais à lui, oui, s'il persiste à nous embêter.

Près du Théâtre-Français, quelques francs-maçons, arborant leurs insignes, essaient vainement de sauver plusieurs suspects, mais les « Vengeurs de Flourens » les passent par les armes.

On fusille maintenant un peu partout dans Paris. Le frère Lullier est présent sur la barricade de la rue Sainte-Anne. Le frère Eudes commande le secteur du Palais-Royal.

Quand le frère Jourde apprend que l'archevêque de Paris, Mgr Darboy, vient d'être exécuté à la prison de la Roquette avec les otages, il insulte les fédérés qui viennent de commettre ce crime. L'un des hommes épaule son fusil :

« Ah, c'est comme ça ! Ça ne vous plaît pas, à vous, qu'on fusille les curés ! Est-ce que vous voudriez, par hasard, qu'on leur en foute aussi, aux membres de la Commune ? »

A la mairie du XIe, les frères Lefrançais et Vallès protestent contre l'exécution des otages :

« Et de quel droit, au nom de qui a-t-on tué ? La Commune tout entière sera responsable de cet égorgement ! Nous avons des éclaboussures de leurs cervelles sur nos écharpes !

— Cette boucherie est horrible, insiste Vallès, ces gens étaient âgés, prisonniers sans armes ! On criera que c'est une lâcheté...

— Ma balle a tout de même fait un trou dans le ciel, répond l'un des hommes du peloton d'exécution. »

Le frère Eudes refuse de couvrir ces massacres de son autorité, mais il ne peut les empêcher.

Le 27 mai, de nombreux maçons sont encore présents sur les barricades. Camélinat et Vallès se battent dans la rue des Trois-Bornes. Ranvier tient toujours dans les Buttes-Chaumont. Francis Privé fait le coup de feu entre les tombes du Père-Lachaise. Jourde est à Belleville avec les derniers survivants.

Le dernier coup de feu est tiré le 28 mai sur la barricade de la rue Ramponneau. La Commune est morte. La gauche parisienne, cruellement blessée, va mettre plusieurs années à se relever de cette défaite. La bourgeoisie parisienne conservera longtemps encore une mauvaise conscience de ce drame que Thiers avait peut-être prémédité. Elle redoutera un grand soir révolutionnaire où le peuple vengerait ses morts de la Semaine sanglante.

Il est vrai que la IIIe République triomphe ainsi dans le sang du peuple de Paris et que la répression va être terrible. La franc-maçonnerie est alors sérieusement compromise.

Le frère Jean-Baptiste Clément se cache dans une maison du quai de Bercy. Les prisons sont pleines, les fosses communes aussi. Le frère Jourde est appréhendé près du quai d'Orsay, le frère Paschal Grousset rue Condorcet, au domicile de sa compagne.

La franc-maçonnerie est très attaquée et, le 19 juin, une circulaire du Conseil de l'Ordre du Grand Orient cherche à dégager la responsabilité de l'obédience en condamnant ceux qui ont organisé les manifestations maçonniques en faveur de l'insurrection. On peut lire dans ce texte :

« La maçonnerie est restée parfaitement étrangère à la criminelle sédition qui a épouvanté l'univers en couvrant Paris de sang et de ruines. Il n'y a aucune solidarité possible entre ses doctrines et celles de la Commune et, si quelques hommes indignes du nom de maçon ont pu tenter de transformer notre bannière pacifique en drapeau de guerre civile, le Grand Orient les répudie comme ayant manqué à leurs devoirs les plus sacrés. »

Il demeure que devant le spectacle des ruines offert par la capitale, les adversaires de la maçonnerie l'accusent d'avoir été, avec l'Internationale et les socialistes blanquistes, l'un des éléments les plus actifs de la révolution du 18 mars. Le procès de l'avocat radical Gaston Crémieux, qui se déroule au fort Saint-Nicolas, à Marseille, est exploité dans ce sens. Crémieux a présidé l'union des vénérables de loges de Marseille. Son avocat, Me Aymard, s'efforce d'établir que ce jeune élu du peuple n'a été, pendant l'insurrection marseillaise, qu'un élément modérateur, et qu'il n'a fait procéder à aucune arrestation arbitraire pendant les dix journées où il a détenu le pouvoir dans la ville.

« Montrez-moi, dit-il aux juges, ceux que Gaston Crémieux a fait fusiller. Montrez-moi les victimes qui sont tombées sous les coups de ses partisans. »

Ces paroles ne suffisent pas pour émouvoir les juges militaires. Crémieux est condamné à mort et il sera fusillé.

A la même heure, au camp de Satory, où sont détenus de nombreux communards, des maçons créent une loge de prisonniers.

Le 1er août 1871, le Grand Orient de France annonce officiellement la reprise de ses travaux, mais la plupart des loges françaises demeurent fermées.

Le frère Lullier est condamné à mort, mais sa peine est commuée. Assi et Paschal Grousset sont condamnés à la déportation dans une enceinte fortifiée, Jourde à la déportation simple.

La franc-maçonnerie française n'a gardé aucune trace dans ses archives d'une loge de bagnards qui aurait pu exister en Nouvelle-Calédonie. Il est pourtant à peu près certain qu'une telle loge a existé, et que les maçons déportés ont repris à Ducos et à l'île des Pins leurs activités maçonniques. Actuellement, dans le temple de la loge écossaise de Nouméa La Fraternité Australe, on peut voir des objets rituels qui ont été sculptés par des frères déportés.

Le 17 décembre 1871, les frères May et Levrault, réfugiés aux États-Unis, conduisent dans les rues de New York un défilé à la mémoire de leurs camarades fusillés à Paris.

La solidarité maçonnique joue à plein en faveur des hommes recherchés par la justice versaillaise. Des frères, qui n'ont pas approuvé les actes de la Commune, aident le Docteur Robinet à cacher des fédérés ou à leur faire passer la frontière. C'est ainsi que le frère Jules Ducrocq, membre de la loge l'Avenir et qui a servi comme aide-chirurgien-major au fort de Vanves pendant l'insurrection, réussit à gagner Genève.

A la fin de 1871, l'année tragique, on ne peut sérieusement parler d'une doctrine, ou même d'un programme politique de la franc-maçonnerie française.

Si l'extrême droite légitimiste, la droite modérée et le centre droit regroupent alors en général les adversaires déclarés de la maçonnerie, les maçons quant à eux se répartissent entre tous les autres partis. Le frère Léon Say est l'un des principaux leaders du centre gauche que dirige Thiers. Les frères Jules Favre, Jules Simon, Le Royer et Tirard sont les animateurs de la gauche républicaine avec Jules Ferry. Les frères Gambetta et Brisson sont, avec Paul Bert, à la tête de l'union républicaine. Ce qui subsiste de l'extrême gauche après le drame de la Commune se place derrière le frère Louis Blanc.

Les loges qui affichent des opinions avancées sont placées sous la surveillance de la police. C'est ainsi qu'en novembre 1872 le préfet du Gard demande au maire de Saint-Geniès, puis au brigadier de gendarmerie, de lui faire connaître les noms des membres d'une loge qui existe dans cette commune. Frédéric Desmons, futur grand maître du Grand Orient, alerte immédiatement la direction de son obédience, qui lui répond le 2 décembre suivant :

« Nous nous sommes assurés que (cette demande) était la conséquence d'une mesure générale émanant du ministre de l'Intérieur, mais ne présentant aucun caractère d'hostilité envers la franc-maçonnerie. Nous nous en sommes préoccupés et nous faisons en ce moment les démarches nécessaires pour que les loges qui relèvent de l'obédience du Grand Orient continuent comme par le passé à jouir de leur indépendance, à avoir leur existence garantie par le Grand Orient lui-même et à être à l'abri de l'action directe des agents de l'autorité civile. »

Le gouvernement Dufaure n'en continue pas moins à faire surveiller les loges par une police spéciale que dirige Léon Renault.

Il est vrai que, dans ce gouvernement, les maçons sont devenus plus rares, et seul le frère Léon Say y figure avec le portefeuille des Finances.

De nombreux maçons parisiens se mobilisent alors derrière les frères Gambetta, Louis Blanc et Rouvier pour soutenir la candidature de l'ancien instituteur Barodet contre Charles de Rémusat. Par 180 045 voix contre 135 028, c'est le frère Barodet qui l'emporte.

Dans tout le pays, un fort courant anticlérical se développe, qui inquiète les autorités. Les idées de Victor Hugo, de Littré, de Michelet et de Quinet gagnent la jeunesse, en même temps que se répandent les doctrines matérialistes et le culte de la science. La droite orléaniste et bonapartiste juge bientôt nécessaire de développer sa contre-attaque. Parmi les préfets, les sous-préfets issus de la République gambettiste qui sont remplacés à ce moment, parmi les maires qui sont mis dans l'obligation de donner leur démission, figurent souvent des francs-maçons. De toute évidence, le Grand Orient de France s'est fait des illusions quant aux sentiments que nourrit à son égard le pouvoir politique.

Les amis de Gambetta sont tenus pour suspects. Le franc-maçon Ernest Picard, l'ancien ministre, est remplacé à l'ambassade de France à Bruxelles.

En juin, le ministère demande l'autorisation de poursuivre pour sa participation éphémère à la Commune le radical Arthur Ranc, qui vient d'être élu député du Rhône. L'autorisation de poursuites est accordée à la Chambre par 467 voix contre 140.

Le 17 octobre, la plupart des francs-maçons qui siègent à l'Assemblée nationale signent le manifeste des élus de la Seine, notamment les frères Gambetta, Tirard, Brisson et Louis Blanc. Ils affirment dans ce document :

« Il ne s'agit plus seulement, comme l'a dit M. Thiers, interprète des sentiments de la France entière, de défendre une forme de gouvernement, mais de conserver les libertés civiles, politiques et religieuses conquises par nos pères et qui sont inséparables du maintien de la République... »

La franc-maçonnerie française, dans son ensemble, participe

alors au mouvement patriotique fortement marqué par l'esprit de la revanche.

En 1872 est constituée à Paris la loge Alsace-Lorraine sous les auspices de toutes les loges des territoires annexés qui ont refusé d'être intégrées par la maçonnerie allemande et qui ont clandestinement apporté leurs patentes à Paris. La cérémonie d'allumage des feux de la nouvelle loge est présidée par le frère Adolphe Crémieux et son premier initié est Valentin, le dernier préfet français de Strasbourg. C'est cette loge qui va initier un peu plus tard le futur maréchal Joffre et l'explorateur Savorgnan de Brazza.

Cette cérémonie vient à point pour permettre au Grand Orient compromis dans le drame de la Commune de prouver son patriotisme. Il lui faut également, alors qu'il se sait surveillé, prouver son respect de l'ordre public tout en veillant à défendre la République encore très menacée.

La marge de manœuvre de ses dirigeants est étroite. C'est la raison pour laquelle, tandis que de nouvelles campagnes antimaçonniques sont déclenchées dans plusieurs régions de France par les cercles royalistes et par les organisations catholiques, le Conseil de l'Ordre du Grand Orient interdit à ses loges toute action politique.

Les craintes ne sont pas vaines, puisque le gouvernement ordonne à la police de surveiller étroitement les loges trop marquées politiquement. Le résultat immédiat est de provoquer un rapprochement entre le Grand Orient et le Suprême Conseil de France.

Il n'y avait aucun franc-maçon dans le premier cabinet du duc Albert de Broglie, installé le 24 mai 1873. Toutefois, dans le second constitué le 26 novembre avec mission de rétablir au plus vite la monarchie en France, le portefeuille des Affaires étrangères est attribué au frère Decazes, un homme que son père, le favori de Louis XVIII, avait fait recevoir comme *lawton*, c'est-à-dire comme louveteau, le 22 septembre 1829 par la loge bordelaise L'Avenir.

De nombreuses loges participent activement à la défense de la République, qu'elles jugent sérieusement menacée : la composition de la Chambre des députés rend en effet très possible la restauration de la monarchie. La loge parisienne L'Internationale devient en particulier un lieu de rencontre pour les frères qui croient qu'une nouvelle épreuve sanglante ne pourra pas être évitée.

Dans ces conditions, le 14 février 1874, le duc de Broglie est amené à adresser une circulaire à tous les préfets dans laquelle il leur demande de faire surveiller les loges maçonniques.

Quelques semaines plus tard, dans le courant de mai, le duc Louis Decazes, devenu le principal conseiller du maréchal de MacMahon, président de la République, dans le domaine de la politique intérieure, s'efforce de faire admettre au président qu'il ne doit pas s'attarder à faire le jeu de l'extrême droite et qu'il doit au contraire rechercher au plus vite un terrain d'entente avec la gauche.

Le régime de l'Ordre moral, associé à une offensive cléricale contre la gauche et contre la franc-maçonnerie, inspire une série de manifestations d'intolérance et d'excessif prosélytisme que Jean-Thomas Nordmann ira jusqu'à comparer à la Terreur blanche. Une circulaire Pascal organise le contrôle secret de la presse par le gouvernement. Les loges maçonniques qui veulent organiser l'enterrement civil de leurs membres sont l'objet de vexations des pouvoirs publics.

Les francs-maçons ne se contentent pas d'organiser la lutte contre l'Église et contre ses congrégations. Ils prennent prétexte des projets de restauration monarchique qui se développent au Parlement pour prendre leur place dans le combat mené par les radicaux pour la défense de la jeune république.

Toutes les batailles que la franc-maçonnerie française va mener pendant les trente années qui vont suivre ont leurs sources dans ce moment où la République et la monarchie sont en balance. Les conditions dans lesquelles, un peu partout dans le pays, les loges refusent la tutelle de l'Église sur l'instruction publique, amènent vers elles de nombreux instituteurs qui vont prolonger dans le temple leur action militante.

Gambetta, qui cherche à rassurer l'opinion en se présentant comme le défenseur de l'ordre établi, fait désormais figure de radical modéré, et il est de plus en plus contesté par ceux de ses frères qui s'identifient au radicalisme d'avant-garde de Ledru-Rollin et de Louis Blanc. Des loges entières prennent alors position en faveur de l'extrême gauche. C'est par exemple le cas de plusieurs loges écossaises, qui manifestent déjà la volonté de s'affranchir de la tutelle du Suprême Conseil de France.

Les observateurs, qui n'ignorent rien des relations de la famille Decazes avec la franc-maçonnerie, s'empressent, pour les besoins de leur propagande, d'évoquer un mystérieux complot qui aurait été tramé dans les loges contre le parti catholique et dont Decazes ne serait que l'instrument.

Les raisons du ministre des Affaires étrangères n'ont pourtant rien à voir avec celles de la maçonnerie. Il se trouve simplement qu'il est en relations étroites avec les princes d'Orléans et avec le comte de Paris. Avec eux, il préfère justement prendre le risque de consolider provisoirement les positions républicaines, plutôt que de laisser le parti bonapartiste trouver une nouvelle chance historique.

En 1875, on peut dire que presque tous les dirigeants de la

tendance radicale appartiennent à la franc-maçonnerie. Littré, membre de l'Académie française, est initié par la loge parisienne La Clémente Amitié, et le vénérable de cette loge déclare au cours de la cérémonie :

« Frères, rappelez-vous que la réception de Littré a été la réponse de la société laïque à la déclaration de guerre de l'ultramontisme... Ne désarmons pas et serrons les rangs ! Nous avons assez parlé ; il faut agir. »

Jules Ferry est initié le même jour. Louis Blanc et Gambetta, qui assistent à cette double réception, en profitent pour se réconcilier.

Cette initiation du grand philosophe, précédée d'un banquet de cent cinquante couverts, a dans le monde profane un énorme retentissement. Beaucoup veulent y voir une adhésion du Grand Orient de France à la philosophie positiviste.

Littré a cependant tenu à préciser sa conception de l'agnosticisme, et quand il affirme, après la cérémonie d'initiation, qu'à la différence d'Auguste Comte il ne discute pas l'existence de Dieu, considérant qu'aucune science n'a pu répondre à la question dans un sens ou dans l'autre, il se fait traiter de clérical par Ulysse Parent.

N'est-il pas allé jusqu'à déclarer, au sujet du destin de l'âme après la mort : « Nous n'avons rien à répondre, rien à nier, rien à affirmer » ?

C'est l'agnosticisme, encore fréquent dans beaucoup de loges françaises, de ceux qui n'ont aucune certitude quant à l'existence de Dieu et qui éludent la question parce qu'ils ne possèdent pas les éléments de la réponse.

Dans sa planche d'initiation, à vrai dire assez inhabituelle puisque tout nouveau frère est tenu au silence pour un temps assez long, Littré a voulu répondre à Mgr Dupanloup qui venait de reprocher à la franc-maçonnerie ses « ténébreuses conspirations ».

« On a accusé la franc-maçonnerie de je ne sais quelles clandestines et mauvaises conspirations, déclare-t-il. Je lui en connais une dont je la loue sans réserve : c'est, au milieu des aigreurs ou des violences du fanatisme, la conspiration de la tolérance. »

En cette année 1875, en même temps que Jules Ferry et Littré, sont initiés le sculpteur Bartholdi et l'écrivain Chatrian.

La victoire du parti républicain lors des élections législatives de 1876 est considérée dans les loges comme une victoire de la franc-maçonnerie. Une publication maçonnique, *la Chaîne d'Union*, écrit alors :

« Nous saluons tout d'abord, avec une légitime satisfaction, que nous comptons, au nombre des sénateurs et des députés élus, bon nombre de nos frères. Nous les avons connus, pour la plupart, comme des francs-maçons des plus actifs et des plus dévoués à notre institution, pratiquant et enseignant, non sans talent, les généreux, les salutaires, les progressifs et les humanitaires principes de la franc-maçonnerie. »

Mac-Mahon est obligé de remplacer le royaliste Buffet par Dufaure, et le portefeuille de ministre de l'Intérieur échoit à un avocat de Niort nommé Ricard. Ce personnage, qui va mourir subitement quelques mois plus tard, est maçon.

Bien entendu, son appartenance maçonnique étant connue, il se trouve des adversaires de l'Ordre, notamment le père Deschamps, pour affirmer que ce sont les loges qui ont imposé ce choix au président de la République. C'est une accusation qui reviendra souvent car l'Intérieur sera maintes fois tenu par un franc-maçon.

En réalité, le ministre Ricard est de ceux qui ont souvent entendu dénoncer dans les loges la menace que le parti monarchiste et ses fonctionnaires font peser sur la République. Il ne va rester que deux mois au gouvernement, mais ce sera suffisant pour qu'il change trente-sept préfets et trente-trois sous-préfets. A sa manière, il aura battu un record.

Les élections de 1876 ont permis de constater que la plupart des loges des quartiers populaires de Paris et de sa banlieue, celles de la vallée du Rhône, celles de la région méditerranéenne et celles des différentes régions du Massif central ont été les plus engagées dans la bataille menée par les candidats républicains.

Les quatre groupes parlementaires qui sont alors constitués à la Chambre comptent tous des députés francs-maçons parmi leurs membres. Ils sont malgré tout peu nombreux au centre gauche de Thiers. La plupart des frères députés se répartissent entre la gauche républicaine, des frères Jules Ferry et Jules Grévy, l'union républicaine, du frère Léon Gambetta, et enfin l'extrême gauche qui se rassemble autour du frère Louis Blanc.

Si leurs leaders s'efforcent d'éviter la cassure définitive, ils parviennent mal à cacher leurs désaccords. C'est ainsi que lorsque les frères Naquet et Lockroy signent avec Clemenceau et Allain-Targé une proposition de loi demandant l'amnistie pour les condamnés de la Commune de Paris, la plupart des députés francs-maçons votent contre.

Lorsque le frère Gambetta, en décembre 1876, finit par obtenir la démission du gouvernement Dufaure, c'est au frère Jules Simon que le président Mac-Mahon fait appel, dans l'espoir de briser ainsi l'union des républicains. *La Défense sociale*, le journal de Mgr

Dupanloup, ne cache d'ailleurs pas à ses lecteurs que la mission du gouvernement Simon est de désorganiser la gauche de la Chambre des députés.

Les loges de Rouen prennent l'initiative de pétitions publiques en faveur de l'enseignement laïque. La ligue de l'Enseignement reprend cette initiative à son compte et les manifestations se multiplient dans toutes les régions de France. Sur le terrain politique, simultanément, les francs-maçons Jules Simon, Naquet et Guichard mènent campagne contre les congrégations et contre l'école religieuse.

Bien entendu, dans un tel climat, les attaques contre la franc-maçonnerie ne cessent de se développer. La politique, les controverses, les rivalités, les querelles personnelles pénètrent dans certaines loges et plusieurs ne peuvent y survivre. C'est le cas de l'Allobrogie d'Annecy qui fait savoir au Suprême Conseil de France qu'elle se trouve dans l'obligation d'interrompre ses activités.

En avril 1876, le frère Brisson exige une enquête sur l'élection législative de Pontivy. Il accuse l'évêque de Vannes, Mgr Becel, d'avoir pris publiquement position en faveur de l'un des candidats, le comte de Mun. Ce dernier, qui deviendra, en face de Jules Ferry, le meilleur avocat de la France catholique au Parlement, ne songe pas un seul instant à nier les faits. Il se contente de dénoncer la campagne anticatholique.

« Que l'Église reste dans son domaine, lui rétorque Henri Brisson, si elle ne veut pas tomber sous notre investigation. »

L'enquête est ordonnée par l'Assemblée par 307 voix contre 169. L'invalidation est décidée, mais le comte de Mun est réélu.

Le gouvernement attaque dès lors les loges de front. Six loges de Toulouse sont fermées par un arrêté préfectoral qui précise que, délaissant la mission philanthropique au nom de laquelle elles ont été autorisées, elles sont devenues un foyer de résistance au gouvernement et un centre d'action et de propagande politique.

Le ministère, présidé par le frère Jules Simon, et auquel appartiennent les francs-maçons Louis Decazes et Léon Say, démissionne le 16 mai 1877 à la suite d'une lettre très dure de Mac-Mahon. Ce dernier le remplace par Broglie (second ministère « d'ordre moral »). Cette nomination est considérée comme un « coup d'État » par la gauche, Broglie n'appartenant pas à la majorité.

Il est clair que le parti des ducs, derrière Mac-Mahon et Broglie, espère encore la restauration monarchique, et que l'Église soutient ouvertement la politique de l'ordre moral. Dans son livre de souvenirs sur la IIIe République, le président Paul-Boncour a pu écrire à ce sujet :

« Un autre malheur fut que l'Église avait beaucoup trop béni l'entreprise ; elle avait appuyé de toute son influence, qui était restée grande, un ordre moral plus conservateur que chrétien, et qui prétendait identifier la défense de la religion à celle de la conservation sociale. Il en résulta que, jusqu'à la guerre de 1914, l'anticléricalisme s'installa solidement dans la République ; celle-ci dépensa dans cette lutte des forces qui eussent été mieux employées ailleurs, ne fût-ce qu'à réaliser ces réformes de structures, dont elle ne pouvait se passer pour mener à bien d'autres luttes plus difficiles. »

Lorsque le 16 mai 1877, le maréchal de Mac-Mahon tente son coup de force contre la majorité, Gambetta comprend immédiatement quel est l'enjeu de la partie qui va se jouer. Toute la presse de gauche proclame aussitôt la République en danger.

Le 23 juin 1877, malgré un vote de protestation des 363 députés républicains, le président de la République prononce la dissolution de la Chambre, espérant que de nouvelles élections lui apporteront une majorité conforme à ses vœux.

Gambetta affirme que la lutte est désormais entre les agents de la théocratie romaine, qui s'est alliée avec la droite conservatrice et réactionnaire, et les fils de 1789. A la tribune, il dénonce le gouvernement des prêtres et le ministère des curés.

Les préfets et les sous-préfets sont mobilisés par le pouvoir et se placent au premier rang dans cette bataille. Des maires et leurs adjoints appartenant à l'opposition républicaine sont révoqués. Des conseils municipaux sont dissous. Plusieurs loges sont fermées par la police dans diverses régions.

Le Conseil des ministres décide même d'engager des poursuites contre Gambetta. Les archevêques et les évêques prennent ouvertement parti dans la campagne électorale.

Le bilan de la politique du 16 mai est éloquent : 613 conseils municipaux ont été dissous ; 1 743 maires et 1 334 adjoints ont été révoqués ; 344 cercles, sociétés, comices, loges maçonniques ont été dispersés ; 2 067 débits de boissons ont été fermés ; 4 779 fonctionnaires ont été déplacés ; 1 385 ont été révoqués ; 72 brochures ont été saisies ; 421 poursuites ont été engagées pour délits de presse ; 849 pour délits de colportage ; 216 pour délits de librairie ; 170 pour cris séditieux.

Malgré tout, les élections donnent, le 28 octobre, 315 sièges aux républicains et seulement 199 aux conservateurs. Le gouvernement d'ordre moral est battu. Gambetta déclare que Mac-Mahon n'a plus qu'« à se soumettre ou à se démettre ». Le président finit par s'incliner et par accepter un ministère entièrement républicain sous la présidence de Dufaure.

La dernière chance d'un rétablissement de la monarchie en France vient de disparaître et elle ne se représentera plus. Les républicains, avec l'appui des loges maçonniques, viennent de s'emparer de la République et il faudra maintenant attendre 1940 pour qu'elle leur échappe.

Chapitre VII

LA RÉPUBLIQUE RADICALE

A leur tour, les républicains s'empressent de procéder à des mutations dans le haut personnel civil et militaire. Ils n'oublient pas de remplacer, dans son commandement à Nantes, le général Espivent de la Villeboisnet, qui a fait fusiller en 1871 à Marseille le frère Gaston Crémieux.

Le frère Hérold est nommé préfet de la Seine en remplacement de Ferdinand Duval.

Le 30 janvier 1879, le maréchal de Mac-Mahon se voit dans l'obligation de remettre sa démission, et c'est le franc-maçon Jules Grévy qui est alors élu président de la République. Le même soir, le frère Clovis-Laurens annonce la nouvelle à ses frères du chapitre Les Amis Bienfaisants et le frère Alepée fait tirer immédiatement une batterie d'allégresse.

Le 4 février suivant, Waddington est chargé de constituer un nouveau cabinet et plusieurs maçons sont appelés à ses côtés : Léon Say devient ministre des Finances, le général Gresley va à la guerre, Jules Ferry à l'Instruction publique, Elie Le Royer à la Justice avec Goblet comme sous-secrétaire d'État. Lepère devient ministre de l'Agriculture et du Commerce.

C'est le frère Léon Gambetta qui est élu président de la Chambre des députés.

Jules Ferry se trouve en place pour imposer les mesures concernant l'enseignement public qui ont été étudiées depuis plusieurs années par les loges et par la Ligue de l'Enseignement. Nous aurons l'occasion d'y revenir.

Désormais, dans la plupart des villes de province, préfectures et sous-préfectures, c'est la jeune génération républicaine, venue dans les loges pendant les dernières années du second Empire, qui monte en première ligne et qui va illustrer la République radicale.

C'est ainsi que, le 3 septembre 1877, avec l'appui financier d'un distillateur de Bordeaux nommé Secrétat, le frère Joucla devient à Périgueux le patron d'un nouveau journal, *l'Avenir de la Dordogne.* C'est un prototype de ces francs-maçons de province, peu connus du public, dont l'action locale sous-tend la puissance nationale du radicalisme franc-maçon.

Dominique Joucla arrive de Guéret où il a été le rédacteur en chef et le gérant de *la Creuse républicaine.* Membre de la loge de Périgueux Les Amis Persévérants, il va devenir un peu plus tard l'un des dignitaires du Grand Orient de France. Laïque convaincu, homme du centre gauche, dénonçant les menées de la droite bonapartiste et de la droite cléricale, il ne manquera pas d'affirmer son opposition à la gauche extrémiste.

Joucla saura rester une personnalité locale et ne cherchera pas à faire une carrière politique à Paris. Il préside à Périgueux le banquet démocratique du 14 Juillet 1880. Il représente les habitants de sa ville aux obsèques de Gambetta. En juin 1895, lorsque le président Félix Faure est en visite officielle en Dordogne, c'est à lui qu'il revient de lui présenter les membres des Amis Persévérants.

Avec seulement un tirage de 1 200 exemplaires, *l'Avenir de la Dordogne* influence le vote des citoyens et s'oppose à des hommes comme Magne et comme Fourtou qui, élus de la Dordogne, comptent à Paris parmi les chefs de la droite.

C'est la franc-maçonnerie qui, s'appuyant essentiellement sur les traditions locales, va favoriser le développement dans plusieurs provinces de l'anticléricalisme, et c'est seulement à la faveur de cet anticléricalisme que le radicalisme va s'implanter ici et là.

Nous sommes à la veille des grandes campagnes catholiques contre les francs-maçons et à la veille des grandes mobilisations maçonniques contre « le danger clérical ». Il serait vain de savoir qui a commencé. L'Église, jusqu'en 1877, a joué à fond la carte de la restauration monarchique. C'est en fait tout le parti républicain qui s'est mobilisé contre elle avec les francs-maçons.

C'est ici, selon l'expression de Roger Priouret, que commence « la république des députés ». Cet auteur observe qu'il n'y a pas eu complot entre les républicains et les francs-maçons, mais seulement un phénomène d'osmose. Les loges ont eu peur et elles vont instinctivement organiser la défense du régime républicain contre de nouvelles menaces. Cet objectif sera pour beaucoup d'entre elles prioritaire. Elles vont s'y consacrer avec passion, parfois avec un enthousiasme qui n'excluera pas les abus et les injustices. Il est vrai qu'en retour les adversaires de la franc-maçonnerie ne seront pas plus nuancés dans leurs prises de position.

S'il est vrai que nombreux ont été, depuis cette époque, les auteurs francs-maçons qui ont condamné le ton et les arguments utilisés contre l'Église et contre les croyants par leurs frères de 1880, le cardinal de Bonnechose, dès le 2 mars 1880, a écrit au pape Léon XIII :

« Je ne puis disconvenir que les imprudences irréfléchies de plusieurs catholiques laïques ont fourni les prétextes et des armes à la réaction violente qui se déchaîne maintenant contre les congrégations religieuses et contre l'Église. »

Sans nul doute, il vise ainsi ceux qui ont pris le risque d'engager résolument le parti catholique dans des entreprises visant au rétablissement de la monarchie. Et cette confusion fournit à Jules Ferry des raisons pour déclarer à la tribune de l'Assemblée :

« Oui, nous avons voulu la lutte anticléricale, mais la lutte antireligieuse, jamais, jamais ! »

Le 28 décembre 1879, le ministère Freycinet est constitué. Le frère Jules Ferry conserve le portefeuille de l'Instruction publique et des Beaux-Arts. Le frère Lepère est ministre de l'Intérieur et des Cultes, avec le frère Albert Constans comme secrétaire d'État. le frère Jules Cazot devient ministre de la Justice, le frère Tirard ministre de l'Agriculture et du Commerce.

Le 14 novembre 1881, Léon Gambetta devient président du Conseil. Plusieurs francs-maçons entrent dans le gouvernement. Jules Cazot est à la Justice, Allain-Targé aux Finances, David Raynal aux Travaux publics, Maurice Rouvier au Commerce et aux Colonies, Paul Devès à l'Agriculture. Félix Faure est sous-secrétaire d'État au Commerce et aux Colonies.

Jules Ferry a dû transmettre le portefeuille de l'Instruction publique à Paul Bert. Ce dernier a parfois été revendiqué comme maçon par les obédiences françaises, mais sa famille proteste et affirme qu'il n'a jamais été initié.

Le président Jules Grévy accueille fort mal ce nouveau gouvernement.

— C'est ça, votre ministère, dit-il à Gambetta... Paul Bert aux Cultes, c'est complet !

Cette maçonnerie radicale est avant tout la maçonnerie des instituteurs. Elle est aussi solidement implantée dans le personnel de l'administration préfectorale. En 1880, la loge Saint-Jean de Thémis initie le même soir le préfet du Calvados Gravier, son secrétaire David, et le conseiller de préfecture Buquet. C'est un secrétaire de la préfecture, le frère Farjas, qui les reçoit.

Louis de Freycinet redevient chef du gouvernement le 30 janvier 1882. Le frère Jules Ferry est ministre de l'Instruction publique, le frère René Goblet ministre de l'Intérieur et le frère Léon Say ministre des Finances. Ce sont les francs-maçons qui provoquent sa démission en raison de ses tractations secrètes avec le Vatican, et la France hérite pendant quatre mois d'un cabinet Eugène Duclerc, dans lequel figure seul le frère Anne-Charles Hérisson, ministre des Travaux publics.

Vient ensuite, pendant quelques semaines, un cabinet Fallières, et, le 21 février 1883, le frère Jules Ferry revient en force à la tête du gouvernement, avec plusieurs francs-maçons à ses côtés : Tirard aux Finances, David Raynal aux Travaux publics, Hérisson puis Rouvier au Commerce. Félix Faure est sous-secrétaire d'État à la Marine et aux Colonies.

C'est à cette époque que la loge de Reims La Sincérité initie un jeune fonctionnaire de l'administration préfectorale nommé Léon Bourgeois. Agé alors de trente et un ans, il deviendra député, sénateur, ministre, président du Conseil, président de la Chambre, président du Sénat. Il sera même grand maître du Grand Orient de France et président de la Société des Nations. C'est dire à quel point la franc-maçonnerie est présente au pouvoir.

Le Grand Orient est inquiet malgré tout de la politisation intensive de certaines loges. Le 12 octobre 1885, son Conseil de l'Ordre rappelle une fois encore que si les francs-maçons sont libres de leur action politique en tant que citoyens, ils doivent s'abstenir de mêler le nom et le drapeau de la maçonnerie aux luttes électorales et à la compétition entre les partis. Cette circulaire est affichée sur tous les parvis des temples.

En fait, la plupart des loges du Grand Orient recrutent des républicains anticléricaux aux opinions très avancées et le « ferryste » Charles Cousin se sent de plus en plus contesté à la tête de l'obédience. La chute du gouvernement Ferry, abattu par Clemenceau, lui fournit l'occasion de quitter volontairement, à la veille du convent, le présidence du Conseil de l'Ordre. Il est remplacé par Jean-Claude Colfavru, un député de Seine-et-Oise âgé de soixante-cinq ans, un radical très ferme dans ses positions.

Le 6 avril 1885, le frère Henri Brisson devient président du

Conseil. Le frère Allain-Targé est ministre de l'Intérieur, le frère René Goblet ministre de l'Instruction publique, des Beaux-Arts et des Cultes.

Dorénavant, la franc-maçonnerie et le radicalisme sont étroitement associés en France. Il en sera ainsi jusqu'en 1905. Le numéro 1 des *Cahiers d'histoire du radicalisme* fait cependant observer à ce sujet :

« Les historiens ont trop facilement affirmé des influences et des appartenances maçonniques sans preuves concrètes. Des radicaux n'ont jamais été maçons sans que cela nuise à leur popularité ou à leur carrière : ni Paul Bert, ni Clemenceau, ni Caillaux, ni Herriot, ni certains théoriciens du républicanisme, de Vachenot à Quinet, de Renouvier à Fouillée. »

Le même auteur divise en quatre épisodes ces cent années d'histoire maçonnique :

— de 1830 à 1860, l'apogée et le déclin d'une première forme de radicalisme maçonnique ;

— de 1860 à 1885 : l'idéologie du radicalisme conquiert la maçonnerie ;

— de 1885 à 1902 : la maçonnerie contribue à l'élaboration et à la diffusion des grands thèmes de ce radicalisme ;

— de 1902 à 1914 : ces thèmes sont désormais pris en charge par le nouveau parti ; radicaux et socialistes cohabitent non sans quelques difficultés dans les ateliers.

Le troisième ministère de Freycinet cède la place, le 11 décembre 1886, à un cabinet Goblet. Le nouveau président du Conseil conserve le portefeuille de l'Intérieur et des Cultes. Le frère Berthelot est ministre de l'Instruction publique. Le 30 mai 1887, il cède la place à un ministère Rouvier. Fallières est à l'Intérieur et Spuller à l'Instruction publique.

Les francs-maçons ont été nombreux, depuis dix ans, à prendre dans la presse républicaine de province des postes de responsabilité. La droite s'organise vite de la même façon et crée à son tour des journaux dont l'antimaçonnisme est une réponse aux campagnes menées par la presse de gauche.

C'est ainsi que *Limousin et Quercy*, imprimé d'abord à Périgueux, puis à Tulle, et rayonnant sur plusieurs départements, explique de la façon suivante, le 17 juillet 1883, son passage d'une parution hebdomadaire à une parution quotidienne :

« Les luttes électorales et la crise sociale qui se préparent exigent de la presse de province une surveillance active et une action rapide pour déjouer les complots des sectaires qui travaillent dans l'ombre, dans les clubs de la franc-maçonnerie et des sociétés secrètes, et qui propagent avec une perfidie souvent révoltante les calomnies les plus odieuses. »

Derrière ces journaux très engagés, il y a souvent un aristocrate du cru, fidèle à la cause monarchiste. Il y a plus souvent encore un prêtre. Leur tirage est faible, mais leur rayonnement est important. Par exemple, le journal *le Ralliement,* fondé à Périgueux le 1er mai 1885, ne diffuse que mille exemplaires, mais son fondateur, le journaliste Charles Bussières, que le préfet de la Dordogne dénonce dans un rapport à son ministre comme « le porte-plume de l'évêque », se flatte d'avoir été reçu par le prétendant au trône et d'avoir recueilli ses encouragements.

De même, à Bergerac, *l'Éclaireur de la Dordogne* ne tire qu'à 1 100 exemplaires, mais dénonce l'école laïque comme un blasphème, l'école gratuite comme un mensonge, et l'école obligatoire comme une tyrannie.

Sur le plan local, il arrive que les familles de la presse républicaine concluent entre elles des alliances et constituent de véritables tribus. C'est ainsi que le franc-maçon Joucla, le directeur de *l'Avenir* de Périgueux, marie sa fille au fils de La Peyre, le journaliste républicain qui a fondé le 2 mai 1885 à Bergerac le journal *l'Indépendant.*

Eymar La Peyre n'est pas un confrère facile et il compte de farouches adversaires dans le parti républicain. Il a poursuivi devant les tribunaux l'imprimeur Boisserie, un fervent partisan de Gambetta. Un peu plus tard, le 17 juillet 1885, il se bat en duel avec Le Coq, directeur du *Républicain du Sud-Ouest,* qui se recommande pourtant de Gambetta et de Jules Ferry.

Ici, se situe un événement important dans l'histoire de la maçonnerie française. Il s'agit de la naissance de la Grande Loge Symbolique Écossaise, qui va devenir un peu plus tard la Grande Loge de France. Elle naît par le regroupement des loges qui en 1868, en 1873 et en 1879 ont rejeté l'autorité du Suprême Conseil de France. Ces loges rebelles ne sont au départ que douze, mais d'autres vont très vite les rejoindre dans leur dissidence et la nouvelle puissance maçonnique en comptera trente-six lorsque le Suprême Conseil consentira enfin à négocier avec elle.

Parmi les membres les plus influents de la nouvelle obédience figurent un certain nombre de personnalités politiques, comme Gustave Mesureur, comme Charles Floquet, comme le député Cantagrel, comme le docteur Georges Martin, comme Henri Brisson, comme le député Charles Laisant.

Plus les attaques des milieux catholiques se multiplient contre l'Ordre maçonnique, plus l'engagement politique des loges s'accentue.

L'appel lancé en 1882 par le Conseil de l'Ordre du Grand Orient de France pour interdire toutes les manifestations des loges dans la vie politique du pays n'a pas été entendu. C'est ainsi qu'à Tours la loge Les Démophiles a établi des contacts avec l'Union républicaine en vue de l'adoption d'un programme commun sur l'enseignement et sur la laïcité. Il faut dire que le vénérable Meneu est en mai 1882 personnellement engagé dans la bataille politique locale et qu'il est attaqué par le journal radical *l'Union libérale.* Une délégation de la loge s'est même rendue chez le rédacteur en chef de ce journal pour le mettre en demeure de cesser ses attaques contre leur frère.

Le frère Charpentier est alors élu maire, et en 1883, les frères des Démophiles recevront une lettre très officielle du frère Troussard, en sa qualité de secrétaire du Comité central républicain d'Indre-et-Loire, par laquelle il demande à la loge de lui communiquer les noms des francs-maçons susceptibles de participer à la désignation des candidats aux diverses fonctions électives.

Les résultats de ces compromissions politiques ne se font pas attendre et treize membres des Démophiles, en désaccord avec cet engagement, adressent leur démission au vénérable, ce que le journal radical s'empresse d'annoncer à ses lecteurs. Les querelles partisanes ayant pénétré dans la loge, le secret maçonnique n'est plus respecté.

A partir de 1884, on voit naître à Paris et dans les départements des ligues, des comités, des revues antimaçonniques. Dans son étude sur *l'Organisation antimaçonnique en France,* le journaliste Roger Mennevée a pu écrire :

« Elles manifestèrent une activité débordante, créant dans l'opinion publique un courant d'idées dont on ne sait quelles auraient été les conséquences pour la franc-maçonnerie, si ses adversaires, manquant de sens psychologique, et l'esprit obnubilé par un état d'âme qui les faisait prêts à accueillir toutes les fantaisies des charlatans et des fumistes, ne s'étaient laissé entraîner dans des erreurs considérables, dont la farce funambulesque de Léo Taxil et sa célèbre autant que mythique Diana Vaughan fut le couronnement. »

Léo Taxil va monter sa farce dans un climat créé par d'autres. C'est, en effet, en cette même année 1884, que Louis d'Estampes et Claudio Jannet font paraître *la Franc-Maçonnerie et la Révolution,* un ouvrage dans lequel ils affirment que la majorité des francs-maçons, même ceux des plus hauts grades, ne connaissent pas les buts secrets des vraies sectes et qu'il ne s'agit de rien d'autre que du triomphe de l'athéisme en religion et du socialisme en politique. Deux ans plus tard, dans *la Franc-Maçonnerie et les Sociétés secrètes*, c'est Dom Benoît qui nomme Satan comme le Dieu des francs-maçons et qui affirme que des apparitions du démon ont été récemment constatées dans des tenues maçonniques. Il aurait même pris forme humaine pour prendre la place du vénérable.

L'ancien pasteur Desmons devient président du Conseil de l'Ordre du Grand Orient. Il va incarner jusqu'à sa mort le radicalisme maçonnique parlementaire. Or, à ce moment, au sein du rite écossais, l'aile gauche, derrière les frères Brisson, Floquet, Georges Martin et Gustave Mesureur, a fait scission pour fonder la Grande Loge Symbolique Écossaise.

Le Suprême Conseil de France s'efforce encore de freiner la politisation des loges, mais il a lui-même à sa tête, avec le docteur Gonnard, Emmanuel Arago et Proal, des frères qui sont radicaux, ou très proches du radicalisme.

Devenu président de la République le 3 décembre 1887, Sadi Carnot confie sans attendre au franc-maçon Tirard le soin de constituer le gouvernement. Le frère Flourens devient ministre des Affaires étrangères et le frère de Mahy ministre de la Marine et des Colonies avec le frère Félix Faure comme sous-secrétaire d'État.

Dans le cabinet dont il prend la direction le 3 avril 1888, le frère Charles Floquet garde le portefeuille de l'Intérieur, avec le frère Léon Bourgeois comme sous-secrétaire d'État. Il confie le ministère de l'Instruction publique et des Beaux-Arts au frère Lockroy.

La loge de Laval Le Ralliement lui exprime aussitôt sa confiance. Elle émet le vœu de voir épurer les administrations publiques, réviser la Constitution, et réaliser la séparation de l'Église et de l'État.

Le franc-maçon Pierre Tirard devient président du Conseil le 22 février 1889. Le frère Albert Constans est ministre de l'Intérieur, le frère Rouvier ministre des Finances, le frère Marius Thévenet ministre de la Justice et des Cultes. Léon Bourgeois est sous-secrétaire d'État à l'Intérieur.

Nous voyons alors le frère Jarry profiter d'une tenue de la loge de Laval Le Ralliement pour s'étonner que le préfet du département, qui est maçon, ne vienne jamais participer aux travaux dans le temple. Le vénérable Robert lui répond qu'il a eu à ce sujet plusieurs entretiens avec le préfet et que ce dernier lui a déclaré ne pouvoir participer aux travaux maçonniques sans paraître subir, dans sa position officielle, l'influence de la franc-maçonnerie.

Le 17 mars 1890, le gouvernement Tirard cède la place à un

ministère de Freycinet. Le frère Albert Constans est ministre de l'Intérieur, le frère Léon Bourgeois ministre de l'Instruction publique et des Beaux-Arts.

Le 27 février 1892, c'est un cabinet Émile Loubet qui est constitué dans lequel Léon Bourgeois conserve son portefeuille. Le frère Maurice Rouvier devient ministre des Finances.

Les gouvernements se succèdent. Dans le premier cabinet Alexandre Ribot du 6 décembre 1892, le frère Léon Bourgeois est ministre de la Justice, le frère Rouvier ministre des Finances, le frère Charles Dupuy ministre de l'Instruction publique et des Beaux-Arts.

Rien n'illustre mieux l'importance de la pénétration de la franc-maçonnerie dans le monde politique que le programme de la fête solsticiale organisée le dimanche 10 avril 1892 dans le temple de la rue Cadet par la Clémente Amitié, sous la présidence du frère Henry Thulié, président du Conseil de l'Ordre, et du frère Edgar Monteil, vénérable en chaire.

Alors que de nombreux artistes de l'Opéra, de l'Opéra-Comique, de la Comédie-Française, de l'Odéon, des théâtres de boulevard, notamment Mounet-Sully et Albert-Lambert père et fils, avaient prêté leur concours, autour des hauts dignitaires du Grand Orient, du Suprême Conseil de France et de la Grande Loge Symbolique, on remarquait la présence d'une brochette significative de francs-maçons : Henri Brisson, ancien président du Conseil ; René Goblet, ancien président du Conseil ; Léon Bourgeois, ministre de l'Instruction publique et des Beaux-Arts ; Viette, ministre des Travaux publics; Edouard Lockroy, ancien ministre du Commerce et de l'Instruction publique ; de Mahy, vice-président de la Chambre des députés ; les députés Beauquier, Delpech, Macherez, Rathier, Bézine, Jullien, Paul Doumer, Jacques ; les conseillers municipaux de Paris Baudin, Foussier, Hattat et Dubois ; le conseiller général de la Seine Laffont.

Cette fête était également honorée de la présence du frère Paul Janson, membre de la Chambre des représentants de Belgique, de la loge Union et Progrès à Bruxelles, et de celle du frère Eharbo, vénérable de la loge belge Les Amis Philanthropes, une loge qui avait eu l'occasion, à plusieurs reprises, d'accueillir dans son temple de Bruxelles des réfugiés politiques français.

La forte pénétration de la franc-maçonnerie dans le pouvoir politique ne lui confère pas la puissance qu'elle serait en droit d'en attendre en raison de la lutte sourde qui va opposer, entre 1880 et 1895, les radicaux aux républicains opportunistes, ceux que le pamphlétaire Rochefort a baptisés les réformistes.

De nombreux maçons ont rejoint derrière Jules Ferry le camp des opportunistes. D'autres, qui seront d'année en année plus nombreux, sont regroupés derrière Clemenceau dans le mouvement radical.

Le frère Le Royer est élu président du Sénat en 1883, alors que le frère Henri Brisson, l'un des dignitaires de la maçonnerie écossaise, préside la Chambre des députés.

Au Grand Orient de France, le Conseil de l'Ordre sera présidé par des opportunistes jusqu'en 1885, d'abord par le docteur de Saint-Jean, puis par Charles Cousin, un inspecteur principal des Chemins de fer du Nord, qui met tout en œuvre pour freiner la pénétration radicale dans les loges. C'est seulement au convent de septembre 1885 que le député de Seine-et-Oise Jean-Claude Colfavru est élu à la tête de l'obédience.

« Ce convent, devait écrire le frère Daniel Ligou, a une importance énorme. Pour la première fois, un radical militant arrive à la présidence du Conseil de l'Ordre. Cette haute charge va rester entre les mains des futurs “ valoisiens ” pendant plus de trente ans. »

« C'est le début d'une ère de symbiose entre radicalisme et maçonnerie, observe le journaliste Alain Guichard, symbiose qui atteindra sa plus parfaite réalité à l'époque de Combes. »

Avec le boulangisme, la maçonnerie est encore une fois très divisée et elle entre dans une crise grave.

Le 28 mai 1888, le Conseil de l'Ordre du Grand Orient prend lui-même position en rappelant à tous ses membres qu'ils doivent demeurer les fidèles et énergiques défenseurs de la République, les adversaires résolus de la politique plébiscitaire et césarienne qui menace la véritable démocratie. Malgré tout, il croit nécessaire de recommander expressément d'éviter dans les temples maçonniques les débats politiques et les questions de personnes.

Quelle est alors la situation ?

Les deux principaux lieutenants du général Boulanger, Naquet et Laguerre, sont francs-maçons. Les frères Laisant, Le Hérissé, Laur, Michelin, Vergoin et Deguyot vont très vite adopter la même attitude.

Au début, le Conseil de l'Ordre du Grand Orient donne l'impression de ne pas prendre l'affaire au sérieux. Jules Ferry a tout d'abord pris position contre Boulanger qu'il traite de « Saint-Arnauld de café-concert », mais seul Pelletan le suit. Bien que siégeant à l'extrême gauche en qualité de député du Gard, le grand maître Desmons se montre très hésitant. Il commet même l'erreur de donner, le 24 avril 1888, au journal de Rochefort *l'Intransigeant* une lettre qui peut passer pour une adhésion au boulangisme.

Or, à part L'Amitié de Paris et La Fraternité Universelle de Courbevoie, les loges françaises dans leur ensemble sont hostiles au général.

Le boulangisme divise profondément les loges après avoir divisé la direction des obédiences. Pendant des mois, une lutte très vive oppose les frères boulangistes à leurs adversaires, et si Frédéric Desmons, président du Conseil de l'Ordre depuis 1887, a longtemps hésité avant de prendre position contre le général, c'est avant tout parce qu'il possède des amis dans les deux camps.

Même lorsque, placé devant l'évidence, il ne cesse de répéter à ses conseillers de l'Ordre que Boulanger reste pour lui ce ministre de la Guerre qui avait su inspirer confiance au pays et aux soldats, il hésite encore à le condamner.

Le 23 mai 1888, lorsque le professeur de mathématiques Camille Dreyfus, député de la Seine, propose au Conseil de l'Ordre une motion qui dénonce « la politique plébiscitaire et césarienne qui menace la véritable démocratie », Frédéric Desmons choisit encore de s'abstenir. La proposition de Camille Dreyfus est cependant adoptée par dix-huit voix contre six.

Cette prise de position est malgré tout tempérée par un amendement du frère Ferdinand Sarrat, un fabricant d'engrais de Bordeaux, qui recommande aux loges d'éviter les débats irritants que peuvent soulever les questions politiques.

Le Grand Orient est suffisamment engagé dans les controverses provoquées par le boulangisme pour prêter ses locaux de la rue Cadet pour la réunion constitutive de la Ligue des Droits de l'homme le 23 mai 1888. Le 5 juin suivant, la première manifestation publique de la Ligue réunit plus de 1 500 francs-maçons au Cirque d'Hiver.

Desmons est publiquement sommé par Pelletan de s'expliquer et de préciser son attitude. Une réunion exceptionnelle du Conseil de l'Ordre permet au député de la Seine Camille Dreyfus et au sénateur de la Gironde Fernand Faure de placer Desmons devant ses responsabilités. Ils lui demandent d'agir afin de ne pas permettre à Henri Rochefort d'utiliser au service de la cause boulangiste ses dignités maçonniques.

L'avertissement sera entendu et Desmons va se dégager du boulangisme.

Des loges de Paris, de Chartres, de Narbonne, de Mantes, de Cahors, de Valence, de Calais, du Quesnoy, de Trouville, de Toulon, de Coutances, d'Amiens, d'Avignon, de Toulouse votent des résolutions antiboulangistes. Cinq cents maçons bordelais, réunis « hors tenue », font de même. Vingt-six loges parisiennes de la Grande

Loge Symbolique Écossaise adoptent la même attitude, ainsi que la loge Saint-Jean des Vallées Égyptiennes, affiliée au rite de Misraïm.

La loge Les Droits de l'homme, avec l'appui de plusieurs vénérables parisiens, organise au Cirque d'Hiver le premier meeting maçonnique depuis la Commune de 1871. Le frère Colfavru préside, assisté d'Opportun, de Georges Martin et de Gustave Mesureur. Une motion antiboulangiste est adoptée.

La franc-maçonnerie est alors mobilisée. Le 2 décembre, à la fête du rite écossais que préside le président du Conseil Charles Floquet, on voit assis aux côtés des dignitaires de l'Ordre, des frères qui incarnent le pouvoir politique du moment : le ministre Edouard Lockroy, le vice-président de la Chambre des députés Anatole de la Forge, le président du Conseil municipal de Paris Darlot, le président du Conseil général de la Seine Jacques, les députés radicaux Brialou, Desmons, Jullien, Mesureur.

Devenu ministre de l'Intérieur dans le gouvernement Tirard d'avril 1889, le franc-maçon Albert Constans s'empresse de déférer devant la Haute-Cour l'état-major du boulangisme vaincu. Il réussit à persuader le général que son arrestation est imminente et Boulanger se réfugie à Bruxelles. Les élus compromis sont très vite exclus du Grand Orient de France après de sévères réquisitoires de Benoît-Lévy, de Paul Doumer et d'Opportun.

La politisation de la maçonnerie française est alors totale. Ainsi, à la Grande Loge Symbolique Écossaise, alertée par le frère Gairaud, sur les menées boulangistes, l'assemblée des députés de loges adopte un ordre du jour qui affirme :

« La Grande Loge Symbolique Écossaise fait appel à tous les maçons et républicains du département de la Seine pour défendre la liberté et la République et les engage à voter le 27 janvier pour le citoyen Jacques, seul candidat de la République. »

Sur la proposition du frère Rosenwald, une somme de 50 francs est versée au comité électoral de ce candidat.

La lutte menée contre le boulangisme a permis la réalisation de l'union des gauches avec les opportunistes, les radicaux et certains socialistes. La franc-maçonnerie a été le maître d'œuvre de cette opération. Georges Clemenceau, Arthur Ranc, Jules Joffrin ont contribué à sa réussite.

Plus le mouvement boulangiste a affirmé sa force dans les quartiers populaires, plus l'union de ses adversaires s'est élargie, au parlement d'abord pour voter l'interdiction des candidatures multiples aux élections législatives, les levées d'immunités parlementaires, la loi sur la Haute Cour, dans le pays aussi, où un peu partout les radicaux modérés et les radicaux-socialistes se sont rapprochés. Cette fois encore, la maçonnerie a joué son rôle, car la fraternité pratiquée dans les loges a favorisé le regroupement politique.

De nombreux radicaux modérés, engagés derrière Boulanger, vont les uns après les autres rompre avec lui sous la pression de leurs frères.

Les francs-maçons radicaux qui, jusque-là, avaient souvent dans les loges défendu les thèses d'une révision constitutionnelle vont devenir, après l'affaire Boulanger, les ardents défenseurs du régime parlementaire. Cette évolution coïncide avec celle des nombreux radicaux. Ceux-ci n'ont pas été insensibles au fait que le boulangisme a souvent pris ses sièges aux élections de 1889 dans des fiefs réputés radicaux.

Le pays est d'ailleurs las de toute cette agitation et, le comprenant à temps, les radicaux de Clemenceau vont jouer le retour à la paix civile.

Des brochures paraissent qui accusent les maçons des pires turpitudes. On leur reproche des pratiques diaboliques et des conspirations permanentes contre l'ordre social. Ces arguments sont repris par une partie de la presse. C'est ainsi que Mgr Gaume écrit en 1880 dans *les Mystères du Diable dévoilés :*

« Tout récemment, on a découvert l'existence d'une sorte de sous-franc-maçonnerie, déjà tout organisée, dans le but exclusif de s'entendre sur les moyens de détruire la foi le plus efficacement et le plus sûrement. La secte est divisée en petites sections de douze à quinze membres chacune, pas davantage, de peur d'éveiller l'attention. Elle se recrute parmi les gens lettrés, ou du moins parmi les personnes qui, par leur position, leurs talents, ou leur fortune, exercent autour d'elles quelque influence. Les chefs de section ne résident point aux lieux des réunions, mais à Paris, qui est leur centre d'action. Chose horrible ! chaque adepte, pour être agrégé, doit apporter, le jour de son initiation, le très saint-sacrement de l'autel et le fouler aux pieds en présence des frères. »

Aucun historien n'a jamais trouvé trace d'une sous-franc-maçonnerie de ce genre et pourtant, aujourd'hui encore, dans certains milieux, ces légendes sont répandues. Elles ont certainement empêché l'adhésion de nombreux catholiques à la maçonnerie. Elles ont aussi, par contrecoup, renforcé dans les loges la tendance athéiste et contribué à accentuer l'orientation vers l'action publique.

Un journal catholique, *la Guienne,* ayant révélé, sur les conseils d'un prélat légitimiste, Mgr de La Bouillerie, les négociations secrètement engagées par certains membres du gouvernement avec le Vatican, les ministres francs-maçons Cazot, Constans et Ferry protestent auprès du président du Conseil. Ce dernier, Freycinet, doit remettre sa démission au président de la République.

Le 28 mars 1882, le franc-maçon Jules Ferry fait voter par le Parlement la loi instituant en France l'instruction obligatoire.

Le Conseil de l'Ordre du Grand Orient de France est alors en majorité opportuniste avec participation radicale. Lorsque meurt son président, le docteur de Saint-Jean, le 31 décembre 1882, il est remplacé par le frère Cousin, personnage à l'influence politique considérable, vénérable de la loge parisienne La Clémente Amitié à laquelle appartient Jules Ferry.

En janvier 1883, le frère Le Royer devient président du Sénat avec le frère Peyrat comme vice-président. Le frère Brisson préside la Chambre avec les frères Lepère et Spuller à la vice-présidence.

Le 20 avril 1884, le pape Léon XIII, sur lequel Gambetta avait fondé beaucoup d'espoirs pour réconcilier l'Église et la République française, signe, contre la franc-maçonnerie, la plus sévère condamnation que Rome ait jamais formulée. Le franc-maçon Louis Amiable, vénérable de la loge parisienne Isis-Montyon, explique au convent de 1884 du Grand Orient :

« Ce sont les jésuites, c'est le sombre état-major du cléricalisme qui fait mouvoir à son gré les évêques et le pape lui-même. C'est l'Internationale noire... Nous sommes soumis à une vaste et incessante surveillance par des ennemis parfaitement organisés. L'Argus mythologique n'avait que cent yeux. L'Argus jésuitique en a bien davantage... »

Léon XIII vient d'affirmer que le but essentiel de la franc-maçonnerie serait de détruire de fond en comble toute disicpline religieuse et sociale née des institutions chrétiennes. Il demande en conséquence aux évêques d'engager la lutte contre la secte. Il reprend à son compte la thèse d'un royaume de Satan dont le siège se trouverait dans les loges maçonniques.

Alors que le ministère de la Guerre interdit aux officiers d'être membres d'une loge maçonnique, les francs-maçons acceptent de plus en plus difficilement que les militaires soient autorisés à fréquenter les organisations religieuses. C'est ainsi que la loge de Tours Les Démophiles adresse le 10 novembre 1890 au Grand Orient de France une motion pour s'indigner de voir des officiers de la garnison fréquenter régulièrement la chapelle des jésuites :

« Si la loge Les Démophiles, suivant les principes maçonniques qu'elle soutient, est soucieuse et respectueuse de la liberté individuelle, il ne lui est pas moins permis de voir, avec le plus vif chagrin, l'uniforme d'officier français se souiller au contact des robes noires portées par les jésuites, ces pires ennemis de la France républicaine. L'atelier exprime son vif désir de voir bientôt un gouvernement assez fort et énergique pour purger à tout jamais le sol de la patrie de la présence de cette secte opposée à toute idée de civilisation, de liberté et de progrès. »

Le propos semble aujourd'hui d'une rare violence, mais il est dans l'esprit de la guerre que se livrent à ce moment les loges maçonniques et les ordres religieux, dans l'esprit de la presse des deux bords. Il reflète assez exactement le climat d'intolérance générale. Pour les catholiques, la franc-maçonnerie est le support de la République radicale dont les tendances anticléricales sont de plus en plus affirmées. Pour les francs-maçons, le parti catholique est désormais associé directement à toutes les conjurations contre le régime républicain. La Parfaite Harmonie de Toulouse demande alors la radiation de la maçonnerie de tous les députés et sénateurs qui ne voteront pas la séparation de l'Église et de l'État.

Pour mesurer le degré de politisation des loges françaises, il suffit de se reporter aux sujets traités par les frères :

1884 : 8 janvier à La Liberté de Conscience : la question sociale et les monopoles.

9 juin à La Sociale : dans un État républicain doit-il y avoir une ou deux Chambres ?

25 juin au Lien des Peuples : les dernières élections en Belgique.

1889 : 6 mai à La République Démocratique : la socialisation du capital.

17 juin à L'Amitié : la situation politique.

16 octobre à L'Avant-Garde Maçonnique : le boulangisme.

6 novembre à L'Enseignement Mutuel : discussion contradictoire sur la situation politique.

1890 : 16 avril à L'Avant-Garde Maçonnique : apologie de l'athéisme.

9 juillet à L'Enseignement Mutuel : la franc-maçonnerie et le boulangisme.

17 octobre aux Amis de la Patrie : le partage de l'Afrique.

13 novembre à Alsace-Lorraine : la guerre nécessaire.

Parmi les conférenciers annoncés par ces tenues figurent les frères Barre, ancien ministre ; Millerand, député ; Paul Doumer, ancien député et membre du Conseil de l'Ordre ; Dreyfus, député de la Seine.

Cette politisation n'est pas le seul fait du Grand Orient. Les loges écossaises en sont alors au même point.

La franc-maçonnerie est ainsi engagée à fond dans le mouvement radical. Au convent de 1891, le frère Girod, député de la Seine-et-Marne, est allé jusqu'à déclarer :

« Nous avons suivi le mot d'ordre qui nous était donné, provoquant la création des comités radicaux, d'associations diverses où nous sommes entrés en plus grand nombre possible. Si les divers comités d'une région se trouvaient groupés autour du temple, la loge deviendrait le trait d'union naturel, le grand juge qui maintiendrait l'unité démocratique de la région... Nos adversaires ont conscience de cette force énorme que nous possédons en puissance et qui renversera leurs dernières idoles. C'est pour cela que nous devons agir le plus rapidement possible. »

Les exemples abondent dans diverses régions de la confusion ainsi créée entre le radicalisme et la maçonnerie.

C'est ainsi que le 26 janvier 1891, le frère Charpentier peut annoncer dans le temple que trois sénateurs viennent d'être élus grâce aux francs-maçons dans le département de la Vienne et il espère que les loges de l'Indre-et-Loire pourront bientôt obtenir un résultat identique.

Comme toujours lorsque les loges s'engagent dans les querelles politiques de la cité, le secret de leurs délibérations n'est pas respecté. Un journal de Tours, *l'Éclaireur*, informé des propos tenus dans le temple par le frère Charpentier, en profite pour dénoncer les ingérences politiques de l'Ordre maçonnique.

Malgré tout, les attaques ne suffisent pas à ralentir le recrutement des loges.

La campagne va pourtant prendre un ton plus violent et plus agressif avec l'action de Léo Taxil.

De son vrai nom Gabriel Jogand-Pagès, ce journaliste originaire de Marseille a été chassé en 1881 de la loge à laquelle il appartenait avec le grade modeste d'apprenti. Quatre ans plus tard, son livre, *les Mystères de la franc-maçonnerie dévoilés* connaît un immense succès. Utilisant les rituels qu'il a eus à sa disposition quand il était lui-même franc-maçon, il y a ajouté quelques textes de son invention afin de prouver à son public catholique que Lucifer est le suprême grand maître universel de la maçonnerie. Il soutient que toutes les loges et les arrière-loges sont soumises à l'autorité d'une Haute Maçonnerie luciférienne. Il exhibe au cours de ses conférences publiques une jeune femme, Diana Vaughan, dont il affirme qu'elle fut la grande prêtresse de cette secte diabolique avant de se convertir au catholicisme.

A partir de ce moment, les prétendues révélations de Léo Taxil vont se succéder. Le public, effaré et parfois effrayé, apprend ainsi que le diable converse tous les vendredis à trois heures de l'après-midi avec le général Pike, chef universel de la franc-maçonnerie.

La farce est un peu grosse mais l'Église s'y laisse prendre. Voyons comment Léo Taxil a pu réussir un tel coup.

Né le 21 mars 1854 à Marseille dans une famille bourgeoise et catholique, Léo Taxil, après avoir fait un séjour en maison de correction, vint à Paris à l'âge de seize ans et chercha alors à débuter dans le journalisme.

Déserteur de l'armée en 1870, il est fiché par tous les services de police. Dans un rapport adressé le 4 mai 1884 par le préfet des Bouches-du-Rhône à la préfecture de police, il est présenté comme un indicateur opérant dans les milieux républicains. En 1876, il a déjà eu treize procès et il totalise huit ans de prison.

Après avoir été expulsé du canton de Genève, il fonde en 1879 la Bibliothèque anticléricale et édite des ouvrages aux titres fort significatifs : *les Maîtresses du pape, le Fils du jésuite, le Pape femelle, l'Empoisonneur Léon XIII, les Crimes du clergé, les Livres secrets des confesseurs, Calottes et calotins.*

Il est excommunié et Garibaldi lui écrit pour l'en féliciter. Déjà, pourtant, certains francs-maçons le considèrent comme un charlatan et ils affirment que, par ses excès, il ne fait que servir la cause religieuse. Plus pornographe que libre penseur, il a pourtant réussi à se faire admettre dans une loge maçonnique d'où il est chassé très vite en raison de son passé scandaleux.

C'est à ce moment qu'est née sans doute chez lui l'idée de monter une escroquerie à l'antimaçonnisme.

La librairie anticléricale, mise au nom de son épouse, se déclare en faillite le 30 juillet 1884. Lui, il en est déjà à annoncer sa conversion. Et tout de suite les catholiques entrent dans son jeu. Ses dettes sont réglées. On lui trouve un emploi à la librairie Saint-Paul, aux appointements de 300 francs par mois avec un pourcentage sur les ouvrages antimaçonniques qu'il écrira.

Léo Taxil fait le tour des prêtres de Paris. Il trouve de nombreux appuis, mais les jésuites, méfiants, refusent encore de l'accueillir.

Quand ils apprennent que leur ex-frère prétend avoir été touché par la grâce et qu'il a trouvé le soutien de l'archevêché de Paris, les membres de la loge parisienne du Grand Orient, Le Temple des Amis de l'Honneur Français, dont il a fait partie, sont les premiers à en rire et à se persuader que cette affaire se terminera par un énorme scandale.

La maison catholique Letouzy et Ané fait tour à tour paraître, dus à sa plume, *les Frères Trois-Points, les Sœurs maçonnes, le Culte du Grand Architecte, le Vatican et les francs-maçons, Cours de maçonnerie pratique,* et surtout *les Mystères de la franc-maçonnerie dévoilés* qui va connaître un énorme succès, et trouve très vite un nombreux public.

Il fait également paraître des opuscules antimaçonniques portant la signature de Diana Vaughan qu'il présente comme la fille, ou comme la collaboratrice d'un haut dignitaire de la maçonnerie luciférienne.

Quelques années plus tard, à l'heure de ses aveux publics, il prétendra que cette Diana Vaughan était la représentante d'une marque de machines à écrire et qu'il avait réussi, moyennant salaire, à lui faire tenir le rôle qu'il venait d'écrire pour elle.

Il la présenta comme une femme qui, après avoir commis plusieurs crimes pour le compte des arrière-loges maçonniques, venait de se convertir. Taxil prétendait qu'elle avait été condamnée à mort par les francs-maçons.

La haute Église donna à fond dans le canular. Mgr Roteli, nonce apostolique à Paris, multiplia à son égard les marques de sympathie. Le pape Léon XIII lui adressait ses félicitations. La presse catholique recommandait ses ouvrages.

Il faut dire que Taxil ne s'embarrassait pas de scrupules et ses écrits devenaient ahurissants.

Diana Vaughan affirmait que Cavour et Thiers avaient été empoisonnés par les maçons, de même que le prince de Capoue et les deux oncles du roi de Naples. Portant maintenant le titre de Souveraine Grande Maîtresse du Triangle Palladique Phœbéla-Rose, de New York, elle prétendait avoir vu le 28 février 1884 Asmodée apparaître dans le temple, avec dans sa main gauche l'appendice caudal d'un fauve de forte taille.

Diana fit alors figure de sainte. *Le Pèlerin* du 29 septembre 1895 allait même conter comment une jeune fille, membre de l'archiconfrérie de Notre-Dame-des-Victoires, avait été guérie par la Vierge de Lourdes sous les auspices de Diana Vaughan.

Cette fois, quelques prêtres commencèrent à trouver que la ficelle était un peu trop grosse.

La campagne de Taxil a cependant provoqué une surenchère dans les révélations. Depuis l'Encyclique *Humanum Genus* de 1884, plusieurs livres ont paru sur le satanisme, sur la maçonnerie, sur les lucifériens des loges de Charleston, sur les temples de l'Inde.

En 1888, la presse catholique a salué avec enthousiasme la sortie du livre de Paul Rosen, *Satan et compagnie.*

En 1892, Mgr Meurin, en signant un ouvrage intitulé *la Synagogue de Satan,* attribue aux loges maçonniques un surnom qui demeurera puisqu'il est encore employé de nos jours par certains prêtres qui en sont restés à Taxil et Diana Vaughan.

Et voici qu'un équivoque docteur Bataille, se disant médecin de la Marine marchande, traitant du *Diable au XIXe siècle,* lance un certain nombre de révélations sur le palladisme, culte de Satan. Cet homme prétend s'être introduit, dans les loges d'Orient, avec un diplôme de l'Ordre maçonnique de Misraïm qu'il aurait acheté en Italie, et il raconte les scènes de satanisme et de spiritisme auxquelles il aurait ainsi assisté.

Il s'agit évidemment d'un imposteur de la même trempe que Taxil, mais ce nouveau personnage est pris lui aussi au sérieux. Le 1er octobre 1893, à Millau, c'est le R.P. Fuzier qui parle du culte dont une partie de la franc-maçonnerie honorerait Lucifer et sa milice infernale. Et tout au long de son exposé, le religieux se réfère aux publications du docteur Bataille.

Tous les catholiques n'acceptent pas aussi facilement cette nouvelle imposture. Les unes après les autres, *la Semaine religieuse* de Cambrai, *le Monde, la Vérité, la Croix,* suivies par des publications religieuses d'Evreux et d'Angers, dénoncent le prétendu docteur Bataille comme un vulgaire imposteur.

Dans le même temps, il est vrai, *la Revue catholique* de Coutances, *la Semaine religieuse* de Grenoble, des revues dirigées par des jésuites prennent la défense du docteur et le présentent à leurs lecteurs comme une autorité scientifique.

Polémiquant ainsi entre eux, ces journaux catholiques ne sont d'accord que pour admettre la réalité des crimes attribués aux francs-maçons. A telle enseigne que, dans son numéro du 19 décembre 1896, *le Réveil du Poitou* proclame :

« Au *Réveil,* nous ne sommes pas tendres pour ces individus grotesques et puants qu'on a grand tort de ne pas flanquer en quarantaine. »

Un peu plus tard, ce même journal n'hésite pas à écrire que « les louches individus que sont les youpins composent la majorité de ces sectes ignobles. »

La presse italienne et la presse américaine s'en mêlent. Mais voici que des hommes de bonne foi, comprenant que des escrocs ont odieusement abusé de leur naïveté et de leur crédulité, commencent à plaider non coupables. C'est ainsi que le commandant Lautier en vient à écrire dans *le Rosier de Marie :*

« Ai-je été trompé ? C'est bien possible. Mais d'autres alors ont été mystifiés comme moi. En tout cas, et c'est là un point que je tiens absolument à établir, je suis resté et veux rester étranger aux entreprises et aux spéculations qui ont suivi. Je ne suis rien et ne veux rien être dans une affaire dont je suis le premier à désirer le plus prompt et le plus complet éclaircissement. »

Celui-là reconnaît honnêtement son erreur, mais d'autres, beaucoup d'autres, vont s'accrocher aux mythes de Taxil et de Bataille et refuseront obstinément d'en démordre.

L'avalanche des révélations se poursuit cependant. Le pape Léon XIII, lui aussi, a été empoisonné par les francs-maçons. Abraham Lincoln a été assassiné par un maçon.

Des rumeurs circulent. On dit ici et là que Diana Vaughan n'existe pas, que le docteur Bataille, un auteur qui rivalise d'imagination avec Léo Taxil, est également un imposteur. Plusieurs journaux catholiques émettent des doutes. Drumont, qui connaît Léo Taxil depuis longtemps et qui a des raisons personnelles de le tenir pour un escroc, mobilise contre lui *la Libre Parole* de Gaston Méry, un journal de droite qui possède de nombreux lecteurs.

Dans *le Peuple français,* c'est l'abbé Léon Garnier qui dénonce la mystification, la mise en coupe réglée de la naïveté chrétienne, et qui affirme que l'opération n'a été montée que pour accentuer l'œuvre de corruption que poursuivrait la franc-maçonnerie.

Cette fois, Léo Taxil est dans une situation difficile. Il a compris qu'il ne pourrait pas prolonger cette farce longtemps encore.

Les coups les plus durs lui sont portés par le Père Gruber, un religieux connu pour ses travaux sur Comte et sur le positivisme. Dans le *Kölnische Volkszeitung,* il explique qu'après une étude très approfondie de la littérature maçonnique et une enquête menée à Paris il peut démontrer que derrière les prétendues révélations de Diana Vaughan se cache une immense escroquerie.

Bien que le Vatican ait chargé une commission d'enquête d'étudier le personnage de Léo Taxil et les dessous de cette affaire, l'imposteur réussit encore à obtenir une audience du pape Léon XIII. L'évêque de Port-Louis prend chez lui une consultation afin de savoir ce qu'est exactement l'Ordre maçonnique. Des disciples se révèlent qui ajoutent leurs propres découvertes à celles de cet écrivain prolixe. On voit alors le diable se déguiser en crocodile pour aller jouer du piano dans les loges.

Aujourd'hui encore, même dans les milieux maçonniques, certains en sont à se demander comment l'Église de 1890 a pu se laisser abuser de la sorte.

Finalement, le 19 avril 1897, Taxil se décide à révéler publiquement son imposture. Devant une nombreuse assistance convoquée par ses soins à la salle de Géographie et qui ne cache pas sa colère, il avoue qu'il s'est moqué du monde pendant douze ans et qu'il a voulu se divertir aux dépens des catholiques français trop crédules. Il parle très longuement et commence par remercier la presse catholique de l'avoir aidé à monter sa mystification.

Alors que, dans la salle, monté sur une chaise, l'abbé Garnier le traite de canaille, de gredin et d'immonde fripouille, il raconte son entrevue avec le pape, narre les circonstances dans lesquelles il a réussi à convaincre des francs-maçons italiens de l'existence de la maçonnerie luciférienne, et à obtenir de plusieurs d'entre eux qu'ils se fassent les auxiliaires de sa mystification. Il met également en cause les prélats français et italiens qui lui ont apporté leurs témoignages.

Il faut relire, avec le recul du temps, les journaux parisiens du 20 et 21 avril 1897 rendant compte de la réunion de la salle de Géographie pour mesurer ce que fut alors l'ampleur du scandale.

La Libre Parole, le journal de Drumont, parle de l'aveu le plus cynique, de la confession la plus fantastique qu'il soit possible au cerveau le plus abracadabrant d'inventer. *Le Peuple français* souligne l'indicible insolence du personnage. *Le Figaro* traite Léo Taxil d'immonde fripouille. *La Croix* explique qu'elle avait toujours douté de l'existence de Diana Vaughan et de la conversion de Taxil, ce qui doit surprendre la plupart de ses lecteurs.

Le scandale éclate à l'heure même où les catholiques viennent de prendre l'initiative de réunir un congrès antimaçonnique international à Trente, auquel participent 1 500 prêtres et laïques, ainsi que des délégués venus de France, d'Amérique, de Hollande, d'Allemagne, d'Autriche, de Belgique, du Portugal et de l'Espagne.

Évidemment, comprenant le ridicule de la situation dans laquelle se trouve l'Église, les milieux qui avaient fort imprudemment accordé leur confiance à l'imposteur s'empressent d'affirmer que la mystification dont Léo Taxil s'est rendu coupable lui a été inspirée par la franc-maçonnerie elle-même.

On a peine à imaginer, par exemple, la situation dans laquelle se trouve soudain l'abbé de Bessonies, directeur de la publication *la Franc-Maçonnerie démasquée*, qui s'est permis de déclarer, à la tribune du congrès de Trente, qu'il possédait de l'existence de Diana Vaughan des preuves absolument convaincantes qu'il ne lui était pas possible de rendre publiques. Plus tard, à l'abbé Mourret, professeur d'histoire au séminaire de Saint-Sulpice, l'abbé de Bessonies avouera que Diana Vaughan lui adressait depuis plusieurs années des aumônes pour les malades faisant le pèlerinage de Lourdes.

L'imposture a été établie, mais les accusations demeurent. Camille Pelletan ne s'y trompe pas, qui écrit le 24 avril 1897 dans *le Rappel* :

« Quand l'imposture a été une fois acceptée, elle reste dans l'esprit ; la plupart oublient son origine. Ce que la plupart des dévots qui ont cru à ces coupables inventions retiendront des incidents de ces derniers jours, c'est que le sieur Taxil est un drôle, et que Diana Vaughan n'existait pas. Mais ils n'en garderont pas moins dans la mémoire, à l'état d'articles de foi, les mensonges qui y sont entrés avec la signature de Diana Vaughan et de Léo Taxil. »

C'est, en effet, ce qui va se passer. L'image de Satan déguisé en crocodile pour jouer du piano dans un temple maçonnique a survécu jusqu'à nos jours et la légende d'une maçonnerie luciférienne subsiste, malgré les efforts de catholiques comme le Père Riquet ou l'avocat Alec Mellor pour rétablir la vérité.

Dans un ouvrage paru en 1934 sous le titre *Réflexions sur l'affaire Vaughan-Taxil*, un certain Fry écrira :

« Il est incontestable que Léo Taxil avait des documents authentiques émanant de l'intérieur même des loges sataniques. »

Un écrivain anglais, Edward Waite, qui avait contribué en 1896 à démolir la mystification de Taxil, fera paraître en 1938 des Mémoires dans lesquels il observera que les mythes semés par l'imposteur ressuscitent à Paris, non seulement en ce qui concerne la maçonnerie luciférienne, mais aussi le fait que la confession de Taxil, fausse et frauduleuse, lui aurait été imposée par les maçons.

Avec onze condamnations à son casier judiciaire, Taxil va vivre fort aisément à Sceaux, au 5 de la rue Florian, rééditant les brochures anticléricales de ses premières années et rédigeant des ouvrages pornographiques, des livres de cuisine et des conseils aux ménagères sous des pseudonymes divers.

En 1902, dans les premières pages d'un livre intitulé *Notes et croquis du pays noir, nos bons jésuites,* il donnera encore quelques commentaires sur sa mystification, se comparant sans modestie à Voltaire quand il mystifiait le pape Benoît XIV.

Finalement, complètement oublié de tous et ayant repris sa véritable identité, Léo Taxil mourra le 31 mars 1907.

Si l'Église avait accentué sa campagne antimaçonnique, les loges avaient renforcé leur campagne anticléricale. Le 20 octobre 1892, à l'appel des loges Les Démophiles et Les Persévérants Écossais, deux mille personnes se retrouvent à Tours, dans la salle du Cirque. Le conférencier est le frère Pichon, député de Paris. Il fait le procès du cléricalisme et demande la séparation de l'Église et de l'État. Au banquet qui suit cette manifestation, le frère Andrieux, ancien député des Basses-Alpes, ancien député du Rhône, membre du Conseil de l'Ordre du Grand Orient, parle de la nécessité pour la maçonnerie d'arracher la femme à la domination morale des prêtres. Le journal *le Gaulois,* rendant compte de ce discours, demande alors au ministre de la Justice de prendre des mesures contre cet ancien parlementaire.

La presse locale n'est pas modérée dans ses attaques. Au point que Jules Delaye, dans *le Journal d'Indre-et-Loire*, accuse le président du Conseil Émile Loubet d'être aux ordres des loges maçonniques et de vouloir en arriver à la fermeture de toutes les églises afin d'en faire... des temples maçonniques.

Dans les deux camps, cette fois-ci, la passion l'emporte sur la raison.

La politisation est devenue telle que de nombreuses loges ont abandonné totalement le travail initiatique. Dans certains ateliers, les cérémonies rituelles ont complètement disparu. Dans d'autres, on a supprimé toute allusion symbolique. Quelques dirigeants du Grand Orient de France comprennent que la réaction va venir et que l'existence même de l'Ordre maçonnique en France est menacée.

C'est ainsi que le très illustre frère Blatin, inspectant en octobre 1892 la loge de Tours Les Démophiles, reproche à ses membres d'avoir fait de leur loge un simple club politique.

En vain, le Conseil de l'Ordre du Grand Orient tente de ramener les loges à leur vocation initiatique. Le 6 juin 1897, dix-sept loges sont représentées au congrès des loges de l'Ouest qui se tient à Angoulême. Toutes les discussions portent sur des sujets politiques. Un frère Lalonde, ancien officier de marine, y traite même des prochaines élections, demande à ses frères de travailler à l'union de la gauche et il se prononce pour une coalition du parti socialiste et du parti progressiste avec un programme commun.

Les conséquences seront celles qu'avait prévues le frère Blatin et, après les élections législatives de 1902, la presse de Poitiers, dénonçant la collusion de « la juiverie cosmopolite et de la franc-maçonnerie », ira jusqu'à prétendre que l'Ordre maçonnique poursuit la destruction de toutes les libertés pour assurer son despotisme.

Le nombre des ministres appartenant à la franc-maçonnerie nourrit naturellement l'argumentation de ses adversaires.

Dans le deuxième cabinet Ribot, mis en place le 11 janvier 1893, Léon Bourgeois est à la Justice, Tirard à la Guerre, Charles Dupuy à l'Instruction publique, aux Beaux-Arts et aux Cultes. Le frère Delcassé est sous-secrétaire d'État aux Colonies.

Le 4 avril suivant, c'est le frère Charles Dupuy qui devient président du Conseil. Paul Peytral va aux Finances, Marie Viger à l'Agriculture et Théophile Delcassé aux Colonies.

Le 3 décembre 1893, cette équipe est remplacée par un ministère Jean Casimir-Perier. Antonin Dubost va à la Justice, David Raynal à l'Intérieur, Spuller à l'Instruction publique, Viger à l'Agriculture. Delcassé devient un peu plus tard ministre des Colonies.

Le 25 juin 1894, Casimir-Perier est élu président de la République. Il confie immédiatement à Charles Dupuy le soin de constituer le ministère. Le frère Félix Faure devient ministre de la Marine. Delcassé garde le portefeuille des Colonies et Viger celui de l'Agriculture.

Écrasé par les responsabilités qu'il doit assumer dans le cadre de l'affaire Dreyfus, Casimir-Perier démissionne. Il est remplacé par le frère Félix Faure, qui appelle Alexandre Ribot à constituer le gouvernement. En mai 1895, le frère Blatin, président du Conseil de l'Ordre du Grand Orient, profite du passage à Clermont-Ferrand du nouveau président de la République pour lui présenter les délégués de soixante-cinq loges maçonniques.

En marge de cette histoire, il est important de souligner les efforts tentés alors par les francs-maçons pour réaliser l'unification de la famille radicale.

En août 1893, c'est le député de la Seine Gustave Mesureur, l'une des figures les plus en vue du rite écossais, qui constitue l'Association pour les réformes républicaines dans le but de regrouper tous les parlementaires radicaux. En octobre 1894, Klotz et René Renoult créent le Comité central d'action républicaine afin de rassembler les comités radicaux dans une organisation nationale. Ce sera le « comité de la rue Tiquetonne ».

Arrive enfin 1895, qui doit être la grande année du radicalisme. Les rôles ont été partagés. Le frère René Goblet consent à être un chef de parti, alors que le frère Léon Bourgeois affirme sa vocation à devenir chef du gouvernement. Et Goblet réussit, avec l'appui efficace du Grand Orient de France, à faire fusionner l'association de Gustave Mesureur et le comité central de René Renoult dans un Comité d'action pour les réformes républicaines, dont il prend lui-même la présidence.

Cette fois, il ne fait plus de doute que le radicalisme va se doter d'un parti de type moderne, un parti de gouvernement qui mettra un peu d'ordre dans la vie politique.

Malgré tout, les contradictions doctrinales sont encore évidentes. Sur le plan économique et social, entre le radical-socialisme avancé de René Goblet et le réformisme de Léon Bourgeois, alors à la recherche de ce qu'il appellera le solidarisme, les divergences sont très grandes.

Le 1er novembre 1895 est installé un gouvernement que préside le frère Léon Bourgeois. Les francs-maçons y sont nombreux. Paul Doumer est aux Finances, Godefroy Cavaignac à la Guerre, Edouard Lockroy à la Marine, Émile Combes à l'Instruction publique, aux Beaux-Arts et aux Cultes, Gustave Mesureur au Commerce, à l'Industrie, aux Postes et Télégraphes, Viger à l'Agriculture.

Ce gouvernement, marqué par un radicalisme modéré, suscite des passions dans le pays. La droite estime y trouver la preuve que la maçonnerie contrôle désormais le pouvoir politique. Ce qui est vrai, c'est que le gouvernement Bourgeois répond à l'attente des loges, et Daniel Ligou résume ainsi les motifs de satisfaction des francs-maçons de 1895 : « Pas d'ennemis à gauche, alliance des deux formations radicales, les intransigeants et les gouvernementaux avec les modérés laïques, élimination des ralliés de la majorité gouvernementale. »

Une semaine après son installation, le nouveau président du Conseil reçoit une délégation du Conseil de l'Ordre du Grand Orient de France conduite par Louis Lucipia.

Malgré tout, l'équipe ministérielle est très vite contestée dans certains ateliers, où les maçons socialisants lui reprochent d'être plus modérée que radicale. Le Conseil de l'Ordre soutient pourtant le gouvernement. Il multiplie les interventions auprès de Bourgeois afin de l'inciter à « ramener les fonctionnaires au véritable esprit républicain ».

Ici, l'historien franc-maçon Daniel Ligou fait une observation fort intéressante. Il écrit :

« L'expérience Bourgeois nous fait toucher du doigt les limites réelles de l'influence de la maçonnerie dans le domaine politique. Le Conseil de l'Ordre, beaucoup de loges de province, les militants radicaux et maçons — ce qui fait tout de même pas mal de monde — se sont engagés en sa faveur. Il a joui dans le pays d'une enviable popularité et il a essayé, dans la faible mesure où les réalités politiques le lui permettaient, de rester fidèle à son programme. Or, il n'a pas vécu un an. La solidarité maçonnique n'a pas joué, ou du moins elle n'a joué que tout autant qu'elle ne heurtait pas — surtout chez les sénateurs — d'autres convictions ou d'autres intérêts. Une fois encore, nous constatons que la célèbre formule " le franc-maçon libre dans la loge libre, la loge libre dans l'obédience libre " n'est pas dépourvue de sens, que là encore, chaque parlementaire maçon a fait ce qu'il a voulu. »

Le 29 avril 1896, le frère Jules Méline devient président du Conseil. Son gouvernement compte plusieurs maçons, et notamment le frère Jean-Baptiste Darlan, père du futur amiral, qui devient ministre de la Justice.

Tout maçon qu'il paraît, ce cabinet est tout de suite honni par les loges. Son ministre de l'Instruction publique Alfred Rambaud prétend en effet interdire à des enseignants maçons de prendre la parole en plublic pour la révision du procès Dreyfus. Il va même jusqu'à déplacer certains d'entre eux. Les frères multiplient alors les prises de position contre le « mélinisme ».

Lorsqu'il tombe en juin 1898, c'est le franc-maçon Henri Brisson, important dignitaire du rite écossais, qui est chargé de constituer le nouveau cabinet. Il s'attribue à lui-même le portefeuille de l'Intérieur, appelle le frère Léon Bourgeois au ministère de l'Instruction publique, et confie les Affaires étrangères au frère Delcassé, la Marine au frère Lockroy, l'Agriculture au frère Viger.

Ce gouvernement ne dure que quatre mois et cède la place, le 1er novembre 1898, à un cabinet dirigé par le frère Charles Dupuy, cabinet qui est maintenu en fonctions après l'élection d'Émile Loubet comme président de la République le 18 février 1899.

Il est remplacé le 22 juin 1899 par un gouvernement Waldeck-Rousseau dans lequel Delcassé est ministre des Affaires étrangères, Lanessan ministre de la Marine, Ernest Monis ministre de la Justice, Pierre Baudin ministre des Travaux publics et Alexandre Millerand ministre du Commerce, de l'Industrie, des Postes et des Télégraphes.

Indiscutablement, de 1899 à 1905, le Bloc marque le triomphe temporel de la franc-maçonnerie et, par voie de conséquence, les campagnes antimaçonniques vont devenir encore plus violentes.

La maçonnerie s'est publiquement engagée derrière Waldeck-Rousseau. On a même vu, lors du débat d'investiture, le frère Henri Brisson faire à la tribune le signe de détresse maçonnique pour appeler tous ses frères à la solidarité.

De cette période, l'historien radical Jean-Thomas Nordmann a écrit :

« La propagande radicale dispose d'un instrument solide : le comité d'action pour les réformes républicaines joue un rôle décisif d'initiative et de coordination ; ses contacts avec les loges maçonniques se multiplient et accélèrent l'évolution générale qui conduit la maçonnerie vers le radicalisme ; le comité réunit d'importantes contributions financières : un capital de 200 000 francs lui permet de disposer de moyens d'information efficaces ; il publie, trois fois par semaine, un bulletin de presse contenant des articles généraux que les journaux de province peuvent reproduire gratuitement ; il contrôle longtemps un quotidien parisien, *le Voltaire ;* il multiplie réunions et meetings dans toutes les régions de France, envoyant fréquemment, de Paris, des orateurs réputés, des parlementaires de premier plan. Bourgeois, Goblet et Combes voient ainsi leur audience dans le pays s'affermir. Les élus radicaux commencent à considérer le Comité d'action comme une instance sérieuse dont ils ne récusent plus l'autorité. »

Bien entendu, lorsque le frère Bourgeois, le frère Goblet — ou le frère Combes — vient parler dans une ville au nom du radicalisme, il est généralement reçu par la loge locale et il développe dans le temple ses arguments politiques. Quelques loges, réfractaires à cette politisation et respectueuses de la tradition maçonnique, refusent de participer à cette campagne, mais elles sont rares et elles trouvent peu de soutien à la direction de l'obédience, où la lutte contre « le cléricalisme et contre la réaction » est jugée prioritaire.

Un incident se produit en 1897 lorsque le Père Olivier, prédicateur de Notre-Dame, en vient à déclarer que les morts de l'incendie du bazar de la Charité sont les victimes expiatoires de l'abandon par la France des traditions chrétiennes. Le frère Henri Brisson, président de la Chambre des députés, interpelle le 18 mai le prédicateur sur le ton d'une très vive indignation. La presse fait un large écho à son propos.

Frédéric Desmons s'en prend lui aussi au Père Olivier et dénonce son « Dieu cruel ».

Le Conseil de l'Ordre du Grand Orient de France, s'indignant des propos de l'orateur de Notre-Dame, vote une motion qui veut se présenter comme un appel à la tolérance.

Dans les deux camps, la passion est portée à l'extrême. La presse catholique voit dans chaque franc-maçon un suppôt du diable et un ennemi juré de la foi. Les obédiences maçonniques voient dans chaque croyant un ennemi de la République.

Nombreuses sont désormais les loges maçonniques qui prennent ouvertement position dans le débat politique. Ainsi, le 6 juin 1897, au congrès des loges de l'Ouest de la France, qui se tient dans le temple d'Angoulême, un avocat nommé Labonde déclare que toutes les voix doivent se regrouper à gauche. Personne ne le rappelle au respect de la tradition et des règlements, même pas lorsqu'il déclare souhaiter que se réalise au plus vite une coalition du parti progressiste et du parti socialiste avec un programme commun, que ces élections soient franchement laïques et anticléricales, et que soit rétabli le scrutin de liste.

Cette politisation extrême ouvre une crise sérieuse au sein de la maçonnerie française. Prenant la parole le 26 mai 1897 devant la loge écossaise Osiris, le frère Du Boüays affirme que, sur les 22 000 francs-maçons français, les deux tiers ne fréquentent pas les loges. Certains ateliers ne travaillent plus et refusent pourtant de se mettre en sommeil. L'orateur reproche à la direction de la Grande Loge de France son esprit vieillot et dénonce une évolution vers le dogmatisme.

Zola publie dans *l'Aurore* son célèbre *J'accuse* et l'affaire Dreyfus bat son plein.

Au début, parmi les défenseurs de l'officier juif et parmi les premiers partisans de la révision de son procès, il n'y a eu aucun franc-maçon notoire. De cette période, le frère Limousin écrira en juin 1905 dans *l'Acacia :* « Le Conseil de l'Ordre ne se décida que quand il fut bien établi par tous les hommes ayant un peu d'esprit politique que la campagne contre la révision du procès était une manifestation du parti réactionnaire. »

La franc-maçonnerie ne s'engage vraiment qu'en 1898, lorsque l'affaire atteint son paroxysme. Non seulement la maçonnerie n'a pas créé l'affaire Dreyfus comme certains l'ont prétendu, mais elle l'a subie sans aucune satisfaction. On a même vu s'exprimer alors des loges antidreyfusardes animées par un esprit antisémite.

Daniel Ligou est dans le vrai lorsqu'il explique :

« Nous pensons, quant à nous, qu'il s'est passé à propos de l'affaire Dreyfus, le même phénomène de transformation de la vérité historique qu'à propos du rôle des maçons dans la préparation de la Révolution française. Le processus d'évolution est analogue. Le rôle historique de la maçonnerie, dans les deux cas, est parfaitement nul — et les contemporains l'affirment. Mais les adversaires, tant de 1789 que du Capitaine et surtout des conséquences qu'entraîna l'affaire ont cherché un « bouc émissaire » qui les dispense de reconnaître leurs erreurs politiques, et l'ont trouvé dans la franc-maçonnerie, associée pour la circonstance aux Israélites. Le troisième temps, sera celui où les francs-maçons eux-mêmes finiront par se persuader, et par se faire un titre de gloire, d'avoir été tant les artisans de la révision que ceux de la réhabilitation du capitaine Dreyfus. C'est ce processus qui rend, en ces matières, la vérité si difficile à démêler. »

Les loges ont malgré tout participé activement, à partir de 1898, à l'évolution de l'opinion publique. Le 25 juillet 1898, le congrès des loges de la région parisienne vote à l'unanimité un ordre du jour qui demande aux frères Henri Brisson et Léon Bourgeois d'agir avec la plus grande énergie contre ceux qui conspirent contre la République, contre la justice et la liberté. La loge La Tolérance prend position pour le condamné :

« Un innocent, condamné pour le crime d'un autre, dit-elle, est au bagne ; il y est maintenu parce que le parti jésuite l'exige. Le Jésuitisme allié au militarisme, et grâce à la lâcheté des gouvernants, sera-t-il triomphant ? »

Lorsque Zola est condamné pour délit de presse, la loge parisienne La Justice Sociale lui adresse l'expression de sa sincère admiration.

Les campagnes antimaçonniques deviennent encore plus violentes que par le passé sous le gouvernement de Pierre Waldeck-Rousseau. Edouard Drumont écrit le 19 août 1899 dans son journal *la Libre Parole :*

« Je vous ai expliqué que la franc-maçonnerie était d'origine juive et que les Juifs, depuis la guerre surtout, étaient les maîtres à peu près absolus des loges. Il n'y ont comme rivaux, ou plutôt comme émules, que quelques politiciens protestants, pasteurs plus ou moins défroqués comme les Desmons et les Dide, qui sont heureux de trouver au Grand Orient un exutoire à leur prurit de prosélytisme, en même temps qu'un moyen d'assouvir leurs vieilles haines et leurs vieilles rancunes contre la France catholique. Dirigée mi-partie par les Juifs, mi-partie par un lot de huguenots fanatiques, comment la franc-maçonnerie aurait-elle pu se dispenser de prendre fait et cause pour Dreyfus, alors que les Juifs et les protestants avaient fait de l'affaire Dreyfus leur affaire ? »

Tout naturellement, à cette campagne antimaçonnique répond sans attendre une nouvelle campagne anticléricale.

Le 11 novembre 1899, tous les établissements des Assomptionnistes sont perquisitionnés en France, afin d'établir que la loi sur les congrégations est violée.

Huit jours plus tard, pour l'inauguration du *Triomphe de la République* réalisé par Dalou, quatre mille francs-maçons, répondant à l'appel de Louis Lucipia, défilent devant la statue. Ils ont revêtu leurs tabliers et ils crient : « A bas les Jésuites ! Vive la République sociale ! »

Cette année-là, au banquet de clôture du congrès des loges de l'Ouest à Poitiers, le frère Alexandre Couty, vénérable de la loge de Châtellerault L'Avenir, porte un toast particulièrement remarqué :

« Je vous demande, dit-il, de boire à l'union de la grande armée maçonnique contre l'armée noire des cléricaux. »

Cette campagne ne paie pas. Les élections municipales de 1900 apportent aux républicains une sévère défaite. Les petits commerçants et les classes moyennes, acquis jusque-là au radicalisme, passent au nationalisme et à l'antisémitisme. Paris vote à droite. Les frères Lucipia et Viguier sont battus. Un certain nombre de francs-maçons ont cru pouvoir participer aux manifestations nationalistes, et le Conseil de l'Ordre du Grand Orient se montre impitoyable. C'est ainsi que le frère Bertrand, 33e et membre du Grand Collège des Rites, est suspendu de ses droits maçonniques.

Avec l'installation en juin 1902 du gouvernement Combes, la

campagne contre les francs-maçons se développe encore dans les milieux catholiques. Elle prend un tour violent après la déclaration le 19 mars 1902 du pape Léon XIII qui assimile les maçons aux anciens manichéens et leur reproche de faire de la dissimulation la règle constante de leur conduite.

Il est indéniable que l'appui apporté par les assomptionnistes aux menées de la droite nationaliste a fourni des arguments de poids à ceux des francs-maçons qui ont alors fait pression sur le pouvoir politique. Quelques années plus tard, le radical Ferdinand Buisson devait écrire :

« Oui, la force directrice et organisatrice de la contre-révolution en France, ce n'était pas l'un quelconque des vieux partis dynastiques, c'était l'Église. L'Église seule avait l'ampleur de vues, la portée d'esprit et les moyens d'action qu'exige une lutte d'ensemble contre la démocratie. Seule elle pouvait, de ces groupes si divers, si impuissants, faire une puissance en les cimentant, même à leur insu. Seule elle était en mesure de rassembler, sous une main d'autant plus forte qu'elle était invisible, ces débris du passé, légitimistes, orléanistes, bonapartistes, boulangistes, tous les réactionnaires d'instinct ou d'intérêt, tous les conservateurs par peur ou par égoïsme ; elle leur donnait un but ou un semblant de but commun ; elle les enrôlait sous un drapeau qu'elle prétendait être celui de la patrie : il n'en différait que par l'image du Sacré-Cœur en plus. Le nationalisme couvrait d'une vague et décente étiquette ce syndicat des mécontents : il mettait entre eux, sinon l'unité pour l'action, œuvre de demain, du moins l'unité pour la destruction, œuvre d'aujourd'hui. »

De même que dans les loges des orateurs radicaux prêchent la lutte contre le cléricalisme, dans les églises, avec la bénédiction des évêques, des moines ligueurs prêchent contre la République.

Comment, dans un tel climat passionnel, le pays a-t-il pu, échapper à une sanglante guerre civile ?

Aussitôt, les francs-maçons français vont tout mettre en œuvre pour faire oublier la passivité dont ils ont fait preuve dans les premiers temps de l'affaire Dreyfus. Alors qu'ils ont été dans leur grande majorité hostiles à la révision du procès jusqu'au suicide du colonel Henry en août 1898, alors que jusqu'à ce moment la presse de gauche dans les provinces, très souvent soumise à l'influence des loges locales, a été très nettement anti-dreyfusarde, les obédiences vont très vite se flatter d'avoir joué un rôle éminent dans la réhabilitation de l'officier innocent.

C'est oublier un peu vite que lorsque la presse catholique a tenté d'accréditer le bruit que Dreyfus était franc-maçon, le Conseil de l'Ordre du Grand Orient de France a tenu à préciser qu'il existait bien parmi ses adhérents un Alfred Dreyfus, mais qu'il s'agissait d'un négociant parisien.

La vérité, c'est qu'au sein du Grand Orient il a existé en permanence un courant très fort contre l'officier condamné, et les raisons exprimées par ceux qui y appartenaient sont connues. C'est le frère Limousin qui a écrit dans le numéro de juillet-août 1906 de la revue maçonnique *l'Acacia :* « Ce qui apporta la division dans plus d'une loge, c'est qu'il y avait des antisémites parmi nous. »

Ce courant, souvent animé par une réaction contre l'influence de plus en plus forte des frères juifs dans certaines loges parisiennes, maintint pendant plusieurs années ses préjugés anti-dreyfusards et ne consentit même pas à désarmer après la révision du procès.

Ceux des antisémites qui, par antimaçonnisme, allaient accuser les obédiences d'avoir constribué à la réhabilitation de Dreyfus, devaient fournir aux loges des arguments pour réécrire l'histoire de cette époque et pour s'attribuer des mérites révisionnistes qu'elles n'avaient pas.

Les efforts se poursuivent toujours en vue d'aboutir à l'unification des différents courants du radicalisme et les francs-maçons y participent très activement. On en a eu la preuve en juin 1899, lorsque le député Hubbard, dignitaire du rite écossais, et son collègue Lafferre, dignitaire du Grand Orient de France, soutenus par un certain nombre de frères, ont aidé Baudon à constituer la Fédération radicale-socialiste de France. Leur fédération ne s'est implantée que dans la région parisienne et la poussée de la droite nationaliste dans plusieurs régions a nui à leur entreprise.

Un peu plus tard, pour réagir contre cette poussée de la droite qui vient de s'affirmer à Paris à l'occasion des élections municipales, quelques frères ont participé à la constitution de la Ligue d'action républicaine.

Toutes ces organisations, se situant dans la mouvance radicale, ont finalement créé ensemble à la fin de 1900 le Comité républicain du Commerce, de l'Industrie et de l'Agriculture, plus connu jusqu'à nos jours sous le nom de Comité Mascurand, du nom de son fondateur, un bijoutier qui se fera élire un peu plus tard sénateur radical. Ce comité cohabite avec le Comité d'action pour les réformes républicaines dans les bureaux de la rue Tiquetonne.

Les nombreux universitaires et les étudiants qui sont venus à l'action politique à la faveur de l'affaire Dreyfus constituent une nouvelle génération de militants républicains. Ils frappent à la porte des loges, en même temps qu'ils attendent du radicalisme une chance de jouer un rôle dans la vie politique du pays.

Ils seront nombreux à siéger entre 1900 et 1914 dans les collèges des officiers des loges du Grand Orient et de la Grande Loge de France.

Le 8 avril 1901, les comités radicaux adressent une circulaire à toutes leurs organisations, aux comités locaux, aux loges maçonniques, pour leur annoncer la réunion à Paris, avant les élections législatives de 1902, d'un congrès du parti républicain radical qui doit se tenir sous le parrainage des anciens présidents du Conseil René Goblet, Léon Bourgeois et Henri Brisson. Ils sont tous les trois francs-maçons.

Cette initiative est prise en dehors des parlementaires radicaux, qui vont manifester une certaine réserve. Clemenceau refuse catégoriquement d'entrer dans un parti dont il lui faudrait accepter la discipline.

En réalité, l'idée du congrès constitutif est née dans les loges, et l'homme qui tire toutes les ficelles de l'affaire est Gustave Mesureur, principal dirigeant de la Grande Loge de France. Comme l'écrira plus tard Edouard Herriot, il ne s'agit que de coordonner des éléments dispersés, mais déjà dégagés.

155 loges maçonniques ont accepté, contre leur tradition, contre les règlements généraux de leur Ordre, d'envoyer des délégués à la Salle des Sociétés Savantes. C'est en qualité de représentants de leurs frères qu'ils participent à la création officielle du parti républicain radical et radical-socialiste. Parmi les quatre membres du secrétariat politique qui est alors chargé d'organiser le nouveau parti, deux sont des maçons : Gustave Mesureur et René Renoult.

La querelle qui va commencer entre socialistes et radicaux au sujet de la propriété individuelle va bien vite gagner les loges.

Dans son discours de clôture du congrès, le frère Léon Bourgeois présente le parti radical comme le parti de la solidarité républicaine et sociale. Ce solidarisme, dont il veut faire la doctrine du nouveau parti en attendant d'en faire la doctrine officielle de la République, est né dans les loges. Il veut être une application politique de la philosophie de Durckheim, mais pour les maçons il n'est que le prolongement dans le monde profane de cette fraternité qui existe dans le temple. Il n'est qu'un moyen, comme le recommande le rituel, de prolonger au-dehors l'œuvre commencée dans la loge.

Il est certain que le solidarisme radical procède davantage des enseignements maçonniques que de la lutte des classes préconisée par les socialistes.

Les universitaires et les instituteurs sont très nombreux à se faire les disciples de Bourgeois. Dans les loges, le solidarisme radical trouve beaucoup d'adeptes, mais en retour les loges attirent à elles nombre de citoyens que le solidarisme a amenés au parti radical.

Très vite, la gauche du parti va se référer au solidarisme considéré par elle comme un socialisme non marxiste pour affirmer ses divergences doctrinales avec le socialisme de la S.F.I.O., et ce courant existe encore de nos jours. Il est notamment incarné par le club de l'Atelier républicain qui, sous la présidence de Jacques Maroselli, avait amené nombre des francs-maçons à la fédération de la gauche de François Mitterrand. Ces hommes et ces femmes, refusant alors le libéralisme économique des radicaux modérés, n'ont pas rejoint le nouveau parti socialiste de Mitterrand pour des raisons purement doctrinales.

Le 7 juin 1902, le frère Émile Combes, membre de la loge de Barbezieux Les Amis Réunis, et de la loge de Pons La Tolérance et l'Étoile de la Saintonge Réunies devient chef d'un gouvernement dans lequel figurent les francs-maçons : Delcassé aux Affaires étrangères, Maurice Rouvier aux Finances, Camille Pelletan à la Marine, Gaston Doumergue aux Colonies.

Cette fois, le Grand Orient de France s'identifie totalement au gouvernement de la République.

Les maçons ont tout d'abord considéré que cette équipe ministérielle était un peu trop modérée mais l'action qu'elle engage contre les congrégations lui vaut le soutien inconditionnel des loges. La politique de défense républicaine, marquée par un violent anticléricalisme, qui est mise en œuvre quelques mois seulement après l'installation du nouveau gouvernement, est dénoncée par la droite comme un programme élaboré dans les loges.

A Poitiers, apportant la contradiction dans une réunion publique au franc-maçon Georgel, avocat socialiste ami de Jaurès, le marquis de Roux va jusqu'à prétendre que l'évêque Cauchon devait être franc-maçon et que ce sont les loges qui ont fait brûler Jeanne d'Arc !

C'est la collaboration très étroite entre la franc-maçonnerie et le gouvernement Combes qui est à l'origine du scandale des fiches qui éclate en 1904. Nous aurons l'occasion d'y revenir.

Fils d'un artisan tisserand, Émiles Combes est né en 1835 dans le Tarn. Un curé s'est intéressé à lui et lui a permis de faire ses études secondaires au séminaire de Castres, ce qui lui sera souvent rappelé lorsqu'il deviendra plus tard le champion de la lutte contre les congrégations.

Il ne s'en est d'ailleurs pas tenu là. Bachelier, il a fréquenté l'école des Carmes à Paris, puis il est devenu professeur dans le petit séminaire de sa jeunesse. Il s'apprête alors à devenir prêtre et il soutient une thèse de doctorat en théologie sur la psychologie de saint Thomas d'Aquin. Sa vocation ne paraît pourtant pas très solide à ses supérieurs, qui préfèrent l'orienter vers le professorat. Il est pendant trois ans professeur de logique au collège de l'Assomption à Nîmes. C'est son mariage, survenu en 1862, qui lui a fait changer de voie. Il fait pendant six années des études de médecine. Il s'installe alors à Pons, en Charente, et c'est un peu plus tard qu'il est initié par une loge de Barbezieux. Il adhère et milite à la Ligue de l'Enseignement dont il devient le conférencier.

Dès lors, sa carrière politique est toute tracée. En 1874, il est élu maire de Pons. En 1879, il devient conseiller général de la Charente, en 1885 sénateur, et en 1895 il entre au gouvernement en qualité de ministre de l'Instruction publique dans le cabinet que préside son frère Léon Bourgeois.

Son anticléricalisme n'est pas superficiel. L'ancien séminariste croit sincèrement que le clergé s'est rendu coupable d'écarts intolérables et qu'il convient de lui imposer le respect de la loi républicaine.

Le scandale va éclater et compromettre la franc-maçonnerie en un moment où la campagne antimaçonnique de la presse catholique vient de prendre un ton extrêmement violent. C'est ainsi qu'on peut lire dans le numéro du 10 septembre 1905 de *la Croix des Deux-Sèvres* :

« Jeune fille, gardez-vous bien de jamais épouser un franc-maçon, ne commettez jamais la forfaiture de prendre pour votre nom personnel le nom d'un homme qui prête le sien à tant de besognes louches et malpropres. »

La maçonnerie rend alors coup pour coup. Le mouvement chrétien de Marc Sangnier, le Sillon, possédait une chapelle à Poitiers. Le frère Joliet, préfet de la Vienne, en ordonne la fermeture. C'est pour la presse catholique une nouvelle occasion de dénoncer les activités de « la secte ».

De nombreux prêtres sont abonnés à *l'Action française* et acceptent la thèse du complot judéo-maçonnique. Une association antimaçonnique dirigée par l'abbé Tourmentin fait paraître un *Répertoire maçonnique* contenant les noms de 30 000 francs-maçons, le nom et l'adresse des loges, leurs jours de tenue avec les noms de la plupart des officiers.

Il ne fait aucun doute que la politisation extrême des loges, la confusion entre la maçonnerie et le parti radical, la présence de nombreux maçons dans presque tous les gouvernements suffisent à expliquer cet antimaçonnisme très actif.

Nombreux sont alors les prélats, les prêtres et les fidèles de l'Église catholique, notamment dans le corps des officiers, qui considèrent que la dernière chance de leur religion est en France la restauration de la monarchie. En dehors d'un retour rapide du roi sur le trône de ses ancêtres, la cause catholique leur semble perdue.

C'est justement le cas d'un jésuite poitevin, le Père Emmanuel Barbier, qui fait paraître en 1906 un ouvrage consacré à l'infiltration maçonnique dans l'Église. Son livre, qui a reçu les approbations de la hiérarchie catholique, dénonce comme des hommes voués au culte de Satan les francs-maçons, mais aussi les rosicruciens, les martinistes et les illuministes. Il s'agit en fait d'une simple actualisation des thèses de l'abbé Barruel, avec une référence aux légendes « palladiques » de Léo Taxil et du pseudo-docteur Bataille.

Il est juste d'observer que ce Père Emmanuel Barbier n'a pas l'aval de Rome. Alors que le pape Léon XIII a demandé aux catholiques française de se rallier à la République, le Père Barbier avait publiquement dénoncé cette position et le pape Pie IX allait un peu plus tard le mettre à l'index. Le religieux n'en poursuivra pas moins dans la revue *Critique du libéralisme* ses campagnes. Dénoncé alors par la Congrégation de l'index comme un homme qui excite les esprits et qui produit le scandale, il recevra un blâme officiel de l'Église en 1914. Barbier reste pourtant persuadé que les juifs, les maçons, les protestants et les modernistes conspirent contre l'Église qu'ils s'emploient à noyauter.

A Périgueux, *le Patriote du Périgord*, un journal de droite fondé par Eugène Roux, prétend vouloir trouver sa place dans l'organisation de combat contre « la tyrannie des jacobins et des francs-maçons ».

Le Patriote du Périgord se présente à ses lecteurs comme un journal conservateur. Il affirme être prêt à faire alliance avec des républicains honnêtes et modérés, mais Eugène Roux ne cache pas ses opinions monarchistes.

Trente ans après la proclamation de la République, les royalistes et les bonapartistes sont encore nombreux dans le département de la Dordogne et les loges locales dénoncent avec force leurs activités.

Malgré tout, les quotidiens de droite de Périgueux vont disparaître les uns après les autres. Grâce au soutien que lui apporte l'administration préfectorale, *l'Avenir de la Dordogne*, ce quotidien gouvernemental de gauche qu'a fondé le franc-maçon Joucla, reste bientôt seul sur le terrain et le département, qui a été longtemps le fief bonapartiste de la famille Magne, va devenir un bastion du radicalisme.

Joucla possède maintenant à Périgueux une imprimerie florissante. Il est l'homme à abattre pour tous les journalistes de la presse hebdomadaire de droite qui ne désarment pas puisque, avec Eugène Roux, ils affirment vouloir « mener le bon combat pour Dieu et la Patrie, contre les impies, les sectes et les francs-maçons ».

Ces positions sont alors reprises par quelques petites feuilles de cantons et d'arrondissements qui, tel *l'Écho de l'Isle et du Verne* diffusé dans la région de Mussidan et de Montpon, affirment combattre les gauches et la franc-maçonnerie.

Les gouvernements vont désormais se succéder très vite. Nous allons indiquer les principaux ministres maçons dans les cabinets successifs de 1910 à 1958. L'énumération pourra paraître fastidieuse mais elle donne la mesure de l'influence maçonnique. On verra, par comparaison, combien la présence des frères s'est raréfiée sous la IVe République et, même plus, sous la Ve.

L'année 1911 voit deux ministères. Le premier, installé le 2 mars, est présidé par le frère Monis avec les maçons Delcassé, Charles Dumont, Alfred Massé, Jules Pams et Charles Chaumet. Monis a pris pour lui le portefeuille de l'Intérieur et il a confié à son frère Théodore Steeg celui de l'Instruction publique.

Le deuxième est le ministère de Joseph Caillaux, installé le 27 juin. Klotz est aux Finances, Messimy à la Guerre, Delcassé à la Marine, Steeg à l'Instruction publique, Pams à l'Agriculture, Renoult au Travail et à la Prévoyance sociale.

La crise qui amène Caillaux au pouvoir a été ouverte par un accident d'aviation survenu le 21 mai 1911 sur le terrain d'Issy-les-Moulineaux. Maurice Berteaux, ministre de la Guerre, a été tué, le président du Conseil Monis grièvement blessé.

Le 14 janvier 1912, Caillaux cède le poste de chef du gouvernement à Raymond Poincaré qui constitue alors son premier ministère. Le frère Steeg est ministre de l'Intérieur, le frère Klotz ministre des Finances, le frère Delcassé ministre de la Marine, le frère Fernand David ministre du Commerce et de l'Industrie, le frère Jules Pams ministre de l'Agriculture, le frère Léon Bourgeois ministre du Travail.

Le troisième ministère Briand est mis en place le 21 janvier 1913 avec les frères Klotz et Baudin. Le quatrième est installé le 18 février suivant avec le frère Klotz aux Finances, le frère Étienne à la Guerre et le frère Steeg à l'Instruction publique et aux Beaux-Arts.

Dans le cabinet Louis Barthou du 22 mars 1913, le frère Stephen Pichon se retrouve aux Affaires étrangères, le frère Klotz à l'Intérieur, le frère Charles Dumont aux Finances, le frère Eugène Étienne à la Guerre, le frère Pierre Baudin à la Marine, le frère Henry Chéron au Travail et à la Prévoyance sociale.

Le 9 décembre 1913 est constitué le gouvernement Gaston Doumergue dans lequel le frère Bienvenu Martin est ministre de la Justice, le frère Ernest Louis ministre de la Marine et le frère René Viviani ministre de l'Instruction publique et des Beaux-Arts.

Cette équipe cède la place le 9 juin 1914 à un gouvernement Alexandre Ribot. Le frère Léon Bourgeois va aux Affaires étrangères, le frère Léon Peytral à l'Intérieur, le frère Théophile Delcassé à la Guerre, le frère Émile Chautemps à la Marine.

Quelques jours plus tard, ce cabinet doit se retirer et c'est alors qu'est constitué, le 13 juin 1914, ce qui va devenir, sous la direction du frère René Viviani, le premier gouvernement de guerre. Les francs-maçons y sont nombreux avec Bienvenu Martin à la Justice, Adolphe Messimy à la Guerre, Victor Augagneur à l'Instruction publique et aux Beaux-Arts, Fernand David à l'Agriculture.

C'est ce cabinet qui, remanié le 26 août, se transforme en gouvernement de l'union sacrée. Cette fois, Delcassé est aux Affaires étrangères, Victor Augagneur à la Marine, Marcel Sembat aux Travaux publics, Fernand David à l'Agriculture, Gaston Doumergue aux Colonies, Bienvenu Martin au Travail et à la Prévoyance sociale. Ce gouvernement d'union sacrée d'août 1914 est essentiellement un gouvernement maçon.

Le 29 octobre 1915, Viviani doit céder la présidence du Conseil à Aristide Briand. Cette fois encore, les maçons sont nombreux dans le gouvernement : Émile Combes, Léon Bourgeois, René Viviani, Marcel Sembat, Jules Méline, Gaston Doumergue, René Besnard et Albert Dalimier.

Briand sera amené le 12 décembre 1916 à constituer son sixième ministère. Il se retirera le 20 mars 1917 et Alexandre Ribot retrouvera alors la direction du gouvernement. Viviani sera ministre de la Justice, Théodore Steeg ministre de l'Instruction publique et des Beaux-Arts, Maurice Viollette ministre du Ravitaillement général et des Transports maritimes, Fernand David ministre de l'Agriculture, Léon Bourgeois ministre du Travail et de la Prévoyance sociale.

Vient ensuite le 12 septembre 1917 un ministère Paul Painlevé. Théodore Steeg est ministre de l'Intérieur, Klotz ministre des Finances, Fernand David ministre de l'Agriculture, René Besnard ministre des Colonies, Maurice Long ministre du Ravitaillement général, et Léon Bourgeois ministre d'État, membre du Comité de guerre.

Cette équipe ne reste en place que deux mois. Le 16 novembre 1917 est constitué un gouvernement Clemenceau qui va être le gouvernement de la victoire. Stephen Pichon y siège en qualité de ministre des Affaires étrangères. Jules Pams est ministre de l'Intérieur, Klotz ministre des Finances, Louis Lafferre ministre de l'Instruction publique et des Beaux-Arts.

Le premier gouvernement constitué après la signature de l'armistice est dirigé par Alexandre Millerand. Steeg est à l'Intérieur, Gustave Lhopiteau à la Justice, André Honnorat à l'Instruction publique et aux Beaux-Arts.

Paul Deschanel est président de la République pendant quelques mois et c'est Millerand qui lui succède au palais de l'Élysée le 23 septembre 1920. Il charge Georges Leygues de constituer le nouveau ministère. Lhopiteau est ministre de la Justice, Steeg ministre de l'Intérieur, Honnorat ministre de l'Instruction publique et des Beaux-Arts.

Lorsque ce gouvernement Leygues est renversé sous l'accusation de vouloir faire des concessions à la Grande-Bretagne, c'est le septième cabinet Briand qui est mis en place le 16 janvier 1921. Se méfie-t-il des maçons qui jadis ont refusé de l'accueillir parmi eux ? Toujours est-il que les frères doivent cette fois se contenter de quelques sous-secrétariats d'État.

Malgré les critiques dont il est l'objet, Briand réussit à se maintenir un an au pouvoir. Le 15 janvier 1922 est installé un cabinet Poincaré dans lequel la maçonnerie n'est pas mieux représentée.

Dans le troisième ministère Poincaré du 29 mars 1924, seul le frère Bokanowski figure avec le portefeuille de la Marine.

Élu président de la République le 13 juin 1924, l'ancien franc-maçon Gaston Doumergue confie au radical Edouard Herriot le soin de constituer le gouvernement. Le frère Camille Chautemps devient alors ministre de l'Intérieur et le frère Victor Peytral ministre des Travaux publics.

Les francs-maçons retrouvent leur part du pouvoir politique avec le deuxième ministère Painlevé constitué le 17 avril 1925. Le frère Abraham Schrameck est en effet ministre de l'Intérieur, le frère Jules Steeg ministre de la Justice, le frère Durafour ministre du Travail et le frère Louis Antériou ministre des Pensions.

Dans le troisième ministère Painlevé mis en place le 29 octobre 1925, le frère Camille Chautemps est ministre de la Justice, le frère Abraham Schrameck ministre de l'Intérieur, le frère Léon Perrier ministre des Colonies, le frère Louis Antériou ministre des Pensions, le frère Durafour ministre du Travail.

Ce cabinet ne dure même pas un mois. Lui succède le huitième ministère Briand dans lequel se retrouvent Camille Chautemps, Léon Perrier et Durafour.

Dans le neuvième cabinet Briand du 9 mars 1926, Léon Perrier se retrouve aux Colonies et Durafour au Travail, mais les maçons ne contrôlent ni l'Intérieur ni l'Instruction publique.

C'est Edouard Herriot, devenu président du Conseil le 19 juillet 1926, qui rappelle Chautemps à l'Intérieur mais son gouvernement ne dure que quatre jours. Le 26 juillet est mis en place un ministère Poincaré où Léon Perrier est ministre des Colonies.

L'échec de la gauche aux élections législatives de 1928 va encore restreindre l'influence politique des obédiences. Dans le gouvernement Poincaré installé le 11 novembre 1928, le frère Antériou est ministre des Pensions mais les francs-maçons ne détiennent aucun portefeuille essentiel. Cette influence est nulle dans le gouvernement Tardieu du 3 novembre 1929.

Il faut attendre le gouvernement constitué le 21 février 1930 sous la présidence du frère Camille Chautemps pour retrouver le frère Théodore Steeg à la Justice, le frère Charles Dumont aux Finances, le frère René Besnard à la Guerre, le frère Daniélou à la Marine marchande. Chautemps, devenu président du Conseil, s'est attribué à lui-même le portefeuille de l'Intérieur.

Ce gouvernement ne dure que quelques jours, et c'est un gouvernement Tardieu qui reprend la direction des affaires.

Le ministère Steeg du 3 décembre 1930 ramène le frère Camille Chautemps au ministère de l'Instruction publique, mais le gouvernement Pierre Laval, installé le 27 janvier 1931, ne comprend aux postes essentiels aucun franc-maçon. Il en est de même avec le gouvernement Tardieu du 20 février 1932.

Le gouvernement Herriot du 3 juin 1932 redonne le portefeuille de l'Intérieur à Chautemps, mais c'est en fait le ministère Paul-Boncour installé le 18 décembre 1932 qui renoue les liens entre la maçonnerie et le pouvoir politique. Cette fois, Chautemps est à l'Intérieur, Léon Meyer à la Marine marchande et Daniélou à la Santé publique. Cette influence est à peu près la même dans le ministère Daladier du 31 janvier 1933, et dans le ministère Albert Sarraut du 26 octobre.

Au moment même où se précise en Europe la menace fasciste, la démocratie française est en crise et les gouvernements se succèdent.

Le gouvernement Sarraut ne dure qu'un mois. Il est remplacé par un ministère Chautemps qui n'aura pas une existence plus longue.

C'est alors, le 30 janvier 1934, qu'est constitué ce gouvernement Daladier qui va devoir faire face aux émeutes sanglantes de février. Contrairement à ce qu'on a pu dire et écrire de cette période, les francs-maçons n'y exercent aucune influence déterminante. Seuls, à la rigueur, pourraient y exprimer le point de vue des loges dans lesquelles ils sont entendus, Léon Martinaud-Déplat et André Marie. Le premier est sous-secrétaire d'État à la présidence du Conseil, le second sous-secrétaire d'État aux Affaires étrangères.

Face à la violente campagne antimaçonnique qui suit l'affaire Stavisky et les émeutes de février, on ne décèle aucune influence sérieuse des maçons dans le ministère Doumergue du 9 février 1934, non plus que dans le gouvernement Flandin du 8 novembre. Le retour de la maçonnerie aux affaires publiques se fait timidement avec le ministère Sarraut du 24 janvier 1936.

En revanche, avec la victoire électorale du Front populaire, le gouvernement Léon Blum, installé le 4 juin 1936, apporte la plus forte participation ministérielle de francs-maçons que l'on ait jamais connue en France. Les frères Camille Chautemps et Maurice Viollette sont ministres d'État, le frère Roger Salengro ministre de l'Intérieur, le frère Marc Rucart ministre de la Justice, le frère Jean Zay ministre de l'Éducation nationale. Il n'y a pas moins de dix frères parmi les sous-secrétaires d'État.

Cette influence maçonnique va se poursuivre tout au long de 1937 et de 1938. Dans le cabinet constitué le 22 juin 1937 par le frère Camille Chautemps, Maurice Viollette est ministre d'État, César Campinchi ministre de la Marine, Jean Zay ministre de l'Éducation nationale, Marius Moutet ministre des Colonies et Marc Rucart ministre de la Santé publique. Les frères William Bertrand, François de Tessan, Raoul Aubaud, Paul Ramadier sont sous-secrétaires d'État.

Ce gouvernement est remanié le 18 janvier 1938. Frossard est ministre d'État, Campinchi ministre de la Justice, William Bertrand ministre de la Marine, Jean Zay ministre de l'Éducation nationale, Paul Ramadier ministre du Travail, Steeg ministre des Colonies, Marc Rucart ministre de la Santé publique.

Vient alors le deuxième ministère Blum du 13 mars 1938. Avec Steeg, Viollette, Frossard, Spinasse, Rucart, Campinchi, Zay, Moutet, Moch, Tessan, Aubaud, Julien, Blancho, Tasso et Mendès France, on pourrait croire qu'il a été constitué à la porte de la rue Cadet. Plus jamais la franc-maçonnerie française ne retrouvera une pareille participation au pouvoir politique. Déjà, dans le cabinet Daladier du 10 avril 1938, seuls se retrouvent Camille Chautemps, Campinchi, Frossard, Zay, Ramadier et Rucart.

Ils seront encore tous en place dans le gouvernement qui, le 3 septembre 1939, devra prendre la responsabilité de déclarer la guerre.

Les enseignants constituent toujours l'armature des loges maçonniques. Ils sont même à la tête du Grand Orient puisque parmi les trente-trois membres du Conseil de l'Ordre complété au convent de 1938 figurent : Joseph Brenier, président de la Ligue de l'Enseignement ; Paul Caubet, professeur au lycée de Toulon ; Henri Choquet, instituteur en retraite au Havre ; Maurice Jattefaux, directeur d'école à Paris ; Pierre Lafargue, instituteur à Cahors ; Edmond Pascal, professeur à Gap ; Camille Pointet, directeur d'école à Bordeaux ; Henri Provandier, professeur à Montluçon ; Georges Roques, inspecteur d'académie à Périgueux ; André Schiltges, professeur à Paris.

A la même époque, au sein du Grand Collège des Rites se retrouvent : Marius Dalloni, professeur à Alger ; Louis Lapicque, professeur à la Sorbonne et Georges Luquet, professeur de philosophie à Nogent-sur-Marne.

Le professeur Henri Marcy est vénérable de la loge de Châteaudun Les Temps Futurs. André Bidet, vénérable de la loge de Bizerte L'Aurore du XXe siècle est surveillant général de lycée.

De cette présence maçonnique au sein des loges est née l'image de « l'instituteur laïque et franc-maçon », qui fut l'un des chevaux de bataille des adversaires de la Veuve.

CHAPITRE VIII

LES PRÉFETS ET LES INSTITUTEURS

A partir de 1877, l'influence de la franc-maçonnerie sur la vie politique de la nation a été évidente et ne saurait être niée. Sans doute, comme toujours, ses adversaires ont-ils tendance à l'exagérer, mais on peut accepter l'explication donnée par Roger Priouret dans son ouvrage *la République des députés :*

« Derrière la masse immense que les républicains représentent dans le pays, il n'y a aucune autre force articulée que le réseau assez dense des loges. Comment ne seraient-ils pas amenés à s'en servir ? Comment, à l'inverse, la franc-maçonnerie ne s'installerait-elle pas dans le régime ?... Il n'y a pas de complot entre les républicains et les francs-maçons. Il y a un phénomène d'osmose. La franc-maçonnerie devient en quelque sorte le " parti de la République ", à cet âge où il n'existe pas de parti organisé, avec des cotisants, des sections, des fédérations. »

Le pouvoir politique de l'Ordre maçonnique va s'exercer en fait jusqu'en 1939 par la présence de ses membres dans quelques secteurs de l'administration. La maçonnerie radicale sera alors essentiellement celle des instituteurs et celle des préfets, avec une très forte pénétration dans l'administration coloniale. Pour maintenir cette influence jugée essentielle par ses dignitaires, la maçonnerie veillera à placer ses hommes à chaque changement de gouvernement dans les ministères de l'Intérieur et de l'Instruction publique. Quelques rares exceptions ne changent rien à cette règle.

Devenu ministre de l'Instruction publique dans le gouvernement Waddington de février 1879, le frère Jules Ferry a préparé sans attendre la réforme scolaire, telle qu'elle avait été étudiée depuis plusieurs années par la franc-maçonnerie et par la Ligue de l'Enseignement. Il est désormais interdit aux congrégations non autorisées de participer à l'enseignement public. La mesure vise particulièrement les jésuites.

Immédiatement, archevêques et évêques en tête, l'Église se dresse contre ce projet.

La gauche parlementaire n'en poursuit pas moins son offensive puisque, le 27 mai 1879, c'est le franc-maçon Naquet qui fait prendre en considération, par la Chambre, une proposition de loi tendant au rétablissement du divorce.

Le 17 juillet 1879, le frère Arthur Ranc défend, devant les membres de la loge Les Amis Bienfaisants, le principe de la dissolution des congrégations.

A la tribune du Palais-Bourbon, le ministre Jules Ferry explique ainsi ses raisons :

« Nous poursuivons les jésuites, parce que les jésuites et leurs adhérents sont l'âme de cette milice laïque contre laquelle nous luttons depuis sept ans ; qui a été maîtresse dans l'Assemblée nationale ; qui, par les comités politiques, s'étend sur la France entière et l'enveloppe comme un réseau ; qui a un personnel politique ; qui est un parti ; je me trompe, qui est une faction !... Quant à faire la guerre au catholicisme, vraiment, j'ai été surpris, douloureusement surpris de trouver cette accusation sur les lèvres de M. Lamy qui nous connaît... Attaquer le catholicisme, se mettre en guerre avec la croyance du plus grand nombre de nos concitoyens, mais ce serait la dernière et la plus criminelle des folies... Nous n'avons pas besoin d'un Kulturkampf ; nous n'avons qu'à nous en tenir à notre concordat... »

Le décret portant dissolution de la Compagnie de Jésus, de même que le décret enjoignant à toutes les congrégations religieuses de demander la reconnaissance légale dans un délai de trois mois, provoquent alors dans les milieux catholiques une émotion considérable. Plus de quatre cents magistrats et fonctionnaires donnent leur démission plutôt que de participer à la mise à exécution de ces décrets. Les religieux s'enferment dans leurs couvents et résistent à la gendarmerie. Les commissaires de police doivent faire sauter les serrures et enfoncer les portes. Dans plusieurs villes, l'armée doit

« Monsieur, allez dire à ceux qui vous envoient que nous sommes ici par la volonté nationale et que nous n'en sortirons que par la puissance des baïonnettes... » Le Frère Mirabeau interpelle le marquis de Dreux-Brézé, franc-maçon lui aussi. *(Giraudon)*

Sous une allégorie, où le génie de l'Empereur a pris la place du Grand Architecte de l'Univers, tous les hauts dignitaires de l'Empire portent ici le tablier de maçon. Les Grands Officiers et les Vénérables arborent le sautoir de leur fonction. *(Tallandier)*

Sur cette gravure maçonnique de 1848 figurent « les cinq cousins : le roi de Rome, Plon-Plon, le futur Napoléon III, Lucien Murat, Pierre Bonaparte fils de Lucien. *(Dorka)*

Le 4 septembre 1870, cinq frères figuraient parmi les fondateurs de la IIIe République : Crémieux, Picard, Favre, Gambetta, Simon. *(Tallandier)*

1906, illustration de la lutte de la Maçonnerie laïque et républicaine contre le clergé « réactionnaire ».

En 1896, nombreux sont encore ceux qui croient que Satan fait dans les loges des apparitions régulières. *(Coll. part.)*

Le gouvernement Edouard Herriot de 1932 comptait douze francs-maçons. *(Keystone)*

1940 : les plus violents adversaires de la Maçonnerie s'installent rue Cadet et rue de Puteaux. Ils fouillent les archives, les classent (fort bien) et organisent une exposition antimaçonnique. *(Roger Schall)*

Sous la 4e République, les Frères :

Ramadier.

Max Lejeune.

André Marie.

Guy Mollet.

Anxionnaz.

Martinaud-Deplat.

(Photos Keystone

Sous la 5e République, les Frères :

André Rossi.

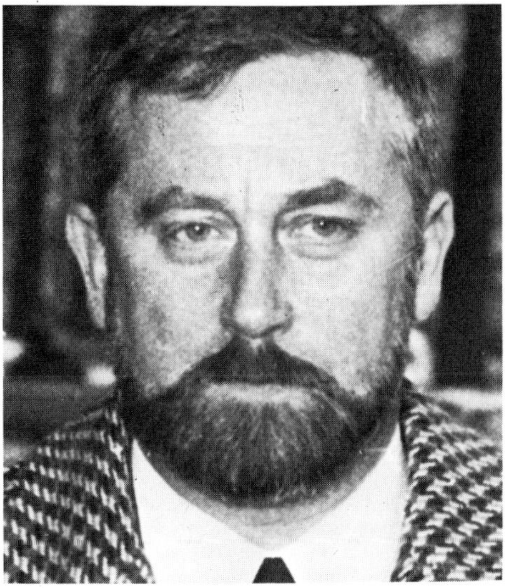

Philippe Dechartre.

Robert Boulin.

Jean-Pierre Prouteau.

(Photos Keystone)

Après le 10 mai 1981 :

Charles Hernu. *(Keystone)*

Henri Emmanuelli. *(Keystone)*

Guy Penne. *(Gamma)*

Yvette Roudy. *(Keystone)*

André Laignel. *(Gamma)*

Françoise Gaspard. *(Keystone)*

Henri Caillavet. *(Keystone)*

Georges Lemoine. *(Keystone)*

Olivier Stirn. *(Keystone)*

intervenir. A Limoges, des ouvriers aident les agents de police à pénétrer de force chez les oblats. A Périgueux, l'évêque excommunie le commissaire qui opère chez les capucins. A Lyon, les militants catholiques qui défendent un couvent blessent mortellement l'ouvrier menuisier Cros. 5 643 religieux sont expulsés.

Dans cette bataille contre les congrégations, le franc-maçon Jules Simon se trouve en opposition sur le terrain politique avec ses frères Léon Gambetta, Jules Ferry et Henri Brisson. La querelle est politique tout autant que philosophique.

L'Église trouve en face d'elle, au gouvernement, un courant protestant assez fort qu'exprime le président du Conseil Waddington. Elle trouve surtout un parti de la libre pensée auquel se rallient la plupart des députés et des sénateurs francs-maçons. Ceux-là considèrent que la République ne sera définitivement et solidement installée en France que le jour où le pays ne sera plus soumis politiquement à une direction catholique.

En décembre 1880, Jules Ferry a l'occasion de préciser à la tribune :

— Oui, nous avons voulu la lutte anticléricale, mais la lutte antireligieuse, jamais, jamais !

A la doctrine positiviste de Ferry, le franc-maçon Jules Simon oppose alors la doctrine déiste :

— Quel Dieu ? lui répond Ferry. Vous voulez Dieu à l'école, mais quel Dieu ?

Et il ajoute :

— Il ne s'agit pas ici de voter pour ou contre Dieu, on ne vote pas Dieu dans les assemblées.

Cependant, l'anticléricalisme est devenu officiel. Sur ordre du préfet de la Seine, le franc-maçon Hérold, les emblèmes religieux sont enlevés des écoles publiques.

Le fanatisme est maintenant dans les deux camps. On voit *le Figaro* diffuser à cent mille exemplaires une brochure intitulée *Gambetta, c'est la guerre.*

Dans un tel climat, le Grand Orient de France a vainement tenté d'amener à lui le poète Victor Hugo. Dans les carnets intimes du poète, à la date du 19 août 1879, nous trouvons cette note :

« Mme Edmond Adam me présente M..., vénérable de la loge..., qui me presse pour être franc-maçon. J'écarte. »

Fils de maçon, Victor Hugo n'aurait donc jamais franchi les portes du temple ?

Il a cependant figuré sur une liste de maçons célèbres diffusée par le Grand Orient. Dans une émission de radio animée par Philippe Bouvard, voici quelques années, le grand maître Jacques

Mitterrand cita son nom parmi ceux des personnages célèbres que revendique son obédience. Or, un dossier qui figure dans les archives de la préfecture de police de Paris permet d'affirmer que non seulement Victor Hugo ne fut pas maçon, mais encore qu'il répondit négativement à toutes les offres que lui adressèrent les loges parisiennes dans les dernières années de sa vie.

Il est permis de s'interroger sur les raisons qui ont pu amener le poète à s'entêter dans ce refus.

L'orgueil qui l'habitait explique peut-être qu'il ait refusé de se soumettre à un rite d'initiation qui suppose l'humilité et la modestie. Peut-être aussi est-il permis de se demander s'il n'a pas jugé inutile d'aller prendre place dans le temple où le nom d'un père détesté avait brillé d'un trop vif éclat.

Cette attitude surprend d'autant plus que tout au long de son existence, il a vécu entouré de francs-maçons. Parmi les compagnons de sa vie, il convient de citer : David d'Angers, Jules Ferry, Jules Simon, François de Neufchâteau, François Arago, Léon Faucher, Gustave Flourens, Viennet, Léonide Babaud-Laribière, Proudhon, Eugène Pelletan, Pierre-Antoine Berryer, Louis Blanc, Adolphe Crémieux, le duc Decazes, François Guizot, Jules Favre. Tous étaient maçons.

Le 16 août 1867, de son exil de Bruxelles, Victor Hugo avait écrit au frère Chavagnac, souverain grand commandeur du Suprême Conseil du Rite Écossais pour la Louisiane :

« Sans appartenir de nom à la maçonnerie, je suis de cœur avec elle. Ma franc-maçonnerie est plus haute encore que la vôtre, c'est l'humanité. Vous voulez, vous, noble esprit, noble cœur, admettre les Noirs, et vous avez raison ; moi, je veux la transformation pacifique du prince en homme, et du roi en citoyen. Il faudrait du temps. Soit. Dieu en a. D'ici là, ne pouvant coudoyer les princes que vous admettez, je n'ai pas dû entrer parmi vous (sic). Mais j'aime votre grand but et votre fraternité magnifique, symbole de la grande fraternité future. Je vous remercie de m'avoir communiqué le grave et grand projet que vous venez d'accomplir : l'admission des Noirs dans vos rangs commence l'égalité, que l'exclusion des princes consommera. »

C'est à partir de 1880 que vient à déferler dans les milieux catholiques un courant antimaçonnique très puissant.

Le rôle très actif de la Ligue de l'Enseignement se développe en liaison avec les loges. Personne ne songe à le nier. Le frère Jean Macé lui-même en vient à déclarer en 1885, au cinquième congrès de la Ligue :

« Autrefois, nous affirmions que la Ligue de l'Enseignement

n'était pas une institution politique. Aujourd'hui, il faut affirmer que la Ligue est une institution maçonnique. Oui, ce que nous faisons est une œuvre maçonnique. La Ligue est une maçonnerie extérieure. Je l'ai dit cent fois dans les loges, d'un bout à l'autre de la France. »

Et les francs-maçons l'ont entendu, puisque dans tous les départements, ce sont les frères qui prennent l'initiative de créer les organisations locales de la Ligue. Il est vrai qu'en compensation de nombreux instituteurs demandent leur initiation.

Au convent de 1898, c'est le frère Duval, secrétaire de la Ligue, qui déclare :

« La Ligue de l'Enseignement est extrêmement forte. J'ajoute, car ce que nous disons ici ne sort pas de cette enceinte, que c'est une association maçonnique. »

Au convent du Grand Orient de France de 1900, le frère Lecocq ajoute encore :

« Nous ne devons pas oublier qu'à côté de la franc-maçonnerie, il y a sa fille, la Ligue de l'Enseignement. »

Les liens vont rester très étroits jusqu'en 1939. Ils seront renoués avec plus de discrétion après 1944, mais ils seront beaucoup moins solides que par le passé.

Jean-Claude Faucher, l'historien de la maçonnerie poitevine, a écrit :

« Pour les milieux catholiques, la franc-maçonnerie était le laboratoire de la Révolution, et cette fameuse Ligue de l'Enseignement n'en était que le prolongement. Son objectif : renverser l'Église de Dieu et se substituer à elle. La Ligue est " le rameau du funeste arbre maçonnique ", écrivait Jean de Moussac dans son livre sur la Ligue, préfacé par le cardinal Pie. En effet, les liens étaient étroits entre les deux institutions car beaucoup de francs-maçons allaient adhérer aux cercles de la Ligue : celui de Châtellerault par exemple ira jusqu'à verser de l'argent à celui de Poitiers, de Niort, d'Angoulême et de Royan. »

La loge de Poitiers Les Amis Réunis, qui compte en 1888 parmi ses membres 61 enseignants, soit le tiers des effectifs de l'atelier, revendique le mérite d'avoir fondé, avec le concours de profanes, la section de la Vienne de la Ligue de l'Enseignement.

« Au sein même de la maçonnerie, ajoute Jean-Claude Faucher, les frères avaient créé en 1895 un groupe fraternel de l'enseignement... Son président en 1907 était le frère Marat-Paul Choisy, instituteur à Targé, et vénérable de la loge de Châtellerault de 1908 à 1910. Elle possédait 46 membres, tous initiés. »

Dans la plupart des communes des environs, à Chasseneuil et à

Cénon, à Civray et à Montmorillon, à Lussac-les-Châteaux et à La Trimouille, les instituteurs étaient alors maçons.

En 1910, à La Solidarité Sociale, une petite loge de Neuville dans le Poitou, six instituteurs figurent sur le tableau, ce qui représente le quart des effectifs.

« A la campagne, explique Jean-Claude Faucher à propos de cette région, l'instituteur et le maire paralysaient avec enthousiasme l'action du curé ; ce qui fut sans doute le cas à Saint-Léomer, où l'instituteur, Philippe Mercier, et le maire, Abel-Jean Mercier, étaient tous les deux membres des Amis Réunis de Poitiers. »

Le même historien conte comment le frère Magnan, alors instituteur à La Chapelle-Bâton, dans le canton de Charroux, fit dresser au-dessus de la porte de son école les insignes maçonniques du compas, de l'équerre et du fil à plomb.

Magnan, membre d'une loge de Ruffec, ne faisait pas de différence entre sa vocation d'enseignant public et sa vocation de franc-maçon. Les insignes restèrent en place plusieurs années puisque, le 15 juin 1913, *la Croix des Deux-Sèvres* s'en indignait encore et jugeait inadmissible que des enfants chrétiens, fils de parents chrétiens, fussent obligés de passer plusieurs fois par jour sous le triangle et le compas.

Le même journal, dans son numéro du 11 juin 1905, révélait dans un article intitulé « Nos instituteurs » :

« A Poitiers, parmi les huit dignitaires de la loge maçonnique, il y a trois instituteurs adjoints des écoles communales de la ville et le nouveau vénérable est un de ces instituteurs, le frère Thimonnier, qui remplace le frère Lemoine... On ne soupçonnait pas que le personnel de l'enseignement primaire fût si étroitement relié à la secte. »

Thuilé, Blatin, Viguier, Desmons et Lucipia sont de farouches radicaux-socialistes et des anticléricaux convaincus. Sous leur direction, l'Ordre maçonnique, et plus particulièrement le Grand Orient de France, est hostile à une concentration des radicaux du gouvernement avec le centre et la droite de Casimir-Perier et de Jules Méline. Avec le frère Brisson, et un peu plus tard avec le frère Léon Bourgeois, ces dignitaires préfèrent une politique d'ouverture à gauche.

Successivement, plusieurs convents du Grand Orient prennent position dans ce sens.

Dans son ouvrage consacré à *Frédéric Desmons et la franc-maçonnerie sous la IIIe République,* Daniel Ligou observe :

« Il y a maintenant cette parfaite homogénéité dans le recrutement politique et social du Grand Orient, qui permet cette confusion de valeurs, mais à notre sens, il est aussi injuste de dire que la maçonnerie n'est qu'un instrument entre les mains du parti radical que de dire que le parti radical est la machine profane dont se servent les loges pour accomplir leurs sombres desseins. La vérité est beaucoup plus simple : il y a identité de recrutement. »

S'il est vrai que les notables radicaux ont cherché un peu partout à se faire initier, les opportunistes « ferrystes » ont souvent imité Cousin et ont déserté les loges. Au convent de 1893, on évalue à quelque 3 000 le nombre des frères qui se sont écartés du Grand Orient pour des raisons politiques.

Lorsque le frère Jean Macé, membre de la loge parisienne Alsace-Lorraine meurt en 1894, c'est le frère Léon Bourgeois qui lui succède à la tête de la Ligue de l'Enseignement.

Les loges du rite écossais émancipées de la tutelle du Suprême Conseil de France fondent alors la Grande Loge de France. Ses premiers grands maîtres sont tous des radicaux militants : Adolphe Magnien, Henri Michel, Bonnardot, Gustave Mesureur. Sur le plan politique, il est impossible de différencier la nouvelle obédience du Grand Orient. De même, c'est le radical Georges Martin, un médecin des pauvres du XIIIe arrondissement, qui est en 1894 à l'origine de la naissance du Droit Humain, la première obédience mixte internationale.

Le Comité Central d'Action républicaine prépare le regroupement des comités radicaux dans un parti unique. De nombreuses loges sont invitées à participer à cette opération et deux d'entre elles, la loge d'Albi et celle d'Auxerre, demandent au Conseil de l'Ordre ce qu'elles doivent faire. Le Grand Orient leur répond fort évasivement le 17 décembre 1894 :

« Bien des nuances diverses de l'opinion républicaine et de la libre pensée sont représentées dans nos loges, donc, administrateur de l'Ordre et sans tenir compte des sympathies personnelles que ses membres peuvent avoir individuellement, le Conseil a le devoir de rappeler aux maçons que tout ce qui les rapproche et unit mérite d'être encouragé et que tout ce qui peut amener entre eux sinon des divisions, du moins des divergences de vue, doit être soigneusement évité. »

En réalité, la plupart des dignitaires au sommet des obédiences, et de nombreuses loges à la base poussent à l'unité du radicalisme comme ils contribueront, quelques années plus tard, à l'unité du socialisme.

Commence alors en France une période qui va durer plus de vingt ans et qui, avec l'affaire Léo Taxil, l'affaire Dreyfus et les lois du gouvernement Combes, verra grandir les querelles entre l'Église catholique et les partis politiques attachés à la défense de la laïcité. La franc-maçonnerie se trouve engagée à fond dans les polémiques, d'une extraordinaire violence, qui opposent une partie de l'opinion française à l'autre.

Pendant toute cette période, les francs-maçons de la Grande Loge de France vont se trouver unis à leurs frères du Grand Orient dans toutes les campagnes publiques menées contre le parti catholique.

La presse de droite ne cesse de répéter que la République est entre les mains des maçons, tandis que les loges de plus en plus progressistes se reconnaissent mal dans le pouvoir conservateur qu'illustre le frère Félix Faure. Tout en refusant de pratiquer une opposition systématique, le Grand Orient ne se montre intransigeant que lorsque la question laïque est posée.

La laïcisation de l'enseignement se poursuit. Le gouvernement décide la fermeture de neuf mille écoles religieuses et il reçoit à cette occasion les félicitations du Grand Orient. Les évêques flétrissent publiquement ce qu'ils considèrent comme des persécutions. Les attaques, les injures, les menaces pleuvent sur le président du Conseil. Émiles Combes leur fait face et, à la tribune de la Chambre, il réplique au comte de Mun qu'il reste fermement décidé à briser toutes les résistances.

— J'ai tout prévu, dit-il, et tout accepté. Vos partisans et vos journaux peuvent s'en donner à cœur joie.

— Nous userons des voies légales et des voies divines, et nous les épuiserons, répond l'archevêque de Reims dans une lettre adressée à ses prêtres.

La guerre entre les paroisses et les loges n'a jamais été aussi violente. La presse de droite affirme que Combes assiste fréquemment à des messes noires dans lesquelles son propre fils officie. Jules Lemaître et Jules Roche le traitent de renégat parce qu'il a fait ses premières études dans un séminaire. Les catholiques bretons recourent soudain à la violence contre la force légale et le gouvernement doit faire intervenir la troupe pour ramener le calme.

Recevant les félicitations du président du Conseil de l'Ordre, le frère Émile Combes lui répond :

« Dites bien aux républicains éprouvés et convaincus qui composent le convent que j'irai jusqu'au bout de mon devoir de président du Conseil de la République. »

C'est alors qu'éclate le scandale des fiches qui va compromettre à la fois la maçonnerie et le pouvoir politique.

Tout a commencé en 1900, sous le gouvernement Waldeck-Rousseau. Le général André était alors ministre de la Guerre et il avait dans son cabinet un officier franc-maçon, le capitaine Mollin. Le général Alexandre Percin, chef de cabinet, demanda un jour à Mollin si la maçonnerie ne pourrait pas aider à épurer l'armée de ses éléments antirépublicains.

Mollin a plus tard raconté lui-même dans ses Mémoires :

« Je connaissais depuis peu M. le sénateur Desmons qui était président du Conseil de l'Ordre du Grand Orient de France. Ayant appris que l'état-major particulier du ministre comptait un officier maçon, il m'avait fait demander et, depuis, il venait me voir assez fréquemment, se servant de mon intermédiaire pour l'envoi aux bureaux intéressés des affaires militaires dont il avait été saisi, soit comme sénateur, soit comme président du Conseil de l'Ordre.

« Je répondis au chef de cabinet que j'en parlerais avec M. Desmons, ce que je fis la première fois que celui-ci revint. M. Desmons accueillit favorablement l'idée et me dit d'aller en causer avec le secrétaire général du Grand Orient. J'allais voir M. Vadecart, puis je lui écrivis. M. Desmons avait revu le ministre et la chose avait été entendue. Il vit également le général Percin qui, en riant, lui dit que le ministre et lui demanderaient bientôt à entrer dans la maçonnerie. Au Grand Orient, le bureau du Conseil fut saisi de la question et arrêta les termes des demandes de renseignements à envoyer aux correspondants de province. »

En fait, jamais le Conseil de l'Ordre ne fut informé de cet accord. Entre 1900 et 1904, seuls connurent les détails de cette collaboration entre la maçonnerie et le ministère de la Guerre, les dignitaires Desmons, Delpech, Lafferre, Fontainas, Sincholle, Ranson et Morin, ainsi que le secrétaire général Vadecart et son adjoint Bidegain.

Il est certain que l'affaire des fiches doit être considérée comme une conséquence directe de l'affaire Dreyfus. Pendant toute la bataille de la révision du procès, il est apparu clairement aux radicaux, mais aussi aux francs-maçons, que l'armée recélait dans ses rangs des éléments hostiles à la République. Pour reprendre en main le corps des officiers et rétablir une stricte discipline, Waldeck-Rousseau avait confié le ministère de la Guerre au général de Galliffet, en lui demandant d'apaiser les querelles politiques dans les casernes.

Lorsque Galliffet avait démissionné, Waldeck-Rousseau avait fait appel au général André, qui aimait à se présenter lui-même comme le seul républicain de l'état-major. André avait été maintenu à son poste par Combes, auquel il n'avait pas caché qu'il avait pris des dispositions afin de mettre un terme aux difficultés que rencontraient les officiers républicains dans leur avancement, et il ne lui avait pas caché non plus que les officiers identifiés comme francs-maçons étaient l'objet d'un ostracisme particulier de la part de leurs supérieurs.

Ce fut là l'origine de la collaboration établie entre le cabinet du général André et le secrétariat administratif du Grand Orient de France.

La grande faute du ministre de la Guerre fut sans doute, lorsque le scandale eut éclaté, de ne pas agir immédiatement et de laisser aux adversaires du gouvernement tout le temps nécessaire pour exploiter l'affaire et pour lui donner dans le pays un énorme retentissement. Il avait promis des sanctions qui ne vinrent jamais. Bien au contraire, il avait fait voter par la Chambre un ordre du jour proclamant que le devoir de l'État républicain était de défendre ses fidèles serviteurs contre l'esprit de caste et de réaction.

Le frère Bidegain, qui était à l'origine du scandale, devait plus tard se présenter au public catholique comme un homme de bonne foi, qui n'aurait agi que par honnêteté. Cette version serait acceptable s'il n'avait pas été payé pour livrer les fiches qu'il sortait des archives du Grand Orient de France.

On connaît aujourd'hui dans le détail toutes les circonstances de sa trahison. Il avait été, à l'école de la rue des Petits-Carreaux, l'élève de cet abbé de Bessonies qui signait dans la presse de droite, sous le pseudonyme de Gabriel Soulacroix, des articles très violents contre l'Ordre maçonnique. Un jour, il lui avait apporté toute la correspondance échangée entre Vadecart et le capitaine Mollin. Ces lettres étaient restées plusieurs mois en dépôt chez le prêtre. A la demande de l'abbé, ce fut Gaston Méry, le rédacteur en chef de *la Libre Parole*, le journal antisémite, qui proposa de tout remettre au député nationaliste Guyot de Villeneuve.

Pourquoi lui ?

— Parce qu'il s'agit d'un ancien officier, avait précisé Méry.

La droite parlementaire comprend immédiatement quelle bombe vient de lui être apportée. Malgré tout, elle n'entre pas dans la stratégie des organisations antimaçonniques. Pour celles-ci, le but essentiel est d'abattre, à la faveur de ce scandale, l'Ordre maçonnique tout entier. C'est la raison pour laquelle il a été demander à Guyot de Villeneuve de ne passer aux révélations qu'en 1906, après lui avoir laissé le temps de recopier 17 000 fiches et de prévenir tous les officiers concernés. Pour Guyot de Villeneuve, l'occasion est trop belle de faire tomber le gouvernement Combes, et c'est la raison pour laquelle il refuse d'attendre.

Au ministère, Percin et Mollin avaient été très discrets. Les membres du gouvernement, Combes lui-même, savaient que le général André collaborait avec les loges maçonniques, mais ils n'avaient pas été informés des détails de cet accord.

Un beau jour, le député de droite Guyot de Villeneuve fait éclater le scandale. Informé par le frère Bidegain, il accuse publiquement le ministre de la Guerre de couvrir une double entreprise de surveillance politique du corps des officiers. La première, selon lui, serait menée par un groupe Solmer (solidarité des armées de terre et de mer) que dirigerait le capitaine Mollin, gendre d'Anatole France. La seconde serait dirigée, au sein du Grand Orient, par le frère Vadecart. Vingt-cinq mille fiches auraient ainsi été établies, permettant de distinguer les officiers hostiles au régime républicain.

Le scandale est énorme. Le frère Paul Doumer, futur président de la République, quitte alors la maçonnerie en accusant certains de ses frères de travailler à la destruction du patriotisme.

Le frère Jean Bidegain est convaincu d'avoir soustrait au secrétariat du Grand Orient des documents confidentiels et de les avoir vendus aux adversaires de la franc-maçonnerie. Il est immédiatement chassé.

La campagne antimaçonnique reprend de plus belle. Le président Combes, bien que prévenu par l'évêque de Laval qu'un attentat a été préparé contre lui, se rend en Bretagne pour inaugurer un buste de Renan, et une femme tire un coup de revolver dans sa direction.

Dans les provinces, la situation des maçons les plus en vue devient difficile. A Tours, le frère Chevalier, ancien vénérable des Démophiles, perd sa place de courtier de commerce et il est violemment pris à partie par la presse locale.

Tous les frères sont accusés d'avoir participé à l'entreprise de dénonciation du capitaine Mollin. Le docteur Doutrebende, initié par la loge de Blois Union et Prévoyance, administrateur général de l'hôpital de Tours, est attaqué par les journaux de droite. On distribue dans la région des libelles, dans lesquels il lui est reproché d'avoir établi des fiches pour le compte du grand maître Lafferre.

Le préfet de la Vienne Joliet, dont les journaux de Poitiers ont affirmé qu'il appartenait au Grand Orient avec le grade de 33e, est reconnu à Paris, sur les boulevards, par un journaliste de droite nommé André Gaucher qui lui flanque une paire de gifles. Le préfet répond par des coups de parapluie. Devant le tribunal correctionnel où il est poursuivi, Gaucher explique que ce préfet franc-maçon ayant établi des fiches sur les officiers de la garnison avait ainsi failli à l'honneur.

L'avocat de Gaucher alla jusqu'à prétendre que le préfet invitait des officiers à sa table afin de pouvoir les noter et les ficher.

Interrogé sur ces faits, Joliet se contenta de déclarer qu'il n'avait fait qu'obéir à ses supérieurs, et qu'il avait fait son devoir de préfet. L'avocat Bazire plaida alors que le siège du gouvernement de la République n'était plus à l'Élysée, ni place Beauvau, mais au 16 de la rue Cadet.

Au convent de 1905, des frères vont tout naturellement reprocher au Grand Orient d'avoir compromis l'obédience en la mettant au service du gouvernement, ce qui est contraire aux règles de l'Ordre. Le grand maître, affirmant que les frères ont ainsi aidé le ministre de la Guerre à forger une armée républicaine, réplique :

« Cette surveillance traditionnelle de ceux qui ont la charge de gérer les intérêts de l'État a toujours été une des obligations et une des préoccupations de la franc-maçonnerie. »

Cette position restera celle de la direction du Grand Orient jusqu'à nos jours et en 1973, dans son ouvrage *la Politique des francs-maçons*, le grand maître Jacques Mitterrand s'efforcera encore de la justifier. Pour lui, dans cette affaire, les francs-maçons avaient accompli deux tâches capitales pour l'avenir de la nation : ils avaient débarrassé le pays de l'emprise cléricale, et ils avaient rendu l'armée à la République.

Il observera cependant :

« Certes, l'affaire des fiches, savamment exploitée, semble avoir porté un rude coup au Grand Orient de France et, au convent qui suivit, il y eut des loges qui adressèrent de véhémentes critiques au grand maître Lafferre, tandis que l'immense majorité des ateliers comprit le service rendu à la nation républicaine. »

Jean Bidegain vivra de ses collaborations à divers journaux de droite et des revenus d'une petite boutique de papetier qu'il avait achetée à Neuilly. Le 8 décembre 1926, on le retrouvera dans son appartement du 204, boulevard Bineau à Neuilly, empoisonné ainsi que son épouse avec du cyanure de potassium.

Sur le scandale des fiches vient alors se greffer l'affaire Syveton.

Gabriel Syveton est le véritable chef de la droite nationaliste. C'est lui qui, au nom du Comité antimaçonnique, a négocié avec Bidegain l'achat des vingt mille fiches dérobées dans les bureaux du Grand Orient de France. Il les a tout d'abord identifiées, puis il les a remises à son collègue Guyot de Villeneuve.

Pour Syveton, il ne s'agit nullement au départ d'instruire le procès du général André, ni même celui du gouvernement Combes. Il veut seulement révéler les liens qui existent entre le pouvoir politique et le Grand Orient de France. Il veut aussi réveiller l'affaire Dreyfus en dénonçant un complot maçonnique contre l'Armée.

Syveton gifle le ministre de la Guerre à la Chambre des députés.

Poursuivi, il est retrouvé mort dans son appartement parisien à la veille de sa comparution devant la cour d'assises.

Cette mort mystérieuse n'a jamais été complètement éclaircie. Il existe pourtant dans les archives de la préfecture de police des documents qui permettent aujourd'hui d'affirmer que l'affaire ne fut pas aussi simple que l'ont affirmé les avocats de la maçonnerie, ni aussi compliquée que l'ont prétendu ses adversaires.

Gabriel Syveton ne fut certainement pas assassiné par les francs-maçons, comme l'ont toujours affirmé ses amis politiques. En revanche, il est vraisemblable qu'il fut acculé au suicide par une police politique aux ordres du pouvoir en place.

Nous avons relu attentivement toutes les pièces du dossier et nous nous sommes particulièrement intéressés à la personnalité de Mme Syveton.

C'était un soir de novembre 1895, au cours d'une réception chez le ministre franc-maçon Camille Pelletan, que Syveton avait fait la connaissance d'une fort jolie Belge, Marie de Bruyn, dont il allait faire son épouse. Elle était la fille d'un aubergiste d'Anvers et, veuve d'un premier mariage, elle avait mené depuis son arrivée en France une existence très agitée.

Syveton avait créé en 1899, avec Jules Lemaitre et François Coppée, la Ligue de la Patrie française. Il avait alors à ses côtés comme délégué général un certain Noilandier, que le duc d'Orléans devait chasser plus tard du poste de secrétaire du comité royaliste en découvrant qu'il était un informateur appointé de la Sûreté générale. Syveton ignorait à l'époque que ce Noilandier, grâce à son épouse, avait accès à ses dossiers les plus secrets.

Après la gifle au général André, Syveton devait comparaître devant la cour d'assises. Il est certain qu'au niveau du gouvernement, certains avaient des raisons pour craindre de nouvelles révélations. La police a-t-elle alors tout mis en œuvre pour empêcher l'ouverture du procès ?

Syveton était vulnérable par sa femme. A la préfecture de police, le dossier de celle qu'il avait épousée était épais et fort révélateur. On y trouvait non seulement le récit de ses aventures galantes en Belgique, mais aussi les noms des différents fonctionnaires de police avec lesquels elle avait entretenu des relations suivies. Plusieurs rapports faisaient également état des rendez-vous qu'elle donnait l'après-midi avenue Kléber, dans l'appartement d'une pseudo-comtesse de Seccaro.

L'épouse légitime du député nationaliste du IIe arrondissement de Paris était-elle une femme de mœurs légères qui faisait payer ses faveurs ? Il y avait là en tout cas pour la police politique un faisceau de présomptions dont elle pouvait se servir. Marie Syveton avait en effet été interpellée un certain jour par la police des mœurs alors qu'elle se trouvait dans une maison de rendez-vous en compagnie d'un amant de passage. Il est à peu près certain qu'à la veille de sa comparution, Gabriel Syveton a été informé de l'existence de ce dossier constitué sur sa femme. S'il osait aller jusqu'au bout dans son offensive contre le gouvernement, il serait déshonoré.

Or, le député était encore très amoureux de Marie. C'est pour cette raison sans doute qu'il refusa de l'écouter quand elle le supplia de fuir en Belgique avant l'audience de la cour d'assises. Quand la police lui communiqua, quelques heures avant sa mort, des lettres qui révélaient, sans aucun doute possible, la double vie de son épouse, il refusa encore d'y accorder le moindre crédit. Le coup fatal lui fut porté lorsque cette aventurière lui apprit qu'elle avait détourné une somme de cent mille francs qu'il lui avait demandé de déposer à la Banque d'Anvers. Cet argent n'appartenait pas au député : il s'agissait des fonds de la Patrie française, destinés à financer la prochaine campagne électorale.

Cette fois, Syveton était dans une situation impossible. Ses amis politiques les plus proches n'allaient-ils pas l'accuser d'avoir volé le mouvement ?

Le lendemain matin, on le retrouvait mort à son domicile, la tête dans une cheminée par laquelle s'échappait le gaz d'un appareil de chauffage.

Le père du député de Paris, sur les conseils de ses amis politiques, déposa une plainte contre X pour assassinat. La police, elle, conclut très vite au suicide. Jean Jaurès, dans *l'Humanité*, soutint la thèse d'un crime commis par le milieu familial. Cavard, le chef de la Sûreté générale, penchait pour un accident provoqué par le gaz d'éclairage. Henri Rochefort, Edouard Drumont, Léon Daudet, Gaston Méry et Léon Bailby se prononcèrent immédiatement pour le crime maçonnique. Jules Lemaitre confia même à Rochefort que l'épouse de Syveton avait touché deux cent mille francs sur les fonds secrets pour aider à la disparition de son mari.

L'enquête n'alla pas plus loin, et les adversaires de la franc-maçonnerie n'ont jamais renoncé à accuser les loges d'avoir prémédité la mort d'un député qui poursuivait leur Ordre d'une haine tenace.

Les conséquences de la campagne antimaçonnique sont cette fois très sérieuses. Un peu partout en province, dénoncés publiquement, les francs-maçons sont mis en quarantaine. A Marseille, le cabinet d'avocat du frère Armand Bédaride est subitement déserté par les clients.

On accuse un peu partout les francs-maçons d'être les complices de la mort de Syveton alors que la presse antimaçonnique ne peut apporter la moindre preuve.

Ici, nous devons cependant évoquer une thèse qui ne sera rendue publique que bien des années plus tard. Le 5 avril 1934, en effet, l'hebdomadaire *Candide,* sous le titre « Comment j'ai tué Syveton », publiera un article à sensation pour accuser le Grand Orient de France d'avoir fait disparaître le député devenu trop gênant. Un certain Jacques Crépet explique qu'en 1919, alors qu'il était attaché civil à la Mission militaire française de recherches des disparus à Berlin, il aurait recueilli sur son lit de mort à Hanovre les confidences d'un homme nommé François Maurice, qu'il présente comme un ancien agent de la Sûreté générale. Cet aventurier au passé douteux lui aurait confié qu'il aurait été chargé, moyennant finances, par un membre du Grand Orient rencontré à Paris au café du Globe, de pénétrer dans l'appartement de Gabriel Syveton et de desceller la cheminée de cuivre.

Que faut-il penser de cette thèse ?

Jacques Crépet ne disposait que d'un seul témoin, et ce témoin était mort. Et puis, de quel étrange témoin il s'agissait ! Ce François Maurice avait été condamné à cinq ans de prison pour vol avant la guerre, puis condamné à mort par contumace pendant les hostilités pour avoir livré aux services allemands un agent de renseignement français.

Ce témoignage posthume publié en 1934 arrivait à point pour soutenir les campagnes antimaçonniques du moment.

Si le général André a cru pouvoir nier l'existence des fiches lorsqu'il a été interpellé à la Chambre, le député de l'Hérault Lafferre, président du Conseil de l'Ordre du Grand Orient, a fait face aux attaques et déclaré :

« Nous tenons, au nom de la maçonnerie tout entière, à déclarer hautement qu'en fournissant au ministère de la Guerre des renseignements sur les serviteurs fidèles de la République et sur ceux qui, par leur attitude hostile, font concevoir la plus légitime inquiétude, le Grand Orient de France a la prétention, non seulement d'avoir exercé un droit légitime, mais encore d'avoir accompli le plus strict des devoirs. Sans la maçonnerie, il y a longtemps que la République n'existerait plus, que la pensée libre aurait été définitivement étouffée par la congrégation triomphante, et que la papauté régnerait en maîtresse sur la France asservie. »

Soixante-dix ans plus tard, cette thèse sera encore celle du grand maître du Grand Orient Fred Zeller, lorsqu'il confiera à la revue

Historia que, sans l'affaire des fiches, l'armée française n'aurait pas gagné la bataille de la Marne !

Malgré tout, le rôle assumé en cette circonstance par le Grand Orient est diversement apprécié dans les loges. Des républicains comme Georges Clemenceau, qui n'est pas maçon, ou encore comme le frère Alexandre Millerand, désapprouvent cette collusion entre l'Ordre maçonnique et le pouvoir politique.

Les incidents se sont multipliés entre Paris et Rome. Combes a rappelé l'ambassadeur de France auprès du Vatican. Le 10 mars 1904, il a déposé le projet de loi de séparation de l'Église et de l'État.

Ici, il devient évident qu'il ne s'agit plus seulement de défendre la République. Dans la partie qui se joue maintenant les libres penseurs ont une revanche à prendre sur le parti catholique. Les fiches vendues par le frère Jean Bidegain au député Syveton pour une somme de quarante mille francs prouvent, de façon indiscutable, qu'il ne s'agissait pas seulement, comme l'a affirmé à la Chambre le président du Conseil de l'Ordre Lafferre, et comme le redira plus tard le grand maître Fred Zeller, de repérer les officiers d'active hostiles à la République, mais surtout d'identifier les catholiques pratiquants. On lit en effet sur certaines de ces fiches, en face d'un nom :

— a un frère jésuite ;
— va à la messe ;
— ses enfants sont élevés par les prêtres.

Dès lors, il n'y a rien de surprenant à ce que de nombreux maçons se dressent dans les loges pour affirmer que de telles pratiques sont indignes de leur Ordre et mettent en cause la liberté de conscience.

On comprend également que le Suprême Conseil de France, dont le Grand Commandeur est le frère Raymond, et la Grande Loge de France dont le grand maître est Gustave Mesureur, tiennent à rester en dehors du scandale. A la Chambre, on voit même trente-cinq députés maçons refuser alors leur confiance au gouvernement Combes.

Malgré tout, parmi les parlementaires qui apportent leur appui au ministère, nous relevons les noms d'Aristide Briand, de Léon Bourgeois, de Ferdinand Buisson, d'Alphonse Chautemps, d'Émile Chautemps, de Paul Constans, de Théophile Delcassé, de Gaston Doumergue, de Paschal Grousset, de Clovis Hugues, de Jean Jaurès, de Lafferre, de Jeanneney, de Camille Pelletan, de Francis de Pressensé, de René Renoult, d'Albert Sarraut, de Marcel Sembat, de Steeg, d'Edouard Vaillant, de Maurice Viollette et d'Alexandre Zevaès.

Au cours de cette séance, le frère Bienvenu Martin fait le signe de détresse maçonnique pour inviter les 220 députés francs-maçons à se porter au secours du gouvernement.

Le général franc-maçon Peigné écrit alors au Grand Orient qu'il continue vigoureusement dans l'armée la lutte contre les cléricaux. Le texte de cette lettre est connu et provoque un nouveau scandale. Le gouvernement Combes doit démissionner. Alors qu'il est abandonné par de nombreux radicaux et par son aile gauche, alors que le bloc se disloque, Combes, malgré les interruptions, les cris et les vociférations, lance à la Chambre avant de se retirer :

« — Vous avez présent à la mémoire le torrent d'injures immondes, de calomnies grossières qui a passé sur mes cheveux blancs depuis deux ans et demi. Ces injures, ces calomnies, je les prévoyais d'avance, je m'en étais expliqué avec mes amis, je les ai acceptées. J'ai servi modestement la République, à un poste où l'on m'avait appelé malgré moi. »

A aucun moment, les hauts dignitaires du Grand Orient ne consentiront à plaider coupable. Au convent de 1905, le président du Conseil de l'Ordre développe la justification de cette affaire des fiches à laquelle l'obédience de la rue Cadet se réfère encore de nos jours. Il explique en effet :

« Ce qu'on nous reproche ce n'est pas d'avoir fait le dénombrement de nos amis et de nos adversaires. On nous reproche à nous, association républicaine, d'avoir eu des relations avec le gouvernement de la République. Ce qu'on nous reproche, au fond, ce que regrettent nos adversaires, c'est que ce ne soient pas le Père Dulac et la Congrégation qui aient régné en maîtres dans les bureaux du ministère de la Guerre, et qu'il se soit trouvé un ministre de la Guerre républicain et un gouvernement républicain pour reconnaître qu'ils pouvaient sans danger et sans reproche, ou plutôt avec avantage, s'appuyer sur l'élite de gauche et s'adresser aux comités républicains, aux loges maçonniques, aux représentants de la maçonnerie au Parlement pour savoir d'eux quels étaient les officiers républicains et quels étaient ceux dont la République devait se méfier. Voilà le grand crime que nous avons commis, voilà le seul reproche que nous avons encouru. Eh bien, ce reproche, nous nous en glorifions, nous nous en honorons. Nous n'avons accompli que notre devoir et nous avons usé de notre droit. »

Malgré les réserves de quelques délégués de loges, qui persistent à croire que l'action du Conseil de l'Ordre dans cette affaire était irrégulière du point de vue des principes maçonniques et du point de vue de la Constitution, ces propos sont applaudis par l'assistance.

L'homme qui a porté les coups les plus durs au gouvernement Combes, Alexandre Millerand, futur président de la République, est lui-même franc-maçon. Il a été initié le 21 mai 1883 par la loge L'Amitié. Il sera radié du Grand Orient le 15 février 1905.

La leçon a été sévère mais elle sera retenue. Le biographe de Frédéric Desmons, Daniel Ligou, peut écrire à ce sujet :

« De l'expérience Combes, le Grand Orient a tiré une leçon : le Temple reste encore à bâtir et ne le sera pas par des moyens profanes, d'où un effort pour revenir à des méthodes plus traditionnelles de la maçonnerie, un désir de prendre du champ, non par rapport aux grands problèmes politiques de l'heure, mais par rapport aux événements immédiats. »

La division dans le monde politique entre radicaux et socialistes va d'ailleurs apporter le trouble dans de nombreuses loges. Les socialistes, longtemps minoritaires, vont prendre la direction de nombreux ateliers et accéder au Conseil de l'Ordre. Ils ne peuvent encore orienter politiquement l'obédience, mais avec un tiers des effectifs, ils peuvent neutraliser le clan radical, et empêcher l'élection à la tête du Grand Orient d'un homme politiquement trop marqué.

Le même problème se pose à la Grande Loge de France. Il suffit de se pencher attentivement sur les programmes de travaux des loges écossaises, en l'année 1905, pour constater que leurs préoccupations sont encore politiques. A la loge parisienne Cosmos, le frère Sachs traite de « la démocratie bourgeoise et la démocratie socialiste ». Le frère Henri Bonnet expose les principes du socialisme rationnel devant les membres d'Art et Travail. La loge Osiris poursuit pendant plusieurs semaines la discussion sur le thème : « Le socialisme s'impose-t-il ? » A La prévoyance, le frère Charles Fabiani, important dirigeant du parti radical-socialiste, présente un travail sur la politique laïque et sociale. Le frère Seguelas parle de « la puissance du socialisme dans les parlements » devant les membres de L'Union des Peuples. le frère Mouret évoque le « paupérisme et la solution collectiviste » à la loge Les Cœurs Unis Indivisibles.

Le problème soulevé par la cohabitation dans les loges des radicaux et des socialistes est posé au convent du Grand Orient de 1906. L'ancien grand maître Delpech, antisocialiste convaincu, déclare :

« L'accord n'est plus le même qu'autrefois... Nous ne sommes plus en parfaite communion... Des éléments nouveaux s'agitent parmi nous. Leur désir, mal dissimulé, est de s'emparer de l'association et d'en faire un outil au service de leur propagande spéciale, projet dangereux pour le Grand Orient non moins que pour la cause républicaine et démocratique. »

Marcel Sembat lui répond alors :

« Ce serait une sottise pour la S.F.I.O. que de vouloir mettre la main sur la maçonnerie, mais, au XXe siècle, le problème essentiel est le droit au travail. Il appartient à la maçonnerie de préparer cette question. La solution de la question sociale est une question scientifique et n'est pas, par là, substantiellement différente de celles que l'on doit étudier en loge. »

Le sénateur Delpech rétorque aussitôt :

« Vous savez de quelle violence certains membres du parti socialiste unifié se sont rendus coupables envers les meilleurs de nos frères. A l'heure présente, la franc-maçonnerie est fort mal traitée dans certains organes de votre parti. Serez-vous écouté des membres de votre parti ? L'avenir nous l'apprendra. »

Marcel Sembat est élu membre du Conseil de l'Ordre, et le grand maître Desmons salue cette élection :

« Soyez le bienvenu parmi nous, frère Sembat. Votre programme politique, vos idées peuvent différer des nôtres. Mais qu'importe ? La franc-maçonnerie n'est-elle pas l'école où viennent se rencontrer tous les esprits libres, indépendants, de bonne foi et de bonne volonté ? N'est-elle pas l'atelier où viennent se forger les armes destinées à combattre les mêmes adversaires qui s'appellent le fanatisme, l'obscurantisme, le despotisme, l'intolérance ? »

Il est pourtant évident qu'au sein du parti socialiste une aile ouvriériste et toute la tendance guesdiste sont immédiatement hostiles, au nom du principe de la lutte des classes, à l'entrée des socialistes dans les loges. Il ne peut être question de fraternité avec l'ennemi de classe. Cet antimaçonnisme de gauche s'imposera dans le parti jusqu'au congrès de Lyon, en 1912.

Dans le même temps, la droite ne désarme pas. En février 1906, après l'inventaire de la cathédrale de Poitiers, les catholiques forment un cortège et défilent devant le temple maçonnique de la rue du Trottoir avec des cris hostiles.

C'est alors le triomphe de ce que Thibaudet a appelé « la république des professeurs ». Les enseignants dirigent le pays. Ils sont à la tête des comités radicaux et ils animent la plupart des loges à Paris et dans les provinces. Le parti socialiste s'efforce d'attirer à lui les instituteurs, et lorsque Briand veut tenter d'apaiser la lutte anticléricale, il se heurte à une très forte résistance.

En 1907, c'est Maurice Barrès qui, dans *le Gaulois* et dans *l'Écho de Paris*, s'en prend aux instituteurs en termes violents. Deux ans plus tard, l'assemblée des évêques de France publie une déclaration qui condamne la neutralité scolaire et invite les fidèles à ne plus envoyer leurs enfants à l'école laïque, dénoncée comme « l'école sans Dieu ». La bataille scolaire est dès lors relancée et les loges maçonniques, dans leur ensemble, y prennent leur place.

Des hommes de gauche, comme Ferdinand Buisson, qui avaient été jusque-là hostiles au principe du monopole de l'État dans le domaine de l'éducation, s'en font maintenant les avocats, et prêchent la résistance à l'Église dans laquelle ils voient « une armée en marche qui monte à l'assaut de tout enseignement laïc ». Le manifeste de septembre 1909 a mis le feu une fois de plus aux passions. Au congrès radical, des voix s'élèvent pour sommer le gouvernement de prendre des mesures de défense laïque. En janvier 1910, Briand reproche aux catholiques ce qu'il considère comme des provocations contre l'école publique.

Le résultat n'est pas celui que les chefs radicaux espéraient, et les élections de 1910 prouvent que l'anticléricalisme n'est plus le ciment de l'union des gauches. Ce n'est plus sur ce thème que les socialistes acceptent de bâtir leurs alliances électorales.

Il est certain que l'attitude des socialistes à l'égard de la franc-maçonnerie reste encore très partagée. En gros, les quatre courants qui s'opposent à ce sujet au congrès de Lyon de 1912 n'ont jamais cessé d'exister dans les fédérations et, sans trop de peine, on pourrait les retrouver en 1986 dans le parti socialiste de François Mitterrand.

Il y avait d'abord le courant exprimé par la motion de la fédération du Gers et qui avait obtenu à Lyon cinq mandats seulement. Il affirmait que tous les membres du parti, sans exception, avaient le devoir d'appartenir au syndicat ouvrier de leur profession, à la coopérative de leur localité, et à la franc-maçonnerie.

Il y avait ensuite le courant exprimé par la motion 1 de la fédération de la Seine et qui avait recueilli à Lyon cent trois mandats. Il affirmait que la franc-maçonnerie n'étant pas, contrairement à ses affirmations, une organisation philanthropique et mutualiste, mais la véritable organisation de classe de la petite-bourgeoisie et du parti radical, tous les membres francs-maçons du parti socialiste devaient quitter les loges dans un délai de six mois au maximum.

Il y avait encore le courant exprimé par la motion de la fédération du Nord qui avait recueilli à Lyon 927 mandats. Il constatait que les membres du parti éparpillaient leurs efforts dans toutes sortes de groupements, admettait que ces groupements avaient pour but le développement matériel et moral de la Société, mais soulignait que l'éparpillement des efforts était une cause de l'amoindrissement du parti socialiste.

Le courant représenté par la motion 3 de la fédération de la Seine l'avait finalement emporté avec 1 505 mandats.

Cette motion, qui devenait la loi du parti quant au problème maçonnique, était ainsi rédigée :

« Le congrès, en rappelant aux travailleurs que leur devoir est de se grouper dans le parti socialiste, qui est le seul parti de la classe du prolétariat (...), déclare particulièrement qu'il ne se préoccupe pas de savoir si ses membres adhèrent à des organisations d'ordre philosophique, éducatif ou moral, telles que la franc-maçonnerie, libre pensée, universités populaires, Ligue des Droits de l'homme, qui n'ont pas pour but la conquête du pouvoir politique. »

Il est certain qu'en refusant de la sorte les exigences épuratrices des adversaires de la maçonnerie, le congrès socialiste de Lyon a évité une démission collective de ceux de ses membres qui seraient demeurés fidèles à leurs loges et qui auraient sans doute reconstitué sans attendre un autre parti à côté de la S.F.I.O.

Le parti conservait ainsi la possibilité de trouver dans les loges de nouveaux cadres et d'utiliser la vie maçonnique comme un moyen de pénétration dans la Cité. Son choix se situait ainsi à l'opposition de celui que l'Exécutif de l'Internationale communiste allait faire dix ans plus tard.

Alors qu'un peu partout dans le pays les journaux catholiques dénoncent la collusion entre les loges et le gouvernement, les fonctionnaires maçons se montrent plus actifs que jamais. En octobre 1904, la chapelle du Sillon Poitevin à Poitiers est fermée par ordre de la préfecture. *La Croix des Deux-Sèvres* écrit alors :

« Le frère Gaston Joliet, récemment promu 33e, et commandeur de la Légion d'honneur, n'a point voulu se laisser devancer par des collègues moins élevés que lui dans la hiérarchie maçonnique. Il vient d'ouvrir les hostilités contre le Sillon Poitevin... Ainsi donc, après avoir cambriolé les couvents et volé les biens des religieux, le gouvernement de la République se met à opérer de la même manière chez les particuliers. Bientôt le frère Joliet fera sans doute passer ses agents dans les appartements des catholiques, pour enlever les christs et autres emblèmes religieux. »

Le 24 janvier 1905, Maurice Rouvier devient le chef d'un gouvernement dans lequel siègent les frères Delcassé, Étienne, Bienvenu Martin et Dubief.

La coalition des droites et de l'extrême gauche l'oblige à démissionner le 7 mars 1906. Le nouveau président de la République, Armand Fallières, confie alors à Jean Sarrien le soin de former le nouveau cabinet. Les frères Léon Bourgeois, Eugène Étienne, Gaston Doumergue font partie de son équipe.

Ce gouvernement ne dure que sept mois. Le 25 octobre, c'est un cabinet Clemenceau qui est mis en place avec, en son sein, les frères Stephen Pichon, Gaston Doumergue, René Viviani et Henry Chéron.

Les instituteurs constituent à l'époque l'armature essentielle de la franc-maçonnerie en France. L'historien Jean-Claude Faucher, dans son *Histoire de la franc-maçonnerie et des sociétés secrètes dans le département de la Vienne*, constate qu'en 1907, à la loge de Poitiers La Solidarité, sur 59 membres, on compte 12 enseignants, soit 20,3 % de l'effectif. Viennent ensuite les employés aux postes et les artisans, cinq frères chacun, puis trois voyageurs de commerce, deux comptables, deux commis-greffiers, deux commis, l'un d'académie, l'autre de faculté, un concierge, un économe de lycée, deux ouvriers d'État, un retraité, un gardien de maison d'arrêt, un chef de district, un mécanicien de la marine, un receveur buraliste et deux sous-officiers.

Tous ceux-là côtoient dans la loge dix-sept notables républicains : cinq propriétaires, trois rentiers, deux négociants, deux médecins, deux représentants de la justice, un architecte et deux officiers.

Le grand problème reste de réaliser la cohabitation entre socialistes et radicaux dans les loges.

Au Grand Orient, on prône périodiquement un retour vers la tradition initiatique. Le frère Blatin lui-même en vient à déclarer le 7 janvier 1907 que les francs-maçons ont autre chose à faire que de la politique. Or, Blatin est grand commandeur et sa parole a du poids. Ce qui n'empêchera pas la présence de cinq ou six frères dans presque tous les gouvernements de l'époque. Dans le deuxième cabinet Briand (1910), Antoine Lafferre, grand maître du Grand Orient, sera ministre du Travail et de la Prévoyance sociale.

A la Grande Loge de France, le convent de 1907 manifeste très clairement l'intention de l'obédience écossaise d'éviter les discussions politiques et d'exiger des loges qu'elles restent sur le terrain des travaux strictement maçonniques. A plusieurs reprises, des députés de loges sont rappelés à l'ordre pour s'être laissé entraîner hors des sujets inscrits à l'ordre du jour.

— Nous ne sommes pas ici au Grand Orient, leur fait observer le président.

La querelle scolaire se poursuit dans le pays et les instituteurs francs-maçons sont les premiers à l'entretenir, parfois au prix de provocations qui indignent le parti catholique.

Le 11 février 1912, lorsque le frère Lahy, membre du Conseil de l'Ordre, installe rituellement à Laval la nouvelle loge Volney, dont le frère Etcheberry est le premier vénérable, les journaux locaux se déchaînent. Ils accusent les maçons de la ville de ne se mettre sur le ventre des petits tabliers en peau de cochon que pour nuire, ronger, détruire, organiser la guerre au clergé, rédiger des fiches.

Les journalistes du cru, qui écrivent de la sorte en 1912, ne peuvent évidemment se douter qu'un demi-siècle plus tard cette même loge Volney recevra solennellement dans son temple un Père jésuite, et non des moindres puisqu'il s'agira du Père Riquet...

La guerre de 1914 interrompt partout le travail des loges maçonniques. Les frères sont dispersés. Parfois, les temples sont saccagés, le mobilier détruit, comme c'est le cas pour la loge de Château-Thierry Jean de La Fontaine.

A Paris, le franc-maçon socialiste Arthur Groussier s'est mis à la disposition du général Gallieni et, devenu vice-président du conseil militaire pour la défense de Paris, il organise la résistance et encourage la construction de tranchées dans la banlieue. Pour se consacrer exclusivement à cette tâche, il va refuser à trois reprises le portefeuille de ministre du Travail que lui offrent les présidents du Conseil Ribot, Painlevé et Clemenceau. Cependant, il encourage le syndicaliste Léon Jouhaux à se mettre au service du gouvernement de guerre.

En juin 1917, vingt obédiences maçonniques sont représentées au congrès des maçonneries alliées et neutres qui se tient à Paris en l'hôtel de la rue Cadet. Le frère Wilson, président des États-Unis, a encouragé cette initiative. C'est au cours de cette manifestation que le frère André Lebey, définissant les bases de la paix future, affirme que l'Allemagne vaincue devra être acceptée au sein de la Société des Nations dont le bureau du congrès présente la charte à l'assistance.

Le Congrès des maçonneries alliées a été organisé et dirigé, avec la collaboration de la Grande Loge de France, par le frère Georges Corneau, président du Conseil de l'Ordre du Grand Orient. Initié en juillet 1880 par la loge de Charleville La Fraternité, il était âgé de cinquante-neuf ans en 1914 lorsqu'il s'est engagé volontairement pour la durée de la guerre. Il a été alors chargé par le commandement militaire d'organiser le service des liaisons par pigeons voyageurs.

Les francs-maçons sont nombreux parmi les soldats alliés qui combattent en France. Le général Pershing, commandant en chef des armées américaines, est lui-même 33e au rite écossais.

Pendant ce temps, à l'intérieur du parti socialiste, la campagne antimaçonnique n'a pas désarmé. Au congrès de 1912, le frère Jules Uhry a dû monter à la tribune pour se justifier :

« Nous sommes entrés dans la maçonnerie, a-t-il expliqué, non pour essayer, comme on l'a dit, de corrompre notre idéal au contact de la bourgeoisie, mais au contraire pour essayer d'éclairer tous ces petits démocrates sur la vérité, sur le bien-fondé de la doctrine socialiste, et créer justement cette atmosphère favorable à la marche du prolétariat, cette atmosphère de neutralité, je le répète, et nous travaillons pour que le jour de la révolution sociale, la route soit débarrassée de tous les obstacles légaux qui nous empêcheraient de monter au pouvoir. Voilà pourquoi nous sommes entrés dans la franc-maçonnerie ! »

Curieux discours que celui de ce franc-maçon qui, pour justifier son appartenance à la maçonnerie, se contente d'évoquer le travail de propagande qu'il y accomplit pour son parti !

Il admet d'ailleurs les attaques dirigées contre l'Ordre au nom du socialisme puisqu'il ajoute :

« Il est certain, camarades, que les radicaux ont essayé de détourner la maçonnerie de son but, de sa constitution, et qu'ils ont voulu la transformer en comités électoraux. Il est vrai qu'en province, longtemps, la maçonnerie, les loges maçonniques, n'ont été que des comités radicaux. »

A ce même congrès de 1912, l'helléniste Bracke-Desrousseaux, qui deviendra l'un des hommes les plus écoutés au sein de la S.F.I.O., est allé jusqu'à déclarer que la présence de membres du parti dans les loges gênait la propagande socialiste. Au nom de la fédération de la Seine, le militant Poncet s'en est pris violemment à ceux « des socialistes qui se retrouvent assis dans le temple maçonnique côte à côte avec des ministres, des préfets, des sous-préfets, des généraux, des hauts fonctionnaires, des policiers radicaux solidaires de la politique de répression de la classe ouvrière ». Brandissant à la tribune le *Bulletin officiel des Loges*, Poncet s'en est pris particulièrement à des loges comme L'Union de Belleville et Les Enfants d'Hiram, qui discutent au cours de leurs tenues des prochaines élections. Il dénonce la loge Isis-Montyon qui s'est permis d'envoyer une délégation au congrès du parti radical.

Pauvre camarade Poncet ! Il ne peut imaginer que cinquante ans plus tard on trouvera, en France, des loges composées presque exclusivement de militants socialistes...

Pour comprendre la réaction des hommes comme Bracke-Desrousseaux, ou comme Poncet, il faut tenir compte du fait que l'appartenance de nombreux socialistes à des loges maçonniques commence à être connue et que les adversaires de la maçonnerie, toujours nombreux à gauche, en profitent pour attaquer la S.F.I.O.

En 1912, le socialiste Émile Janvion a publié un pamphlet dans lequel il est allé jusqu'à écrire :

« La classe ouvrière ne s'y trompe pas. D'instinct, elle sent, elle comprend que la franc-maçonnerie, maîtresse de la France, ne peut être qu'une antichambre d'arrivistes, domestiquée pour la curée... La pieuvre maçonnique étend ses tentacules et présente ses suçoirs pour son recrutement. Un nombre considérable de groupes, d'amicales, de comités républicains, de jeunesses socialistes, ne sont que les filiales de la Veuve. »

Ce pamphlet n'est que le texte d'une conférence donnée le 3 avril 1910 par Janvion à la Salle des Sociétés savantes. Ce jour-là, sous les huées d'une partie de l'assistance, il a traité le Grand Orient de France de « confrérie de mardi-gras, figée dans ses rites caducs », de « foire aux pains d'épices », et il a comparé le tablier des francs-maçons à un « scapulaire du nombril ».

CHAPITRE IX

UNE MAÇONNERIE DE GAUCHE

En 1919, au lendemain de la cruelle épreuve, la franc-maçonnerie représente dans le monde une force considérable avec 23 470 loges et 2 662 053 membres.

La Société des Nations est créée. C'est le franc-maçon Léon Bourgeois qui en devient le président.

En France, le temps de l'union sacrée est terminé. Par circulaire du 20 juillet 1920, le Conseil de l'Ordre du Grand Orient reproche assez sévèrement au gouvernement Briand d'avoir fermé les yeux devant le retour clandestin des congrégations, d'avoir accepté le maintien en temps de paix des aumôneries militaires, d'avoir couvert certains emprisonnements pour délit d'opinion. On lui reproche également le régime scolaire mis en place en Alsace-Lorraine.

Indiscutablement pendant l'entre-deux-guerres, entre 1919 et 1939, l'influence de la franc-maçonnerie est moins forte qu'avant 1914.

André Combes observe dans son étude *Maçonnerie et radicalisme :*

« La maçonnerie dans sa presque totalité appuie le Bloc des Gauches, c'est-à-dire l'alliance du radicalisme et du socialisme contre la réaction. Elle combat la loi des trois ans, le ministère Barthou, comme tout rapprochement avec le Vatican. Elle s'inquiète, avec le frère Augagneur, de la poussée du chauvinisme, de l'emprise catholique sur la jeunesse et dans l'armée, du terrain perdu depuis l'affaire Dreyfus. C'est cette maçonnerie combiste et blocarde qui initie de nombreux jeunes radicaux qui feront, entre les deux guerres, des carrières de députés, de sénateurs, de maires, de conseillers généraux. Tous ne lui resteront pas attachés.

« En effet, une des caractéristiques les plus marquantes de l'entre-deux-guerres est le pourcentage moins élevé de dirigeants radicaux fréquentant les loges. Citons ceux qui n'ont jamais " taillé la pierre brute " : Herriot et Daladier et aussi les frères Sarraut, Lucien Lamoureux, Albert Milhaud, Georges Ponsot, Louis Ripault, Renard, Lionel de Tessan, Queuille, Delbos, Georges Bonnet, Malvy, Pierre Cot... »

Il est vrai qu'en regard de ceux qui figurent parmi les officiers de loges et les hauts dignitaires, il est permis de citer Raoul Aubaud, Blaise Diagne, Gaston-Martin, Jammy-Schmidt, Rio, Vidal, Le Foyer, Léon Perrier, Fabius de Champville, Lévy-Alphandéry.

Les dignitaires socialistes sont de plus en plus nombreux au Grand Orient de France et ils vont travailler efficacement à l'union des gauches. Dans le même temps, sous l'influence de symbolistes comme Oswald Wirth et Albert Lantoine, la Grande Loge de France va s'employer à chasser la politique de ses loges.

La différence d'orientation entre les deux principales obédiences françaises est désormais très nette.

Les francs-maçons radicaux et leurs frères socialistes se retrouvent cependant, à partir d'octobre 1921, dans la Ligue de la République. Ce mouvement a été créé pour réaliser l'union des forces de gauche contre le Bloc national.

Le manifeste de la Ligue précise que l'union de la gauche aux prochaines élections est nécessaire pour répondre aux tentatives de restauration monarchique, à la politique réactionnaire, pour sauvegarder les libertés publiques et individuelles. Les références doctrinales sont celles du programme radical de Belleville et du programme radical de Nancy.

Présidée par le républicain-socialiste Paul Painlevé, avec à ses côtés un bureau dans lequel siègent des parlementaires radicaux comme Aimé Berthod et Abel Gardey, la Ligue pour la République place en tête de ses objectifs la défense de l'école laïque et l'affermissement de la Société des Nations.

Au convent de 1922 du Grand Orient, un orateur va jusqu'à déclarer :

« Nous devons organiser la défense de la République. C'est

grâce à l'union des gauches, dont la loge sera la cellule, que nous triompherons. »

L'appel n'est pas entendu par tous puisque, en novembre 1922, le IVe congrès de l'Internationale communiste, qui se tient à Moscou, somme les membres des partis communistes qui appartiennent à la franc-maçonnerie, de faire au plus vite un choix entre leurs deux adhésions : ils sont mis en demeure de renier leur appartenance maçonnique ou bien de quitter le parti.

La condamnation de 1922 n'invoque pas une incompatibilité de doctrine, qui existe cependant fondamentalement, mais les maçons sont dénoncés comme « des ambitieux et des carriéristes ». Or, c'est en France que le mouvement communiste compte alors dans ses rangs le plus de francs-maçons.

La décision prise par le IVe congrès de l'Internationale communiste est d'autant plus difficile à comprendre que plusieurs loges françaises avaient entretenu en 1917 des relations étroites avec la maçonnerie russe et avaient pu ainsi apporter leur appui à la première révolution, celle qui avait porté au pouvoir le prince Lvov, puis Kerensky, tous les deux francs-maçons de haut grade.

On a souvent écrit en France que Lénine et Trotski étaient eux-mêmes maçons. Guy Vinatrel a fait justice de cette affirmation en expliquant dans son ouvrage *Communisme et franc-maçonnerie :* « Un franc-maçon nommé Nozières, dans une conférence qui eut lieu au sein de la loge parisienne Art et Travail, avait fait l'éloge des deux révolutionnaires russes. La communication portait sur les récents événements de Russie et s'intitulait " Un vent nouveau souffle sur l'Est ." L'orateur mentionna au passage le nom des leaders soviétiques sans d'ailleurs prétendre qu'ils fussent maçons. C'est le journaliste français Maurice Privat qui en porte la responsabilité. Il avait assisté à la tenue et, deux jours après, il en fit état dans un journal de Marseille. L'appartenance maçonnique des chefs bolcheviks russes lui permettait de faire campagne contre le " défaitisme " de la franc-maçonnerie. »

La condamnation de la franc-maçonnerie, décidée en novembre 1922 par le IVe congrès de l'Internationale communiste, s'inscrit dans le programme de bolchevisation des partis communistes étrangers. Les francs-maçons membres du parti sont accusés d'avoir à un certain moment de leur vie, même avant que la révolution russe ait eu lieu, servi l'idéologie de la classe ennemie. Lénine et ses adjoints veulent chasser ces éléments qu'ils jugent suspects. Or, c'est au sein du parti communiste français qu'il y a en 1922 le plus de francs-maçons. C'est alors que le IVe congrès a jugé bon d'étudier « la question française » et d'ajouter aux vingt et une conditions de l'Internationale communiste une vingt-deuxième qui établit l'incompatibilité formelle entre la qualité de membre du parti communiste et celle de franc-maçon.

Les chefs russes de l'Internationale communiste ont conservé le souvenir d'une maçonnerie slave très marquée par l'aristocratie et très protégée par les tsars. Ils assimilent également la maçonnerie française à cette bourgeoisie radicale liée à de vieilles traditions de réformisme, de parlementarisme et de patriotisme qu'ils entendent combattre.

Le IVe congrès charge donc le comité directeur du parti communiste français de liquider avant le 1er janvier 1923 toutes les liaisons du parti, en la personne de ses membres et de ses groupes, avec la maçonnerie. Celui qui, avant le 1er janvier, n'aura pas déclaré ouvertement à son organisation et rendu publique par la presse du parti sa rupture complète avec la franc-maçonnerie sera exclu du parti sans avoir jamais le droit d'y adhérer à nouveau, à quelque moment que ce soit. La dissimulation de l'appartenance à une loge maçonnique sera considérée comme un acte de pénétration d'un agent ennemi dans le parti et flétrira l'individu en cause d'une tache d'ignominie devant tout le prolétariat.

Quiconque rompra avec la maçonnerie pour conserver sa place dans le parti communiste sera privé pendant deux ans du droit d'exercer des fonctions de responsabilité. Le fait d'avoir été franc-maçon suffit, en effet, à révéler un développement insuffisant de la conscience communiste et de la dignité de classe.

Ceux qui au convent de 1922 du Grand Orient avaient demandé un regroupement des forces républicaines allant jusqu'aux communistes reçoivent ainsi une réponse cinglante.

Un grave problème de conscience est posé à tous ces francs-maçons qui, au congrès de Tours et après, ont participé activement à la création du parti communiste français : Frossard, Antonio Coen, Ker, Auray, Morizet, Charles Lussy, Louis Gelis. Rares sont ceux qui, tel Marcel Cachin, prennent le risque de cacher au parti leur appartenance maçonnique. Frossard, le secrétaire général, préfère démissionner avec éclat. D'autres, avec Morizet, le maire de Boulogne-sur-Seine, avec l'avocat Lafont, avec les journalistes Victor Méric et Bernard Lecache, croient pouvoir organiser au sein du parti un comité de résistance mais ils sont immédiatement exclus en même temps que leurs camarades Henry Torrès, Stéphane Manier, Georges Pioch et le dessinateur Gassier.

La plupart vont errer pendant quelques années au sein de la gauche et finiront par rejoindre le parti socialiste S.F.I.O.

La Grande Loge de France est alors confrontée au problème

posé par André Marty. Celui-ci, officier mécanicien, a été condamné pour avoir été l'un des instigateurs des mutineries de la flotte française de la mer Noire. Or, cet homme, qui va devenir après sa sortie de prison l'un des principaux dirigeants du parti communiste français, appartient à une loge du rite écossais, la loge de Perpignan Saint-Jean des Arts de la Régularité.

Le 30 octobre 1922, le Conseil fédéral de la Grande Loge de France désigne deux de ses membres, les frères Jean Jamet et François Martin, pour se joindre à la délégation des partis de gauche qui doit demander la grâce de Marty au président du Conseil.

Le 17 janvier 1923, conduite par le député de Paris Ferdinand Buisson, cette délégation est reçue par Raymond Poincaré. Celui-ci promet de saisir au plus vite le Conseil des ministres.

« Je ne vous fais aucune promesse, déclare-t-il, mais votre démarche laisse la porte ouverte à une mesure de faveur. »

Sans plus attendre, le ministère de la Justice délivre au frère Maurice Monier, grand maître en exercice de la Grande Loge de France, et au socialiste Bernard Wellhoff, passé grand maître, un permis pour visiter Marty dans sa cellule. Le détenu écrit aussitôt à son grand maître qu'il ne désire recevoir d'autres visites que celles de sa famille, de son avocat et de son tuteur. Cette lettre surprend beaucoup les francs-maçons qui se sont mobilisés pour obtenir la libération du condamné.

Le 14 juillet 1923, le président de la République Alexandre Millerand signe le décret de grâce.

A peine libéré, Marty, qui a été élu pendant sa détention conseiller municipal de Paris et conseiller général de plusieurs départements, s'empresse de faire savoir au vénérable de la loge de Toulon L'Action Écossaise qu'il se trouve dans l'obligation de rompre avec la franc-maçonnerie. Le frère Bernard Wellhoff lui fait alors parvenir le 10 juin 1924 une lettre dans laquelle il lui signifie :

« Mon très cher frère Marty, je m'empresse de vous accuser réception de votre planche du 7 juin. Je continue à vous appeler très cher frère, car lorsque vous êtes entré en maçonnerie, vous avez dû apprendre que cette qualité est indélébile pour tout franc-maçon, à moins qu'il soit chassé de la franc-maçonnerie. Or, ce n'est pas votre cas ; vous avez démissionné de la loge à laquelle vous apparteniez et vous avez simplement cessé d'être membre actif de la franc-maçonnerie. »

En cette année 1923, on voit encore s'affirmer, notamment dans certaines fédérations socialistes, un antimaçonnisme de gauche qui prend prétexte de la présence dans les loges de nombreux radicaux pour présenter l'Ordre maçonnique comme une organisation attachée à la conservation de la société bourgeoise. Il est également reproché aux loges de n'être rien d'autre qu'une réunion de personnes intéressées.

L'anarchiste André Lorulot, l'une des figures de l'anticléricalisme le plus agressif, en vient à se demander, dans un essai intitulé *la Franc-Maçonnerie et la guerre*, paru en 1923, si le Grand Orient de France n'est pas habilement manœuvré par les jésuites.

« La franc-maçonnerie, écrit-il, aurait-elle perdu de sa vigueur depuis l'époque de ses victoires politiques qui lui valurent d'être envahie par une nuée de fonctionnaires en mal d'avancement, et d'arrivistes plus ou moins scrupuleux ? »

Ces arguments sont exactement ceux que reprennent, au sein du parti socialiste S.F.I.O., depuis le congrès de Limoges en 1906, ceux qui prétendent interdire aux membres du parti d'appartenir à des loges, jugées trop bourgeoises.

Alec Mellor a pu observer à ce sujet :

« Une véritable antimaçonnerie d'extrême gauche vit le jour, aggravée même chez certains d'antisémitisme. »

Dans plusieurs départements, la presse de droite qui combat la République radicale a maintenant identifié celles des loges maçonniques qui participent activement au combat politique. C'est ainsi que le journaliste Jean Sartori qui se dit à l'occasion bonapartiste écrit à Tours en 1923 :

« La loge des Démophiles est donc devenue le rendez-vous par excellence de tous les adorateurs du Veau d'Or ; gagnée par la corruption du pouvoir, elle n'est plus qu'un comité électoral acquis à la radicaille... En Indre-et-Loire, les Frères trois points règnent en maîtres, et depuis qu'ils firent venir la tribu des Chautemps, c'est encore pire. Toutes les administrations en sont gangrenées. »

Il s'agit bien, en effet, d'une tribu.

Émile Chautemps, père de Camille, président du Conseil municipal de Paris, député puis sénateur radical-socialiste de la Haute-Savoie, a été membre de deux gouvernements. L'un de ses fils, Félix, député de la Savoie, est mort à la guerre, comme son frère Pierre Chautemps, sous-préfet. Alphonse Chautemps, procureur de la République à Tours, a été député de la circonscription de Loches de 1902 à 1919 et siégea ensuite au Sénat jusqu'en 1940.

Émile Chautemps était membre de la loge parisienne Isis-Montyon. Alphonse appartenait à la loge de Chinon Les Enfants de Rabelais. Félix avait été vénérable de la loge écossaise de Paris La République. Quant à Camille, membre des Démophiles du Grand Orient depuis 1906, il était également affilié à la loge parisienne Cosmos de la Grande Loge de France.

L'influence de cet homme sur les loges de Tours est considérable. Il a été en 1924, pour les élections, l'artisan de l'alliance des socialistes et des radicaux et l'Union des gauches a fait élire ses cinq candidats, parmi lesquels figurent trois frères.

La Touraine Républicaine, qui mène une méchante campagne contre lui, le représente le triangle maçonnique entre les dents, et le dénonce comme l'homme qui prépare la révolution bolcheviste. Ces attaques vont devenir plus violentes encore lorsqu'il va être promu ministre de la Justice, puis ministre de l'Intérieur.

Jean Sartori mènera alors de sévères polémiques dans la presse locale contre les loges de la Touraine, jurant de débarrasser le département de « cette pourriture radicalo-maçonnique ».

Camille Chautemps n'est pas un franc-maçon honteux. A aucun moment de sa carrière politique, même aux heures les plus difficiles, il ne songera à renier son appartenance maçonnique. En mai 1934, au cœur du drame provoqué par l'affaire Stavisky, alors que certains délégués au congrès radical croiront le moment venu pour dénoncer l'influence exercée par les obédiences maçonniques sur la direction de leur parti, Camille Chautemps revendiquera comme un honneur la place qu'il occupe dans la hiérarchie maçonnique. Il reconnaîtra publiquement ce que la maçonnerie lui a apporté dans la formation de son caractère et de son intelligence.

Il conservera son influence jusqu'en 1940, et ce que les campagnes de la droite n'auront pu obtenir pour briser sa carrière, quelques jours de présence à Vichy dans le gouvernement du maréchal Pétain suffiront à le provoquer. Il disparaîtra aussitôt de la scène politique et de la vie maçonnique.

Dans ce climat, les convents français de 1923 entendent de nombreux appels en faveur de l'union de la gauche. Le texte voté dans ce sens par le Conseil de l'Ordre du Grand Orient le 19 novembre et qui a été rédigé par le frère Arthur Groussier est tiré à 500 000 exemplaires. Il appelle tous les francs-maçons à la bataille contre le Bloc national. Il préconise la défense de la laïcité, la réorganisation de l'enseignement, la modification de la politique financière, le rapprochement avec l'Allemagne.

Une motion fustige les hommes que la franc-maçonnerie a aidés dans les débuts de leur carrière et qui l'ont quittée par la suite : Paul Doumer, Alexandre Millerand, Gaston Doumergue.

Il est certain que les obédiences françaises sont encore une fois directement engagées dans le combat politique.

On s'en rend fort bien compte par l'influence qu'exerce la maçonnerie dans les élections législatives de 1924, notamment lorsqu'il s'agit de rendre les arbitrages pour les désistements entre les candidats de gauche au scrutin de ballottage.

Le 15 février 1924, une première réunion rassemble rue Puteaux, dans le grand temple de la Grande Loge de France, les représentants du parti socialiste S.F.I.O., du parti socialiste indépendant, du parti communiste. Cette rencontre, ignorée de la plupart des maçons français, est due essentiellement à l'initiative de quelques hauts dignitaires socialistes.

Le 21 février suivant, les représentants du parti socialiste et ceux du parti communiste se retrouvent à Saint-Denis, 3, place Jean-Jaurès, dans le temple de la loge L'Union Philanthropique.

Le 13 mars enfin, l'union des gauches est définitivement scellée à l'issue d'une réunion tenue rue Cadet, en l'hôtel du Grand Orient de France, en présence des représentants du parti radical.

Dans ces conditions, il n'est pas exagéré cette fois de dire que la maçonnerie a sa part de la victoire électorale que remporte le Cartel des gauches sur le Bloc national. Le 11 mai 1924 en effet, vingt-quatre communistes, cent sept socialistes, cent quarante-deux radicaux et trente-cinq républicains-socialistes entrent à la Chambre des députés.

C'est dans ce climat que le congrès des loges de la région parisienne décide la réintégration des frères qui avaient opté en 1922 pour le parti communiste.

L'action antimaçonnique qui avait pratiquement cessé pendant la guerre a redémarré sur l'initiative des milieux catholiques. Mgr Delassus, évêque de Cambrai, a fait paraître trois volumes sur *la Conjuration antichrétienne.*

En 1924, une maison d'édition catholique, Spes, fait diffuser deux ouvrages, *la Dictature de la franc-maçonnerie en France*, rédigé par A.G. Michel, et *le Secret des loges* dû à un jésuite, le R.P. Henri du Passage.

C'est d'ailleurs dans les bureaux de Spes qu'est installé le siège du Comité d'études des questions maçonniques qui se manifeste à l'occasion des élections législatives de 1924. Parmi ses principaux dirigeants figurent l'abbé Bergey qui deviendra plus tard député de la Gironde, le général de Castelnau président de la Fédération nationale catholique, le comte Jean de Leusse, sénateur. Ils ont obtenu le concours de quatre députés : Louis Guibal, le comte Edouard de Warren, le docteur Oberkirch et Jacques Marcellot.

Sur le plan politique, seule *l'Action française* milite encore efficacement contre les loges et s'emploie à dénoncer les francs-maçons, vrais ou supposés. Les idées monarchistes sont pourtant en recul un peu partout, même dans les départements qui avaient conservé jusqu'à la guerre de 1914 un vieux fond antirépublicain.

L'influence maçonnique est encore très forte, notamment dans l'administration et dans la presse, mais les obédiences prennent garde de plus en plus à ne pas intervenir directement.

La franc-maçonnerie reste partout présente dans la vie politique, économique, sociale et culturelle du pays. C'est ce que veut mettre en évidence un article publié le 21 septembre 1924 par le journal *Paris-Soir* sous la signature de A.J. Fonteny visiblement sympathisant. On peut y lire en effet :

« Les loges reflètent toute la gamme de l'arc-en-ciel politique républicain. Les radicaux-socialistes s'y rencontrent avec les socialistes de toutes nuances, et même avec les communistes. Toutes les idées, toutes les conceptions peuvent être librement exprimées dans les loges... Si nous voulions regarder autour de nous, nous verrions parmi les dirigeants de tous les groupements politiques, économiques, corporatifs, dans tous les endroits où l'on travaille à réparer les injustices, à supprimer l'arbitraire, à combattre l'erreur, à émanciper l'humanité, et à établir la fraternité universelle, nous verrions des francs-maçons qui montrent que la franc-maçonnerie est restée ce qu'elle a été pendant des siècles : un milieu de perfectionnement dans lequel se forment les consciences, se trempent les caractères et où se pratiquent la tolérance et la solidarité. »

La maçonnerie exerce dans la presse une réelle influence. A l'Association fraternelle des journalistes francs-maçons que préside le frère Sadorge, avec comme président d'honneur le ministre Camille Chautemps, se retrouvent des frères qui appartiennent aux rédactions de *Paris-Soir,* de l'Agence Havas, du *Cri du Nord,* de l'Agence Fournier, du *Quotidien,* de *la Dépêche* de Toulouse, de *la Montagne* de Clermont-Ferrand, de *Nord-Éclair,* de *l'Intransigeant,* du *Progrès du Nord,* de *la Dépêche tunisienne,* de *la France* de Bordeaux, de *l'Écho d'Alger,* de *la Dépêche oranaise,* du *Journal,* du *Petit Parisien,* du *Soir,* du *Petit Bleu,* du *Petit Ardennais,* du *Radical,* du *Réveil du Nord,* du *Temps,* du *Populaire,* du *Peuple,* d'*Hexcelsior,* de *l'Oeuvre,* de *l'Information,* de *la Journée industrielle,* de *la Volonté,* du *Petit Méridional,* de *l'Ère nouvelle,* du *Matin,* de *l'Homme libre* et du *Petit Provençal.*

Les menaces fascistes se précisent en Europe. Elles amènent la Grande Loge de France à réunir à Paris, les 30 et 31 janvier 1926, un convent extraordinaire consacré à la lutte contre la dictature. Il y a unanimité pour demander à la franc-maçonnerie de sortir de sa réserve habituelle et de se jeter dans la mêlée, toutes bannières déployées, pour sauver la République et la franc-maçonnerie que les députés des loges jugent menacées. Ils dénoncent la crise du parlementarisme qui débouche sur une crise de régime. Ils accusent le gouvernement, dirigé alors par Aristide Briand, de réserver sa bienveillance aux ligues fascistes et de « placer les hommes de la réaction à tous les postes de la haute administration ».

Le mouvement, qui va s'épanouir en 1936 avec la victoire électorale du Front populaire, s'annonce déjà dans les travaux des loges. C'est ainsi qu'en 1927, devant ses frères de la Grande Loge, le franc-maçon Leblanc défend le plan de nationalisation préparé par la C.G.T. :

« Il apparaît, dit-il, que la majorité des ateliers réclame la nationalisation immédiate, ou dans un avenir peu éloigné, des chemins de fer, des mines, de la houille blanche, des banques, des compagnies d'assurances, du pétrole et du sucre. Quant au système d'exploitation de ce monopole, conseillé ou indiqué par les rapporteurs, il faut noter qu'ils sont presque unanimes pour rejeter la méthode étatiste et admettre le système connu sous le nom de nationalisation industrialisée, étudié et élaboré par la C.G.T. »

Le 16 février 1927, des délégués du Grand Orient de France et de la Grande Loge de France se rencontrent à Francfort avec les dirigeants de la Grande Loge Éclectique d'Allemagne dans le but de renouer des relations avec les puissances maçonniques allemandes.

Le frère Louis Doignon, grand maître adjoint de la Grande Loge de France, prenant la parole au nom du grand maître Maurice Monier, affirme que la Grande Loge de France est prête à engager des pourparlers de réconciliation.

Le frère Ries, grand maître de la Grande Loge Éclectique de Francfort, insiste sur le désir de la maçonnerie allemande de ne pas engager de discussions politiques dans le temple et de s'en tenir au respect de Dieu. Doignon lui répond en précisant la position de la Grande Loge de France sur le symbole du Grand Architecte de l'Univers.

Les assistants n'en sont que plus surpris lorsque le frère Ries interroge les délégués de la maçonnerie française sur leur position au sujet du traité de Versailles. Doignon s'étonne à juste titre que ce soit un haut dignitaire allemand qui porte ainsi la discussion sur le terrain politique.

Ries, qui a sans doute subi des pressions extérieures, pose alors trois questions :

— La maçonnerie française admet-elle que le peuple allemand a le droit de rechercher la révision de l'article 231 du traité de Versailles qui attribue à l'Allemagne la responsabilité de la guerre ?

— La maçonnerie française considère-t-elle que l'occupation des territoires allemands doit cesser ?

— Les obédiences françaises sont-elles prêtes à restituer à la maçonnerie allemande les bibliothèques, les archives et le mobilier des anciennes loges allemandes d'Alsace-Lorraine ?

A la première question, le frère Doignon répond que celle-ci n'a pas préoccupé jusqu'ici la maçonnerie française mais qu'il est prêt à la soumettre au Conseil fédéral.

Pour la seconde, il se déclare partisan de la fin de l'occupation militaire.

Pour la troisième, il se contente de demander un inventaire des biens réclamés et il ajoute qu'il en référera à son obédience.

Le procès-verbal de la rencontre précise que les relations ne pourront être reprises que lorsque la franc-maçonnerie française aura répondu aux questions posées par le grand maître Ries.

Cette étrange réunion aurait dû demeurer secrète mais quelques semaines plus tard, dans le journal *l'Eklektisches Bundesblatt*, le grand maître Ludwig Ries précise que le rapprochement ne pourra avoir lieu que s'il est conforme et en accord avec l'honneur allemand. Il ne croit pas que le rapprochement fraternel pourra exister aussi longtemps que le territoire allemand sera occupé par des troupes françaises.

Les conditions dans lesquelles cette rencontre de Francfort a échoué provoquent une vive émotion dans les ateliers de la Grande Loge de France. Les frères s'étonnent que le grand maître adjoint ait accepté la discussion sur des problèmes pour lesquels il n'avait pas été mandaté par le Conseil fédéral.

L'affirmation de Doignon selon laquelle la maçonnerie française suivrait la politique internationale d'Aristide Briand est notamment jugée inacceptable.

Les élections françaises de 1928 consacrent l'échec de la gauche. Bien que de nombreux francs-maçons soient élus sous le patronage de Poincaré et sous l'étiquette de l'Union nationale, l'influence politique de l'Ordre va diminuer considérablement.

Toutefois, si de Caillaux à Herriot, d'Albert Sarraut à Daladier, la plupart des chefs que s'est donnés le parti radical depuis quelques années n'ont jamais franchi la porte du temple maçonnique, malgré tout ce que raconte à ce sujet la presse de droite, une nouvelle génération, celle des jeunes Turcs du radicalisme, arrive au pas de course dans la vie politique. Or, elle compte en son sein un certain nombre de francs-maçons qui vont faire parler d'eux pendant les trente années qui vont suivre. C'est le cas notamment de Jean Zay, de Pierre Mendès France, de Léon Martinaud-Déplat, de Jammy-

Schmidt, d'Émile Roche, et ils vont souvent tenir une place importante dans les débats en loge.

Ce sont eux qui vont développer, aussi bien au sein du Grand Orient que dans la Grande Loge de France, un courant qui dénonce le mauvais fonctionnement du régime parlementaire et qui préconise une réforme de l'État et une révision constitutionnelle.

Il est donc faux de prétendre que les francs-maçons français ont attendu l'affaire Stavisky et les émeutes de février 1934 pour poser le problème de la moralisation et de la réorganisation de la vie politique. Dès 1930, les jeunes Turcs radicaux avaient alerté à ce sujet un certain nombre de loges. Cela ne signifie nullement qu'ils avaient été entendus par les dignitaires.

Sous l'impulsion de la Fédération nationale catholique, la campagne antimaçonnique se poursuit. A vrai dire, les arguments ont peu changé depuis Léo Taxil. C'est ainsi que Roger Duguet écrit en préface à *l'Élue du dragon :*

« En un mot, Satan est notre vrai maître politique : c'est notre Troisième République qui doit faire régner, au compte de Lucifer, l'Internationale maçonnique... Nous ne sommes pas même en démocratie, pour reprendre un mot de Mgr Gouthe-Soulard, nous sommes en démonocratie. »

Le journal *la France catholique* publie de prétendues révélations sur les loges. Les articles sont signés du pseudonyme de « Verax », derrière lequel il est facile d'identifier Jean Marquès-Rivière, un ancien apprenti qui a quitté la Grande Loge de France en 1931 sans avoir l'occasion de pénétrer les secrets de l'obédience, mais qui vient cependant de faire paraître un ouvrage intitulé *la Trahison spirituelle de la franc-maçonnerie.*

Plus sérieuses seront à coup sûr les révélations apportées par Amédée Dunet à la Fédération nationale catholique et à la presse de droite. Amédée Dunet a siégé en effet au Conseil fédéral de la Grande Loge de France. Il a occupé le poste de grand secrétaire et, depuis qu'il a rompu avec la maçonnerie au début de 1933, il s'est rangé parmi ses adversaires les plus actifs. On le retrouvera même un peu plus tard parmi les collaborateurs du *Jour,* le quotidien parisien qui est alors, avec *l'Action française,* à la pointe du combat contre l'ordre maçonnique.

Ces attaques produisent leurs effets et le recrutement des loges se ralentit dans de nombreux départements. Certains initiés cessent de fréquenter le temple. Les profanes sollicités se montrent hésitants.

De nombreuses loges accusent l'engagement politique d'un grand nombre de frères d'avoir provoqué ces campagnes. Jacques Feneant, l'historien de la maçonnerie tourangelle, explique cependant cet engagement :

« Les maçons tiennent-ils le département comme beaucoup le pensaient ou le redoutaient ? interroge-t-il. Il est vrai que dans presque tous les conseils municipaux des localités importantes ou moyennes, voire dans certains petits bourgs viticoles, les francs-maçons sont présents. Fallait-il y voir pour autant complots, intrigues ou autres démoniaques machinations issus du fameux secret des loges ? Le rapprochement était par trop facile ! Les frères ne tenaient pas le département, mais en accord avec leur idéal républicain et maçonnique, la politique devenait un terrain d'extériorisation. On peut affirmer que l'engagement politique remplaça en partie l'exercice traditionnel de la charité et l'aide aux pauvres de la ville, si souvent effectués au XIXe siècle et au début du XXe, et toujours pratiqués dans les loges anglo-saxonnes. »

Et Jacques Feneant de conclure :

« Les maçons, portés par les événements, dépassés même par eux peut-être, ont jugé plus utile et efficace de tenter de modifier la société dans le sens d'une plus grande justice, en prenant directement contact avec la réalité politique. »

Un mouvement se dessine pourtant et, en 1933, le frère René Besnard met en garde les maçons du Grand Orient contre le danger que représente pour eux et pour la franc-maçonnerie l'introduction de la politique dans les loges.

La montée de l'hitlérisme en Allemagne et la menace fasciste qui va peser sur toute l'Europe vont bien vite balayer ce courant. Les francs-maçons français vont se mobiliser à l'appel de leurs dignitaires contre ceux qui ont entrepris de persécuter leurs frères allemands. C'est ainsi que le 11 avril 1933, la loge de Poitiers La Solidarité s'émeut des « menées réactionnaires qui se font jour à travers le pays et le monde ».

L'union des gauches que le Grand Orient de France a contribué à réaliser a permis l'élection en 1932 de 12 députés communistes, de 130 socialistes S.F.I.O., de 28 républicains socialistes, de 159 radicaux-socialistes. Parmi eux figurent des francs-maçons qui vont jouer un rôle important dans les années qui vont suivre : Pierre Mendès France, membre de la loge de Pacy-sur-Eure Union et Progrès ; le futur ministre radical Raoul Aubaud ; Blaise Diagne, président du groupe fraternel du Parlement ; le banquier Louis Louis-Dreyfus ; le futur ministre de l'Intérieur Eugène Frot ; Max Hymans, qui deviendra président d'Air France ; Jammy-Schmidt ; le futur président du Conseil Paul Ramadier ; les futurs ministres

Jean Zay, Marc Rucart et Roger Salengro ; Alexandre Varenne, Maurice Viollette, futur gouverneur général de l'Algérie.

A partir de cette période, l'influence radicale cesse d'être prédominante au sein des loges. La jeune génération des francs-maçons est fortement marquée par les idées socialistes, notamment dans le Nord et dans le Centre. Les obédiences maçonniques, devant la situation créée dans les loges par la cohabitation de ces deux courants politiques, le radicalisme et le socialisme, s'estiment obligées de travailler à l'union des républicains et de préparer la mise en place d'un gouvernement de rassemblement. Une commission présidée par le frère Desmons a même été mise en place dans ce but par le dernier convent du Grand Orient.

La tendance des francs-maçons est au pacifisme, mais l'accession d'Adolf Hitler au pouvoir en Allemagne et la menace de guerre qui se précise vont contraindre les obédiences françaises à modérer leurs campagnes pacifistes.

A la même époque, le franc-maçon Navachine participe à la création d'une organisation synarchique spécialisée, le groupement X-Crise, qui prospecte dans les milieux d'anciens polytechniciens et s'efforce de constituer des équipes de techniciens dont le fichier sera conservé jusqu'en 1939 au ministère des Travaux publics, puis au ministère de l'Armement et, après juin 1940, au ministère de la Production industrielle de Vichy. Ce fichier, c'est la fameuse liste des Six-Cents dont il sera beaucoup question à Vichy en 1941 et à Paris après la Libération de 1944.

En fait, X-Crise veut organiser et amener au pouvoir ce qu'on appellera plus tard la technocratie.

Le Mouvement Synarchique d'Empire, organisation secrète s'inspirant plus ou moins directement des principes du martinisme, cherche aussi à pénétrer la franc-maçonnerie. C'est ainsi que Dimitri Navachine, ayant été reçu dans une loge de la Grande Loge de France, y fait recevoir plusieurs de ses amis synarques. Dans le même temps, il s'efforce d'amener un certain nombre de francs-maçons au Mouvement Synarchique.

Le Grand Orient de France subira la même pénétration, mais celle-ci sera plus tardive et moins étendue. Cependant, à cette époque, on trouve plusieurs affiliés du Mouvement Synarchique dans l'entourage du docteur Camille Savoire, grand commandeur du Grand Collège des Rites.

Finalement, Dimitri Navachine est assassiné au bois de Boulogne, vraisemblablement par les hommes de l'organisation secrète de la Cagoule. Ce mouvement comptait lui aussi parmi ses dirigeants quelques synarques notoires. Certains ont supposé par la suite que la mort de Navachine pouvait être due à un règlement de comptes entre synarques fascisants et synarques maçons.

A vrai dire, il ne s'agit là que d'une supposition et cette mort reste très mystérieuse.

Les francs-maçons français semblent avoir compris ce que représente la montée de l'hitlérisme en Allemagne.

Le 10 juin 1933, quarante-huit loges du Grand Orient de France, de la Grande Loge et du Droit Humain se réunissent en l'hôtel de la rue Cadet pour une grande manifestation publique contre l'hitlérisme. Parmi les orateurs profanes qui prennent la parole, figurent Paul Langevin, Lionel de Tassan, Georges Monnet et Georges Cogniot.

A cette occasion est organisée par le journaliste Georges Vallois une table ronde où va naître l'idée d'un Front populaire. Les frères Paul Perrin et André Lebey y représentent le Grand Orient. Les frères Antonio Coen, Charles Riandey et Gustave Rodriguès y participent au nom de la Grande Loge de France.

Cette idée d'un vaste front des forces populaires devant la montée du fascisme est d'ailleurs dans l'air. C'est l'époque où Gaston Bergery crée le Front commun auquel participent un certain nombre de maçons.

La plupart des loges françaises admettent que la démocratie est sérieusement menacée. En septembre 1933, au convent du Grand Orient, le frère Antonelli déclare :

« C'est par une contre-offensive préventive qu'il faut répondre à cette formidable organisation matérielle de l'antidémocratie ; une contre-offensive ardente, passionnée, sectaire — je ne crains pas le mot — qui ne se contente pas de protester, mais qui ose attaquer, et qui ne craigne pas d'aller briser jusque dans l'œuf toute cette manœuvre antidémocratique. »

Si la maçonnerie n'est pas encore dissoute en Allemagne, la répression s'annonce et, dès 1933, la Grande Loge de Hambourg se transforme en « Union des Frères de la Maison allemande ».

En France, une nouvelle campagne antimaçonnique s'amorce. Elle est animée essentiellement par des hommes politiques et des journalistes d'extrême droite, mais des éléments catholiques y participent activement. Des pamphlets circulent. Le débat est exclusivement politique. On reproche aux francs-maçons les pressions — parfois réelles, souvent exagérées — qu'ils exerceraient sur le pouvoir politique.

Il est vrai qu'à partir de 1933 la maçonnerie française, dans le cadre de la campagne contre le fascisme, intervient de plus en plus dans le domaine politique.

Les francs-maçons, démocrates ou juifs, expulsés d'Allemagne par les autorités nationales-socialistes, sont de plus en plus nombreux. Les loges françaises participent à leur accueil et à leur installation en France. Le groupe maçonnique Fraternité-Réconciliation et la loge allemande de Paris Gœthe se montrent à cette occasion particulièrement actifs.

Le 9 novembre 1933, un déjeuner commun réunit les membres du Conseil de l'Ordre du Grand Orient et les membres du Conseil fédéral de la Grande Loge de France. Les membres du groupe parlementaire maçonnique sont également présents. Une déclaration commune est rédigée qui précise :

« La franc-maçonnerie n'oublie pas que ses règlements lui interdisent de se mêler directement à l'action politique et à la lutte des partis. Mais elle n'oublie pas davantage que, dans la plupart des pays où des gouvernements à forme dictatoriale détiennent le pouvoir, les maçons ont été persécutés, dispersés, ou soumis à la plus humiliante surveillance. La franc-maçonnerie ne fait donc que défendre sa propre existence et son idéal séculaire lorsqu'elle déclare à l'avance son hostilité catégorique pour tout régime qui tendrait, dans notre pays, à supprimer ou à amoindrir les libertés que les citoyens ont acquises au prix de tant de peines. »

La démocratie française donne pourtant déjà une bien triste image d'elle-même. En trois mois, du 27 octobre 1933 au 30 janvier 1934, se succèdent les gouvernements Daladier, Sarraut, Chautemps et Daladier.

Le scandale Stavisky, la mort mystérieuse du conseiller Prince sur une voie ferrée, les noms de quelques francs-maçons notoires jetés au grand public par la presse provoquent une très violente campagne contre la maçonnerie. Des temples sont attaqués et saccagés dans plusieurs villes de province.

Des émeutes sanglantes éclatent à Paris les 6, 7 et 12 février. Le Grand Orient de France lance à tous les partis de gauche un appel à la vigilance.

Pour la première fois, le Grand Orient doit envisager momentanément de placer des piquets de garde armés pour assurer la protection de son immeuble de la rue Cadet. Cette crainte n'est pas exagérée, puisque déjà dans plusieurs villes les militants royalistes ont donné l'assaut aux loges locales.

Les ateliers, se sentant menacés, multiplient les prises de position politiques.

Le 18 février 1934, une tenue exceptionnelle de la Grande Loge est convoquée dans le temple de la rue Puteaux. Les députés des loges sont unanimes pour affirmer que leur obédience doit demeurer fidèle à ses traditions et s'abstenir de toute intrusion dans le domaine politique. Ils admettent cependant la nécessité de défendre les institutions républicaines qu'ils jugent menacées.

Le Conseil fédéral prend alors des mesures d'épuration et chasse des rangs de la maçonnerie quelques frères qui ont été compromis dans les scandales financiers.

Il est exact que plusieurs des personnalités radicales qui ont été en contact avec l'escroc Stavisky appartenaient à la maçonnerie. C'est notamment le cas des frères Bonnaure, Guibout-Ribaud, Hesse, Renoult, Proust et Vachet.

L'extrême droite en profite pour dénoncer l'action des juifs, des radicaux, des francs-maçons. Le pays est secoué par une flambée d'antiparlementarisme. La franc-maçonnerie et le parti radical sont particulièrement atteints par les campagnes de la droite. Le Grand Orient va enregistrer, avec cette affaire, plus de trois mille démissions.

A Paris, à Marseille, à Nice, à Bordeaux, des ligues antimaçonniques sont créées. Toute la grande presse d'information leur apporte son appui. Des personnalités civiles et militaires, notamment le général Weygand, font des conférences pour dénoncer le rôle attribué aux loges.

Être dénoncé comme franc-maçon peut suffire à briser une carrière politique et certains élus prennent prudemment leurs distances.

En mai 1934, une maison d'édition parisienne, d'inspiration catholique, entreprend la publication en deux volumes de plusieurs milliers de noms et adresses de francs-maçons appartenant à la Grande Loge de France. Cette fois, les accusations tombent juste car les informations sont extraites de documents maçonniques. Tous les noms des dignitaires de la Grande Loge sont ainsi livrés au public, mais avec un retard de quelques années : Gustave Mesureur, Blumenthal, Silvy, Lefèvre, Fiolet, Moses, Pacros, des grands officiers qui ne sont plus en activité depuis très longtemps.

En revanche, on y trouve également les noms de nombreuses personnalités qui sont toujours au premier plan de l'actualité : Louis Antériou, Paul Bénazet, le banquier Paulin Borgeaud, le journaliste socialiste Pierre Brossolette, l'écrivain Jean Cassou, Camille Chautemps, Louis Louis-Dreyfus, le syndicaliste Georges Dumoulin, le chansonnier Gabriello, le député Robert Lazurick, l'avocat Gaston Monnerville, l'ancien ministre Léon Perrier, Alphonse Rio et Marc Rucart, le journaliste Émile Schreiber, Alexandre Varenne, le comédien Robert Vidalin et Jean Zay, le député-maire d'Orléans.

Parmi ceux-là, beaucoup sont encore maçons en activité, mais certains ont rompu depuis longtemps avec la maçonnerie. L'erreur est facile à expliquer puisque les auteurs de l'ouvrage expliquent eux-mêmes qu'ils ont travaillé à partir des collections du Bulletin des loges de la région parisienne. Ils invitent leurs correspondants diocésains à faire dans chaque région la même recherche afin d'identifier ceux qui, dans leur ville, fréquentent le temple maçonnique.

« Nous devons une particulière gratitude, précisent-ils, à M. l'abbé Bethléem, qui a bien voulu mettre à notre disposition la riche et très sûre documentation qu'il a si intelligemment, méthodiquement et patiemment recueillie au cours de ses nombreuses et infatigables recherches. Qu'il en soit chaleureusement remercié. »

Que la documentation de l'abbé soit riche et très sûre, il n'en faut point douter. Encore faudrait-il savoir l'utiliser et prendre la peine de l'actualiser...

Dans le second volume figurent en effet les noms du chansonnier Pierre Dac, du comédien Harry Baur, de l'ancien communiste suisse Humbert-Droz, du député Henri Labroue, du socialiste Charles Lussy, du magistrat Mornet, le futur accusateur de Philippe Pétain, de l'aviateur Sadi-Lecointe, du journaliste Robert Schreiber, de l'écrivain Vallery-Radot. Or, ces quelques noms suffisent à établir que cette nouvelle liste comprend, à côté de maçons authentiques, des frères radiés depuis longtemps déjà, des profanes qui ont eu une fois l'occasion de parler dans une tenue blanche, et même des hommes qui, comme le député Labroue et Vallery-Radot, sont devenus des adversaires farouches de la franc-maçonnerie.

A la même heure, dans l'Allemagne hitlérienne, la chasse aux francs-maçons a commencé. Une section antimaçonnique a été créée au sein de la police SS. Dès septembre 1934, le chef nazi qui reçoit de Heydrich la mission de la diriger, d'établir un fichier des francs-maçons allemands, et d'ouvrir, dans les bâtiments même de la Sûreté du Reich, un musée de la franc-maçonnerie, n'est autre qu'Adolf Eichmann.

Les loges allemandes sont fermées les unes après les autres. La dernière aura disparu le 17 août 1935.

La répression antimaçonnique se soldera en Allemagne hitlérienne par l'assassinat de 62 frères, l'exil de 238, la disparition de 133 dans les camps de concentration. Sur les 80 000 membres que compte la maçonnerie allemande, plusieurs milliers sont chassés de l'administration et placés sous la surveillance permanente de la police. Plusieurs milliers d'autres sont arrêtés et internés dans les camps.

Dans les loges françaises, l'heure est venue de s'expliquer sur certaines compromissions. Ceux des frères qui demeurent fidèles à leur Ordre refusent pour la plupart d'admettre des pratiques qui ont gravement compromis la maçonnerie.

Une tenue a été organisée par la loge Les Enfants de Gergovie pour recevoir les frères délégués au congrès du parti radical. Le frère Jammy-Schmidt, au cours de cette soirée, rappelle le rôle joué par le groupe parlementaire maçonnique pendant toute cette période agitée. Le frère Camille Chautemps invite la gauche, devant le péril fasciste, à s'unir sous l'égide de la franc-maçonnerie. Le frère Paulin, député socialiste, reproche alors à Chautemps d'avoir fait preuve jusque-là d'une trop grande libéralité face à la réaction. Le frère William Bertrand doit se justifier d'appartenir au gouvernement de Gaston Doumergue dans lequel il est ministre de la Marine marchande.

La crise de la franc-maçonnerie française est évidente et, un peu partout dans les loges, les frères se posent bientôt des questions.

En 1935, 16 000 francs-maçons relèvent en France de la Grande Loge et 60 000 du Grand Orient.

La campagne antimaçonnique est plus violente que jamais. Le 28 décembre 1935, au cours de la séance de nuit à la Chambre des députés, alors que se discute un projet de loi visant les groupes de combat et les milices privées, les députés de droite René Dommange, Philippe Henriot, Xavier Vallat et La Cour-Grandmaison déposent un amendement tendant à la dissolution de toutes les organisations maçonniques.

C'est le frère Gaston-Martin qui est appelé à répondre aux accusations développées à la tribune par son collègue René Dommange. Il fait observer que, si cet amendement était voté, il impliquerait également la dissolution des tiers ordres religieux. Réfutant l'accusation d'antipatriotisme, il cite l'exemple du franc-maçon Joffre, maréchal de France, celui du franc-maçon Collignon, engagé volontaire à cinquante-sept ans et tué au combat, celui du franc-maçon Jacquet, que les Allemands ont fusillé dans Lille occupée.

René Dommange a surtout reproché à la maçonnerie son secret. Xavier Vallat insiste davantage sur l'importance prise, selon lui, par la maçonnerie dans la direction occulte de la République.

« Il se trouve, explique-t-il, que depuis plus d'un demi-siècle, les textes sur lesquels nous sommes appelés à nous prononcer ici ont été élaborés ailleurs, ils ont été élaborés par les loges et nous n'avons pas eu licence de changer une virgule aux textes rédigés par la Ligue de l'Enseignement, que son fondateur lui-même, je me suis permis de le rappeler, qualifiait de fille aînée de la franc-maçonnerie. Alors, je m'en excuse, mais c'est mon droit de représentant du peuple, c'est au nom de la doctrine même de la démocratie, que je vous demande de ne pas continuer à tolérer sur la terre de France un organisme qui substitue son autorité à celle que vous devez détenir. »

Finalement, l'amendement Dommange est repoussé par 41 voix contre 104, et, après rectification des votes, par 370 voix contre 91.

Il faut noter que trois députés francs-maçons ont choisi de s'abstenir lors de ce scrutin. Il s'agit de Louis Louis-Dreyfus, de Gratien Candace et d'Adolphe Chéron. Ce dernier est pourtant un vieux maçon, puisqu'il a été initié en 1901. Ces trois parlementaires qui ont trahi dans le seul souci de se dédouaner auprès de leurs électeurs sont immédiatement chassés de la maçonnerie.

Les attaques contre la maçonnerie sont particulièrement violentes en Afrique du Nord, et notamment à Oran.

Partout, le recrutement des loges s'est considérablement restreint. Dans certaines régions, il est nul. Pour certains vénérables, l'heure est venue de ramener la maçonnerie à des préoccupations exclusivement initiatiques. Le frère Barreaud, orateur de la loge de Montendre Les Pionniers du Progrès, déclare alors :

« La loge, pour certains, c'est un groupement politique, c'est un groupement de gauche, une force de gauche. Eh bien ! non. La loge n'est ni à droite, ni à gauche, ni au centre ; elle est la loge. Elle est au-dessus des groupements profanes et nous ne devons pas permettre qu'on la confonde avec les autres associations profanes. Car ce qu'il faut rechercher chez les hommes auxquels nous faisons l'honneur d'ouvrir les portes de nos temples, c'est, indépendamment des conceptions républicaines indispensables qui doivent les animer, la générosité, le désintéressement, la bonté. »

En réalité, dans de nombreuses loges, un courant se développe qui tend à l'amoindrissement, sinon à la suppression, des pratiques maçonniques rituelles. Au sein du Grand Orient, de nombreux frères athées et matérialistes prétendent moderniser l'Ordre en renonçant à certains usages qui proviennent de la tradition. Dès lors, certaines loges ne sont plus que les arrière-boutiques du parti radical et du parti socialiste. Face à ceux-là commence à se développer, notamment au sein de la Grande Loge de France, par réaction, un courant spiritualiste, et même religieux, pour résister à cet effort de modernisation. C'est cette tendance qui multiplie depuis un certain temps déjà les rencontres avec des gens d'Église en vue d'aboutir à une conjonction des forces spirituelles. On peut même penser dès lors que ces ouvertures en direction de l'Église vont aboutir.

Les obédiences peuvent maintenant s'expliquer et elles font admettre aisément aux loges qui relèvent de leur autorité que si, dans l'affaire Stavisky, des parlementaires maçons ont été gravement compromis, l'Ordre maçonnique lui-même ne peut être mis en cause.

Il est facile au Grand Orient et à la Grande Loge de prouver à leurs membres que la plupart des noms qui ont été jetés en pâture au grand public sont ceux d'hommes qui n'ont jamais franchi la porte du temple.

Le procureur de la République Georges Pressard, beau-frère de Camille Chautemps, auquel il est reproché d'avoir retardé les enquêtes sur les activités de Stavisky, n'est pas maçon, contrairement à ce qui a été écrit et mille fois répété.

Le conseiller à la cour d'appel Albert Prince, dont on retrouve le cadavre sur une voie ferrée, n'est pas maçon lui non plus. Certains vont jusqu'a imaginer que ce sont les maçons qui l'ont tué. Des journalistes prétendent même qu'on a retrouvé à La Combe-aux-Fées, près de ses restes, un poignard de Chevalier Kadosch.

Les conséquences de cette affaire, très largement exploitée par la droite, seront graves. Le parti radical a reçu un coup dont il ne se relèvera jamais. La franc-maçonnerie est touchée elle aussi par ce scandale, mais ce sont en fait les frères les moins motivés qui sont les premiers à déserter les loges.

Dans cette période difficile, la Grande Loge de France a la chance d'avoir comme grand maître Michel Dumesnil de Gramont. Né en 1893, il est le petit-fils du poète Ferdinand de Gramont, l'auteur des *Sextines.* Il a été lui-même le traducteur de Maxime Gorki et d'Alexis Tolstoï. Il a fait paraître en librairie sous sa signature une *Histoire de la littérature allemande* et une *Histoire de la littérature russe*, un essai *De Luther à Wagner* et une étude sur *Marx et le marxisme.* Directeur administratif de la recherche scientifique et des inventions avant la guerre de 1944, Michel Dumesnil de Gramont deviendra après la Libération président-directeur général d'une importante compagnie d'assurances. Il mourra le 4 février 1953 à l'âge de soixante ans.

Il accède à la charge suprême de l'obédience au moment où la maçonnerie française subit des assauts très durs.

Michel Dumesnil de Gramont, avec le concours du grand secrétaire Albans Chaligny, décide de rendre plus sévères les enquêtes sur les postulants, de chasser les indésirables et les hommes de moralité douteuse, d'exiger de tous les frères une plus stricte assiduité.

Ces mesures, qui sont conformes à ce qu'avait exigé le convent du nouveau grand maître, ne sont pas acceptées par toutes les loges. Au convent de 1935, plusieurs députés reprochent au Conseil fédéral ce qu'ils considèrent comme un « despotisme grandissant ».

Si la proposition des députés René Dommange et Xavier Vallat a été finalement repoussée à la Chambre, le grand maître a compris que ce n'était là qu'un répit et que les adversaires de la maçonnerie ne désarmeraient pas.

Il ne cache pas à ses amis de la rue Puteaux, aux dignitaires de son obédience, que désormais toutes les occasions seront bonnes pour ceux qui ont tenté d'obtenir la fermeture des loges maçonniques.

Pour y faire face, il va donc multiplier les contacts avec les obédiences étrangères, mais aussi avec toutes les forces qui en France partagent son inquiétude devant l'évolution de la situation politique.

La menace que la droite a fait peser sur la République le 6 février 1934 aura pour conséquence directe la constitution du Front populaire. On ne peut nier que la franc-maçonnerie joue alors un rôle essentiel dans les événements qui vont amener la victoire de la gauche aux élections de 1936 et la constitution du gouvernement Léon Blum.

Parmi les quarante-huit organisations qui participent à la constitution du Rassemblement populaire créé le 14 Juillet 1935 sous la présidence de Victor Basch, le président de la Ligue des Droits de l'homme, plusieurs sont représentées par des frères :

— Le frère Perney représente le parti radical-socialiste.

— Le frère Marceau Pivert représente le parti socialiste S.F.I.O.

— Le frère Jean Sennac représente le Comité d'Action Combattante.

— Le frère Bernard Montagnon représente le parti socialiste de France.

— Le frère Brenier est président de la Ligue de l'enseignement.

— Le frère Bernard Lecache préside la Ligue internationale contre l'antisémitisme.

— Le frère Fonteny représente la Fédération nationale des combattants républicains.

Le Grand Orient est au premier rang, mais la Grande Loge de France suit sans aucune hésitation puisque son convent de 1933 a décidé de « prendre l'initiative du rassemblement de toutes les forces de la démocratie dans un organisme de lutte contre le fascisme et la défense des institutions républicaines ».

Aussi la campagne contre les loges se poursuit-elle. Le 14 février 1936, le local maçonnique de Montpellier est l'objet d'une tentative d'incendie. De l'essence a été répandue devant la porte d'entrée et tout le couloir flambe, alors que les frères siègent en tenue au deuxième étage de l'immeuble.

Les partis de gauche parviennent à réaliser leur union en vue des élections législatives de 1936. C'est la naissance du Front populaire et le Grand Orient de France a joué son rôle dans la négociation. Le frère Brenier déclarera au convent du Grand Orient qui va suivre la victoire commune des radicaux, des socialistes et des communistes :

« C'est parce que nous avons la volonté commune d'en finir avec un régime agonisant que nous avons participé à ce grand rassemblement populaire qui nous a enfin permis de retrouver tous les hommes de progrès unis dans une entente qui a groupé tous les partis de la démocratie et qui a porté au pouvoir un gouvernement en qui nous avons mis notre confiance et qui, par ses actes, l'a pleinement mérité. »

Ce gouvernement, c'est celui que préside le socialiste Léon Blum.

On voit alors des maçons, revêtus de leurs ornements rituels, participer dans la rue aux défilés du Front populaire.

A cette époque, la maçonnerie française décline. Le recrutement n'a jamais été d'une qualité aussi médiocre. La politique a envahi les temples. Les meilleurs s'en éloignent discrètement.

Et pourtant, la victoire électorale de la gauche a amené de nombreux maçons à la Chambre des députés. On en compte quatre-vingt-onze, soit environ 15 %, 35 au groupe radical, 41 au groupe socialiste, 1 au groupe communiste, 14 dans divers autres groupes.

Certains profanes, croyant sans doute que la franc-maçonnerie détient en fait le pouvoir politique, demandent à être initiés, et il s'est avéré que bien des loges croient pouvoir par conséquent ouvrir leurs portes plus facilement que par le passé. C'est à leur sujet que le frère Edmond Gloton écrira en mars 1962 dans la revue maçonnique *la Chaîne d'Union :*

« La victoire du Front populaire nous a apporté nombre de demandes... cela a fait des apprentis, mais sur ces apprentis, combien sont devenus des maîtres ? Fort peu ! »

De toute évidence, dans le climat de la victoire électorale, le parti communiste, pour la première fois depuis la condamnation de 1922, amorce un rapprochement en direction du Grand Orient de France. Il le fait en multipliant malgré tout les précautions. Le 20 novembre 1936, Maurice Thorez, secrétaire général du parti, est annoncé comme orateur à une tenue blanche organisée dans le temple du Grand Orient par la loge Les Amis de l'Humanité. Il doit parler du destin du Rassemblement populaire. Au dernier moment, il se fait remplacer par le député communiste Florimond Bonte.

La revue *le Crapouillot* fait alors paraître un numéro spécial consacré à la franc-maçonnerie et dû au journaliste Raymond A. Dior. Cette étude est, dans son esprit, nettement hostile à l'Ordre, et malgré tout, la presse de gauche, notamment *le Populaire* et *l'œuvre*, lui font une grande publicité. L'auteur reproche surtout aux loges de n'avoir jamais su imposer à leurs membres une attitude commune dans les diverses périodes de l'Histoire. Il va même jusqu'à prétendre que les francs-maçons se sont cachés pendant la Révolution, ignorant, semble-t-il, que Condorcet, Couthon, Pétion, Danton, Brissot, Camille Desmoulins, Rabaud-Saint-Etienne, Lakanal étaient tous francs-maçons.

La guerre approche et les dirigeants de toutes les obédiences du monde manifestent leur inquiétude.

Le 1er février 1939, Arthur Groussier, président du Conseil de l'Ordre du Grand Orient, et Michel Dumesnil de Gramont, grand maître de la Grande Loge de France, signent ensemble une lettre adressée au frère Franklin D. Roosevelt, président des États-Unis. Ils le remercient des efforts qu'il a accomplis pour tenter de résoudre la crise internationale. Ils lui demandent de réunir une conférence des États intéressés au cours de laquelle seraient étudiés tous les problèmes ethniques et économiques qui divisent les nations.

La dernière grande cérémonie maçonnique célébrée dans le temple de la rue Puteaux avant la déclaration de guerre est l'intégration solennelle à la Grande Loge de France de la loge Mozart, fondée à Paris par des frères autrichiens qui viennent d'être chassés de leur pays par le nazisme.

Le vénérable de la nouvelle loge invoque ses frères de Vienne déjà tombés sous les coups des hitlériens.

Albert Lantoine, l'un des frères les plus écoutés de la Grande Loge de France, observe alors, avec un certain don de prophétie :

« Si demain la République s'écroulait, la franc-maçonnerie se trouverait parmi ses ruines. »

Que serait-elle devenue si le drame n'avait fondu sur elle ? Il est difficile de faire ici des suppositions, mais il est également difficile d'oublier ce qu'écrivit Oswald Wirth, l'une des lumières de la Grande Loge, le 8 août 1941, quand, réfugié au château de la Rochère, dans le Poitou, il apprit que le gouvernement de Vichy venait d'interdire l'Ordre maçonnique :

« Tout bien considéré, on nous a rendu service en nous tuant, car nous ne nous serions jamais décidés à nous suicider pour mourir à nos imperfections afin de renaître à une existence moins imparfaite. Nous étions engagés dans une impasse, en État maçonnique ayant gouvernement parlementaire, administration, pseudo-diplomatie et préventions mesquines. Tout cela n'avait rien de maçonnique : c'était profane, archi-profane. Et comment s'en sortir ?... Tout était à reprendre par la base, en évitant les erreurs commises. »

Il reste que la défaite militaire de 1940, en provoquant la mort de la République radicale, met fin à une certaine forme de l'influence maçonnique qui ne ressuscitera pas. Non seulement les francs-maçons avaient provoqué la naissance du parti radical, mais encore ils lui avaient donné une organisation et des cadres. Pendant quarante ans, l'histoire de la maçonnerie française et celle du parti radical, souvent confondues, ont été illustrées par nombre de faits significatifs qu'énumère Jean-Thomas Nordmann :

— Avant 1914, près de 50 % des membres du comité exécutif du parti sont maçons.

— En 1909, Lafferre cumule les fonctions de président du parti et de président du Conseil de l'Ordre du Grand Orient de France.

— Les zones de force de l'implantation du Grand Orient (La Seine, le Rhône, le Sud-Est, le Sud-Ouest) sont aussi des bastions du radicalisme.

— Edouard Herriot n'est pas maçon, mais préside des déjeuners de la victoire dans la salle des fêtes du Grand Orient après les élections législatives de 1924 et de 1932.

Ces liens entre le parti et les loges sont même devenus si étroits qu'au congrès extraordinaire de Clermont-Ferrand, en mai 1934, Edouard Pfeiffer s'était permis de dénoncer à la tribune ceux qui, dans le parti, sont francs-maçons avant d'être radicaux et il s'était attiré une réponse indignée de Camille Chautemps.

CHAPITRE X

LA GUERRE ET L'OCCUPATION

Le 14 juin 1940, l'armée allemande fait son entrée dans Paris. Le 22 juin, la délégation française signe l'armistice dans la clairière de Rethondes.

Les dirigeants n'ont pas vu venir le temps des épreuves. Les mesures de sécurité n'ont été prises qu'au dernier moment.

Le frère Francis Viaud, haut fonctionnaire des Poids et mesures, devenu grand maître du Grand Orient après la Libération de 1944, expliquera alors :

« Nos frères parlementaires qui, par la nature de leurs fonctions, auraient dû être parfaitement informés sur les événements, étaient trop optimistes, même fin mai 1940, et cet optimisme avait fini par pénétrer au sein du Conseil de l'Ordre qui ne poussait pas tellement à une nouvelle évacuation massive des documents du Grand Orient. Les événements militaires se précipitant — malgré l'optimisme des personnalités officielles — les tableaux des loges, le fichier, les machines à écrire furent expédiés au début de 1940 au nom du frère Baylot à l'adresse du frère Pinèdre à Bordeaux. Seul le fichier des frères décédés et des profanes ajournés ne fut pas évacué. Il fallait bien parer au plus pressé et choisir, parmi les cent cinquante tonnes de documents, ceux qu'il fallait emporter. »

Au convent de 1945, le frère Villard donnera d'autres détails sur ces mesures prises *in extremis :*

« Pour bien vous montrer que cette destruction a bien été faite, dira-t-il, je vous dirai que le fichier des maçons n'était pas le seul. Nous avions fait aussi un fichier militaire pendant les hostilités, parce que toutes nos loges nous demandaient s'il y avait un frère dans tel régiment, dans tel état-major. Sans que l'esprit d'avancement pousse nos frères, il y avait de leur part désir d'établir un contact avec d'autres frères... Ce fichier était donc appelé à reconstituer l'ordre de bataille dans toute l'armée française. Vous pensez bien que s'il était tombé aux mains du gouvernement de Vichy, vous le sauriez maintenant. »

De fait, Arthur Groussier, le président du Conseil de l'Ordre, a pris des mesures pour faire détruire les fichiers expédiés à Bordeaux.

A la Grande Loge de France, la police allemande a forcé les portes de l'immeuble de la rue Puteaux. Elle y trouve les noms et adresses du personnel administratif et procède à leur interrogatoire. Ces policiers veulent savoir où ont été transportées les archives de l'obédience que le frère Collaveri, chef des services administratifs, a fait diriger par camion sur la province. Les Allemands finiront par apprendre que les dossiers ont été transportés en Charente, mais lorsqu'ils arriveront dans la cachette, tous les documents auront disparu. Selon André Weill-Curiel, le grand maître Michel Dumesnil de Gramont aurait lui-même brûlé à Niort une partie des archives de la Grande Loge de France.

Il est cependant certain que tout n'avait pu être déménagé. Le service des sociétés secrètes, créé par le gouvernement de Vichy, va retrouver de nombreux documents dans les placards du 8 de la rue Puteaux. Les noms des officiers maçons qui figuraient dans un dossier établi plusieurs années avant la guerre par le général Peloquin seront publiés par le journal *Au Pilori.*

Trois militaires allemands, — deux hommes de troupe et un sous-officier — sont alors affectés dans l'immeuble de la Grande Loge. Ils vont y passer toute la guerre avec une mission très précise : retrouver les fonds de l'obédience ; et ils vont chercher pendant quatre années sans rien découvrir. Pendant que l'armée allemande se battra en Russie, en Grèce, en Afrique du Nord, les trois « bidasses » de la Wehrmacht, de petits policiers allemands en temps de paix, s'obstineront à chercher « le trésor des francs-maçons ».

Le grand trésorier de la Grande Loge, André Guillemin, est activement recherché. Directeur de garage avenue de Clichy, ancien vénérable de la loge La Fidélité, il a eu l'idée, quelques jours avant l'entrée des troupes allemandes dans Paris, de s'adresser à une banque américaine de la place Vendôme pour convertir en dollars les fonds de l'obédience. Ensuite Guillemin a disparu avec le trésor dans la clandestinité. Son épouse est longuement interrogée mais elle ne peut rien dire.

Guillemin mourra pendant l'Occupation sans avoir été retrouvé. L'argent de la Grande Loge disparut avec lui.

« La persécution maçonnique, expliquera le grand maître Dumesnil de Gramont, commença dès avant la promulgation des lois de Vichy. Ce 1er juillet déjà, la police allemande, escortée de la française, perquisitionnait chez moi, correctement je dois le dire. Par la suite, elle revint souvent... »

Le pouvoir politique installé à Vichy considère la maçonnerie comme la force à abattre. Et, cependant, lors de la séance historique du 10 juillet 1940 à l'Assemblée nationale, tous les parlementaires francs-maçons ne votent pas de la même façon. Parmi les opposants qui refusent les pleins pouvoirs au maréchal Pétain, figurent des frères comme Félix Gouin, Paul Ramadier, René Renoult, Thivrier. D'autres s'abstiennent, comme Léon Perrier et Steeg. D'autres votent avec la droite.

Dès le 13 août, une loi interdit les sociétés secrètes. Le 19 août, le maréchal signe le décret de dissolution du Grand Orient et de la Grande Loge de France. Le 27 février 1941, la même mesure frappe toutes les autres obédiences.

Pourtant, dès le 7 août 1940, les frères Arthur Groussier et Louis Villard avaient écrit au maréchal Pétain pour lui faire savoir que, de leur propre initiative, le Grand Orient et toutes ses loges cessaient leurs travaux. Ils affirmaient que la franc-maçonnerie n'était vaincue que par les mensonges répandus par ses adversaires :

« Le Grand Orient de France, déclaraient-ils, comptait parmi les forces spirituelles qui composaient notre nation. Sa fermeture suffira-t-elle à apaiser toutes les haines ? Puisse-t-elle au moins aider au rapprochement de tous les Français qui, avec des tempéraments différents, ont l'intention de travailler loyalement au redressement moral et à la prospérité de la France. »

Dans la formule de politesse, ils assuraient enfin le maréchal de leur profond respect, ce qui leur sera reproché plus tard.

Arthur Groussier est un ancien député socialiste. Louis Villard est un industriel parisien. Ils ont agi dans l'espoir d'atténuer les mesures de répression qui se préparent contre leurs frères.

Sur la proposition de l'amiral Darlan, fils de maçon, et du ministre Pierre Pucheu, il est décidé que les noms des anciens dignitaires des obédiences dissoutes seront publiés au *Journal officiel*, que l'accès et l'exercice de certaines fonctions publiques et de certains mandats politiques leur seront interdits, que les fonctionnaires et agents civils ou militaires identifiés comme dignitaires maçons seront démissionnés d'office.

Le service des sociétés secrètes, dirigé par l'universitaire Bernard Faÿ, professeur au Collège de France, va très vite identifier 60 000 francs-maçons français. Les noms de 14 000 d'entre eux seront publiés au *Journal officiel* et souvent reproduits par la presse locale.

De ces listes, Dumesnil de Gramont dira au convent de 1945 de la Grande Loge de France :

« Il faut remarquer qu'elles fourmillent d'erreurs. Elles contenaient notamment les noms de nombreux maçons depuis longtemps disparus. Il était clair à première vue qu'elles n'avaient pas été dressées à l'aide des fichiers et des registres parfaitement tenus à jour par le secrétariat de la Grande Loge. »

En réalité, ces listes ont été dressées grâce à la collection du *Bulletin hebdomadaire des loges de la région parisienne*, et puis aussi grâce aux annuaires de l'obédience et aux annuaires des loges. Par ailleurs, si la Grande Loge de France a pris à Paris des mesures de sécurité, un certain nombre de vénérables et de secrétaires de loges n'ont pas songé à mettre à temps en lieu sûr leurs livres de procès-verbaux et leurs archives.

Dans une note d'Otto Abetz datée du 30 juillet 1940, il est reproché à Pierre Laval, vice-président du gouvernement de Vichy, de freiner l'action antimaçonnique des maurassiens de l'entourage du maréchal Pétain. Abetz rappelle que Laval a été lui-même dans le passé conférencier en loge, et qu'il a conservé auprès de lui des hommes comme Roger Stora, juif et maçon.

Pied-noir de Sétif, licencié ès lettres, Stora a en effet été l'attaché parlementaire de Laval avant la guerre et il lui a demandé à Vichy sa protection. Ne pouvant le prendre à son cabinet, Laval l'a promu alors receveur principal des finances à Grasse, où il a vécu sans être inquiété.

Il est certain que c'est chez le maréchal que se trouve le noyau le plus dur de l'action antimaçonnique. De Philippe Pétain lui-même, son ministre de l'Intérieur Adrien Marquet dira :

« Pour lui, un juif n'est jamais responsable de ses origines, alors qu'un franc-maçon l'est toujours de son choix. »

Le service des sociétés secrètes créé en mai 1941 est tout d'abord rattaché au cabinet civil du maréchal, puis au ministère de l'Intérieur et de la Justice. Le premier responsable en est le capitaine de vaisseau Roger Labat, un ancien officier du 2e bureau de la Marine.

Ce service comprend pour la zone libre cinq sections : la police, les renseignements, les archives, le contrôle des fonctionnaires et la section de diffusion des renseignements et des documents.

A Paris, il existe cinq services antimaçonniques :

— Celui de l'universitaire Bernard Faÿ, administrateur général de la Bibliothèque nationale. Installé rue Cadet, au siège du Grand Orient, il est plus particulièrement chargé de prendre en charge les archives des obédiences et de les classer.

— Le service de recherches, que dirige Jean Marquès-Rivière, lui-même ancien franc-maçon. Il dépend du commandant Labat à Vichy et il sera très vite en guerre ouverte avec Bernard Faÿ.

— Le service des Sociétés dissoutes, que dirige le commissaire Moerschel et qui est installé avenue Rapp, au siège de la Société théosophique de France.

— Le Centre d'action et de documentation installé dans une partie des locaux de la Grande Loge de France, rue Puteaux.

— Enfin les services antimaçonniques allemands de l'avenue Foch.

Alors que rue Cadet le classement des dossiers du Grand Orient, auquel se consacrent trente personnes, se fait dans le plus grand désordre, rue Puteaux des milliers de fiches sont établies qui reconstituent, avec une grande précision, la vie maçonnique des frères écossais. Les Allemands partiront d'ailleurs en 1944, en laissant en place ce nouveau fichier qui constitue aujourd'hui pour l'historien une source extrêmement riche.

Avec les fonds du gouvernement de Vichy, Jean Marquès-Rivière et Pasteur Vallery-Radot publient une revue mensuelle fort bien informée, *les Documents maçonniques.* Le Centre d'action et de documentation fait paraître chaque semaine un *Bulletin d'information antimaçonnique.*

Le service antimaçonnique allemand de l'avenue Foch est dirigé par le lieutenant Moritz. Il va jusqu'à soupçonner l'ambassadeur Otto Abetz de protéger d'anciens francs-maçons.

C'est dans son service que le frère Charles Riandey, secrétaire général de la mairie du XVIIIe arrondissement et haut dignitaire de la Grande Loge de France, est interrogé de curieuse façon par l'officier SS Pfannstiel.

— L'ambassadeur Otto Abetz est-il franc-maçon ? lui demande-t-on.

— Oui, répond alors Riandey.

— Comment le savez-vous ?

— Il fréquentait avant la guerre la loge Gœthe à la Grande Loge de France.

— Et M. von Ribbentrop ?... et le général von Stupnagel ?...

C'est ce même service de l'avenue Rapp qui garde détenu pendant cinquante-sept jours le frère Delassis, accusé d'avoir participé à la destruction du fichier de la Grande Loge de France.

Dans la déposition remise après la guerre à la Fondation américaine Hoover par le préfet Paul Brun, nommé par le gouvernement de Vichy préfet régional à Clermont-Ferrand, nous trouvons le témoignage suivant :

« Le service régional des sociétés secrètes avait des tendances à faire du zèle, comme tout service nouvellement créé. Je profitai d'un incident que son chef eut avec un commissaire de police pour le neutraliser complètement. Le président Pierre Laval, mis au courant, me couvrit. »

Le préfet régional Jacques Henry écrit, quant à lui, à la Fondation Hoover :

« Préfet de la Creuse, je fis arrêter le chef du service chargé de veiller à la non-reconstitution des sociétés secrètes. J'avais de sérieuses raisons de suspecter son honnêteté morale (et matérielle !) et je savais qu'il entretenait des contacts coupables avec les occupants. Ce pseudo-fonctionnaire était fort soutenu par le secrétariat d'État dont il ressortissait. Le président appuya ma décision, ajoutant que ce service était à supprimer, tant son esprit et ses méthodes étaient intolérables. “ Je ferai, ajouta-t-il, cesser cette chasse abominable aux francs-maçons. ” J'ajoute que l'individu qui avait été interné se fit réclamer quelques mois plus tard par les Allemands, pour s'engager dans les Waffen S.S. »

Quelques maçons réussissent également à échapper à la répression grâce à certaines interventions auprès de l'ambassade d'Allemagne à Paris. André Weill-Curiel, membre de la loge parisienne L'Union des Peuples, est, depuis 1933, un ami intime d'Otto Abetz et il parvient à lui inspirer quelques gestes généreux en faveur de ses frères menacés et à gêner l'action de Bernard Faÿ et des services antimaçonniques. A certaines heures de l'Occupation, grâce à Otto Abetz et à son adjoint Ernst Achenbach, les francs-maçons sont moins menacés en zone occupée que dans la zone libre où la répression, inspirée directement par le cabinet du maréchal Pétain, se veut impitoyable.

« Du jour au lendemain, a écrit le journaliste Grisey, des anciens dignitaires maçons se retrouvent sans travail, des familles démunies. En sommeil depuis l'avant-guerre, un directeur d'école de la rue Laugier à Paris, par exemple, est exclu de l'Éducation nationale à la suite de la publication d'une liste d'instituteurs maçons dans *le Cri du peuple.* »

L'avocat Chadirat, grand maître adjoint de la Grande Loge de France, est arrêté à Saint-Flour et interné en compagnie du militant catholique Edmond Michelet, futur ministre de la IVe et de la Ve République.

Des officiers de la Gestapo se présentent à Enghien chez le frère Arthur Groussier, mais, devant son grand âge et son aspect inoffensif, ils renoncent à l'arrêter.

On voit à cette époque un ministre du gouvernement de Vichy, Peyrouton, solliciter et obtenir du grand maître adjoint Voronoff, son ancien vénérable, une lettre qui affirme qu'il a quitté la maçonnerie depuis plusieurs années. Et Peyrouton peut alors poursuivre sa carrière à Vichy pendant que Voronoff part pour le camp de déportation d'Auschwitz.

Les arrestations se multiplient. Les documents saisis chez les frères et dans les loges sont centralisés au numéro 4 du square Rapp. Les plus importants seront plus tard transportés par les Allemands dans un château qui dépend des services du maréchal Gœring. Lorsque les troupes russes arriveront en 1945 dans cette région, elles s'en empareront et les transporteront en Union soviétique. Toutes les démarches faites par la suite par la franc-maçonnerie française, notamment par l'intermédiaire d'un ambassadeur de France à Moscou, se heurteront à une réponse formelle : « Nous ignorons ce dont vous parlez. »

La collecte des archives des obédiences et des loges françaises a pourtant été sérieusement organisée. La responsabilité en a été confiée à l'Obersturmführer Stubert, placé sous les ordres du docteur Helmut Knochen, chef d'état-major de la SS à Paris. Ce Stubert contrôle le service français de l'avenue Rapp, dirigé par le commissaire Moershel.

La surveillance des maçons français laisse d'ailleurs beaucoup à désirer. Jamais Stubert n'a soupçonné le frère Paul Perrin, de la loge parisienne La Philosophie Positive, secrétaire général du comité d'action économique du R.N.P. de Marcel Déat, de retrouver ses frères Soubret, Peloquin et Villard dans des réunions maçonniques clandestines.

Les réunions antimaçonniques se succèdent dans toutes les grandes villes de la zone Nord et de la zone Sud. Il arrive que des maçons y assistent. Vallery-Radot parle à Tours le 28 janvier 1942 devant 74 personnes, parmi lesquelles on reconnaîtra vingt-quatre membres des loges locales !

Un peu plus tard, c'est Bernard Faÿ qui parle dans la même ville, en présence du préfet Jean Tracou et de Mgr Gaillard, archevêque. Et il explique à son public :

« La maçonnerie, exportation anglo-saxonne, travaille au seul profit de l'Angleterre, en affaiblissant et en divisant le monde. En France, elle a travaillé à abattre la royauté, bastion spirituel du catholicisme, et elle a instauré la République, grâce à laquelle elle pensait faire triompher ses idées matérialistes... »

Il déclare avoir visité des temples maçonniques et avoir découvert de véritables lieux de bacchanales.

Cependant, il se déclare convaincu que, si les loges sont fermées et leurs membres dénoncés, la maçonnerie n'est pas encore morte.

« N'a-t-on pas vu des loges maçonniques se constituer momentanément dans les camps de prisonniers en Allemagne ? »

Bernard Faÿ en appelle à l'union contre les francs-maçons. Pour lui, ils sont, avec les juifs et les communistes, les vrais responsables de la défaite de la France.

En réalité, à travers ces campagnes qui sont autant d'entreprises de dénonciation aux services de l'occupant, la maçonnerie regagne en prestige ce qu'elle avait perdu en 1934.

Les temples ont été fermés mais la plupart des loges ont réussi à conserver des liens étroits entre leurs membres.

Le frère Arthur Groussier expliquera au convent de 1945 :

« J'ai toujours dit à mes frères : ne vous réunissez pas en tenues maçonniques, mais vous devez vous voir entre maçons, en petit nombre, pour maintenir les liens fraternels ; nous devons préserver la maçonnerie de nouvelles attaques et nous préparer à la faire renaître. »

Jacques Mitterrand a conté sa visite à l'exposition antimaçonnique du Petit Palais :

« J'y avais rencontré des frères qui, serrant les dents comme moi, retenaient des larmes de rage, la gorge contractée... Nous ne disions rien, mais nous écoutions les murmures des autres visiteurs. A voix basse, ils parlaient entre eux... Ainsi, ces francs-maçons, qu'ils ne connaissaient pas, c'étaient eux que les nazis dénonçaient comme étant à l'origine de toutes les révolutions françaises... Ainsi, ces francs-maçons avaient compté, dans leurs rangs, depuis deux siècles, les fils de France les plus illustres dont les noms peuplaient les manuels d'histoire les plus élémentaires. Ainsi, ces francs-maçons étaient coupables d'avoir bâti l'école laïque, d'avoir conçu les assurances sociales, d'avoir imaginé les tribunaux internationaux pour régler pacifiquement les conflits entre les peuples. »

Les loges, qui n'avaient rien dit depuis deux siècles de leur histoire, recevaient de la sorte des occupants allemands une publicité dont les effets se feraient sentir à la Libération.

Quelques maçons réussissent, cependant, à se maintenir dans le haut personnel de Vichy. Le ministre de l'Intérieur Peyrouton n'est-il pas Rose-Croix et membre de la loge parisienne L'Action affiliée au Grand Orient ? Le préfet de police Roger Langeron n'a-t-il pas été initié en 1906 dans la même loge ? Le procureur Frette-Damicourt n'a-t-il pas été initié en 1927 par La Clémente Amitié ?

Dans son rapport conservé aux États-Unis par la Fondation Hoover, M. Georges Hilaire, secrétaire général pour l'administration au ministère de l'Intérieur, membre du parti radical avant la guerre, devait préciser que M. Moatti, fonctionnaire à l'Administration centrale, avait dû abandonner alors son poste parce qu'il était israélite et qu'il appartenait à une société secrète, mais il continua néanmoins à percevoir son traitement. M. Georges Hilaire tient à citer d'autres cas, notamment celui de M. Chassaigne, nommé préfet de l'Hérault par Pierre Laval bien qu'il soit membre, lui aussi, de ce que l'on appelait à l'époque une société secrète ; de M. Lalanne, nommé préfet de Belfort, quoique membre du Grand Orient. Il cite le cas de M. Rouliès dans les termes suivants :

« M. Rouliès, bien que franc-maçon, fut maintenu dans les cadres ; ayant fait une fausse déclaration, sa révocation fut demandée avec instance par le service des sociétés secrètes. Cette mesure fut évitée par l'application de la loi du 17 juillet 1940 permettant à ce fonctionnaire de percevoir son traitement et d'échapper à la radiation. »

Tous ces témoignages tendent évidemment à prouver que Pierre Laval, qui a entretenu avant la guerre de bonnes relations avec la loge d'Aubervilliers, est personnellement hostile à cette législation contre la franc-maçonnerie et que, s'il n'a pas le pouvoir de la supprimer, en raison des pressions de l'occupant allemand, il ne refuse pas d'intervenir pour régler certains cas particuliers. C'est ce qu'il fait par exemple le jour où le frère François Descamp, vénérable d'une loge de Clermont-Ferrand, le fait avertir par l'avocat René Demai de la révocation du frère Groisne, chargé du service des réfugiés à la préfecture du Puy-de-Dôme. Laval demande immédiatement au préfet Paul Brun de réintégrer ce fonctionnaire.

C'est encore Laval qui crée la commission présidée par Maurice Reclus à seule fin de modérer les effets de la répression antimaçonnique. Nous pourrions citer ici le nom de ce haut fonctionnaire de de la préfecture de police, devenu plus tard député gaulliste de la Ve République, qui recourut aux bons offices de cette commission.

Ses anciens amis du temps où il appartenait à la gauche savent qu'ils peuvent frapper à sa porte. Il prévient un jour le socialiste André Le Troquer qu'il est repéré et risque une arrestation. Paul Faure intervient auprès de lui en faveur du socialiste Bracke. Le radical Chichery, qui sera exécuté par des maquisards communistes, lui demande d'agir pour que la milice laisse en paix la mère de Max Hymans. Eugène Frot vient le voir pour l'intéresser au sort de Georges Mandel, qui sera finalement assassiné par la milice.

Un jour à Vichy, Laval confie à son ami Albert Chichery :

« Il y a des gens qui me comprennent, soyez-en sûr. Ce sont les maires francs-maçons que je maintiens en place, malgré le sectarisme du service des sociétés secrètes. Demandez plutôt à Marchandeau, au maire de Rouen, au maire de Vitry-le-François, au maire de Joigny. Tous des maçons ! Tous des titulaires du tablier en peau de cochon ! Si je les maintiens, ce n'est pas parce que j'ai sympathisé, moi aussi, avec la maçonnerie à mes débuts, ni parce qu'ils sont des francs-maçons ! Ce sont les francs-maçons qui m'ont renversé au Sénat, en 1931, pour le compte de Bénès et des loges écossaises. Je maintiens ces magistrats parce qu'ils ont été régulièrement élus et parce qu'ils ont la confiance des populations. »

Il sait pourtant qu'un peu partout des maçons prennent, à partir de 1941, l'initiative d'organiser la résistance au gouvernement de Vichy. C'est ainsi qu'à Poitiers un frère chargé de responsabilités dans la clandestinité organise une réunion des maçons qu'il a sélectionnés dans les loges de la Vienne et de plusieurs départements voisins pour mettre en place de nouveaux réseaux. Appartenant souvent à la même organisation, les maçons sont parfois victimes des mêmes dénonciations et se retrouvent dans les mêmes prisons, ou dans les mêmes convois pour la déportation.

Un autre jour, c'est à son vieil ami Anatole de Monzie que Laval se plaint du comportement de l'amiral Platon :

« Il y avait un fanatique à mes côtés, c'était l'amiral Platon. C'est un très grand soldat et un homme de caractère. Je l'admire. Mais c'est un vrai camisard. J'ai voulu l'apprivoiser ! Rien à faire ! C'est un Cévenol, un homme de pierre. J'ai voulu l'écarter. Il a fait intervenir des protecteurs puissants. Alors, j'ai supprimé son emploi par décret. Sais-tu qu'il avait révoqué, sans m'en prévenir et sans que cela fût en son pouvoir, deux de mes préfets, Coldefy et Pelletier ? Ils étaient un peu francs-maçons, bien sûr, et ils avaient fait de fausses déclarations. Mais c'étaient d'excellents préfets. Platon alla jusqu'à mettre l'un de ses agents aux trousses de Bousquet, mon secrétaire général à la police. Il voulait à toute force lui découvrir une appartenance maçonnique. Mais Bousquet n'a pas froid aux yeux. Il a fait arrêter ce faux policier pour usurpation de fonctions. Ce dernier est encore en prison. Il y restera. »

Éloigné de Vichy, l'amiral Platon s'installe en Dordogne. Il y sera arrêté, torturé et fusillé en 1944 par des résistants communistes.

Lorsque Monzie lui demande pourquoi il a conservé ces services spéciaux contre les juifs, contre les communistes, contre les francs-maçons, ces services d'espionnage téléphonique, ces cabinets noirs et ces délégués à l'information, Laval lui répond qu'il ne pourrait supprimer tout cela d'un trait de plume sans provoquer les réactions du Maréchal et celles des Allemands.

Laval sait que certains des personnages qu'il rencontre quotidiennement à Vichy appartiennent (ou ont appartenu) à la franc-maçonnerie. Il sait — et on l'a déjà dit — que François Chasseigne, ancien député de l'Indre, directeur de la propagande ouvrière du Maréchal, a été initié à Châteauroux à la loge La Gauloise. Il sait que René Château, ancien député de la Charente-Inférieure, devenu à Paris le principal dirigeant de la Ligue de la Pensée française, a été initié à La Rochelle par la loge L'Union Parfaite. Il le sait d'autant mieux que certains hebdomadaires parisiens les dénoncent régulièrement comme francs-maçons.

Et pendant que ceux-là réussissent à traverser le temps des épreuves, de modestes instituteurs sont révoqués après avoir été dénoncés par la voie du *Journal officiel*.

Nombre de frères qui n'ont pas été repérés par les services antimaçonniques ont pu conserver leurs postes, parfois élevés dans la hiérarchie administrative de Vichy. Ceux-là n'auront pas tous la même attitude à l'égard des maçons persécutés. Certains refusent de les connaître et veulent oublier toutes les obligations de la solidarité. La plupart s'efforcent au contraire d'user des pouvoirs qu'ils détiennent encore pour tenter de sauver ceux qui sont traqués.

Le colonel Bernon, chef du 1er régiment, va même jusqu'à accepter de siéger à la commission spéciale chargée de réviser les mesures prises contre les maçons et il doit en démissionner le 23 mars 1944 lorsque son propre dossier maçonnique est publié par la presse.

Dans un numéro de la revue *le Crapouillot* consacré à la maçonnerie, le journaliste Christian Grisey a tenté d'expliquer la campagne de presse organisée alors contre les loges :

« Dans son humiliante défaite, a-t-il écrit, le pays tout entier cherche des responsables. La IIIe République, pour les monarchistes de l'école d'Action française et leur maître Charles Maurras, c'est " la gueuse " et, depuis Combes et l'affaire des fiches, pour tous les nationalistes, c'est la " République du Grand Orient ". La génération de 1940 se souvient d'autres scandales où des noms de maçons ont été cités. Le Front populaire a affaibli le pays, l'a conduit à la guerre, puis à la défaite. Or, le gouvernement de Léon Blum comptait plusieurs ministres maçons. Les campagnes des grands journaux de droite d'avant-guerre, *Gringoire*, *Je suis partout*, *l'Action française*, sont encore présentes dans tous les esprits. L'écroulement du pays n'est-il pas venu donner raison à toutes ces Cassandres ? De la recherche des " responsables " à la désignation des boucs émissaires, il n'y a qu'un pas. »

La presse parisienne donne alors le ton, et la presse de zone Sud ne fait que suivre.

Dès le 12 juillet 1940, *la France au travail* accuse la maçonnerie de saboter le socialisme et de servir les ploutocrates. *Gringoire* annonce la fin des loges et conclut : « Il était logique que les loges, âmes damnées du régime, expirent avec lui. »

En octobre, Jacques de Lesdain, qui va devenir le directeur politique de *l'Illustration,* organise au Petit Palais une exposition sur la franc-maçonnerie. Marquès-Rivière a rédigé le catalogue.

Un million de personnes viennent contempler la reconstitution d'un cabinet de réflexion, mais l'effet n'est pas celui qui était attendu. Le résultat ne sera pas meilleur avec le film *Forces occultes* dont Marquès-Rivière a écrit le scénario pour l'ancien maçon Paul Riche.

Tout est alors mis en œuvre pour faire admettre au grand public que la France a perdu la guerre de 1940 parce qu'il existait un complot judéo-maçonnique qui avait réussi depuis longtemps à s'emparer du pouvoir politique.

La presse en rajoute sur les rites mystérieux qu'elle attribue aux loges maçonniques et qui sont souvent inventés de toutes pièces. C'est ainsi qu'un jour, *l'Émancipation nationale,* l'organe du Parti populaire français de Jacques Doriot, raconte qu'on vient de découvrir le squelette d'un enfant de sept ans dans le local de la loge de Béziers.

On peut lire au même moment dans *Gringoire :*

« Vichy s'illustre d'une loge maçonnique. C'est une maison particulière, d'architecture moderne, peinte en crème, derrière la rue de l'Intendance, non loin de l'Hôtel des Lilas. Au milieu de la façade sans fenêtres — comme dans les anciennes loges — s'étalent les insignes maçonniques, le compas et l'équerre, sculptés sur deux mètres de haut. Ce n'est pas joli, joli, mais cela fait riche, et même très Exposition universelle. La loge vichyssoise recevait autrefois des hôtes huppés de toutes les parties du monde, et de toutes les tribus d'Israël. D'où son titre ronflant La Cosmopolite... Hélas ! Depuis quelques semaines, les mauvais jours sont venus. La loge est fermée, et des soldats y campent. "Ne dérangez pas la troupe", précise un écriteau manuscrit, collé sur la porte de droite. »

Dans ce concert, il n'y a qu'une voix, celle de Déat, qui s'élève pour dénoncer la persécution. Il représente l'aile gauche de la collaboration.

Ancien député socialiste, il a été lui-même conférencier en loge. Ses adversaires l'accusent d'être franc-maçon, ce qui est faux. Il écrit alors dans *l'Œuvre :*

« La vérité oblige à dire qu'il y a eu à tout moment une minorité de maçons pour proclamer la nécessité de l'accord entre la France et l'Allemagne et pour faire barrage contre la guerre. Je ne vois pas pourquoi ces hommes seraient déshonorés, bafoués ou persécutés. S'ils ont, avec bonne foi, rompu leurs attaches avec la maçonnerie, et si leur ralliement à la Révolution nationale et européenne est indiscutablement sincère, ils ont un droit de cité au moins égal à celui des communistes repentis auxquels on ne tient rigueur de rien. »

En écrivant de la sorte, Déat veut sans aucun doute plaider pour certains de ses amis politiques du Rassemblement national populaire.

Le 19 août 1941, *le Figaro* prend part à son tour à la campagne antimaçonnique. On peut y lire en effet :

« Depuis longtemps, la franc-maçonnerie française n'était plus sous le couvert d'une philosophie politique et d'une philanthropie mensongère, qu'un système d'arrivisme généralisé devant lequel devaient céder les intérêts les plus pressants du pays. La Révolution nationale a eu raison de clouer au pilori les dirigeants et les principaux bénéficiaires de cette abjecte entreprise. »

Le député Fernand-Laurent écrit dans *le Jour-Écho de Paris* que la maçonnerie est « une association de fricoteurs se partageant les rubans rouges et violets, les avancements de choix, les permis de chemins de fer, les prébendes municipales et les menues impunités policières ».

La Rocque explique dans *le Petit Journal :*

« Sans l'écrasement total de la maçonnerie et la restauration de la civilisation chrétienne, il ne saurait y avoir de relèvement français. Une société dont l'idéal est clandestin, qui choisit délibérément de se cacher, est une société malsaine. Traitons-la comme une bête immonde. »

Tous ces adversaires de la maçonnerie sont tout de même surpris de ne trouver dans les listes de frères publiées par le *Journal officiel* aucun des hommes politiques comme Blum et Herriot, qu'ils dénoncent depuis des années. Cette maçonnerie des petits fonctionnaires et des instituteurs les surprend. Havard de la Montagne épilogue à ce sujet :

« Bainville a dit que, pour écrire une histoire complète de la IIIe République, il faudrait avoir en main les comptes rendus détaillés des convents. Impossible d'expliquer, si l'on n'a pas cette clef, telle décision qui étonne, tel renversement de la situation ou telle volte-face, telle disgrâce ou telle ascension. Pourquoi un Briand qui paraît condamné, usé aux environs de 1910, retrouve-t-il une faveur poussée jusqu'à l'apothéose ? Demandez-le à la franc-maçonnerie qui élève ou rabaisse les hommes selon ses convenances. On a pu, çà et là, exagérer cette pression, accepter aveuglément les inventions d'un Léo Taxil, et les crédulités outrées ont fourni aux francs-maçons une facile défense ; mais on n'en faisait pas accroire à un Bainville, et sa constatation subsiste. Il n'est pas contestable que la franc-maçonnerie a joué, sous la République, un rôle de premier plan. Habituée à manier les ficelles, on comprend qu'elle ait le désir de continuer. D'où la nécessité d'y mettre le holà, si l'on ne veut point retomber sous son joug. »

Charles Maurras écrit de son côté :

« On publie des listes, et c'est excellent. On révoque les fonctionnaires reconnus maçons, et l'on fait très bien. On expose à un pilori aggravé de sanctions ceux qui ont fait de fausses déclarations, rien de mieux. Mais il est des heures de l'année et des cantons du territoire où le nombre infini des petits et moyens délinquants de cet ordre semble défier la répression ou la surveillance. Ici, le mauvais directeur d'école est pincé, la directrice, sa femme, s'arrange pour tenir bon à côté et quand le petit orage commence à passer, c'est chez la directrice que s'assemblent les frères et amis pour se concerter ou conspirer en attendant les jours meilleurs. Quand ce n'est pas la bonne épouse, le cousin ou la cousine se dévouent aux mêmes tâches cénaculaires : il ne sera pas difficile, aux premiers remous, de fixer le mot d'ordre, le point de ralliement et de rassemblement. »

Charles Maurras ne se trompe guère. C'est bien ainsi que les choses se passent, et il ne soupçonne pas l'ampleur du regroupement maçonnique dans la clandestinité puisque des loges tenant des réunions secrètes sont recensées en juin 1944 dans soixante départements occupés.

Dès les premiers jours de l'occupation allemande, certains frères ont cherché à se regrouper clandestinement. Le frère Pouriau en rencontre à Villebon. D'autres, avec le frère Pierre Favreau, se retrouvent dans un bureau de l'Hôtel de Ville de Paris. De ces premières tenues clandestines, vont sortir plusieurs groupes de résistance qui se fondront plus tard dans les mouvements « Libération-Nord », « Patriam Recuperare » et dans le réseau « Thermopyles ».

Le 1er décembre 1940, plusieurs membres de la loge de Saint-Germain-en-Laye La Bonne Foi se réunissent au domicile de l'un d'eux et décident de considérer comme nul le décret de dissolution de l'Ordre maçonnique. Ils désignent le frère René Borriès pour présider leurs travaux clandestins. Par l'intermédiaire du frère Maurice Vannier, cette loge trouve vite le contact avec l'Intelligence Service. Quelques mois plus tard, les francs-maçons de La Bonne Foi rejoignent le mouvement de résistance « Ceux de la Libération ».

Déjà, le 11 août 1940, les frères Kirchmayer, Eychennes, Cerbu et Corneloup ont créé la loge clandestine L'Avenir de la Bastille. A leur réunion du 24 septembre assiste le frère Gauthier, vice-président du Conseil de l'Ordre. Leur première tenue solennelle a lieu le 24 novembre.

Un peu plus tard, une initiation se déroule clandestinement dans la crypte d'une église de Cusset en présence du consul général des États-Unis à Vichy.

Quelques frères qui appartiennent à Londres à l'équipe de la radio de la France Libre réussissent à se faire reconnaître des francs-maçons à l'écoute en France occupée. Ils parviennent à établir une première liaison avec un maçon nommé José Roig, organisateur d'un groupe de résistance en Dordogne. Roig est arrêté, emprisonné à Fresnes et fusillé. De son petit groupe va sortir malgré tout le Comité d'action maçonnique qui donnera naissance au groupe « Patriam Recuperare », et qui éditera un journal clandestin *la Nouvelle République*. L'un des membres de ce groupe réussit à passer en Angleterre. Un autre pourra plus tard représenter le mouvement à Alger auprès du général de Gaulle.

Le comité d'action maçonnique a été constitué le 7 janvier 1941 par six frères de haut grade : le colonel Eychennes, l'ancien ministre Marc Rucart, le général Peloquin, Edouard Soubret, Bonnard et l'ingénieur Albert Kirchmayer. Ils se donnent pour buts de participer à la libération du territoire, de restaurer les institutions républicaines, de reconstruire la franc-maçonnerie française sans distinction d'obédience.

En liaison avec les dignitaires du Grand Orient Arthur Groussier et Louis Villard, ce Comité va recenser 211 loges clandestines travaillant en territoire occupé.

Un groupe clandestin a réussi à louer une chambre rue du Préaux-Clercs, en face du domicile de Bernard Faÿ. Les quelques maçons qui trahissent leurs frères (ils sont à dire vrai assez rares) sont ainsi identifiés. A la Libération, la maçonnerie se contentera de les chasser de ses rangs.

Plusieurs frères de La Bonne Foi de Saint-Germain-en-Laye sont arrêtés par la police allemande, notamment les frères Vannier et Kirschmeyer, puis les frères Pochan et Gauthier. Le frère Canale réussit à s'enfuir. Le frère Trouvé échappe à l'arrestation, mais reçoit une balle dans la poitrine.

Un peu plus tard, les frères Oudin et Charlie sont appréhendés au Chatou. Le frère Figuière s'enfuit de justesse. Cette loge pourra à la Libération compter ses morts. Le frère Gauthier mourra en effet en février 1945 au camp de Mauthausen, les frères Charlie et Oudin à Dachau, le frère Vannier à Buchenwald. Le frère Burguet sera tué à Brive par un soldat allemand.

Le frère Lehmann, membre du Suprême Conseil de France, qui se cache près de Cusset, est arrêté en 1943 par la police allemande et déporté au camp de Dachau où il est immédiatement passé à la chambre à gaz.

Le frère Chevillon, grand maître de l'Ordre martiniste, 33e du rite de Cerneau, est assassiné à Lyon par la Milice.

Le frère Samson, de la loge de Berre Le Phare de l'Étang, est fusillé pour faits de résistance.

Le 23 novembre 1943, le frère Busson, membre de la loge d'Annecy L'Allobrogie, commandant de l'armée secrète, est abattu de deux balles au cœur. Le 18 janvier 1944, le frère Andrès, de la même loge, est tué au cours d'une opération de parachutage d'armes. Le frère Georges Long et son épouse sont déportés en Allemagne. Il en est de même du frère Maurice Bernard, de Saintes, membre du Conseil fédéral de la Grande Loge de France. Le frère Gervais est emprisonné par la police française.

A la loge Volney, de Laval, où le frère Marie, chef de division à la préfecture, et les instituteurs Blanche et Levallois ont été révoqués en application des lois antimaçonniques de Vichy, le frère Tascher est déporté et meurt dans un camp allemand.

Dans cette même ville de Laval, cependant, un Allemand affecté à la Feldkommandantur est maçon et s'efforce de protéger, chaque fois qu'il le peut, ses frères français. Ce n'est pas là un fait unique, car il se produit à la même époque dans plusieurs autres villes.

A Caen, le frère René Lemière est emprisonné par les Allemands. Le frère Gaston Martin, ancien député du Lot-et-Garonne, reste quinze mois en prison. Le frère Verdier, chef de la résistance dans la région de Toulouse, est arrêté par la Gestapo le 13 décembre 1943, torturé pendant plusieurs semaines et finalement fusillé dans la forêt de Bouconne.

Six membres de la loge de Montendre Les Pionniers du Progrès sont déportés en Allemagne et n'en reviennent pas.

Le frère Pierre Brossolette, envoyé en mission par l'état-major gaulliste de Londres, se suicide dans les locaux de la Gestapo, face à ses bourreaux, plutôt que de courir le risque de trahir ses camarades sous la torture. Le frère Chambonnet est tué à Lyon, le frère Jean Goubert à Cherbourg. Le frère Jean Zay, ancien ministre du gouvernement de Front populaire, est abattu par la Milice.

Charles Riandey, de la loge Union et Bienfaisance, retrouve au camp de Neuengamme son frère Roger Bellon, industriel en produits pharmaceutiques, membre de la loge parisienne L'Alliance.

Marcel Cerbu, de la loge parisienne La Fidélité, futur haut dignitaire de la Grande Loge Nationale française, se retrouve au camp d'Oranienburg. L'écrivain Jean Cassou, de la loge parisienne Le Portique, est interné. René Wibaux, de la loge de Rouen Les Amis Bienfaisants, ancien grand maître du rite écossais rectifié, est jeté en prison. Maurice Renaud, de la loge parisienne Minerve est déporté au camp de Buchenwald. Et combien d'autres encore !

Le grand maître Dumesnil de Gramont est replié depuis 1940 à Villefranche-de-Rouergue. Jusqu'en 1943, en liaison avec les frères du groupe « Patriam Recuperare », il va militer au sein du mouvement « Libération-Sud ».

Il coordonne les actions des frères Chadirat, Cauwel et Riandey en zone Nord, des frères Marsaudon et Raymond en zone Sud, en vue de créer les conditions favorables à la reconstruction clandestine de la Grande Loge de France.

Après le débarquement allié en Afrique du Nord, il est nommé délégué de Libération-Sud et appelé par le général de Gaulle à Alger pour y siéger à la première Assemblée consultative, où il a la surprise de constater que plus du quart de ses collègues sont francs-maçons. C'est alors qu'avec l'appui du syndicaliste Albert Bouzanquet, conseiller municipal de Tunis, membre lui aussi de l'Assemblée consultative, et futur grand secrétaire de la Grande Loge de France, Michel Dumesnil de Gramont demande au général de Gaulle l'abrogation des lois et décrets du gouvernement de Vichy qui ont frappé l'Ordre maçonnique.

Pour jouer et gagner cette partie, le grand maître a trouvé le concours efficace de deux hommes, deux profanes : Jacques Soustelle, et Yvon Morandat. Ce dernier deviendra après la guerre membre de la Grande Loge de France. De Gaulle va donc déclarer du haut de la tribune de l'Assemblée :

« Nous n'avons jamais reconnu les lois d'exception de Vichy. En conséquence, la franc-maçonnerie n'a jamais cessé d'exister en France. »

Le projet d'ordonnance non encore signé que de Gaulle avait remis à Dumesnil de Gramont et que ce dernier avait offert à Alger au jeune maçon Raymond Jalu figure aujourd'hui dans les archives de la Grande Loge de France.

La Libération d'août 1944 va mettre indiscutablement un terme aux cruelles épreuves que connut la maçonnerie française durant cette période de guerre, mais qu'elle supporta avec dignité.

Les loges de Reims vont signaler en 1945 la mort à Dachau du frère Gaston Poittevin, lui aussi vice-président du Conseil de l'Ordre, et la mort au camp de Mauthausen de son gendre, le frère Henri Martin, député d'Épernay, membre de la Grande Loge de France.

En arrivant le 14 mai 1944 au camp de Buchenwald, le frère Jatteffaux y a retrouvé plus de cent francs-maçons.

Ici, une question se pose : Jean Moulin, l'homme auquel le général de Gaulle a confié le soin d'unifier les mouvements de la résistance intérieure, le fondateur du Conseil national de la résistance, était-il ou non franc-maçon ?

Les obédiences françaises le revendiquent, mais aucune ne peut dire avec précision où et quand il aurait été initié. Elles ne peuvent préciser à quelle loge il aurait appartenu, et pourtant il est salué comme un martyr de la maçonnerie. Son nom est honoré comme tel par toutes les loges de France.

Sa sœur a nié son appartenance maçonnique. Son ancienne femme affirme n'avoir jamais su qu'il était franc-maçon. Elle a vu chez lui des insignes maçonniques, mais il s'agissait du tablier de maître et du sautoir du père de Jean Moulin, vénérable d'une loge du Grand Orient.

Et cependant, nous avons retrouvé des témoins de l'avant-guerre, qui affirment qu'à l'époque où il était directeur du cabinet de Pierre Cot dans le gouvernement de Front populaire, Jean Moulin assista à des réunions et participa à des banquets organisés par l'association fraternelle de l'administration préfectorale. Or, à ces manifestations étaient seuls admis les préfets et les sous-préfets maçons.

En 1937, participant à un voyage officiel de plusieurs ministres en Haute-Saône, à l'occasion de la restitution par l'État des eaux thermales à la ville de Luxeuil-les-Bains, Jean Moulin assista à une réunion de francs-maçons organisée par le sénateur-maire radical André Maroselli. Des photographies existent.

Comment expliquer alors que s'il fut vraiment initié, toutes les recherches effectuées depuis 1944 dans les archives du Grand Orient et dans celles de la Grande Loge de France n'aient permis de retrouver aucun tableau de loge sur lequel son nom aurait figuré avant 1940 ? Certes, de nombreuses archives ont disparu pendant la guerre et pendant l'Occupation. Certaines, on l'a vu, furent détruites lors de l'invasion allemande de juin 1940. D'autres furent alors si bien cachées qu'on ne parvint pas à les retrouver quatre années plus tard. La plupart des documents saisis par les services allemands furent transportés en Allemagne en 1944 et les Russes en prirent possession en 1945.

Il n'est pas impossible que le dossier maçonnique du résistant Jean Moulin se trouve quelque part dans un classeur en Union soviétique.

Pour le bilan, il est fort lourd : le Grand Orient de France compte 219 déportés, 117 fusillés ou morts en déportation. A la Grande Loge, il y a eu 520 déportés, 180 fusillés ou morts en déportation. Au Droit Humain, 59 déportés, 31 fusillés ou morts en déportation.

CHAPITRE XI

POUR RELEVER LE TEMPLE

Le docteur Pierre Favreau, qui était alors membre du Grand Orient de France et qui devait devenir quelques années plus tard Grand Orateur de la Grande Loge, a raconté, le 1er août 1954 dans une émission de radio, la participation des francs-maçons à la libération de Paris en 1944 :

« Le 19 août, disait-il, quand Paris se libérait lui-même, après la révolte des policiers patriotes, des francs-maçons étaient avec d'autres patriotes auprès du préfet de police, commissaire de la République, le saint-cyrien Charles Luizet, celui qui organisa la résistance en armes et sauva Paris de la destruction, ce préfet catholique et républicain dont la mémoire est aujourd'hui présente parmi nous. »

Il ajoutait quelques précisions :

« C'est un franc-maçon qui vint chercher Charles Luizet boulevard Saint-Jacques chez un professeur agrégé de mathématiques du lycée Saint-Louis qui l'abritait alors, pour l'amener à son P.C. de la Cité. C'est ce franc-maçon qui fit confier à un autre saint-cyrien le régiment en formation aux portes de Paris. C'est lui qui fit destituer les cadres pétainistes du régiment de sapeurs-pompiers pour le confier à des officiers résistants, qui entraînèrent ce corps d'élite au combat côte à côte avec les patriotes élevant des barricades contre les tanks. C'est un franc-maçon qui fit imprimer le soir du 19 août, à 150 000 exemplaires, l'*Information officielle des Armées de la République* appelant à la levée en masse. Cet appel fut distribué à tous les quartiers de Paris par les pompiers le lendemain 20 août, jour où les combats de rues se multiplièrent.

Le docteur Pierre Favreau révélait encore qu'une mission maçonnique, à bord d'une voiture des pompiers de Paris, avait réussi le 23 août à rejoindre le général de Gaulle à Rambouillet et avait contribué à lui faire prendre la décision de faire marcher sur Paris la colonne Leclerc.

S'il faut ajouter foi à cette version, le général aurait fait son entrée dans la capitale escorté par quelques frères du Grand Orient de France, qui l'auraient accompagné de la préfecture de police à l'Hôtel de Ville, et de l'Arc de triomphe à Notre-Dame.

Le Grand Orient de France et la Grande Loge doivent faire leur bilan et examiner le cas de ceux de leurs membres qui ont des difficultés avec les cours de justice de la Libération. Ils sont à vrai dire peu nombreux, et la maçonnerie se contente de les chasser de ses rangs. Dans une certaine mesure, les obédiences vont même s'efforcer de tempérer les violences de l'épuration.

Dans son numéro de janvier 1958, une publication dirigée par le frère Guy Vinatrel, *les Lettres M*, rapportait cette curieuse anecdote :

« Une loge sauvage, Les Orphelins de la Veuve, a existé dans un camp de détenus à Saint-Sulpice-la-Pointe, dans le Tarn. Beaucoup de membres du parti de Marcel Déat, le Rassemblement national populaire, avaient appartenu à la franc-maçonnerie. Après la libération, les diverses cours de justice sanctionnèrent leur attitude pendant l'occupation allemande. Les condamnations encourues amenèrent automatiquement l'exclusion de ces ex-frères lorsque les temples furent rouverts. Cependant, les internés du camp de Saint-Sulpice, rejetés par la maçonnerie, avaient, semble-t-il, conservé un souvenir nostalgique de l'Ordre. Ils constituèrent, en effet, une loge sauvage, à l'intérieur du camp, qu'ils baptisèrent Les Orphelins de la Veuve. Ils utilisaient le rite français et leur réunion particulière constituait un sujet général d'étonnement pour les autres internés du camp, dans leur ensemble très mal disposés pour la franc-maçonnerie. »

Nombreux sont les frères d'avant-guerre qui refusent, pour des raisons diverses, de reprendre place dans leur loge. Les plus connus sont Pierre Mendès France et Max Lejeune.

C'est dans la journée du 22 août 1944 qu'une équipe de maçons comprenant les frères Lacoste, Gallitre, Lasla et Convert a repris possession des locaux de la rue Cadet, siège du Grand Orient, qu'ils ont trouvés en fort mauvais état.

Le premier bilan prouve que le nombre des frères disparus dans la tourmente est beaucoup plus élevé qu'on ne l'avait cru tout d'abord. Les loges vont se reconstituer très péniblement. Des temples ont été saccagés, comme à Épinal et à Bône.

Aucun maçon n'apparaît dans le premier gouvernement de la Libération. Il faut attendre le 16 novembre 1944 pour voir le frère Paul Ramadier hériter le portefeuille du Ravitaillement dans le ministère du général de Gaulle.

En revanche, nombreux sont les maçons qui occupent des postes de haute responsabilité dans la nouvelle administration. C'est le cas du frère Marcel Flouret, membre du Suprême Conseil de France, qui occupe le poste de préfet de la Seine du 19 août 1944 à septembre 1946.

Indiscutablement, la maçonnerie française a accueilli chaleureusement la venue au pouvoir du général. Le Grand Orient et la Grande Loge de France ont même rédigé ensemble une lettre officielle pour lui faire savoir que les maçons sont prêts à aider son gouvernement.

En réalité, que ce soit sous l'influence de quelques personnages de son entourage, comme le colonel Passy et le colonel Rémy dont les sentiments hostiles à la maçonnerie sont connus, que ce soit en raison de l'effondrement des positions radicales dans le pays, les obédiences maçonniques n'auront pas à se louer de l'attitude du général de Gaulle envers elle. De toute évidence, il se montre méfiant et très réservé.

L'antigaullisme de certaines loges se manifeste sans attendre et, au convent de 1945, le frère Pagni, de La Parfaite Union de Marseille, reproche au Conseil de l'Ordre d'avoir fait acte de soumission envers le pouvoir politique en place.

Ce courant est encore renforcé quand on apprend dans le temple que deux préfets, les frères Baylot et Pascal, ont reçu du gouvernement, et plus spécialement du ministre de l'Intérieur Adrien Texier, interdiction de se rendre à Paris pour assister au convent.

On entend l'un des délégués des loges, le frère Lapique, déclarer au micro :

« Nous nous sommes plaint que l'ancien Conseil de l'Ordre a été trop déférent vis-à-vis du Maréchal. Nous aurons la même résistance vis-à-vis du général de Gaulle lorsqu'il touchera à nos libertés. »

Après la démission du général, en janvier 1946, les rapports vont très vite s'améliorer entre la franc-maçonnerie française et le pouvoir politique. Le socialiste Félix Gouin, nouveau chef du gouvernement provisoire, a été initié en 1919 et il est membre de la loge d'Aix-en-Provence les Arts et l'Amitié.

Les francs-maçons sont-ils encore à cette époque traités en suspects par l'administration ?

On semble le croire dans les loges puisque le délégué des Vrais Amis réunis de Carcassonne émet au convent le vœu suivant :

« Considérant que les fiches établies par le gouvernement de Vichy figurent encore dans les dossiers des frères fonctionnaires ; considérant que le gouvernement actuel, pour si étrange que cela paraisse, tient encore compte de ces fiches pour écarter ces frères fonctionnaires de certains emplois ; émet le vœu que le Conseil de l'Ordre intervienne pour que les dossiers des frères fonctionnaires soient expurgés de tous documents, de toutes fiches ou de toutes notes établies par Vichy dans un but antimaçonnique. »

La maçonnerie occupe malgré tout des positions solides dans l'Enseignement et dans l'administration préfectorale. Le frère Gaston Monnerville, membre de la Grande Loge de France, préside le Conseil de la République. Le frère Émile Roche, membre lui aussi de l'obédience écossaise, présidera un peu plus tard le Conseil économique.

Les frères participent aux plus hautes responsabilités dans les partis de gauche, Guy Mollet au parti socialiste S.F.I.O. ; Gaston Monnerville, André Maroselli, Henri Caillavet, Michel Soulié au parti radical.

Avec le parti communiste, un effort a été fait pour essayer de normaliser les relations. Le 21 novembre 1945, en sa qualité de chef du secrétariat administratif du Grand Orient de France, le frère Jean Solinhac a écrit au secrétaire général du Parti communiste français. Il lui a demandé s'il était exact, ainsi que Marcel Cachin venait de l'affirmer à un franc-maçon, que le bureau politique de son parti avait pris la décision, dans sa séance du 4 octobre 1944, d'accepter désormais les adhésions au parti des membres des obédiences maçonniques. Léon Mauvais, secrétaire du parti communiste, lui a alors répondu le 27 novembre en confirmant les propos de Marcel Cachin. Le grand maître du Grand Orient de France porte aussitôt cette information à la connaissance de toutes les loges.

En fait, il ne s'agit là que d'une manœuvre. On racontera longtemps dans les coulisses des convents de la Grande Loge de France l'histoire de ce frère d'une loge du Nord qui avait été élu député communiste lorsqu'il se trouvait encore dans un camp de déportation nazi. A son retour, par loyauté envers le parti, il crut devoir expliquer à Marcel Cachin qu'il était franc-maçon et qu'il comptait bien le rester.

« Cela n'a plus aucune importance, répondit Cachin. L'anti-maçonnisme du parti date d'une autre époque et c'était là la conséquence d'une démagogie ouvriériste à laquelle nous avons renoncé. »

Il n'empêche qu'à partir de ce moment, sans éclat, le frère en question fut écarté de tous mandats électoraux et de toute responsabilité politique par la direction du parti.

L'influence politique de la maçonnerie n'est plus du tout ce qu'elle avait été avant la guerre. Dans son ouvrage *les Francs-Maçons*, le journaliste Alain Guichard a écrit à ce sujet :

« Dans les premières législatures de la IVe République, l'effectif des maçons élus aux Assemblées constituantes, puis à l'Assemblée nationale, demeure très inférieur au niveau d'avant-guerre. Il oscille entre quarante et soixante députés. On comptera deux M.R.P. parmi eux, MM. Roger Dusseaulx (Seine-Maritime) et André Lescorat (Lot-et-Garonne), mais les radicaux, et surtout les socialistes forment la masse de ces élus. »

La maçonnerie est encore très affaiblie. Les loges ont repris leurs activités avec un effectif très réduit. C'est ainsi que la loge de Montendre, Les Pionniers du Progrès, qui comptait 70 membres en 1927, n'en a plus que 13 en 1945.

Les anciens, souvent plus attachés que les autres à la tradition, ont disparu. Indiscutablement, les rites s'affaiblissent. On parle trop de moderniser la maçonnerie, pour que les frères les plus fidèles au symbolisme initiatique n'en soient pas alarmés. Les nouveaux venus, souvent acceptés sur la seule référence à leurs titres de résistance, ne reçoivent pas toujours une instruction maçonnique valable.

D'ailleurs, la plupart de ces nouveaux initiés ne feront qu'un bref séjour dans l'Ordre maçonnique.

Cette situation est suffisamment évidente pour qu'au convent de 1946 du Grand Orient, le frère Francis Viaud, président du Conseil de l'Ordre, déclare qu'après une période de réadaptation il convient de passer au plus vite à une période constructive.

Depuis trois mois a été mis en place un gouvernement Georges Bidault dans lequel, avec les frères Félix Gouin et Alexandre Varenne, la maçonnerie poursuit un retour discret.

Le problème des responsabilités dans les administrations publiques est posé au convent de 1946 par le frère Etlin qui explique :

« Il faut que le Conseil de l'Ordre soit mandaté, pour accomplir dans le monde profane, une action efficace, afin de lutter contre la tendance à confier des hauts postes militaires ou diplomatiques à des fonctionnaires ennemis de la République ou ayant donné des gages de servilité au régime de Vichy ou à l'oppresseur. »

Cette idée sera reprise l'année suivante par le frère Jacques Mitterrand, futur grand maître :

« C'est de chez nous que doivent partir les éléments moteurs propres à assurer à la République son véritable destin. »

En réponse à cette prise de position, le grand maître Francis Viaud sera amené à rappeler à tous que l'article 15 de la Constitution du Grand Orient de France décrète que la franc-maçonnerie s'interdit toutes discussions politiques, mais il nuancera quelque peu son propos en ajoutant :

« Bien qu'elle soit progressive par essence, la maçonnerie est profondément statique dans ses buts, mais les maçons, eux, formés à nos méthodes, se doivent à titre individuel de prendre parti et de ne rien négliger, chacun suivant ses moyens et ses préférences politiques, pour obtenir que le sort de la Nation soit en rapport avec nos désirs de progrès social, d'ordre et de tolérance.

Le gouvernement Léon Blum, constitué en décembre 1946, compte plusieurs maçons en son sein (Guy Mollet, Félix Gouin, Paul Ramadier) mais il ne reste en place qu'un mois.

Le socialiste Vincent Auriol est élu président de la République le 16 janvier 1947 et il confie au frère Ramadier le soin de diriger le nouveau ministère. Avec Félix Gouin, André Marie, André Maroselli, la maçonnerie y est fort bien représentée.

Le 25 novembre 1946 s'est ouvert à Paris, devant la première section de la Cour de justice de la Seine, le procès du Service des sociétés secrètes mis en place par le gouvernement de Vichy pendant l'occupation allemande. Bernard Faÿ, professeur au Collège de France, le capitaine de frégate Robert Labat, le lieutenant-colonel d'aviation Jean de Verchère, l'architecte Charles Berdet, le journaliste Jacques de Boistel et l'archiviste François Lecerf sont au banc des accusés. Marquès-Rivière, Vallery-Radot et Rességuier sont jugés par contumace.

L'acte d'accusation leur reproche à tous d'avoir dressé 60 000 fiches et d'avoir inquiété 6 000 maçons. Il retient le chiffre de 549 francs-maçons fusillés et celui de 989 déportés.

Au cours des débats, il est fait allusion à l'appartenance maçonnique de Marcel Déat. Le Grand Orient de France écrit immédiatement au président de la Cour de justice pour lui signaler que, contrairement à ce qu'affirme l'acte d'accusation, Déat n'a jamais été maçon.

Bernard Faÿ se défend en expliquant :

« Je n'étais pas un délateur. J'étais un historien et j'agissais par souci intellectuel. »

Comme il tente de faire admettre à la cour qu'il a existé entre 1940 et 1944 une franc-maçonnerie collaborationniste, le grand maître Michel Dumesnil de Gramont, au nom de la Grande Loge de France, s'inscrit en faux contre cette affirmation, qu'il estime n'être justifiée par aucune preuve.

Finalement, Bernard Faÿ et Robert Labat sont condamnés aux travaux forcés à perpétuité, Charles Berdet à vingt ans, Jean de Verchère et Jacques de Boistel à quinze ans, Lecerf à cinq ans de prison.

Même au Grand Orient, nombreux sont alors les frères qui tirent la leçon des persécutions passées et qui s'efforcent d'interdire les engagements politiques. Le frère Francis Viaud déclare par la même occasion

« Nos temples se relèvent. Nos ateliers se reforment au prix de difficultés inouïes... Ne mêlons pas la maçonnerie et la politique et n'oublions jamais que la maçonnerie est forte ou faible, dans la mesure où la politique en est bannie ou y pénètre. Nous avons trop besoin d'un ciment solide pour y tolérer les éléments de discorde. »

Commentant cette déclaration, Alain Guichard devait observer, quelques années plus tard :

« Le pli est trop ancien pour s'effacer aisément et longtemps encore les courants partisans agiteront la rue Cadet. »

Les gouvernements se succèdent. Dans le cabinet Robert Schumann constitué en novembre 1947 figurent les frères André Marie, André Maroselli, André Morice. Le franc-maçon André Marie lui succède comme président du Conseil. Il a ses côtés les frères André Morice, Paul Ramadier et André Maroselli.

André Marie en est le seul maçon, avec le titre de vice-président du Conseil dans le gouvernement Schuman de septembre 1948. Ce cabinet n'a que deux semaines d'existence, et le 11 septembre est constitué un ministère Henri Queuille. André Marie est vice-président du Conseil et ministre de la Justice, Paul Ramadier ministre de la Défense nationale, et André Morice secrétaire d'État à l'Enseignement technique, à la Jeunesse et aux Sports.

Le débat se poursuit au sein du Grand Orient sur les conditions dans lequelles la franc-maçonnerie peut affirmer son influence politique. Un orateur explique au convent de 1949 :

« Sans doute, la maçonnerie ne peut donner des ordres politiques, mais, par le jeu naturel de son influence, elle peut faire appel aux parlementaires maçons, solliciter et obtenir leur intervention chaque fois qu'un intérêt politique met en jeu la vie de la République, dans une de ses intentions essentielles. »

Malgré tout, les obédiences sont loin encore d'avoir retrouvé leur position d'avant-guerre. Dans le gouvernement de Georges Bidault constitué en octobre 1949, les frères André Maroselli et André Morice ne sont que secrétaires d'État, et ils sont seuls à représenter la maçonnerie au pouvoir.

En 1950, le vote de la loi Barangé, favorable aux écoles libres, repose le problème de la défense des principes de la laïcité. Le Grand Orient et la Grande loge affirment sans plus attendre leur volonté de défendre l'enseignement public.

La querelle ainsi réveillée amène le convent du Grand Orient de 1950 à proclamer :

« L'anticléricalisme, plus nécessaire que jamais, doit se dresser contre les empiétements du clergé sur les institutions. L'Église qui paralyse le régime, cherche néanmoins à s'inclure dans un régime nouveau qui la tolérerait, fascisme ou démocratie anti-laïque, qu'elle présente comme un rempart contre un totalitarisme athée venant de l'Est. Le cléricalisme est, de ce fait, un facteur mondial de guerre. La défense de la laïcité est celle de la paix. »

Le durcissement est identique dans le camp d'en face. Le 19 mars 1950, le R.P. Cordovani, maître des sacrés collèges apostoliques, signe dans *l'Osservatore Romano* un article qui rappelle la législation canonique en vigueur à l'égard des francs-maçons et dément les rumeurs qui circulent concernant un éventuel accord. *La Croix* reproduit l'article sous le titre significatif : « Un avertissement du Saint-Siège. »

Henri Queuille est président du Conseil pendant dix jours en juillet 1950 et il doit céder la place à un gouvernement René Pleven. Le frère Guy Mollet y siège comme ministre d'État chargé du Conseil de l'Europe. Le frère André Maroselli est secrétaire d'État à l'Enseignement technique, à la Jeunesse et aux Sports.

Ces trois hommes se retrouvent dans le gouvernement Queuille de mars 1951. André Marie devient ministre de l'Éducation nationale et André Morice ministre de la Marine marchande dans le gouvernement Pleven d'août 1951.

La lutte pour la laïcité se durcit encore. Le Grand Orient fait prendre à tous ses membres l'engagement solennel de défendre l'idéal et les institutions laïques. Dans le même temps, la Grande Loge de France affirme son opposition à la loi Barangé en raison de son caractère anticonstitutionnel.

Les frères André Marie et André Morice sont toujours présents dans le gouvernement Edgar Faure de janvier 1952. Ils y retrouvent le frère Léon Martinaud-Déplat, ministre de la Justice. Ces trois francs-maçons siègent encore dans le gouvernement Antoine Pinay de mars 1952.

Les campagnes de presse contre la franc-maçonnerie renaissent soudain avec une certaine violence. C'est *la Vie quercynoise* du 1er novembre 1952 qui, à Cahors, reprend à son compte les thèmes habituels de tous les adversaires de l'Ordre. Successivement, *la Documentation catholique* du 29 juin, puis *la Semaine religieuse* de Nevers du 4 octobre reproduisent une note sur la maçonnerie qui semble émaner du Père Berthelot.

Dans *la Croix* du 13 octobre, le journaliste Pierre L'Ermitte affirme que dans les campagnes ce sont les francs-maçons qui empêchent certains hommes de se rendre à la messe. Dans *l'École*, Mgr Hamayon attaque violemment le Grand Orient de France. Dans *la Révolution prolétarienne* d'août 1952, Roger Hagnauer dénonce ceux qui ne vont à la maçonnerie que pour faire carrière.

Le 30 août, c'est *le Meusien* qui reprend contre la maçonnerie tous les arguments de *la Documentation catholique.* Le 26 juillet, c'est *la Liberté de l'Yonne* qui accuse le Grand Orient d'être au service du bolchevisme. *Le Courrier français du dimanche*, dans son numéro du 26 janvier 1952, affirme que les socialistes, les communistes, les radicaux et les francs-maçons préparent pour les catholiques de nouvelles persécutions. Le 9 mars, dans *l'Essor* de Saint-Etienne, Mgr Flusin, évêque de Saint-Claude, dénonce dans la Ligue de l'Enseignement une filiale de la franc-maçonnerie.

Le 20 avril, *la Voix de la cathédrale* de Saint-Brieuc explique à ses lecteurs :

« Du point de vue philosophique et scientifique le plus rigoureux, l'homme laïque, l'homme des marxistes, des francs-maçons, de tous ces tarés et non-évolués de la libre pensée, est un monstre dont le développement normal s'est trouvé arrêté à un stade inférieur ; c'est un être qui s'est réalisé sur le plan biologique et psychique, mais qui reste incapable d'accéder à l'existence supérieure d'une personnalité à l'image de Dieu, un être qui, au total, demeure le simple représentant d'une espèce animale un peu supérieure à celle du canard. Il est évident, à ce compte, qu'une philosophie impitoyable, purement scientifique, se devrait d'étudier les grands maîtres du laïcisme comme ces êtres étranges de la Salpêtrière, ces pervertis qui éprouvent un plaisir atroce et incompréhensible à se mutiler eux-mêmes. »

La Documentation catholique, reproduisant alors des extraits des convents du Grand Orient et de la Grande Loge de France, s'emploie à établir que la franc-maçonnerie cherche à relancer la lutte antireligieuse. C'est le point de départ d'une nouvelle campagne de la presse catholique en 1953.

Parallèlement, les rédacteurs anarchistes du *Libertaire* dénoncent l'ordre maçonnique comme l'un des piliers de l'État bourgeois et de ses privilèges. La revue de droite *les Écrits de Paris*, sous la plume d'un professeur de théologie, se prononce contre tout rapprochement de l'Église et de la maçonnerie. Et toutes les *Croix* de Paris et de la province reproduisent dans la première quinzaine de décembre 1953 l'avertissement suivant :

« La *Civilita Cattolica* met en garde les catholiques contre l'action de pénétration de la franc-maçonnerie d'autant plus dangereuse à son avis qu'elle exploiterait l'idée selon laquelle l'Église ne serait plus opposée à cette dernière. »

Aussitôt, toute la presse catholique attaque de front, depuis *Témoignage chrétien* à gauche jusqu'à *Carrefour* à droite. En mai 1953, le bulletin paroissial du Cap et de la Madeleine va même jusqu'à rendre les francs-maçons responsables de la mode parisienne qui corrompt la femme.

Le 8 janvier 1953 a été mis en place le gouvernement du radical René Mayer dans lequel se retrouvent les frères Léon Martinaud-Déplat et André Morice. Le frère Henri Caillavet est secrétaire d'État à la France d'outre-mer. Le 28 juin suivant est constitué le cabinet Joseph Laniel. Martinaud-Déplat est cette fois ministre de l'Intérieur, le frère André Marie ministre de l'Éducation nationale, et le frère Henri Ulver secrétaire d'État au Budget.

Un certain nombre de jeunes francs-maçons, à la façon des jeunes Turcs des années 30, sont entrés en force en 1951 dans la vie politique sous les couleurs du radicalisme. Ils se retrouvent au sein du Club des Jacobins, fondé par Charles Hernu, un frère initié à la Grande Loge de France et qui va rejoindre un peu plus tard le Grand Orient. Hernu a été le vice-président des jeunesses radicales-socialistes du Rhône. Il sera élu un peu plus tard député radical de la Seine.

Pour imposer une République pure et dure et œuvrer pour l'union des gauches, il s'efforce d'intéresser une nouvelle génération maçonnique à un radicalisme de combat et de contestation. En relisant aujourd'hui ses éditoriaux du journal *le Jacobin*, on trouve le signe avant-coureur de ce que sera en mai 1968 la contestation de Nanterre et du quartier Latin.

Alors qu'il ne faudra pas chercher longtemps pour trouver, entre la pensée de Charles Hernu et celle des gaullistes comme Michel Debré plus d'un dénominateur commun, le Club des Jacobins est dénoncé dès mars 1952 par la commission exécutive du parti radical comme une organisation « inspirée par le parti communiste ». En décembre 1953, la même commission décide l'interdiction de la double appartenance entre le parti et le club.

Entre-temps, quelques-uns des jacobins d'Hernu, qui ont fait de la loge parisienne Locarno un centre de rayonnement de leur pensée, vont accéder aux plus hautes responsabilités dans l'obédience. C'est notamment le cas du frère Guy Penne, futur conseiller de Mitterrand pour les affaires africaines, qui va être élu au Conseil de l'Ordre alors qu'il est le secrétaire général du club.

La franc-maçonnerie française a retrouvé droit de cité. Comme avant la guerre de 1939-1945, elle travaille à nouveau sous la protection des lois républicaines, mais les persécutions qu'elle a subies ont laissé des traces. Elle connaît désormais sa fragilité et elle sait qu'à tout moment elle peut une fois encore subir les assauts de ses adversaires.

Comme s'il pressentait qu'un jour l'indépendance de l'Algérie entraînerait sous peu la fermeture des loges à Alger, à Oran et à Constantine, le grand maître Michel Dumesnil de Gramont donne sa dernière conférence publique à Alger sur le thème « les mésaventures de la Liberté ». Après avoir évoqué pour ses auditeurs les persécutions qui, de Catherine II de Russie au général Franco, en passant par Hitler, par Mussolini et par Staline, ont frappé les francs-maçons depuis deux siècles, il conclut ainsi son propos :

« Nous ne nous faisons d'ailleurs aucune illusion. Nous savons fort bien que, si les circonstances ramenaient dans notre pays un gouvernement autoritaire, fondé comme tous les régimes de ce genre sur l'asservissement des esprits, nous subirions les mêmes persécutions et les mêmes sévices. Ai-je besoin d'ajouter que cela ne nous effraie et ne nous décourage aucunement ? Nous gardons présente à la mémoire la pensée que formulait un franc-maçon entre tous illustre, notre frère Goethe, lorsqu'il disait : “ Celui-là mérite la Liberté et la Vie, qui chaque jour travaille à les conquérir... ” »

C'était le 10 avril 1952. Michel Dumesnil de Gramont allait mourir dix mois plus tard, paisiblement, sans souffrance et sans une plainte.

Le problème de la laïcité, on l'a vu, a réveillé la vieille querelle entre l'Église et la franc-maçonnerie. Les attaques de la presse catholique provoquent un durcissement des positions du Grand Orient de France et, au convent de 1952, le frère Gagnepain, rapporteur de la question de l'enseignement, déclare :

« Il ne doit y avoir qu'une seule école nationale donnant à tous les mêmes possibilités de développement dans les mêmes conditions. »

Et il demande : l'abrogation de la loi Falloux, l'abrogation des lois Marie et Barangé, l'application stricte des lois laïques de séparation des Églises et de l'État, l'introduction des mêmes lois en Alsace-Lorraine, dans les territoires de l'Union française et d'outre-mer, l'expulsion des congrégations.

Le Grand Orient de France adhère au comité d'action laïque qui vient d'être créé avec le soutien des partis de gauche.

Cette situation ne suffit pourtant pas à modifier l'attitude du mouvement communiste international envers la franc-maçonnerie. C'est ainsi que la Grande Encyclopédie soviétique, éditée à Moscou en avril 1954, présente la franc-maçonnerie comme une formation qui a contribué au renforcement de l'exploitation des hommes en éloignant les masses laborieuses du combat révolutionnaire. Et l'Encyclopédie conclut sa présentation de l'Ordre par ces mots :

« A l'époque actuelle, la franc-maçonnerie est l'un des mouvements les plus réactionnaires des pays capitalistes et a le plus de diffusion aux États-Unis où se trouve son centre d'organisation. »

Une certaine presse continue ses attaques contre l'Ordre. Dans le numéro du 13 février 1953 de l'hebdomadaire *Rivarol*, c'est l'écrivain Albert Paraz qui s'en prend au Grand Orient de France. Dans la revue *les Écrits de Paris*, Jean Pleyber affirme que le choix, par René Mayer, du radical Henri Caillavet comme secrétaire d'État à la France d'outre-mer signifie incontestablement le retour de la franc-maçonnerie au ministère de la rue Oudinot.

Sur le plan politique, les francs-maçons sont à nouveau très divisés, mais ont-ils jamais cessé de l'être ?

Au Grand Orient, la présence du frère Jacques Mitterrand, conseiller progressiste de l'Union française, aux côtés du préfet de police Jean Baylot, engagé à fond dans la lutte contre le parti communiste, ne manque pas d'être soulignée par la presse. Dans son roman à clés *les Fils de la Lumière*, l'écrivain Roger Peyrefitte rapportera cette opinion du frère Jacques Mitterrand :

« Je n'ai aucun reproche à faire à Baylot, si ce n'est qu'il aurait dû imiter son lointain prédécesseur Andrieux, en quittant la maçonnerie lorsqu'il devint préfet de police. Langeron nous est demeuré, mais dans un rôle modeste : il n'était qu'apprenti. Les policiers peuvent être de vrais frères, parce qu'ils ne sont que les exécutants des lois. Leur préfet, c'est autre chose, surtout quand il se sert des lois pour satisfaire ses manies. »

René Coty est élu président de la République le 16 janvier 1954. Le 19 juin suivant, il confie le soin de constituer le nouveau gouvernement à l'ancien franc-maçon Pierre Mendès France.

Dans le sillage de Pierre Mendès France, toute l'équipe des

jeunes francs-maçons regroupés par Charles Hernu dans le Club des Jacobins s'est installée en 1955 à la direction du parti radical-socialiste.

Paul Anxionnaz, futur grand maître, devient secrétaire général du parti. Georges Scali en est le secrétaire administratif. Le frère Harris Puisais a la responsabilité de la propagande.

Il est vrai que parmi les anciens cadres radicaux qui s'opposent résolument à cette « colonisation » du vieux parti, figurent aussi des maçons et la fraternelle maçonnique du parti radical connaît alors des réunions tumultueuses.

Il est vrai aussi que Mendès attire à lui beaucoup de chrétiens de gauche et que ces derniers, souvent très proches du journal *Témoignage chrétien*, luttent ouvertement contre l'influence maçonnique, comme ils le feront plus tard dans le sillage de François Mitterrand et dans les structures de la Convention des institutions républicaines ou de la Fédération de la gauche démocrate et socialiste.

L'activisme souvent très indiscret de ces francs-maçons jacobins provoque également des réactions dans les obédiences où certains leur reprochent de compromettre l'Ordre maçonnique en affichant trop spectaculairement leur appartenance.

Souvent attaqué comme franc-maçon dans l'appareil mendésiste, Charles Hernu est l'objet de vives critiques dans certaines loges en raison de son action politique.

C'est là une situation dont il lui faut s'accommoder. Elle va en effet se prolonger pendant près de vingt ans.

Mendès se montre peu empressé à faire participer ses anciens frères au pouvoir. Il n'appelle à ses côtés que Henri Caillavet et Henri Ulver.

La droite ne manque pas de prétendre que le nouveau président du Conseil est maçon. Or, fils, petit-fils, arrière-petit-fils de francs-maçons, tous membres de loges de Bordeaux, nous savons comment, à la Libération de 1944, il a lui-même refusé de reprendre sa place dans le temple. Il est vrai que les frères sont nombreux dans son entourage immédiat. On en compte également beaucoup parmi ses adversaires les plus résolus, et parfois les plus injurieux.

A la faveur de la tension qui se développe dans le pays, plusieurs vénérables organisent des tenues blanches [1] sur des sujets d'actualité. C'est ainsi que le gaulliste Michel Debré, qui passe pourtant dans son département d'Indre-et-Loire pour être un adversaire de la franc-

1. Rappelons qu'à la différence des « tenues fermées », les « tenues blanches » sont des réunions auxquelles peuvent assister des profanes.

maçonnerie, fait une conférence en loge sur l'initiative de son ami, le frère Henri Ulver.

A dire vrai, les années passent et la maçonnerie ne retrouve pas dans les allées du pouvoir cette place qu'elle avait gardée si longtemps. Dans le gouvernement Edgar Faure du 23 février 1955, André Morice, ministre du Commerce et de l'Industrie, se retrouve seul pour représenter l'Ordre.

Il faut attendre le ministère Guy Mollet du 1er février 1956, pour voir les maçons revenir en force. Gérard Jaquet est secrétaire d'État à la présidence du Conseil chargé de l'Information. Marcel Champeix est secrétaire d'État aux Affaires algériennes. Paul Anxionnaz, futur grand maître du Grand Orient, est secrétaire d'État à la Marine. Paul Ramadier est ministre des Affaires économiques et financières. André Maroselli est secrétaire d'État à la Santé publique et à la Population.

L'appartenance maçonnique de Guy Mollet provoque naturellement des commentaires hostiles.

Le 30 mars 1957, le journal *le Monde* publie l'information suivante :

« Le Vatican invite les aumôniers militaires à surveiller les militaires et leurs familles en relation avec les partis d'extrême gauche et de la franc-maçonnerie. »

Cet appel, qui n'est pas sans rappeler l'affaire des fiches, passe totalement inaperçu dans les milieux maçonniques.

En juin suivant, le radical Maurice Bourgès-Maunoury devient président du Conseil. Six francs-maçons siègent dans son gouvernement : Michel Soulié, Jean Meunier, André Morice, Gérard Jaquet, André Maroselli et Marcel Champeix.

En revanche, dans le gouvernement du radical Félix Gaillard constitué en novembre 1957, seul le frère Gérard Jaquet se retrouve au Conseil des ministres avec le portefeuille de la France d'outre-mer.

La IVe République chancelle. Les manifestations d'Alger vont l'achever. Le gouvernement Pierre Pflimlin, qui sera le dernier avant l'échéance gaulliste, ne compte que deux maçons : Guy Mollet et André Maroselli.

CHAPITRE XII

LA FRANC-MAÇONNERIE SOUS LA Ve RÉPUBLIQUE

Le général de Gaulle est président du Conseil à partir du 1er juin 1958. Il devient président de la Ve République le 8 janvier 1959. Cette fois, la maçonnerie est éloignée des responsabilités politiques. Pendant les dix années de présence du Général à l'Élysée, on ne verra siéger au Conseil des ministres que les frères Robert Boulin et Philippe Dechartre.

De Gaulle, dont certains n'ont pas hésité à écrire contre toute vraisemblance qu'il était lui-même initié, détestait-il les loges ?

Le grand maître Fred Zeller, qui fut très lié à Georges Pompidou, devait écrire en 1976 :

« Le secret agaçait le général de Gaulle qui n'était pas indifférent à l'influence du Grand Orient de France, qu'il sentait hostile à sa personne, et dont les " conciliabules " l'intriguaient. Yvon Le Vaillant affirma même dans *le Nouvel Observateur* que le Général envisagea un instant le démantèlement de l'Ordre. Son ministre de l'Intérieur, Roger Frey, l'en dissuada : " Ils ne sont que 25 000 au Grand Orient, mais tous présidents ou responsables de quelque chose. En fait, ils influencent un million de gens auxquels ils peuvent du jour au lendemain donner des consignes. Il vaut mieux ne pas les toucher mais les surveiller ". »

Certes, d'Émile Pelletier, ministre de l'Intérieur dans le gouvernement de Gaulle issu du 13 mai 1958, à Yvon Morandat, les francs-maçons existent dans l'entourage du général, mais ils sont peu nombreux en comparaison de ceux de leurs frères qui assument alors des responsabilités à la tête de l'opposition. C'est ainsi que lorsque, un peu plus tard, François Mitterrand présidera la Fédération de la gauche démocrate et socialiste, sur les vingt-cinq membres du bureau politique on comptera treize frères.

Le 26 juin 1958, au cours de la huitième semaine de formation pastorale, le pape Pie XII renouvelle la condamnation romaine contre l'ordre maçonnique. C'est l'heure où, en France, certains mouvements activistes, notamment celui qui s'est groupé autour de Robert Martel et qui édite à Alger le journal *Salut Public*, dénoncent régulièrement dans la franc-maçonnerie le centre d'un complot contre l'Algérie française.

Le propos est exagéré. En fait, une fois de plus, les maçons sont répartis sur l'échiquier politique. Certains font campagne pour le « oui » au référendum de septembre 1958 qui consacre la naissance de la Ve République. Quelques-uns sont élus députés U.N.R. en novembre suivant. D'autres prennent place dans la direction des organismes qui incarnent un gaullisme de gauche. Pendant ce temps, nombre de leurs frères sont à la tête de l'opposition la plus résolue, qu'il s'agisse de cette opposition démocratique qui va très vite s'incarner en la personne du franc-maçon Gaston Monnerville, président du Sénat, ou qu'il s'agisse même de l'opposition favorable à la cause de l'Algérie française pour laquelle de nombreux maçons se mobilisent.

Cette situation ne peut surprendre quand on sait quelle part la maçonnerie a détenue dans l'action coloniale de la France. Les siens ont été dans toutes les colonies et dans tous les territoires d'outre-mer aux responsabilités majeures. Qu'il s'agisse de Maurice de Coppet ou de Joseph Le Beau, de Marcel Peyrouton résident général à Tunis, d'Alexandre Varenne, de Maurice Viollette gouverneur général de l'Algérie, de Jules Carde gouverneur général de l'A.-O.F. et de l'Algérie, de Léon Bourgine gouverneur général de la Côte-d'Ivoire, de Félix Éboué gouverneur du Tchad, du gouverneur Oswald Durand, de Gaston Joseph directeur des affaires politiques au ministère des Colonies, de beaucoup d'autres encore, ils étaient tous francs-maçons.

L'esprit de la grande France impériale d'autrefois a survécu dans beaucoup de loges.

Les frères algérois lancent des appels à la solidarité. Ils se savent menacés et ils entrevoient le jour où leurs loges devront fermer leurs portes. L'un d'entre eux écrit à la revue maçonnique *Pax :*

« La France a fait énormément dans ce pays et rien ne peut se faire sans elle. Si par malheur pour l'Algérie, une indépendance brutale était accordée, je suis persuadé que ce pays souffrirait une catastrophe dont il ne se relèverait pas avant cinquante ans au moins... Je dois vous informer que nous sommes particulièrement menacés et que souvent notre vie est en danger. Notre qualité maçonnique nous désigne aux balles des tueurs et aux charges de plastic. »

L'avertissement était alors justifié. Certains maçons seront assassinés par le F.L.N. D'autres seront abattus par l'O.A.S. et notamment le frère Marty ancien membre du Conseil de l'Ordre, le frère Guillaume vénérable de la loge Minerve, le frère Capolongo, le frère Viot, l'inspecteur d'académie Marchand, de la loge de Bône Hippone, une des six victimes de l'attentat de Ben Aknoun.

La franc-maçonnerie n'a pas été en mesure de faire obstacle à la mise en place des institutions nouvelles de la Ve République. Une fois les choses faites, elle a adopté des positions nuancées. Le convent de 1958 a rappelé qu'au moment des événements du 13 mai, le Conseil de l'Ordre avait adressé une circulaire à toutes les loges de l'obédience les mettant en état d'alerte. Cent seize vénérables de la région parisienne s'étaient immédiatement réunis. Des précautions avaient été prises sur le plan intérieur et administratif. Mais des contacts gouvernementaux et extra-gouvernementaux avaient été établis et le grand maître pouvait déclarer :

« Vous dirai-je (ne souriez pas d'un air incrédule) que certains aménagements de la Constitution sont à porter à notre crédit ? Vous dirai-je que les grands principes que nous avons dégagés de notre étude ont fortement retenu l'attention et se sont traduits par certaines initiatives ? Par exemple, l'offre aux peuples d'outre-mer de fixer eux-mêmes leur destin dans le cadre d'une fédération ? Lisez bien la Constitution, je vous en prie, vous y reconnaîtrez même certaines phrases. »

Le grand maître observe ensuite que les événements de mai 1958 n'ont pu se produire qu'en raison de la « pesée militaire » sur les décisions d'ordre politique :

« Si, dans le principe et en droit, cette pesée est absolument incompatible avec la conception de la subordination de l'armée au pouvoir politique, il est sans doute possible de trouver une explication psychologique de cette action. En effet, on ne laisse pas impunément pendant quinze ans une armée de près d'un million d'hommes, cartouchières garnies, subir défaites sur défaites, que, pour l'essentiel, le pouvoir politique a engendrées. Il est criminel de laisser à ce point se dégrader, non les institutions, mais leur fonctionnement et l'usage que les élus en ont fait. Lorsque l'autorité se dissout au point que les responsables ne sont plus obéis, sont méprisés, parce qu'ils ne savent ni établir une politique valable ni la mener, lorsque ceux qui tiennent les leviers de commande, aux heures troubles, ne savent plus sur quelle force s'appuyer parce que d'ailleurs eux-mêmes n'en représentent pas, alors le pouvoir est à prendre... Le pouvoir est toujours à prendre pour ceux qui osent, quand les représentants du peuple n'ont pas accompli leur mission ni les devoirs de leur charge. »

On peut en déduire que la plupart des maçons, lorsqu'ils extériorisent leur position politique, ont avant tout le souci de maintenir les principes essentiels de la démocratie dans cette Ve République que le général de Gaulle vient de porter sur les fonts baptismaux. En cela, ils rejoignent les préoccupations exprimées par les orateurs dans les convents maçonniques de septembre 1958.

Il est bien difficile d'oublier dans les loges que c'est de Gaulle qui, en 1943 à Alger, a rétabli la maçonnerie française dans ses droits. Certes, quinze ans plus tard, elle ne facilite pas son retour au pouvoir, mais elle paye sa dette dans la mesure où ce sont les francs-maçons Guy Mollet et Gaston Monnerville qui lui apportent alors cette caution républicaine dont il a besoin pour ne pas apparaître comme un usurpateur.

Le 24 août 1962, apprenant que le général de Gaulle vient d'échapper à un attentat, le frère Ernest Van Hecke, grand maître de la Grande Loge nationale française[1], lui écrira :

« Monsieur le Président, la Grande Loge nationale française (Neuilly), fidèle à sa Constitution qui prévoit le respect de l'autorité et des pouvoirs civils légitimes, remercie la Divine Providence qui vous a permis d'échapper à un odieux attentat qu'elle réprouve de toutes ses forces. Elle vous confirme, monsieur le Président, ses sentiments de loyauté envers le chef de l'État, et vous prie d'agréer l'expression de sa très haute considération. »

Le général de Gaulle répondra, en date du 30 août suivant :

« Monsieur le grand maître, recevez mes remerciements pour le témoignage que vous venez de m'adresser au nom de la Grande Loge nationale française. Sachez que j'y ai été sensible et veuillez

---

1. La Grande Loge nationale française (boulevard Bineau à Neuilly) compte 12 000 membres. Elle est beaucoup moins importante que le Grand Orient (environ 30 000 membres) et la Grande Loge de France (environ 16 000 membres), mais elle est la seule obédience française reconnue par l'Angleterre considérée comme la mère de la franc-maçonnerie universelle. En effet, la cérémonie d'initiation y comporte l'affirmation de la croyance en Dieu, ce qui n'est pas le cas à la G.L.F. où l'on se réfère au « Grand Architecte de l'Univers », et encore moins au Grand Orient où le plus souvent l'on ne se réfère ni à Dieu ni au Grand Architecte. (N.D.L.E.)

croire, monsieur le grand maître, à mes sentiments les plus distingués et les meilleurs. »

Dans cette même période, les préoccupations de la Grande Loge de France nous sont révélées par les questions mises à l'étude des loges par le Conseil fédéral :

— En 1958 : Formation morale et civique de la jeunesse. Laïcité et tolérance maçonnique.

— En 1959 : L'enfance inadaptée. La morale traditionnelle en face du problème démographique.

— En 1960 : Recherche des points d'unité spirituelle entre l'islam et l'Occident.

— En 1961 : Le droit de vieillir. L'équilibre initiatique face à la peur. La jeunesse et la morale.

— En 1962 : Une éthique nouvelle pour la jeunesse. La contraception.

— En 1963 : La culture traditionnelle devant le monde moderne. Le combat maçonnique pour la liberté. L'enseignement laïque à l'heure européenne.

C'est alors qu'une scission se produit au sein de la Grande Loge nationale française. Le frère de Ribaucourt et l'éditeur de Foucauld, affirmant que l'Angleterre contrôle totalement l'obédience du boulevard Bineau, soutenant que la majorité de ses membres sont des citoyens anglais et américains, fondent une nouvelle Grande Loge nationale, domiciliée avenue de l'Opéra.

L'obédience du boulevard Bineau recevra cependant un peu plus tard l'appoint de quelques loges du rite écossais rectifié, venues du Grand Orient de France dans le sillage de l'ingénieur Moiroux, et d'une partie des membres de la loge parisienne L'Europe Unie qui suivent leur vénérable Jean Baylot. Cet ancien préfet de police de Paris qui fut grand maître adjoint du Grand Orient de France, a rompu avec le parti socialiste et a été élu député gaulliste du XVᵉ arrondissement de Paris. Il n'a pas accepté, comme plusieurs de ses collègues de groupe à l'Assemblée, que le Grand Orient prétendre lui dicter son vote au Parlement lors de la discussion des nouvelles lois scolaires.

Il va devenir très vite l'une des figures les plus en vue de l'obédience de Neuilly.

Malgré tout, les élections législatives de novembre 1958 sont, dans certaines régions, l'occasion de violentes attaques contre la franc-maçonnerie. C'est ainsi que Mgr Dubois, archevêque de Besançon, publie le communiqué suivant :

« Voter en vous référant à Dieu, cela exclut de voter pour des candidats francs-maçons, la franc-maçonnerie ayant été condamnée par l'Église ; ou pour des candidats qui, par exemple, méconnaissent les lois de Dieu relatives à la transmission et au respect de la vie, ou bien oublieux que le mariage est un et indissoluble, ont déjà favorisé le divorce, et prétendent en étendre encore les facilités : ce n'est même pas une affaire de religion, mais de simple droit naturel. »

Aussitôt, dans certaines circonscriptions électorales, ce message est utilisé. Dans l'arrondissement de Lure-Luxeuil, en Haute-Saône, les partisans du candidat gaulliste Clerget le font distribuer aux portes des églises, y ajoutant même un post-scriptum pour préciser que le candidat radical André Maroselli est lui aussi franc-maçon.

Les convents de 1959 ne prennent pas position ouvertement sur l'affaire algérienne, mais le Conseil de l'Ordre du Grand Orient de France a cru devoir faire remettre un mémoire au général de Gaulle dans lequel il l'engage à négocier avec le F.L.N. Cette attitude vaut à l'obédience de recevoir des menaces émanant des milieux activistes et le Conseil de l'Ordre met alors en sûreté les fonds et les archives. En réalité, on cite fréquemment dans les loges les noms de certains frères qui sont engagés dans l'action illégale contre le nouveau régime. Quelques-uns d'entre eux iront jusqu'à l'O.A.S. Et nul n'ignore que dans le même temps l'un des chefs du F.L.N., Boumendjel, appartient à une loge écossaise.

Du côté de la Grande Loge de France, il est vrai, l'évolution des esprits est quelque peu différente. La majorité des frères qui, avec Richard Dupuy, avaient manifesté leur sympathie pour le général de Gaulle par solidarité avec la cause de l'Algérie française, affichent leur hostilité dès l'instant où le général donne l'impression de vouloir négocier avec le F.L.N.

Les attentats de l'O.A.S. se multiplient. Les loges maçonniques ne sont pas épargnées. Une explosion se produit devant la loge de Sidi-bel-Abbès. Une bombe au plastic est déposée devant le temple maçonnique de Bayonne et provoque d'importants dégâts. Plusieurs loges sont également visées dans la région d'Oran.

La parution en librairie du roman *les Fils de la Lumière* de l'écrivain Roger Peyrefitte va aussi provoquer autour de la maçonnerie un grand mouvement d'intérêt. Bien que l'ouvrage n'ait cherché qu'à souligner un certain aspect folklorique des obédiences françaises, sans jamais dégager la tradition philosophique et initiatique, il apporte au Grand Orient et à la Grande Loge de France de nombreuses demandes d'adhésion.

Pour écrire son livre, Roger Peyrefitte a rencontré de nombreux francs-maçons. Il a fait parler Jacques Mitterrand sur Jean Baylot et Jean Baylot sur Jacques Mitterrand. Il a écouté Charles Hernu, le président du Club des Jacobins, qui lui a fait beaucoup de confidences. Jacques-Louis Antériou, président du Club des Montagnards, a organisé pour lui une réunion de frères dans son appartement parisien. Il a surtout écouté le frère Arnaud de Grémilly et tel ancien grand maître n'a pas refusé non plus de répondre à ses questions.

Le roman *les Fils de la Lumière* a le mérite, aux yeux des dirigeants de l'Ordre, d'être rédigé d'une plume sympathique et de permettre à un large public profane d'ouvrir une petite fenêtre sur les loges. Pour les initiés, malgré tout, il a ce tort de donner une image fausse de la franc-maçonnerie du XXᵉ siècle. Ne prête-t-il pas à croire que la maçonnerie a pratiquement conquis le Vatican, et que les prélats romains entretiennent avec les loges les meilleurs rapports, ce qui est loin d'être vrai ?

Les réponses à cet ouvrage sont nombreuses. Un frère de la Grande Loge nationale française, Pierre Mariel, fait paraître anonymement un petit livre intitulé *les Authentiques Fils de la Lumière* qui apporte de nombreuses rectifications. Peyrefitte ayant disserté sur les conditions dans lesquelles le frère Arthur Groussier avait eu en 1940 le cruel devoir de déclarer dissoute la franc-maçonnerie française, *les Lettres mensuelles* du frère Guy Vinatrel publient une mise au point du frère Louis-Claude Villard, ancien grand secrétaire du Grand Orient :

« C'est une légende qu'un ex-frère du Grand Orient de France, très connu par son esprit d'aventure, a toujours cherché à accréditer par la plume et par la parole, précise-t-il. (...) Si l'on veut se souvenir que la lettre au Maréchal est datée du début d'août, que l'hôtel de la rue Cadet était sous séquestre dès l'entrée des troupes hitlériennes à Paris, que le domicile de Groussier et le mien avaient été perquisitionnés avant notre retour à Paris, que la France était aux trois quarts occupée, l'ordre de " cessation de fonctionnement " était plutôt platonique puisque matériellement il était un fait accompli. »

Quant à la déférence manifestée envers le maréchal Pétain, et qui lui a été souvent reprochée, le frère Villard s'en explique de la façon suivante :

« L'excès de condescendance que nous prête M. Roger Peyrefitte, on ne saurait le déceler que dans la formule finale de politesse : nous assurions le Maréchal de notre profond respect. J'ai remis moi-même cette lettre au chef de cabinet du préfet de la Seine pour transmission (les P.T.T. n'assurant pas le trafic postal entre les deux zones). Je suis enclin encore à l'heure actuelle à penser que cette lettre m'aurait été rendue si elle n'avait pas été terminée par la formule de politesse habituelle. »

En 1960 et 1961, la police surveille les loges comme elle ne l'a pas fait depuis longtemps. A plusieurs reprises, l'avocat parisien Georges Chadirat, ancien grand maître, constate qu'il est filé lors de ses déplacements.

Il faut dire que la franc-maçonnerie est subitement devenue pour la grande presse un sujet de discussion. Les quotidiens s'efforcent d'opposer les tendances de la Grande Loge de France et celles du Grand Orient, sous le prétexte que le grand maître Louis Doignon a signé le manifeste de la gauche pour le maintien de l'Algérie dans la République française, alors que le grand maître Jacques Mitterrand s'est à maintes reprises déclaré favorable à l'indépendance algérienne.

Il est certain que ce sont là — une fois de plus — des prises de position politique, en contradiction formelle avec les affirmations répétées selon lesquelles l'ordre maçonnique n'adopte pas de positions partisanes.

En réalité, dans ce cas précis, ce sont des dignitaires qui ont étalé leur choix personnel mais les obédiences se gardent bien de prendre position dans ce drame douloureux qui déchire la France. L'auraient-elles voulu qu'elles n'auraient pu le faire car, comme l'ensemble de la Nation, elles sont déchirées. Chacun de leurs membres fait son choix individuel en face des deux camps opposés. Sans doute les grands maîtres auraient-ils mieux fait de ne pas se manifester publiquement, même à titre personnel, pour ne pas encourir le risque d'engager leurs obédiences, et de nombreux frères, d'un côté comme de l'autre, leur en font alors le reproche.

Un journal de Nancy, *l'Est républicain*, en profite pour présenter le Grand Orient comme la maçonnerie d'extrême gauche et la Grande Loge de France comme la maçonnerie réactionnaire.

En revanche, le journaliste Jean Thouvenin qui dirige à Paris une lettre confidentielle et quotidienne d'information, affirme que la Grande Loge de France vient de se donner comme chef de file un homme connu pour son américanophilie et fort tolérant vis-à-vis de l'Église catholique. Il ajoute que l'élection de Jacques Mitterrand à la plus haute charge du Grand Orient représente, au contraire, une victoire des loges politiques sur les loges philosophiques.

Tout cela est évidemment très incertain et pourrait appeler bien des réfutations.

Le 22 septembre 1962, le quotidien *Paris-Presse* consacre un article à l'ancien grand maître Francis Viaud et celui-ci précise qu'un grand maître n'impose pas sa ligne de conduite personnelle. Il ajoute que les deux principales obédiences françaises ont en réalité le même recrutement.

A l'occasion de la campagne électorale d'octobre 1962, le gaulliste Louis Terrenoire, secrétaire général du parti U.N.R., attaque violemment la franc-maçonnerie à la radio d'État :

« Derrière ces partis qui nous ont fait tant de mal, explique-t-il, il y a certains traîtres, combinards et tireurs de ficelles qui voudraient encore pouvoir faire et défaire les ministres. La franc-maçonnerie, elle aussi, voudrait à nouveau influencer la constitution des ministères. »

Le socialiste René Naegelen, qui fut maçon à Belfort dans sa jeunesse mais qui a depuis longtemps perdu le chemin des loges, lui répond aussitôt dans l'hebdomadaire *Démocratie 62 :*

« M. Terrenoire, qui n'en rate pas une, s'est empressé d'ajouter une agression contre la franc-maçonnerie, reprenant à son compte les accusations qui firent les beaux jours de la propagande vichyste. Là encore, la comparaison est facile et malheureusement exacte avec d'autres régimes dictatoriaux. »

Une polémique éclate alors entre deux publications de gauche, *la Nation socialiste* et *Démocratie 62.* L'ancien communiste Auguste Lecœur, directeur de *la Nation socialiste,* a pris position contre la maçonnerie, allant jusqu'à écrire : « Je m'en bats l'œil avec la queue d'une poêle à frire. » Se référant à une lettre du frère Auguste Gallois qui vient de mourir, il s'est livré en outre à une violente attaque contre le grand maître Jacques Mitterrand auquel il reproche ses opinions politiques. En réponse, l'hebdomadaire *France-Observateur* admet le glissement à gauche du Grand Orient et s'en félicite.

Le 15 novembre 1962, *la Nation socialiste* est amenée à publier la réponse du frère Fred Zeller, ancien secrétaire de Trotski, à Auguste Lecœur :

« Avant toute autre chose, écrit-il, en ce qui concerne l'élection du grand maître du Grand Orient qui a fait couler tant d'encre de tous côtés, disons qu'elle ne fut bien entendu imposée par aucune pression extérieure de l'Ordre ; que d'autre part l'Ordre est trop complexe, trop chatouilleux de son indépendance pour s'aligner purement et simplement sur les idées personnelles d'un “ patron ” provisoire, aussi talentueux soit-il, qu'il soit radical de droite, mendésiste, socialiste S.F.I.O., P.S.U. ou même sympathisant communiste. Au demeurant l'Ordre — et il l'a prouvé maintes fois — se protège pour ainsi dire tout seul, par une succession de réactions collectives, dans le cas où la grande maîtrise chercherait à forcer la main à l'obédience, soit dans un sens, soit dans un autre. »

Il n'est pas impossible que cette dernière phrase recèle un avertissement discret au frère Jacques Mitterrand.

Fred Zeller ajoute alors ces précisions fort intéressantes pour l'histoire du mouvement socialiste français :

« A la vérité, depuis le congrès de l'Union socialiste à la salle du Globe en 1905, sans arrêt la question de la double appartenance au parti et à l'ordre maçonnique s'est trouvée posée dans les congrès nationaux, sans pour autant qu'il se trouve une majorité suffisante pour obtenir le départ des socialistes de la maçonnerie. (...) En effet, les choses n'étaient pas si simples, et nous allons voir pourquoi. Presque tous les dirigeants des différentes fractions socialistes qui s'unifièrent en 1905 étaient francs-maçons : Allemane, fondateur du parti socialiste ouvrier révolutionnaire ; Arthur Groussier, fondateur de l'Alliance communiste ; Marcel Sembat, fondateur du parti socialiste de France ; Dazet, secrétaire du parti ouvrier français, étaient des frères. »

Et Fred Zeller cite encore d'autres noms de socialistes maçons, notamment ceux d'Eugène Thomas et de Marceau Pivert.

En réalité, dans la période contemporaine, les socialistes sont majoritaires dans les loges françaises, au Grand Orient de toute évidence, mais aussi, quoi qu'on ait pu dire et écrire à ce sujet, dans la plupart des ateliers de la Grande Loge de France.

Il demeure pourtant dans le nouveau parti socialiste de François Mitterrand, comme dans l'ancien de Jaurès, de Blum et de Mollet, un courant hostile à la démarche maçonnique. Ce courant invoque depuis toujours le principe marxiste de la lutte des classes pour refuser aux militants socialistes le droit de se conduire en frères dans la loge envers des hommes qu'ils devraient considérer comme des ennemis de classe.

Comme nous l'avons vu, en 1912, le congrès socialiste de Lyon avait autorisé l'appartenance des militants socialistes à des organisations philosophiques comme la franc-maçonnerie, à la condition que « celles-ci ne les mettent pas en contradiction avec la doctrine, les principes et les décisions du parti ».

En réalité, les loges étaient depuis 1905 un terrain d'action pour les militants socialistes.

De nos jours, les titres distinctifs de certaines loges françaises suffisent à établir à quel point le mouvement socialiste a marqué les obédiences :

— Au Grand Orient de France : les loges Action Socialiste fondée à Paris en 1901, L'Internationale fondée à Paris en 1904, Salvador Allende fondée à Paris en 1974.

— A la Grande Loge de France : la loge Les Hospitaliers Socialistes fondée à Paris en 1853, Jean-Jaurès fondée à Paris en 1917, Marcel-Sembat fondée à Montmorency en 1927, Roger-Salengro fondée à Lille en 1938, La Rose Écarlate fondée à Clichy en 1976.

Fred Zeller a fait d'importantes révélations sur le travail souterrain réalisé par les socialistes dans les loges. Dans son ouvrage *Trois points, c'est tout,* il a notamment écrit :

« Jeune apprenti, j'assistais déjà aux réunions qui regroupaient plusieurs ateliers dans un mouvement intitulé " La Renaissance maçonnique ". Quelques vénérables de Paris et de province l'animaient, dont le frère Rein, brillant et courageux orateur socialiste qui mourut en pleine tenue maçonnique peu après son élection au Conseil de l'Ordre, Philippe Dechartre, Roger Nathan-Murat, Guy Stibbe, Jacques Mitterrand, David Weil... Cette " Renaissance maçonnique " où se retrouvaient les militants communistes de l'Union progressiste et les socialistes de gauche, se disloqua quelques années plus tard à la suite de conflits internes, sans que le mouvement — organisé en fraction à l'intérieur de l'obédience — ait atteint son but de rajeunissement de la maçonnerie. »

Est-il besoin de préciser ici que ce travail fractionnel était une infraction à toutes les règles de l'ordre maçonnique ?

Quelques années plus tard, Zeller se retrouve au groupe fraternel d'études et d'action socialistes qui n'admet en son sein que des maçons socialistes.

Ce groupe fraternel s'engage résolument en faveur du F.L.N. en pleine guerre d'Algérie. Le leader algérien Amrouche participe même à l'une de ses réunions organisée au Cercle républicain de l'avenue de l'Opéra.

Ce groupe va se heurter assez vite à l'équipe de *France-Observateur* et sera combattu à plusieurs reprises par Gilles Martinet et par Claude Bourdet. Violemment antistalinien, Fred Zeller porte des jugements sévères sur le parti communiste français alors que l'équipe de *France-Observateur* milite pour l'union de la gauche.

Il est pourtant certain que le recrutement maçonnique s'est sensiblement rajeuni depuis 1958. Il est très souvent supérieur en qualité à celui des cinquante années qui ont précédé. Le retour à la tradition initiatique, très évident à la Grande Loge de France, se manifeste également dans de nombreux ateliers du Grand Orient. Et si l'on dit que le rôle politique des loges est moins important que par le passé, ce qui est peut-être vrai, on oublie que la maçonnerie n'est jamais aussi puissante, selon le mot du grand maître Francis Viaud, que lorsque les loges s'éloignent de la politique pour se consacrer à des travaux philosophiques. Il aurait pu ajouter d'ailleurs que la maçonnerie est également plus puissante lorsqu'elle se montre sévère dans son recrutement que lorsqu'elle ouvre trop facilement les portes de ses temples pour recruter plus largement.

Les attaques contre la maçonnerie sont devenues moins fréquentes dans la presse catholique. Dans une certaine mesure, il est permis d'affirmer que les grands thèmes utilisés par les adversaires de l'Ordre depuis la fin du XIXe siècle ont été démystifiés au cours des dernières années. C'est ainsi que prenant la parole le 24 novembre 1962 devant les membres du Lion's Club de Rambouillet, le R.P. Riquet déclare :

« Pour les hommes de ma génération, appartenant à l'Église catholique, il n'est pas douteux que la franc-maçonnerie apparaît dans un halo mystérieux, voire satanique. Du roman de Pierre L'Ermite *le Grand Mufle*, aux images caricaturales du *Pèlerin*, le franc-maçon nous était présenté comme un être à la fois grotesque et malfaisant. Un nez crochu, un ventre proéminent, orné d'un tablier couvert de triangles et autres signes cabalistiques, telle était l'image que nous en avons conservée. »

Admettant alors ce que ce portrait pouvait avoir d'injuste, le Père Riquet tient à préciser l'attitude de l'Église catholique à l'égard de l'ordre maçonnique :

« Il ne s'agit pas pour l'Église, explique-t-il, de bénir purement et simplement la franc-maçonnerie. Le droit canonique en vigueur, canon 2335, maintient une peine d'excommunication contre ceux “ qui donnent leur adhésion à une secte maçonnique ou autre se livrant à des machinations contre l'Église ou les pouvoirs civils ”. Mais on peut légitimement se demander si cette grave censure s'applique encore à ceux qui, dans la loge, s'interdisent précisément “ tout ce qui pourrait être considéré comme une machination contre une Église ou les pouvoirs civils légitimes ” et ne visant, par le travail des anciens rituels de l'ordre, qu'au perfectionnement moral et spirituel de ses membres et à la pratique d'une charité fraternelle active et vigilante. En attendant que l'autorité compétente fasse connaître son point de vue, on peut envisager, du moins comme possible et souhaitable, la recherche d'un climat de meilleure compréhension entre ceux qui, en toutes circonstances, placent leur espoir en Dieu. »

En juillet 1963, on apprend que la dernière loge encore en activité en Algérie, la loge Cirta de Constantine, vient de fermer ses portes après avoir expédié toutes ses archives rue Cadet. Depuis le jour de l'indépendance, la plus importante des loges d'Algérie, la loge Belisaire d'Alger, avait disparu.

Les loges groupant des fonctionnaires et des négociants de souche métropolitaine ont été les premières à mourir, mais l'espoir un instant nourri par les musulmans initiés par la maçonnerie de voir survivre un Grand Orient d'Algérie et une Grande Loge écossaise nationale a bien vite été balayé.

Après le retour du général de Gaulle à Colombey-les-Deux-Églises, Georges Pompidou est élu président de la République le 19 juin 1969. Il confie à Jacques Chaban-Delmas le soin de former un gouvernement dans lequel le frère Robert Boulin est ministre de la Santé publique et de la Sécurité sociale. Le frère Philippe Dechartre est secrétaire d'État auprès du ministre du Travail, de l'Emploi et de la Population.

Malgré tout, c'est l'opposition de gauche qui gagne du terrain dans les loges. Dans un numéro de *l'Express* de septembre 1966, Brigitte Gros avait pu écrire :

« C'est dans les partis et dans les groupements composant la Fédération de la gauche que la franc-maçonnerie conserve de l'influence... Les maçons sont en majorité au comité directeur de la F.G.D.S., au comité directeur du parti socialiste et à la commission permanente des clubs. Ils représentent presque 50 p. 100 du bureau du parti radical... Ils ont assuré l'élection de M. René Billères à la présidence de son parti. »

Brigitte Gros aurait même pu ajouter qu'ils avaient assuré l'élection du profane René Billères en face de leur frère Michel Soulié.

Les événements de mai 1968 et l'insurrection de la jeunesse à Nanterre et au quartier Latin ont bouleversé les loges comme toutes les familles spirituelles et politiques du pays. Il est à noter que l'un des leaders, Jacques Sauvageot, président de l'U.N.E.F. est maçon. Réunis à l'appel de Paul Anxionnaz, les anciens grands maîtres du Grand Orient de France décident de faire apposer sur les murs de Paris une affiche dans laquelle ils saluent le mouvement des étudiants et des travailleurs, réprouvent la répression policière et demandent la constitution d'un gouvernement démocratique et progressif. C'est là, une fois de plus, une prise de position politique.

La Grande Loge de France adopte alors une attitude plus prudente, mais, face à la jeunesse insurgée, le grand maître Richard Dupuy n'hésite pas à déclarer que les francs-maçons sont d'éternels contestataires, ce qui est un signe amical à l'adresse de ces garçons et de ces filles qui veulent changer la société.

Dans les années qui vont suivre, nombre des jeunes barricadiers vont trouver le chemin du temple maçonnique. On les retrouvera nombreux dans les loges du Grand Orient.

En 1969, Alain Guichard posait la question : aujourd'hui, comment se présente le « maçon moyen » ?

« Ce n'est évidemment pas M. Guy Mollet, répondait-il, ni

M. Gaston Monnerville, ni M. Philippe Dechartre, ni M. Yvon Morandat, ni M. Louis Pauwels, ni un ancien président de l'U.N.E.F., ni un homme politique de premier plan, ministre ou ancien ministre, ni un grand fonctionnaire. Certes, tous sont représentés dans les obédiences ; certains, comme M. Paul Anxionnaz, y occupent même des places de choix. Préfets, anciens préfets, anciens hauts-commissaires de la France d'outre-mer y figurent aussi honorablement. Au Grand Orient, le " maçon moyen " pourrait être un fonctionnaire (moyen), par exemple des Contributions, de l'Intérieur, des Postes, de l'Aviation civile, des Travaux publics, de l'Éducation nationale ou de la préfecture de police. Ce pourrait être aussi un instituteur, un cadre de l'industrie, un artisan, un commerçant. A la Grande Loge de France et dans les autres obédiences, ce serait plutôt un avocat, un ingénieur, un médecin, mais l'on y trouve aussi des fonctionnaires, des industriels, des universitaires, des artistes lyriques. L'Opéra notamment y a toujours été bien représenté. Souvent, ce " maçon moyen " sera juif... En province, la fonction publique (d'État ou municipale), le corps médical, le barreau, l'Université, le commerce et la petite industrie fournissent l'essentiel du recrutement. »

Le pourcentage des élus dans les conseils municipaux, dans les conseils généraux, dans les assemblées parlementaires est moins important que sous la IIIe République, mais il est encore élevé.

On a peu parlé jusqu'ici des conditions dans lesquelles le président Guy Mollet fut amené à adresser au grand maître Paul Anxionnaz sa démission du Grand Orient de France.

Nous avons eu l'occasion d'en parler avec lui à plusieurs reprises et nous pouvons écarter certaines des raisons avancées à l'époque par la presse.

Dans sa lettre au grand maître, l'ancien président du Conseil expliquait qu'il ne pouvait plus supporter de voir des hommes se servir de la maçonnerie dans le parti socialiste et du parti socialiste dans la franc-maçonnerie. Il se disait scandalisé par ce qu'il considérait, quant à lui, comme un carriérisme forcené.

Mollet n'était pourtant pas un franc-maçon de circonstance. Il avait été orateur dans une loge d'Arras. Il appartenait aux ateliers supérieurs relevant de l'autorité du Grand Collège des Rites. Il avait même accepté de son ami Gérard Jaquet le titre de président d'honneur de la Fraternelle Paul-Ramadier.

On a dit par la suite que ceux que visait ainsi Guy Mollet s'étaient retrouvés au convent de 1975 pour tenter de faire élire Roger Fajardie, un ami de Pierre Mauroy, futur membre de son cabinet en 1981, au poste de grand maître du Grand Orient de

France, et qu'ils n'avaient pu empêcher le succès du docteur Serge Béhar.

« La maçonnerie, avait longtemps déclaré Guy Mollet à ses proches, peut être un complément intéressant à la formation d'un homme politique, mais elle doit rester une affaire privée. Le parti n'a pas à intervenir. Les camarades doivent être assez grands, pour s'y comporter, comme dans la vie en général, avec leur conscience socialiste. »

Le jour où il se décida à envoyer sa lettre de démission au grand maître Paul Anxionnaz, Guy Mollet venait d'acquérir la certitude qu'avec l'appui de francs-maçons mitterrandistes, les membres de la Fraternelle Paul-Ramadier avaient fait voter contre lui pour le profane Alain Savary au poste de premier secrétaire du parti. C'était là plus qu'il n'en pouvait supporter.,

En réalité, parce qu'il nous l'a confié de façon catégorique, nous pouvons affirmer ici que Guy Mollet a rompu avec la maçonnerie le jour où il a été persuadé que des maçons socialistes préparaient activement la mainmise de François Mitterrand sur son parti. Et ce fut là, sans aucun doute, le travail fort habilement mené par les clubistes maçons, sous le couvert de la Fédération de la gauche.

Dans une étude fourmillant d'erreurs sur les relations privilégiées de la franc-maçonnerie avec le pouvoir, Arnaud de Lassus, militant de l'antimaçonnisme, situe en 1974 la rentrée politique des francs-maçons : 1974, parce qu'il y eut d'abord en janvier la conférence en tenue blanche fermée faite par le ministre Giscard d'Estaing dans un temple de la rue Puteaux, ensuite parce qu'il y eut plusieurs repas du Carrefour de l'Amitié auxquels assistèrent des personnalités de la droite politique sur l'invitation de maçons très connus.

C'est le 31 janvier 1974 que Valéry Giscard d'Estaing, alors ministre de l'Économie et des Finances, a présenté une conférence sur « l'humanisme dans l'État de demain » au cours d'une tenue blanche fermée organisée par la loge parisienne Le Prisme et présidée par le grand maître Pierre Simon.

Rendant compte de cet événement dans son numéro du 7 juillet 1975, l'hebdomadaire *le Nouvel Observateur* devait rapporter :

« On se souvient qu'il y avait foule ce jour-là, peut-être deux mille personnes, dont toutes n'avaient pu entrer dans le temple. L'invitation avait été lancée par vingt loges parisiennes, ce qui est considérable... Devant ces hommes qui aiment à se croire, sans excessive humilité, gardiens de l'intelligence et de la connaissance, Valéry Giscard d'Estaing se montra modeste, exprima son émotion, et philosopha sur l'humanisme dans le monde de demain. »

Après la tenue, dans le bureau du grand maître, il surprit ses interlocuteurs par la connaissance qu'il révéla de la démarche initiatique.

Il est certain qu'à ce moment de son histoire la Grande Loge de France ouvre ses fenêtres sur la droite. Le 29 mars 1977, elle reçoit le Premier ministre Raymond Barre qui parle du redressement économique au cours d'une tenue blanche organisée par la loge James Anderson. Le 24 octobre suivant, la même loge reçoit Jacques Chirac, maire de Paris et ancien Premier ministre, venu parler de « l'homme et la grande ville dans la société d'aujourd'hui ».

De nombreuses loges finissent par s'émouvoir de ces nombreuses invitations adressées à des hommes politiques et le grand maître Georges Marcou est amené à déclarer le 7 septembre 1978, dans son discours d'ouverture du convent de la Grande Loge de France :

« La première décision que nous avons eu à prendre, pour respecter les décisions du convent, a consisté à veiller, dans cette année qui fut pour la France une année d'élections législatives, à ce qu'aucune manifestation de la Grande Loge de France ne permette une exploitation politique. Au cours du convent de 1977, comme d'ailleurs au cours du convent de 1976, un certain nombre d'entre vous ont manifesté leur désir de voir interrompre, pendant cette période, la série répétée de ces tenues blanches fermées au cours desquelles des hommes politiques venaient prendre la parole dans nos loges, ce qui, bien souvent, a permis à une certaine presse d'en tirer des conclusions qui n'étaient pas toujours exactes. Nous avons respecté votre décision. Le Conseil fédéral a décidé que ces tenues blanches fermées ne pourraient pas avoir lieu cette année. »

Et le grand maître d'observer :

« Le résultat est là : alors que les années précédentes, dès le début du mois de juillet et jusqu'au convent, la presse multipliait les indiscrétions orientées, multipliait les commentaires qui n'étaient pas toujours très favorables à notre obédience et à la franc-maçonnerie, nous avons constaté jusqu'à ces derniers jours un silence quasi total... Cela veut dire tout simplement que la vigilance que vous avez manifestée a porté ses fruits et n'a pas permis aux commentateurs de donner à la vie maçonnique une orientation qu'elle n'avait pas. »

Il est certain que, de tous les présidents de la Ve République, Giscard d'Estaing a été le plus intéressé par la franc-maçonnerie. Il le fallait sans aucun doute pour aller jusqu'à offrir un portefeuille ministériel à Jean-Pierre Prouteau dont tout le monde savait qu'il avait été grand maître du Grand Orient de France.

Sous le nom de Club de la rue de Poitiers, une fraternelle maçonnique de l'U.D.F. fut constituée, que présidait le ministre

André Rossi. Giscard allait-il, alors qu'il était le chef de l'État, jusqu'à envisager de se faire initier ? *Le Canard enchaîné* n'a pas hésité à l'affirmer. On trouve encore ici et là des citoyens qui sont persuadés que Giscard est franc-maçon. Nous avons interrogé ceux qui détiennent le secret de cette affaire et il est possible de donner une réponse précise.

L'affirmation du *Canard* est due, au départ, à une indiscrétion d'un membre du Conseil de l'Ordre du Grand Orient de France. Après une séance du Conseil, le frère Michel Baroin, futur grand maître, avait lancé à la cantonade que son ami Victor Chapot, chargé de mission à la présidence, venait de lui confier que Giscard d'Estaing était décidé à demander son initiation à la Grande Loge, que tout était réglé jusque dans les détails et que, sous peu, une délégation de maîtres d'une loge parisienne devait se rendre à l'Élysée pour l'initier dans son bureau présidentiel.

Un dignitaire courut révéler au *Canard* les confidences du frère Baroin et ce n'était certainement pas dans l'intention de favoriser cette opération.

L'article fit grand bruit dans les loges, surtout dans les loges écossaises de la Grande Loge de France. L'émotion fut même si grande qu'il ne fut plus jamais question d'une initiation si peu conforme aux rituels.

Nous savons aujourd'hui que certains dignitaires y avaient pensé sérieusement. *Le Canard enchaîné* avait donné un détail précis : cette initiation à domicile aurait eu un précédent, celle du roi de Prusse Frédéric II. Or, qui, sinon un initié de haut grade pouvait avoir indiqué à Victor Chapot que le roi Frédéric II de Prusse avait effectivement reçu l'initiation dans son château de Potsdam le 14 août 1738 ?

On peut affirmer aujourd'hui que la confidence faite par Michel Baroin à ses frères du Grand Orient de France a fait échouer une opération bien préparée par une importante personnalité de la Grande Loge de France. Ce dernier, sans en avoir parlé à personne, avait réglé avec son ami Chapot les conditions dans lesquelles Giscard d'Estaing pourrait être initié. Comme il ne pouvait être question de faire venir le chef de l'État dans un temple de la rue Puteaux et de le faire entrer dans la loge en courbant humblement la tête, comme l'exige le rituel, il avait suggéré cette initiation à domicile. En fait, le parrain en question devait bien vite comprendre que le Conseil fédéral de la Grande Loge de France n'accepterait jamais cette cérémonie si peu conforme à la règle et il n'en fut plus jamais question.

Ne voyant rien venir, Victor Chapot finit par entretenir son ami

Baroin de ce projet avorté. Espérait-il alors que le Grand Orient allait s'empresser de reprendre à son compte la promesse qui avait été faite au nom de la Grande Loge de France ? On l'a dit, mais il est permis d'en douter.

Il est certain que Valéry Giscard d'Estaing attendait beaucoup de la franc-maçonnerie et qu'elle ne répondit pas à ses espérances. Malgré tout, les manœuvres développées lors de l'élection présidentielle de 1974 ont-elles provoqué la neutralité du Grand Orient de France ? Le frère Fred Zeller qui a beaucoup exagéré dans son ouvrage *Trois points, c'est tout* le rôle de quelques organisations radicalisantes, est allé jusqu'à écrire de cette période :

« Toute la presse à l'époque fit état des manœuvres giscardiennes. On ne pouvait manquer de constater qu'une " amicale pression ", pas toujours discrète, s'exerçait, directement ou par personnes interposées, sur quelques dignitaires francs-maçons engagés politiquement dans une mouvance radicale... Assurément, il n'était pas question de demander au Grand Orient de se rallier en bloc à la candidature de Valéry Giscard d'Estaing. Une telle entreprise se révélait chimérique. Mais il était au moins possible d'obtenir sa neutralité. »

Après de longues discussions, malgré la protestation de nombreuses loges, le Conseil de l'Ordre refusa de faire son choix entre Giscard et Mitterrand. Seuls, les anciens grands maîtres Jacques Mitterrand et Fred Zeller lancèrent un appel en faveur du candidat de la gauche.

Les socialistes étaient nombreux au sein du Grand Orient de France mais leurs luttes de clans et de tendances avaient permis l'élection de grands maîtres aux opinions modérées, comme Michel Barouin et Jean-Pierre Prouteau. Ayant refait leur unité, ils imposèrent en 1979 à la tête de l'obédience un ami personnel de François Mitterrand, Roger Leray. Le rôle de Roger Fajardie, dirigeant du parti socialiste et président du Cercle Ramadier, fut déterminant dans cette élection.

Il est certain que pour la plupart des francs-maçons français, l'élection de François Mitterrand à la présidence de la République le 10 mai 1981 signifiait que les loges maçonniques allaient participer à nouveau au pouvoir et que le pouvoir républicain serait présent dans les loges.

Dans le courrier reçu à l'Élysée au lendemain de cette élection, on trouva même la lettre dans laquelle les membres d'une loge du sud-ouest de la France exprimaient leur joie de voir accéder à la magistrature suprême celui qu'ils appelaient « leur frère aimé et estimé ». On imagine sans peine combien de fois Hubert Védrine, chargé de répondre au courrier du président, dut tourner sa plume dans l'encrier avant de rédiger la lettre qui devait faire comprendre à ce vénérable et à ses frères qu'ils s'étaient trompé d'adresse.

Leur erreur fut à l'époque celle de nombreux citoyens français pour lesquels il ne faisait aucun doute que leur nouveau chef de l'État était franc-maçon.

Quelques mois plus tôt, deux auteurs avaient posé la question à des personnalités de la politique, des arts, des lettres, du monde des affaires :

« Quel est le personnage historique ou contemporain qui correspond le mieux à l'image que vous vous faites personnellement du franc-maçon ? »

Dans les réponses, le nom de François Mitterrand avait été fréquemment cité, en même temps que ceux de personnages qui, comme lui, n'avaient jamais franchi la porte d'un temple : Albert Camus, le docteur Schweitzer, Léon Blum, Albert Sarraut, Édouard Daladier, Édouard Herriot, Waldeck-Rousseau, Georges Clemenceau, Albert Bayet, Jean Monnet, Daniel Mayer, René Coty, Pierre Laval.

Des journalistes écrivirent alors qu'au lendemain de la Libération de 1944 Mitterrand avait demandé son initiation à un atelier de la Grande Loge de France et qu'elle lui avait été refusée. En réalité, il avait été alors invité à prononcer une conférence en tenue blanche à la loge parisienne L'Abbé Grégoire, et elle avait été annulée au dernier moment.

Contrairement à une légende tenace à laquelle plusieurs gouvernements étrangers avaient accordé foi, François Mitterrand n'était pas et n'avait jamais été franc-maçon. Il n'était pas non plus cet adversaire sournois des loges que certains avaient voulu voir en lui. Ceux qui avaient eu l'occasion d'aborder la question avec lui savaient qu'il citait avec complaisance les noms des maçons de son entourage dont il connaissait depuis longtemps l'appartenance : Charles Hernu, Guy Penne, Bastien Leccia. Il savait depuis les années de la Convention des institutions républicaines que de nombreux initiés figuraient parmi ses plus proches collaborateurs.

Par sa formation de jeunesse, par les traditions de sa famille maternelle, il avait longtemps fort mal compris la démarche maçonnique. Il y avait pourtant eu des maçons dans sa famille paternelle. Il y en avait aussi dans la famille de son épouse. Par ailleurs, il n'ignorait point ce qu'il devait aux frères qui s'étaient battus pour lui. La seule chose qu'il ne paraissait pas décidé à pardonner, c'était que l'un de ses proches fût maçon et le lui cachât.

Le Crapouillot put donc révéler :

« Des ateliers entiers s'étaient mobilisés pour la campagne présidentielle. A Lille, où la franc-maçonnerie tient le haut du pavé, contrôlant absolument l'administration communale, la préfecture, la police et même la mairie, puisque, si Mauroy n'appartient à aucune loge, son représentant, un ancien enseignant septuagénaire, Marceau Frison, véritable patron de la ville, est maçon, à Toulouse, à Limoges, à Paris surtout, les maçons travaillèrent ès qualités à la victoire de Mitterrand. Mieux encore : pendant toute la campagne, une cellule discrète fut mise en place sous la direction d'un membre du parti socialiste, grand secrétaire au Grand Orient de France, Jean-Michel Rosenfeld. Sa tâche consistait à entretenir des contacts permanents et en dehors de tout sectarisme politique, avec tout ce qui compte en matière d'opinion publique dans la franc-maçonnerie (journalistes, policiers, patrons d'instituts de sondage, etc.) afin de s'assurer, sinon un concours actif, du moins une fraternelle neutralité. »

Dans le gouvernement de Pierre Mauroy mis en place après la victoire du 10 mai, il y avait des maçons notoires comme Charles Hernu et Joseph Franceschi. La presse d'opposition en rajouta et l'on vit paraître ici et là des listes impressionnantes sur lesquelles figuraient les noms d'hommes comme Louis Mexandeau et Georges Fillioud qui n'avaient jamais frappé à la porte du temple, comme Claude Cheysson et Maurice Faure qui, eux non plus, n'avaient jamais « vu fleurir l'acacia ». Mauroy lui-même avait longtemps incarné, au sein de la Fédération socialiste du Nord, une tendance très réservée à l'égard de la maçonnerie.

Devant tant de fausses informations, les obédiences ne réagirent pas. C'est une tradition toujours respectée depuis deux cent cinquante ans que de ne jamais démentir ce qui s'écrit sur l'Ordre. Les obédiences allaient en faire la preuve avec cette affaire de la pseudo-loge italienne P2 qui fit tant de mal à la franc-maçonnerie dans tous les pays du monde. Il aurait été facile de prouver qu'une organisation comme celle qu'avait fondée l'aventurier Licio Gelli et que dirigeait un homme affublé du titre de grand maître, qui comptait plus de neuf cents membres ne se connaissant pas entre eux et qui procédait à ses initiations dans le secret d'une bibliothèque privée, ne pouvait pas être une loge authentique. Il aurait été facile de diffuser la mise au point que le Grand Orient d'Italie adressa alors à toutes les obédiences. Les dignitaires français préférèrent ne pas réagir.

De la même façon, ils laissèrent imprimer ici et là les noms des prétendus ministres initiés sans faire jamais de mise au point. Les démentis étaient d'ailleurs impossibles. Répondre à l'hebdomadaire *le Point* que Louis Mexandeau et André Labarrère n'étaient pas des frères, c'eût été admettre l'appartenance d'Henri Emmanuelli et de Joseph Franceschi. Nier celle d'Edwige Avice eût été confirmer celle d'Yvette Roudy.

De telles précisions n'auraient d'ailleurs convaincu que ceux qui auraient voulu l'être. On le vit bien lorsque le grand maître Roger Leray débarqua en Nouvelle-Calédonie un peu plus tard. Il tint à saluer en la personne du haut-commissaire Edgard Pisani « un maçon sans tablier », ce qui était une façon de signifier aux maçons du cru que Pisani n'était pas des leurs. L'hebdomadaire *Corail* s'empressa d'affirmer qu'il n'en fallait rien croire et que Pisani était réellement un initié.

Le 16 juillet 1981, alors que François Mitterrand n'était installé au palais de l'Élysée que depuis quelques jours seulement, alerté par Guy Penne, le frère Leray adressait à tous les membres du Conseil de l'Ordre du Grand Orient et à tous les vénérables une lettre circulaire dans laquelle, s'indignant d'apprendre que les frères chargés de responsabilités à la présidence recevaient directement de nombreuses lettres de sollicitation, rédigées le plus souvent en des termes maçonniques, qu'il en était de même pour les maçons installés à l'hôtel Matignon et dans les ministères, il se devait de rappeler à tous l'obligation de réserve imposée par les règlements et par la bienséance.

Une copie de cette lettre fut adressée par Roger Leray aux grands maîtres de quatre autres obédiences françaises, la Grande Loge de France, la Grande Loge nationale Opéra, le Droit Humain, et la Grande Loge féminine de France.

A la même époque, alerté par le ministre Charles Hernu, le grand secrétaire de la Grande Loge de France envoyait à toutes les loges écossaises une circulaire de mise en garde rédigée dans le même style.

Il demeure que les élections législatives de juin 1981 avaient envoyé siéger au Palais-Bourbon plus de députés francs-maçons qu'on n'en avait vu depuis 1936. *Le Crapouillot* put alors écrire :

« Associée à la Fraternelle Paul-Ramadier et d'autre part à la Fraternelle maçonnique des hauts fonctionnaires, la Fraternelle parlementaire est en fait l'élément essentiel de pénétration du pouvoir par les loges. »

Ce serait vrai si cette Fraternelle des députés et des sénateurs maçons ne comprenait pas dans son sein, à côté de nombreux élus socialistes, des membres du R.P.R. et de l'U.D.F.

Là, pourtant, se produisirent un certain nombre d'indiscrétions. Le jour où les parlementaires maçons se réunirent au restaurant du Sénat pour porter le député du Lot-et-Garonne Christian Laurissergues à la présidence de leur association fraternelle, en remplacement du radical Henri Caillavet, plusieurs journalistes profanes purent se glisser dans l'assistance. Ce fut ainsi que *le Crapouillot* put citer les noms de quelques-uns de ceux qui étaient là : le député des Bouches-du-Rhône Louis Philibert, le sénateur des Bouches-du-Rhône Bastien Leccia, le député du Calvados Olivier Stirn, le député de l'Eure-et-Loir Françoise Gaspard, le député de la Gironde Michel Sainte-Marie, le député de l'Indre André Laignel, le député de la Haute-Marne Guy Chanfrault, le député du Nord Pierre Dassonville, le député de la Haute-Vienne Alain Rodet, les députés du Val-de-Marne Pierre Tabanou et Laurent Cathala.

En général, les socialistes maçons sont peu connus de leurs camarades du parti.

Lorsque Thierry Pfister, proche de Pierre Mauroy, publia en 1977 un ouvrage intitulé *les Socialistes,* il ne put citer comme francs-maçons notoires que Roger Fajardie, Charles Hernu, Gérard Jaquet, Guy Penne et les anciens grands maîtres Jacques Mitterrand et Fred Zeller.

La presse d'opposition a fait grand cas de la nomination à des postes essentiels de l'administration de francs-maçons notoires ; notamment Paul Roux à la direction des renseignements généraux et Pierre Marion à la direction des services de contre-espionnage.

Qu'en faut-il penser ?

Les deux cas sont différents. Paul Roux était connu comme socialiste depuis longtemps et, avant mai 1981, il avait souffert dans sa carrière de son appartenance politique. Que des ministres socialistes aient pensé à lui pour un poste clé où il lui serait donné d'informer le gouvernement, rien de bien surprenant, à vrai dire.

Le cas de Marion est à coup sûr plus discutable. Hernu l'avait connu dans les loges. Depuis longtemps, il passait pour être un « honorable correspondant » des services secrets. Le choix ne fut pas heureux et il fut assez vite remplacé.

Tous les appétits qui se manifestèrent après le 10 mai 1981 ne furent d'ailleurs pas satisfaits et lorsque le président de la Fraternelle des postiers se permit d'écrire directement à l'Élysée pour signaler que le directeur des postes, contrairement à une vieille tradition, n'était pas l'un de ses frères, il ne reçut aucune réponse.

On comprend mieux les événements qui se succédèrent entre 1981 et 1986 au sein du parti socialiste quand on sait que les francs-maçons du P.S. se retrouvent surtout au sein de deux clans du parti : les anciens de la S.F.I.O. et les anciens de la Convention des institutions républicaines. Ils sont très rares chez les rocardiens. Ils sont introuvables parmi les chrétiens de gauche où, certains même, comme le secrétaire d'État breton Charles Josselin, passent depuis longtemps pour ne pas porter les maçons dans leur cœur. On les chercherait en vain parmi les anciens soixante-huitards du C.E.R.E.S. proches de Jean-Pierre Chevènement ou encore dans la gauche révolutionnaire de Jean Poperen. Ils sont même tenus en suspicion par les éléments venus de la C.F.D.T. qui ont peuplé les cabinets ministériels du gouvernement Mauroy et du gouvernement Fabius.

Avec la prise du pouvoir, le Cercle Ramadier où se retrouvent les maçons socialistes, toutes tendances confondues, a perdu une grande partie de son activité et de son influence.

Tout en étant fort bien servi par les francs-maçons de gauche qui auront beaucoup contribué à sa carrière politique, François Mitterrand, comme l'avait fait avant lui le général de Gaulle, a veillé à ce que la franc-maçonnerie ne devienne pas un État dans l'État. Il a pris conscience de son influence réelle, mais, dans une certaine mesure, il s'est toujours méfié d'elle. Et les maçons mitterrandistes ont été les premiers à en tenir compte.

Il n'a cependant jamais ignoré ce que pouvait apporter à la réussite de ses projets africains la présence à ses côtés d'un homme comme Guy Penne, ancien membre du Conseil de l'Ordre du Grand Orient de France, ancien vénérable de la loge parisienne Locarno, qui entretenait depuis plusieurs années des rapports fraternels avec un certain nombre de ministres des jeunes États africains.

De la même façon, il n'a jamais sous-estimé l'importance des loges maçonniques dans les départements et les territoires d'outre-mer. Il sait fort bien que, sans le concours très actif des maçons de Nouméa, le secrétaire d'État Georges Lemoine n'aurait jamais réussi à réunir autour de la même table au château de Nainville-les-Roches tous les partis en présence en Nouvelle-Calédonie, du R.P.C.R. au Front indépendantiste, du député Jacques Lafleur à Jean-Marie Tjibaou, du chef révolutionnaire Éloi Machoro au chef coutumier Franck Wahuzue.

François Mitterrand n'ignore pas qu'à Cayenne comme à Papeete, à Fort-de-France comme à Saint-Denis de la Réunion, les loges du Grand Orient et de la Grande Loge de France sont en prise directe avec la population locale, unes mieux souchées sur la communauté blanche, les autres directement liées à la population de couleur.

A Nouméa, l'influence de la franc-maçonnerie locale a été si évidente dès le début de l'agitation indépendantiste que le rôle des deux loges du Grand Orient, de celui de la Grande Loge de France, et depuis peu de celui du Droit Humain a été encouragé à plusieurs reprises. Le secrétaire d'État Georges Lemoine a cherché et a trouvé par leur intermédiaire le contact direct avec les forces politiques antagonistes.

Alors que Lumière des Îles et Fraternité Calédonienne, du Grand Orient, exprimaient le plus souvent l'attachement inconditionnel des Caldoches blancs à une Calédonie française, La Fraternité Australe, de la Grande Loge de France, grâce à la présence en son sein de quelques éléments très influents au sein de la communauté canaque, devenait le lieu du territoire où la fraternité entre les différentes ethnies était encore une réalité.

Là se retrouvaient les élus locaux qui allaient à plusieurs reprises tenter de dégager dans le pays une force politique centriste entre les extrémistes des deux bords. Cette politique, illustrée par des hommes comme Jean-Pierre Aïfa, le maire de Bourail, et comme le sénateur Lionel Cherrier a échoué.

Il faut dire que cette démarche, à laquelle le haut-commissaire Fernand Wibaux, fils de l'ancien grand maître du rite écossais rectifié, devait se consacrer après le secrétaire d'État Georges Lemoine, trouva parfois ses adversaires les plus résolus jusque dans les rangs socialistes. Ce fut ainsi que le rappel à Paris du haut-commissaire Jacques Roynette, un ancien conseiller général socialiste de la Seine-et-Marne, fut fêté dans les loges de Nouméa car il s'était manifesté à plusieurs reprises comme un adversaire résolu de l'ordre maçonnique. Ne lui était-il pas arrivé de faire convoquer un matin chez son directeur de cabinet les trois vénérables des loges locales à seule fin de vérifier l'appartenance maçonnique d'un fonctionnaire ?

Il est vrai que chaque fois que des francs-maçons proches de l'Élysée avaient tenté d'attirer l'attention du président François Mitterrand sur les erreurs politiques de ce haut-commissaire, ce dernier avait trouvé des soutiens dans l'entourage immédiat du Premier ministre Pierre Mauroy.

Avec Laurent Fabius, le climat a quelque peu changé. Il ne veut aucun mal et aucun bien à la maçonnerie. Tout au plus, à diverses reprises a-t-il été indisposé par le fait que certains de ses ministres trouvaient, grâce à leur appartenance, une liaison directe avec la présidence.

Les rapports entre Mitterrand et l'Ordre se sont détériorés pendant les années de la grande maîtrise de Paul Gourdot. Le chef de l'État avait mal accepté que le grand maître du Grand Orient intervienne publiquement dans les affaires du gouvernement et prétende lui dicter sa règle de conduite, notamment à propos de la laïcité. Il fut indigné par une lettre datée du 22 décembre 1982 dans laquelle Gourdot lui écrivait :

« Nous nous sommes inquiétés de l'entorse faite au principe de la laïcité de l'État par la présence officielle de deux ministres de la République au siège de la catholicité, à Rome, pour assister à des cérémonies qui tiennent au caractère spirituel de l'État du Vatican, caractère exclu du champ des relations inter-États. Il convient de regretter également la présence officielle de fonctionnaires ou de militaires à certaines cérémonies religieuses en France. »

Cette prise de position fut d'ailleurs désavouée par un certain nombre de maçons et Mitterrand en fut informé.

Richard Dupuy, ancien grand maître de la Grande Loge de France, devait en 1983 apporter son soutien personnel à l'école privée, et Georges Marcou, grand maître en exercice, allait déclarer un peu plus tard : « Le problème de l'école est dépassé. Nous n'avons pas de directive à donner à nos frères. »

Paul Gourdot ne cessa pourtant pas de harceler l'Élysée, demandant une réforme constitutionnelle, puis la convocation d'une conférence mondiale sur la paix, et la mise en place d'un grand service public unifié et laïc d'éducation. Dès lors, Mitterrand choisit de l'ignorer et il en fut ainsi jusqu'au jour où son ami Roger Leray retrouva le poste de grand maître.

Le climat par la suite fut bien meilleur. Lorsque les perspectives des élections législatives de mars 1986 amenèrent la présidence à envisager sérieusement les conditions d'une cohabitation politique, ce fut le Grand Orient de France qui prit l'initiative de faire asseoir à la même tribune le communiste Philippe Herzog, le socialiste Lionel Jospin, Marie-France Garaud, Jacques Toubon et l'universitaire Jean-Claude Casanova, proche collaborateur de Raymond Barre. Dans le même temps, les tenues blanches se multipliaient auxquelles venaient parler Alain Juppé et Jacques Chaban-Delmas, Michel Rocard et Simone Veil.

Roger Leray déclarait alors à un journaliste du *Point :*

« La cohabitation, c'est ma préoccupation constante. Je multiplie les contacts ces temps-ci. »

Il était en droit de justifier cette activité par le fait que la franc-maçonnerie a toujours prétendu être le centre de l'union et avoir vocation pour aboutir à la conciliation des contraires. Il était servi par le fait que l'influence de la maçonnerie est encore telle en France que les personnalités profanes invitées à venir parler en tenue blanche refusent rarement l'invitation. Successivement Jean Lecanuet et Jean-Pierre Chevènement, Raymond Barre et Michel Rocard, Edgar Faure et Jacques Chirac, Michel d'Ornano et Pierre Bérégovoy, Robert Fabre et Pierre Mauroy ont sacrifié à la coutume.

Peut-on dire encore une fois que les francs-maçons ont voulu servir la stratégie politique de François Mitterrand ?

Il est tout de même significatif que ce soit le journaliste Marc Paillet, membre de la Haute Autorité de l'Audiovisuel, mais aussi ancien membre du Conseil de l'Ordre du Grand Orient de France et ancien conseiller politique de François Mitterrand dans les années 60, qui ait fait paraître au moment opportun un ouvrage qui se présente comme la charte de la cohabitation politique.

Toute cette action, menée au nom de la tolérance, trouve un large écho dans toutes les loges. C'est là ce qui permet à Jean Verdun, le nouveau grand maître de la Grande Loge de France élu en septembre 1985, de déclarer :

« Quand on pense à ce qui va se passer dans les années à venir, dans le domaine de l'immigration par exemple, dans le domaine du brassage social, la loge retrouvera — et c'est déjà commencé — un rôle qu'elle avait un peu perdu au cours des dernières décennies : permettre à des hommes de se rencontrer, de se comprendre et de former un tissu social harmonieux. C'est un rôle absolument fondamental. »

C'est dans cet esprit sans doute que Jean Verdun a fait accepter par les grands maîtres et les grandes maîtresses des autres obédiences françaises le principe d'une déclaration commune qui ferait apparaître le sens qu'ils donnent tous à la fraternité maçonnique. La Grande Loge de France, le Grand Orient de France, la Grande Loge féminine de France, le Droit Humain, la Grande Loge nationale Opéra sont déjà associés à ce travail, et Jean Verdun ne désespère pas d'y intéresser un jour prochain la Grande Loge nationale française.

Est-il possible de prêcher la cohabitation aux forces politiques sans commencer par donner l'exemple à l'intérieur de l'ordre maçonnique ?

Et comme le rituel précise qu'un franc-maçon a le devoir de poursuivre à l'extérieur l'œuvre commencée dans le temple, on a vu quelques frères sans plus attendre intervenir dans la cité, à la faveur de la campagne des élections législatives, pour identifier les candidats de droite et de gauche favorables à une cohabitation politique entre le président de la République élu par une majorité socialiste et une éventuelle majorité parlementaire de droite. Ce fut le cas notamment de ceux qui se retrouvaient dans le groupe des Amitiés radicales sous la présidence de François Abadie, le sénateur-maire de Lourdes, et de ceux qui militaient à la Fédération des républicains de gauche, sous la présidence de Jacques Maroselli, maire de Luxeuil-les-Bains et ancien député de la Haute-Saône.

Lorsque le grand maître Jean Verdun affirme que les francs-maçons n'entrent pas en campagne sur un mot d'ordre venu d'en haut, il est tout de même permis de constater qu'à l'occasion, dans la diversité de leurs opinions politiques, ils se retrouvent aisément mobilisés dans la cité sur des principes identiques.

CONCLUSION

Voici cinquante ans, analysant ce qu'il appelait « le malaise de la franc-maçonnerie », le frère Camille Savoire, alors haut dignitaire du Grand Orient de France, mettait en cause le recrutement intensif, défectueux, insuffisamment sévère et contrôlé. Il expliquait :

« La franc-maçonnerie doit conserver son caractère traditionnel et historique de centre de culture morale et d'études philosophiques et sociales. »

Dans le même esprit, le frère Albert Lantoine constatait que les hommes désireux de se perfectionner en confrontant leurs intelligences étaient peu à peu noyés sous le flot des ambitieux, des apprentis politiciens et des incultes imperfectibles. Pour lui, il ne faisait aucun doute que la vulgarisation de l'ordre maçonnique entraînerait un jour ou l'autre sa déchéance, et même une déviation du sens de la fraternité.

Cette situation s'était fortement aggravée après 1944 en raison du recrutement intensif provoqué par la nécessité de renouveler au plus vite les effectifs des loges. Il fallut attendre les années 1950 pour que soit donné le coup de barre et que le niveau des ateliers s'améliore.

La maçonnerie des petits-bourgeois, des commis et des négociants ne s'était guère mêlée avant 1789 à la maçonnerie des aristocrates. Elle avait cédé la place sous l'Empire à une maçonnerie militaire toute-puissante qui avait essaimé des loges dans toute l'Europe à la faveur des campagnes de la Grande Armée. Une maçonnerie d'avocats et de classes moyennes s'était imposée après la révolution de 1848 et elle devait marquer fortement les obédiences françaises jusqu'en mai 1958.

On ne peut nier qu'il existe encore de nos jours une forte maçonnerie de fonctionnaires et d'avocats, mais elle tend de plus en plus à reculer devant la franc-maçonnerie des cadres. Certes, les instituteurs et les petits fonctionnaires sont toujours les plus nombreux au Grand Orient, les professeurs, les avocats et les médecins à la Grande Loge de France, mais c'est dans la génération des ingénieurs et des techniciens de trente à quarante ans que depuis quelques années recrutent surtout les obédiences françaises.

Il a toujours été difficile d'échapper totalement au recrutement par copinage. Il existe encore en France des loges de médecins, des loges d'artistes, des loges d'hommes d'affaires, des loges de publicitaires, des loges qui recherchent leurs nouveaux initiés dans un cercle politique déterminé : ici chez les socialistes, là chez les radicaux, voire même au R.P.R., mais ce sont là des exceptions. Elles sont de plus en plus rares, surtout dans les villes de province.

Se penchant en 1969 sur ce problème de la qualité socio-professionnelle des maçons français, Alain Guichard observait :

« La répartition socio-professionnelle des membres du Grand Orient fait apparaître une majorité absolue de représentants de la fonction publique. Par ordre d'importance numérique décroissante, citons l'Enseignement des trois ordres, l'Intérieur, les Finances, les Postes et Télécommunications, puis les autres administrations. L'armée est également représentée, avec prédominance d'aviateurs, et très peu de marins. Si on y ajoute les salariés des entreprises nationales ou paranationales, on dépasse nettement 60 p. 100 des effectifs globaux... Les professions libérales sont, par rapport à leur importance numérique dans la nation, représentées avec un pourcentage supérieur à celui de la fonction publique. Dans l'ordre : les professions médicales, le barreau, et les professions se rattachant à la justice ; puis, mais assez loin, le commerce de détail. Il n'y a pratiquement pas d'exploitants agricoles, sauf dans l'Ouest et les régions viticoles et très peu de chefs d'entreprises, mais la plupart appartiennent aux catégories moyennes ou supérieures. »

Les ouvriers ont toujours été peu nombreux dans les loges, non pas qu'on les rejette systématiquement ; la plupart des vénérables voudraient bien pouvoir initier des travailleurs manuels, sans lesquels il est difficile de prétendre que leur atelier est vraiment le microcosme de la cité. Il se trouve simplement, qu'à l'exception des artisans, ou encore des ouvriers se rattachant à la tradition compagnonnique, rares sont les hommes de métier manuel qui sont attirés par la tradition initiatique et qui sont désireux de pratiquer la méthode symbolique. Les obédiences n'ont trouvé une audience que dans les milieux syndicaux, notamment parmi les dirigeants de Force Ouvrière.

Les défauts majeurs dont souffre la franc-maçonnerie française, aujourd'hui comme hier, tiennent essentiellement à la qualité du recrutement. Dans les années de l'avant-guerre, le frère Jammy-Schmidt écrivait déjà :

« Il faut dire nettement les choses : à côté des braves gens qui viennent dans la franc-maçonnerie parce qu'ils pressentent les joies qu'elle pourra leur donner, il y a les débrouillards, les arrivistes ; ils s'imaginent que la franc-maçonnerie leur donnera beaucoup et les abritera, même si leur existence est indigne ; à eux, pensent-ils, les postes de choix, les mandats politiques ! Ils sentent bien vite qu'ils ont fait fausse route, et alors de deux choses l'une : ou ils partent, et c'est le mieux qu'ils puissent faire ; ou ils restent, sans fréquenter les temples, sans se rendre compte de l'esprit qui s'en dégage, maçons inexistants, poids lourds que la franc-maçonnerie traîne et aux actes desquels elle doit parfois une réprobation bien imméritée. Le nombre n'est pas très grand de ces adeptes de mauvais aloi ; il est suffisant pour jeter sur la franc-maçonnerie un discrédit exploité par ses adversaires de mauvaise foi. »

Les francs-maçons de 1986 ont su se pencher sur ce problème du recrutement. C'était le frère Henri Tort-Nouguès, grand maître de la Grande Loge de France, qui déclarait le 15 décembre 1984 en tenue de Grande Loge :

« Un de nos vieux frères dont j'ai toujours admiré la grande intelligence et la culture maçonnique, et la culture tout court, nous faisait justement remarquer, lors d'une séance de la commission d'histoire, que la franc-maçonnerie française s'était honorée de compter dans ses rangs des savants comme Bailly, Laplace, Monge, Lalande, Cabanis, Carnot, Chaptal, Esquirol, Lumière, et j'en oublie... des artistes comme Rameau, Houdon, David d'Angers, Bartholdi, Boieldieu... des écrivains et des penseurs comme Montesquieu, Helvétius, Condorcet, Maine de Biran, Stendhal, Nerval, Littré... et, avec un sourire et une certaine causticité, il se demandait si, aujourd'hui, de tels hommes trouveraient grâce auprès de certains de nos frères. Combien de savants, d'artistes, d'hommes de lettres, de philosophes, de grands médecins et de grands avocats viennent-ils aujourd'hui sur nos colonnes ? Peu, semblerait-il. Et l'on peut se poser la question. Je me la suis posée sans pouvoir donner de réponse et je vous la pose. Est-ce que vous ne pensez pas qu'il serait temps pour nous tous de faire un effort pour essayer d'attirer dans nos temples, comme me le confiaient certains de nos passés grands maîtres, une catégorie d'esprits qui trouvent difficilement le chemin menant à l'initiation maçonnique ? Nous devons tous faire un effort pour améliorer la qualité globale de ceux qui seront un jour appelés à nous succéder. »

Traitant du même sujet, le grand maître du Grand Orient Fred Zeller s'était montré beaucoup moins pessimiste. Observant qu'il y avait toujours eu, malgré tout, dans les loges des personnalités considérables des sciences, des lettres et des arts, il ajoutait :

« Des précédents malheureux nous incitent à l'exigence, sinon à la réticence. Nous sommes prudents à l'égard des “ vedettes ”, qu'elles soient des artistes, de la politique ou des affaires. »

Fred Zeller soutient que, contrairement à ce qu'ont cru longtemps les francs-maçons français, l'influence de leur Ordre et son prestige ne se mesurent plus au nombre des députés et des ministres maçons.

Parler des rapports de la franc-maçonnerie avec le pouvoir politique en 1986, c'est avant tout mettre en évidence le fait que les obédiences ont renoncé à conquérir le Gouvernement et le Parlement. Elles jugent plus efficace d'établir leur influence par la conquête des élites. On en revient ainsi à la formule qu'avait lancée le sénateur Chazette en 1948 : « La maçonnerie ne peut donner des ordres politiques, mais elle ne doit pas renoncer à son influence. »

Puisque le monde est en train de changer de bases, les responsables de l'Ordre ont compris qu'il leur fallait changer de méthodes.

Il est juste sans doute qu'après avoir été aristocratique, puis bourgeoise, la maçonnerie d'aujourd'hui devienne une société de cadres, que le corps social des administrateurs, des ingénieurs et des techniciens trouve dans ses temples une occasion de réconcilier les notions des sciences et des techniques avec celles de l'humanisme.

Toutes les obédiences françaises se flattent de préparer ce que sera l'homme, et surtout le franc-maçon, de l'an 2000.

Il ne faut plus alors mesurer l'influence de la franc-maçonnerie sur le pouvoir politique au nombre des ministres et des députés francs-maçons. Puisque la solution aux problèmes posés par l'évolution de la société ne réside pas dans la définition d'un nouvel humanisme, d'une nouvelle morale, de nouvelles valeurs humaines, puisque la plupart des rapporteurs dans les convents et dans les congrès régionaux de loges ont admis que la solution passait nécessairement par un nouvel équilibre entre les pouvoirs et la liberté, l'influence de la maçonnerie tient avant tout aujourd'hui dans son degré de participation aux forces nouvelles.

L'inadaptation actuelle des institutions tient au fait qu'elles ont subi l'assaut des techniques dans un monde qui évoluait trop vite et elles n'y ont pas résisté. Georges Bernanos l'avait prédit :

« Une civilisation, avait-il écrit, a toujours été un compromis entre le pouvoir de l'État et la liberté de l'individu. Les imbéciles eux-mêmes devraient comprendre que l'avènement des machines a rompu l'équilibre. »

Aujourd'hui, cette analyse de Bernanos est elle-même dépassée. Le problème essentiel ne réside plus dans l'équilibre entre le pouvoir et la liberté individuelle, mais dans l'équilibre entre le pouvoir et la liberté de ces groupes à l'intérieur desquels l'homme s'intègre instinctivement pour accomplir sa fonction sociale dans la nouvelle société.

ANNEXES

Annexe I

LA FRANC-MAÇONNERIE COLONIALE

La franc-maçonnerie coloniale a toujours été très influente en raison de la position sociale de ses membres. Dans tous les territoires d'outre-mer, des postes clés ont été occupés depuis le XVIIIe siècle par des frères.

Quand ils n'étaient pas eux-mêmes initiés, les gouverneurs et les préfets, les généraux et les parlementaires se firent souvent représenter aux banquets maçonniques et aux fêtes solsticiales. Ils agissaient de la sorte parce qu'ils se devaient de tenir compte du rayonnement des loges locales dans la population. Ils n'ignoraient pas non plus qu'un certain nombre de hauts fonctionnaires fréquentaient les temples.

Aujourd'hui encore, à Nouméa, le protocole prévoit une place pour les trois vénérables des loges locales lors de l'arrivée à l'aéroport de La Tontouta d'une personnalité arrivant de la métropole. Il en fut longtemps de même à Fort-de-France.

En fait, on peut dire que la franc-maçonnerie participe grandement à la politique coloniale de la France depuis deux cent cinquante ans.

Nombreuses furent les grandes figures politiques de l'outre-mer français qui appartinrent à l'Ordre maçonnique : Gratien Candace, de la Guadeloupe, membre de la loge de Basse-Terre Les Élus d'Occident ; Henry Béranger, de la Guadeloupe, membre de la loge de Paris La Jérusalem Écossaise ; Victor Sévère, de la Martinique ; Gaston Gerville-Réache, de la Guadeloupe, membre de la loge parisienne Les Vrais Frères Unis et Philanthropes réunis ; Gaston Monnerville, originaire de la Guyane ; Léon Bernard, de la Réunion ; Marcel Régis, de l'Algérie ; Blaise Diagne, du

Sénégal, qui siégea au Conseil de l'Ordre du Grand Orient de France ; Félix Éboué, de la Guadeloupe.

Dès 1773, l'un des hauts dignitaires du Grand Orient de France était un représentant de la maçonnerie coloniale. Il s'agissait de François La Marque, dit l'Américain, négociant à Saint-Domingue, ancien vénérable de la loge des Clayes Les Frères Réunis. Il était alors huitième expert de la Chambre des Provinces de l'obédience, que présidait l'abbé Rozier, chevalier de l'Église de Lyon.

Cette tradition s'est prolongée jusqu'à nos jours. En 1937, le grand maître adjoint de la Grande Loge de France était le représentant de commerce Émile Pinaud, membre de la loge d'Alger Le Delta.

A la déclaration de guerre de 1939, plusieurs membres des loges d'outre-mer figuraient parmi les plus hauts dignitaires du Grand Orient. Le pharmacien de Tlemcen Jules Bouty, l'ingénieur de Rabat Jean Cazemajou et le médecin de Tunis David Goldziguer siégeaient au Conseil de l'Ordre. Le professeur d'Alger Marius Dalloni et le gouverneur général honoraire des colonies Adrien Juvanon étaient membres du Grand Collège des Rites.

Dans un ouvrage du père Camille Fabre, *Dans le sillage des caravelles*, nous trouvons sur la maçonnerie guadeloupéenne d'intéressants renseignements :

« A la fin du XVIIIe siècle, écrit-il, presque toutes nos communes possédaient une loge maçonnique et, en dépit du mystère dont elle s'entoure, Papyrus a révélé bien des secrets de la maçonnerie en Guadeloupe. Elle se présentait à l'époque comme une société littéraire et philanthropique sans référence particulière ni politique ni religieuse comme plus tard. Aussi y rencontrait-on bon nombre d'ecclésiastiques, d'évêques même. »

En 1784, sur le tableau de la loge Les Vrais Soutiens de la Guadeloupe, constituée au sein du régiment de la Guadeloupe, figuraient huit officiers, un chirurgien-major, un capitaine de la milice, deux religieux de l'ordre des Carmes, un prêtre et un fonctionnaire royal. Le vénérable était le capitaine de Pontévès. En 1786, la loge était dirigée par le père Pocard. L'année suivante, il céda la place au chevalier de Galéan, capitaine de la milice.

En 1806, la loge de Basse-Terre Les Enfants de Mars et de Thémis avait pour vénérable le général François-Marie Perichou-Kerverseau, premier préfet de la Guadeloupe et de ses dépendances. Cette loge ne comprenait que des officiers et des magistrats.

Longtemps, la maçonnerie guadeloupéenne n'initia que des Blancs. L'un des premiers francs-maçons noirs fut Hégésippe Légitimus, qui devint en 1903 le premier vénérable de la loge Les Égalitaires, à Basse-Terre. A l'époque, selon Guy Monduc, l'historien de la maçonnerie guadeloupéenne, Les Égalitaires était considérée comme « la loge des nègres », alors que La Paix était la loge des Blancs et Les Disciples d'Hiram la loge des mulâtres.

Les négociants de Bordeaux et de Marseille furent, tout au long du XVIIIe siècle et du XIXe siècle, les agents de la maçonnerie française dans les territoires d'outre-mer. De nombreux négociants d'outre-mer étaient également membres de loges métropolitaines. Ainsi, en 1788, la loge marseillaise La Réunion des Élus comptait parmi ses membres des négociants du Cap comme Henri-Gabriel Bart, Marc-Pascal Bart et Luis-Henri Poitevin, ainsi qu'un négociant de Smyrne, Georges Vitaly.

L'implantation de la maçonnerie dans les colonies fut également favorisée par les gouverneurs maçons. Rien qu'à la Guadeloupe, on trouve le comte de Novilos en 1765, le vicomte de Nozières en 1772, le baron de Clugny en 1784, qui est alors élu vénérable d'une loge militaire locale, Victor Hugues en 1794 et le général Ernouf en 1804.

Les premiers frères musulmans apparaissent sur les tableaux de loges du Grand Orient de France en 1787. Il s'agit de l'Algérien Abraham Baker, initié à Dublin, et du Turc Abraham Gollingo, initié à Londres.

Après la conquête militaire de l'Algérie, les loges sont créées un peu partout par les militaires. Il en sera de même plus tard au Maroc. Les loges naissent ainsi dans les différentes régions de l'Algérie : Ismaël en 1832, Les Frères Numides en 1837, Les Enfants de Mars en 1841, La Régénération en 1841, Les Trinosophes Africains en 1843, Hippone en 1845, Julia Caesare en 1845, La Fraternité Cartésienne en 1848.

Le mouvement se poursuit sous le second Empire avec la naissance des loges Les Frères de Bousselam à Sétif, L'Oasis à Batna, L'Étoile de l'Avenir à Oran.

Dans le premier quart du XXe siècle, la franc-maçonnerie coloniale va porter les bannières du Grand Orient et de la Grande Loge de France dans toutes les parties du monde. S'ouvrent alors :

— en 1905, à Papeete, la loge République et Libre Pensée (G.O.) ;

— en 1906, à Phnom Penh, la loge L'Avenir Khmer (G.O.) ;

— en 1907, à Tourane, la loge La Libre Pensée d'Annam (G.O.) ;

— en 1908, à Saigon, la loge La Ruche d'Orient (G.L.), qui devait être transférée à Paris (où elle existe encore) après l'indépendance de l'Indochine ;

— en 1909, à Fort-de-France, la loge Droit et Justice (G.O.

— en 1910, à Majunga (Madagascar), la loge Les Trois Frères (G.L.) ;

— en 1911, à Djibouti, la loge Djibouti-Diri-Daoua (G.L.) ;

— en 1912, à Saint-Laurent-du-Maroni, la loge L'Union Guyanaise (G.O.) ;

— en 1913, à Zahlé (Liban), la loge L'Étoile du Liban (G.O.) ;

— en 1916, à Conakry, la loge L'Étoile de Guinée (G.L.) ;

— en 1921, à Homs (Syrie), la loge Fleur de l'Oronte (G.O.) ;

— en 1921, à Tripoli (Liban), la loge Tripoli (G.O.) ;

— en 1924, à Marje Merji Youn (Syrie), la loge Haramoun (G.L.) ;

— en 1925, à Papeete, la loge Orohena (G.O.) ;

— en 1926, à Saint-Laurent-du-Maroni, la loge La Ruche Écossaise (G.L.).

Aujourd'hui, les loges implantées dans les pays musulmans ont été détruites les unes après les autres. Interdite en Algérie, en Tunisie, dans les Émirats arabes, la maçonnerie est persécutée en Iran. Les temples ont été rasés à Téhéran par les fous de Dieu. Des francs-maçons ont été condamnés à mort et exécutés sous l'accusation d'être des agents du complot sioniste.

Parfois, les intellectuels musulmans tentent de corriger l'Histoire. C'est ainsi que dans son numéro du 20 juin 1985, le journal d'Alger *El Moudjahid* a publié un long compte rendu d'une conférence faite dans une salle de l'Université locale par Mohamed Chérif Sahli, ancien ambassadeur de l'Algérie en République populaire de Chine.

Auteur d'un ouvrage consacré à l'émir Abd el-Kader, le conférencier prétendait interdire aux francs-maçons français le droit de prétendre que celui que l'on a présenté au peuple algérien comme un modèle des croyants avait appartenu à une association comme la franc-maçonnerie.

L'argumentation de Mohamed Chérif Sahli est simple au point d'en devenir simpliste. Ayant présenté la maçonnerie comme une organisation politico-religieuse qui sert les intérêts de la France à l'étranger, il en conclut que, par fidélité à ses idéaux de croyance et de combativité, l'émir n'a pu en faire partie. Il accuse donc la maçonnerie française d'avoir fabriqué un faux dossier.

Or, dans les archives du Grand Orient de France, les preuves abondent qui établissent qu'Abd el-Kader fut initié à Alexandrie par délégation d'une loge parisienne avec laquelle il entretint une longue correspondance. Il lui offrit même l'une des bannières de sa smala qui fut dérobée dans le temple par les services antimaçonniques allemands pendant l'Occupation.

Entre 1940 et 1944, les adversaires de la maçonnerie qui reçurent mission de fouiller dans les archives des obédiences françaises furent surpris de découvrir une maçonnerie d'outre-mer beaucoup plus importante qu'ils ne l'avaient supposé. Des noms furent alors publiés.

Des gouverneurs généraux :

— Marcel de Coppet, gouverneur général de l'A.O.F. et de Madagascar, membre de la loge de Tananarive La France Australe.

— Jacques Lebeau, gouverneur général de l'Algérie, membre de la loge parisienne La Clémente Amitié.

— Marcel Peyrouton, résident général en Tunisie, membre de la loge de Paris L'Action.

— Joseph Reste, gouverneur général de l'A.O.F., membre de la loge de Marseille La Parfaite Union.

— Alexandre Varenne, gouverneur général de l'Indochine, membre de la loge La Fraternité Tonkinoise à Hanoi.

— Maurice Viollette, gouverneur général de l'Algérie, membre de la loge parisienne Bienfaisance et Progrès.

— Jules Carde, gouverneur général de l'A.O.F., puis de l'Algérie, membre de la loge parisienne France et Colonies.

Des gouverneurs aussi, et des résidents supérieurs :

— Louis-Placide Blacher, gouverneur de la Guinée, membre de la loge parisienne Pythagore.

— Léon Bourgine, gouverneur de la Côte-d'Ivoire, membre de la loge parisienne France et Colonies.

— Léonce Delpech, gouverneur du Togo, membre de la loge de Brazzaville L'Aurore du Congo.

— Michel Montagne, gouverneur du Togo, membre de la loge de Tananarive La France Australe.

— Louis-Jacques Fousset, gouverneur du Soudan, membre de la loge parisienne L'Émancipation.

— Pierre Chapon-Bessac, gouverneur de la côte des Somalis, membre de la loge parisienne France et Colonies.

— Georges Poiret, gouverneur de la Guinée, membre de la loge parisienne France et Colonies.

Les noms de deux inspecteurs généraux des colonies furent également publiés à cette époque : ceux de Louis Marat, membre de la loge parisienne L'Amitié et de Jacques Cazeaux, membre de la loge de Tananarive La France Australe.

Ces hauts fonctionnaires furent les protecteurs des loges dans les territoires où ils furent affectés. Ils se révélèrent cependant moins efficaces pour développer l'influence de leur ordre que les dix mille enseignants francs-maçons qui, dès 1912, étaient affectés outre-mer.

Nous avons pu consulter la liste des officiers d'active francs-maçons pour l'année 1910. Ils étaient alors répartis en Côte-d'Ivoire, au Maroc, en Chine, en Afrique occidentale, au Tonkin, en Cochinchine, au Soudan, en Nouvelle-Calédonie, au Dahomey, au Tchad, en Oubangui-Chari, en Mauritanie, au Sénégal et à Madagascar.

Il faut dire que les loges métropolitaines ont constamment manifesté leur intérêt pour les problèmes coloniaux. Parmi les questions étudiées dans les loges, nous pouvons citer l'indigénat, l'enseignement, la promulgation des lois métropolitaines dans les territoires, la défense des intérêts laïques, l'économie locale, le problème des enfants métis, l'exploitation des richesses du sol, le droit de vote des militaires, les juridictions d'exception, la situation des instituteurs laïques en Nouvelle-Calédonie et en Tunisie.

Les loges agissent en permanence contre les missions et contre le cléricalisme colonial.

En 1919, le frère Moynac flétrit « l'odieux préjugé de races et de castes qui, selon lui, divise la société guadeloupéenne ».

Les loges dénoncent les abus du colonialisme, les répressions brutales, le vol de terres à Tahiti, les incendies de villages en Indochine, les viols impunis en Algérie, le truquage systématique des élections, la traite des travailleurs jaunes, la collusion entre la haute finance et l'administration centrale en Indochine, les pogroms, les luttes ethniques, les fumeries d'opium tolérées, la franchise des douanes accordée en Indochine aux missions catholiques. Elles réclament à plusieurs reprises l'épuration de l'administration coloniale et la lutte contre l'alcoolisme.

En 1906, L'Indépendance Malgache, une loge de Tamatave, impose au général Gallieni, gouverneur général de l'île, la mise en place d'un enseignement laïque officiel. Le frère Victor Augagneur, qui succède à Gallieni en 1907, s'emploie à réaliser ce que Gallieni avait tenté de retarder.

En 1911, la loge indochinoise La Ruche d'Orient demande à la Grande Loge de France d'exiger le rappel du gouverneur.

En revanche, en 1914, la loge algérienne Cirta reçoit les félicitations du gouverneur général pour les efforts qu'elle a développés en faveur d'une union franco-indigène.

Dès 1921, c'est la loge de Cayenne La France Équinoxiale qui demande aux plus hauts dignitaires d'intervenir pour que les anciennes colonies soient totalement assimilées aux départements français. Ce vœu, adopté par le convent de la Grande Loge de septembre 1921, sera souvent repris par d'autres ateliers jusqu'en 1939, notamment par des loges antillaises.

En 1923, c'est la loge algérienne L'Aurès qui prend l'initiative de demander la représentation des indigènes au Parlement.

Au convent de 1927, la Grande Loge de France se déclare :

— contre toute nouvelle conquête coloniale ;
— pour des mesures contre les trafics de toutes sortes ;
— pour le développement des assemblées consultatives ;
— pour l'intensification de l'instruction des indigènes ;
— pour l'extension des lois sociales aux colonies ;
— pour l'application des principes des Droits de l'homme ;
— pour le soutien aux œuvres laïques ;
— pour la suppression du Code de l'indigénat.

En 1936, le projet Blum-Viollette, proposé pour l'Algérie par le gouvernement de Front populaire, s'inspire fortement des études faites depuis plusieurs années par les loges.

L'évolution rapide de la situation dans les territoires et dans les départements d'outre-mer a considérablement modifié le comportement des loges maçonniques, mais n'a en rien diminué leur influence. Aujourd'hui, les ateliers les plus actifs dont le rôle reste le plus important sont un peu partout ceux qui ont eu un recrutement multiracial et qui ont su se présenter comme le microcosme de la société locale.

ANNEXE II

LES GRANDS MAÎTRES DE LA GRANDE LOGE DE FRANCE

1894-1895 : Étienne Guillemaud.
1895-1898 : Adolphe Magnien.
1898-1900 : Henri Michel.
1900-1903 : François Bonnardot.
1903-1910 : Gustave Mesureur.
1910-1911 : Général Peigné.
1911-1913 : Gustave Mesureur.
1913-1918 : Général Peigné.
1918-1919 : Dr Gustave Desmons.
1919-1922 : Bernard Wellhoff.
1922-1924 : Maurice Monier.
1924-1925 : Gustave Mesureur.
1925-1928 : Bernard Wellhoff.
1928-1930 : Lucien Le Foyer.
1930-1931 : Maurice Monier.
1931-1933 : Jacques Maréchal.
1933-1934 : Louis Doignon.
1934-1935 : Dumesnil de Gramont.
1935-1938 : Louis Doignon.
1938-1948 : Dumesnil de Gramont.
1948-1950 : Georges Chadirat.
1950-1952 : Dumesnil de Gramont.
1952-1955 : Louis Doignon.
1955-1956 : Antonio Coen.
1956-1957 : Richard Dupuy.
1957-1958 : Georges Hazan.
1958-1961 : Richard Dupuy.
1961-1963 : Louis Doignon.
1963-1965 : Richard Dupuy.
1965-1966 : Raymond Lemaire.
1966-1968 : Richard Dupuy.
1968-1970 : Docteur Pierre Simon.

1970-1973 : Richard Dupuy.
1973-1974 : Docteur Pierre Simon.
1975-1977 : Richard Dupuy.
1977-1978 : Georges Marcou.
1978-1981 : Michel De Just.
1981-1983 : Georges Marcou.
1983-1985 : Henri Tort-Nouguès.
1985- : Jean Verdun.

Annexe III

LES GRANDS MAÎTRES DU GRAND ORIENT DE FRANCE

1771-1793 : Louis-Philippe-Joseph d'Orléans, duc de Chartres, puis duc d'Orléans, prince du sang, connu sous le nom de Philippe Égalité et décapité (1747-1793).
1793-1795 : *La Grande Maîtrise est vacante.*
1895-1804 : Alexandre-Louis Roettiers de Montaleau (1748-1807).
1805-1814 : Joseph Bonaparte, roi de Naples, puis d'Espagne (1768-1844).
1814-1852 : *La Grande Maîtrise est vacante* (1).
1852-1861 : Napoléon-Lucien-Charles, prince Murat (1803-1878).
1862-1865 : Maréchal Bernard-Pierre Magnan (1791-1865).
1865-1870 : Général Émile Melinet (1798-1894).
1870-1872 : Léonide Babaud-Laribière, ancien représentant du peuple (1819-1873) (2).
1872-1882 : De Saint-Jean.
1883-1885 : Charles-Marie-Gabriel Cousin, inspecteur principal au Chemin de Fer du Nord (1822-1895).

---

(1) L'Ordre fut dirigé pendant cet intérim par les grands maîtres adjoints : ce furent successivement Pierre de Riel, comte de Beurnonville, maréchal et pair de France, ministre d'État (1814-1821), Jacques-Étienne-Joseph Alexandre Macdonald, duc de Tarente, maréchal et pair de France (1821-1833), Antoine-Guillaume, comte Rampon, général et pair de France (1833-1835), Alexandre-Louis-Joseph, comte de Laborde, député et académicien (1835-1842), Emmanuel-Pons-Dieudonné, comte de Las Cases, député (1842-1846), Bertrand, président du tribunal de commerce de la Seine (1847-1849), Desanlis, avocat à la cour de Paris (1849-1850), Saint-Albin de Berville, premier avocat général à la cour d'appel de Paris (1851-1852).

(2) En fait, de 1870 à 1945, le grand maître était appelé le président (sous-entendu « du Conseil de l'Ordre »).

1885-1887 : Jean-Claude Colfavru, député de Seine-et-Oise (1820-1891).
1887-1889 : Frédéric Desmons, député du Gard (1832-1910).
1889-1892 : Docteur H. Thulié, ancien président du Conseil municipal de Paris.
1892-1893 : Paul Viguier, ancien président du Conseil général de la Seine (1828-1901).
1893-1894 : Docteur H. Thulié.
1894-1895 : Docteur A. Blatin, ancien député (1841-1911).
1895-1896 : Louis Lucipia, président du Conseil général de la Seine (1843-1904).
1896-1898 : Frédéric Desmons, sénateur.
1898-1900 : Louis Lucipia, président du Conseil municipal de Paris.
1900-1902 : Frédéric Desmons, vice-président du Sénat.
1902-1903 : A. Delpech, sénateur de l'Ariège (1846).
1903-1905 : Louis Lafferre, député de l'Hérault (1861).
1905-1907 : Frédéric Desmons.
1907-1909 : Louis Lafferre.
1909-1910 : Frédéric Desmons.
1910-1911 : G. Bouley, industriel (1855-1920).
1911-1913 : Charles Debierre, professeur d'anatomie à l'Université de Lille, sénateur du Nord (1853).
1913-1920 : Georges Corneau, directeur de journal (1855).
1920-1921 : Charles Debierre.
1921-1922 : Général Augustin-Grégoire Gérard, ancien commandant d'armée (1857-1926).
1922-1925 : A. Mille, ancien député de l'Allier (1854).
1925-1926 : Arthur Groussier, ancien vice-président de la Chambre des députés (1863-1957).
1926-1927 : Brenier, sénateur de l'Isère (1876).
1927-1930 : Arthur Groussier.
1930-1931 : Fr. Estèbe, gouverneur général honoraire des colonies (1863-1936).
1931-1934 : Arthur Groussier.
1934-1936 : Adrien Pouriau, directeur adjoint au ministère de l'Agriculture (1874-1948).
1936-1939 : Arthur Groussier.

Le Grand Orient de France dissous par le gouvernement de Vichy (13 août 1940) est restauré dans sa légalité par un décret du 15 octobre 1943 signé à Alger par le général de Gaulle et reprend son activité en 1944 (ordonnance du 9 août 1944).

1944-1945 : Arthur Groussier.
1945-1948 : Francis Viaud, ingénieur des Arts et Manufactures (1899-1984).
1948-1949 : Louis Bonnard (1896-1953).
1949-1952 : Francis Viaud.

1952-1953 : Paul Chevalier, docteur en médecine (1884-1960).
1953-1956 : Francis Viaud.
1956-1958 : Marcel Ravel, pharmacien (1906).
1958-1959 : Robert Richard, conservateur de musée (1910).
1959-1962 : Marcel Ravel.
1962-1964 : Jacques Mitterrand, administrateur civil, conseiller de l'Union française (1908).
1964-1965 : Paul Anxionnaz, ingénieur, ancien secrétaire d'État à la Marine (1902).
1965-1966 : Alexandre Chevalier, docteur en médecine (1910-1969).
1966-1969 : Paul Anxionnaz.
1969-1971 : Jacques Mitterrand.
1971-1973 : Fred Zeller, artiste peintre (1912).
1973-1975 : Jean-Pierre Prouteau, cadre de société.
1975-1976 : Serge Béhar, docteur en médecine.
1976-1978 : Michel Barouin, sous-préfet.
1978-1981 : Roger Leray, directeur de société.
1981-1984 : Paul Gourdot, directeur de société.
1984- : Roger Leray.

Annexe IV

LES GRANDS MAÎTRES DE LA GRANDE LOGE NATIONALE FRANÇAISE

T.R.F. :
1913-1919 : Docteur E. de Ribaucourt (†).
1919-1929 : C. Barrois (†).
1929-1933 : H. de Mondehare (†).
1933-1938 : G.-L. Jollois (†).
1938-1947 : M. Vivrel.
1947-1958 : P. Chéret.
1958-1971 : E. Van Hecke.
1971-1980 : A.-L. Derosière.
1980- : Jean Mons.

Annexe V

CÉLÉBRITÉS POLITIQUES DE LA FRANC-MAÇONNERIE FRANÇAISE

AIGUILLON, Emmanuel Armand de Vignerot, duc d' (1720-1788) : gouverneur de Bretagne, il devint ministre des Affaires étrangères après la chute de Choiseul.

ANTIN, Louis Antoine de Pardaillan de Gondrin, duc d' (1665-1736) : surintendant des Bâtiments du roi, premier grand maître français.

ARAGO, François (1786-1853) : membre de l'Académie des sciences, député de gauche de 1830 à 1848, membre du gouvernement provisoire de 1848.

ASSI, Adolphe Alphonse (1840-1886) : membre de la Commune de Paris, condamné à la déportation, il fut après l'amnistie conseiller municipal de Nouméa.

AUGEREAU, Pierre François Charles (1757-1816) : général de la Révolution, il exécuta pour le Directoire le coup d'État du 18 fructidor. Nommé maréchal par Napoléon et pair de France par Louis XVIII.

BABAUD-LARIBIÈRE, Léonide (1819-1873) : avocat à Limoges, commissaire de la République en 1848, puis député à l'Assemblée constituante, nommé préfet en 1870 par le gouvernement de Défense nationale, il devint en 1870 grand maître du Grand Orient de France.

BARNAVE, Antoine (1761-1793) : en 1789, député du Tiers État de Grenoble aux États généraux, membre de l'Assemblée constituante, il fut guillotiné sous la Terreur.

BARROT, Odilon (1791-1873) : chef de l'opposition dynastique sous la monarchie de Juillet, ministre de la Justice en 1848, président du Conseil d'État en 1872.

BAUDIN, Alphonse (1811-1851) : député à l'Assemblée législative, tué sur une barricade parisienne en décembre 1851.

BEAUHARNAIS, Eugène de (1781-1824) : général en 1804, prince d'Empire et vice-roi d'Italie en 1805.

BERNADOTTE, Charles Jean-Baptiste (1765-1844) : maréchal de France, ministre de la Guerre en 1799, roi de Suède en 1810.

BERRYER, Pierre Antoine (1790-1868) : célèbre avocat légitimiste, membre de l'Assemblée nationale de 1848 et du Corps législatif en 1863.

BESLAY, Charles (1795-1878) : député de Pontivy en 1830, représentant du peuple à l'Assemblée constituante de 1848, élu membre de la Commune de Paris en 1871.

BEURNONVILLE, Pierre Riel, marquis de (1752-1821) : maréchal de France, ministre de la Guerre en 1793, membre du gouvernement provisoire de 1814, haut dignitaire du Grand Orient de France.

BLANC, Louis (1811-1882) : membre du gouvernement provisoire de février 1848, il fut député d'extrême gauche à l'Assemblée nationale de 1871 à 1876.

BONAPARTE, Charles Marie (1746-1785) : père de Napoléon Ier, il lutta aux côtés de Paoli pour l'indépendance de la Corse.

BONAPARTE, Lucien (1775-1840) : président du Conseil des Cinq-Cents, il prépara le 18 brumaire et fut ministre de l'Intérieur en 1799.

BONAPARTE, Louis (1778-1846) : roi de Hollande de 1806 à 1810.

BONAPARTE, Jérôme (1784-1860) : roi de Westphalie en 1807, gouverneur des Invalides en 1848, maréchal de France en 1850, président du Sénat en 1852.

BONAPARTE, Joseph (1768-1844) : député de la Corse aux Cinq-Cents en 1796, roi de Naples de 1806 à 1808, roi d'Espagne de 1808 à 1813, il fut grand maître du Grand Orient de France.

BONAPARTE, Napoléon Joseph Charles, dit le prince Jérôme (1822-1891) : fils de Jérôme Bonaparte, il fut sénateur du second Empire et ministre des Colonies en 1858.

BONNEVILLE, Nicolas de (1760-1828) : fondateur sous la Révolution avec Fauchet de *la Bouche de Fer*.

BOURGEOIS, Léon (1851-1925) : préfet de police en 1887, sous-secrétaire d'État en 1888, président du Conseil en 1895, président du Sénat en 1920, il obtint cette même année le prix Nobel de la Paix.

BRISSOT, Jacques Pierre (1754-1793) : il réclama la proclamation de la République en 1791 après la fuite à Varennes du roi Louis XVI. Député à l'Assemblée législative puis à la Convention, il fut guillotiné pendant la Terreur.

BROGLIE, Victor François, duc de (1718-1804) : maréchal de France, il émigra pendant la Révolution et commanda l'armée des princes en 1792.

BROSSOLETTE, Pierre (1903-1944) : journaliste socialiste, il devint en 1942 à Londres le conseiller politique du général de Gaulle. Il se suicida dans les locaux de la police allemande après son arrestation.

BRUIX, Eustache (1759-1805) : amiral, il fut ministre de la Marine en 1798.

BRUNE, Guillaume (1763-1815) : maréchal de France, il fut envoyé en Provence pendant les Cent-Jours et fut assassiné à Avignon par des royalistes.

BUISSON, Ferdinand (1841-1932) : dirigeant du parti radical-socialiste, ardent partisan de la laïcité, il présida la Ligue des droits de l'homme de 1913 à 1926 et obtint en 1927 le prix Nobel de la paix.

BULOZ, François (1803-1877) : rédacteur en chef de *la Revue des deux mondes* de 1831 à 1877.

BUONARROTI, Philippe (1761-1837) : révolutionnaire, il dirigea avec Babeuf la Conspiration des Égaux.

CABANIS, Pierre Jean Georges (1757-1808) : médecin et philosophe, il aida Bonaparte à prendre le pouvoir et le combattit ensuite.

CACHIN, Marcel (1869-1958) : député socialiste en 1914, il se rallia au communisme en 1920 et dirigea le journal *l'Humanité* de 1918 à 1958.

CAMBACÉRÈS, Jean-Jacques Régis de (1753-1824) : député à la Convention en 1792, membre du Conseil des Cinq-Cents, il devint ministre de la Justice en 1799 et fut par la suite deuxième consul. Président du Sénat et du Conseil d'État, membre de l'Académie française.

CAMÉLINAT, Zéphyrin (1840-1932) : ancien communard, rallié en 1920 à l'Internationale communiste, il apporta aux communistes français le journal *l'Humanité* dont il détenait la majorité des actions.

CARNOT, Lazare (1753-1823) : officier du génie, élu membre de l'Assemblée législative, puis de la Convention, il siégea en 1793 au Comité de salut public, fut membre du Directoire en 1795, ministre de la Guerre en 1799 et ministre de l'Intérieur pendant les Cent-Jours.

CARNOT, Lazare Hippolyte (1801-1888) : fils du précédent, il fut député de Paris de 1839 à 1849. Ministre de l'Instruction publique en 1848. Membre du Corps législatif en 1864, député républicain à l'Assemblée nationale en 1871, sénateur inamovible en 1875.

CASIMIR-PERIER, Auguste Casimir, dit (1811-1876) : député de 1846 à 1848, député à l'Assemblée législative de 1848, il fut ministre de l'Intérieur du gouvernement Thiers de 1871 à 1873.

CAVAIGNAC, Louis Eugène (1802-1857) : gouverneur de l'Algérie en 1848, puis ministre de la Guerre, il fut désigné par l'Assemblée comme chef du pouvoir exécutif.

CHAPTAL, Jean Antoine, comte de Chanteloup (1756-1832) : chimiste, il fut ministre de l'Intérieur de 1800 à 1804.

CHARLES X (1757-1836) : petit-fils de Louis XV, frère de Louis XVI et de Louis XVIII, il régna de 1824 à 1830.

CHAUTEMPS, Camille (1885-1963) : élu député radical-socialiste en 1919, plusieurs fois ministre de 1924 à 1926, il fut président du Conseil en 1930, en 1933 et en 1937. Membre en 1940 du gouvernement Paul Reynaud et du premier gouvernement Pétain.

CLÉMENT, Jean-Baptiste (1837-1903) : poète populaire, auteur de la célèbre chanson *le Temps des cerises*, il prit part pendant la Semaine sanglante de mai 1871 aux combats sur les barricades. Après l'amnistie de 1880, il milita dans le mouvement socialiste.

COIGNY, Henri Franquetot, duc de (1737-1821) : maréchal de France, il fut élu député en 1789, émigra et servit dans l'armée de Condé.

COMBES, Émile (1835-1921) : docteur en théologie, rallié au radicalisme, il fut président du Sénat en 1894, ministre de l'Instruction publique en 1895, puis président du Conseil de 1902 à 1905.

CONDORCET, Marie de Caritat, marquis de (1743-1794) : secrétaire de l'Académie des sciences, il fut élu à l'Assemblée législative, puis à la Convention. Arrêté comme girondin et condamné à mort, il s'empoisonna pour échapper à l'échafaud.

CONSTANS, Ernest (1833-1913) : ministre de l'Intérieur dans les gouvernements Jules Ferry, Tirard et Freycinet, gouverneur général de l'Indochine de 1886 à 1889, il termina sa carrière comme ambassadeur en Turquie de 1899 à 1909.

CONSTANT, Benjamin Constant de Rebecque, dit Benjamin (1767-1830) : adversaire de Napoléon, chef du parti libéral sous la Restauration.

COUTHON, Georges (1755-1794) : député montagnard à la Convention, membre du Comité de salut public, président de l'Assemblée en 1793. Il fut décrété d'accusation avec Robespierre et guillotiné.

CRÉMIEUX, Adolphe (1796-1880) : ministre de la Justice dans le gouvernement provisoire de 1848, il prit position contre le coup d'État de 1851 et fut emprisonné. Ministre de la Justice en 1870 dans le gouvernement de Défense nationale. Fondateur de l'Alliance israélite universelle, il fut le plus haut dignitaire du rite écossais.

CRÉMIEUX, Gaston (1836-1871) : député radical de Marseille, il fut condamné à mort et fusillé en 1871 pour avoir présidé la commission départementale de la Commune à Marseille.

DECAZES, Élie, duc (1780-1860) : préfet, puis successeur de Fouché comme ministre de la Police, il dirigea la politique française de 1818 à 1820.

DELCASSÉ, Théophile (1852-1923) : député radical à partir de 1889, il devint ministre des Colonies en 1894, ministre des Affaires étrangères de 1898 à 1905, ministre de la Marine en 1911, ambassadeur en Russie en 1913, puis à nouveau ministre des Affaires étrangères dans le gouvernement de guerre de Viviani.

DE SÈZE, Romain (1748-1828) : avocat de Louis XVI devant la Convention, il devint sous la Restauration le premier président de la Cour de cassation. Membre de l'Académie française.

DESMOULINS, Camille (1760-1794) : ami de Danton, député montagnard à la Convention, il fut guillotiné sous la Terreur avec Danton.

DOUMER, Paul (1857-1932) : député radical, il fut ministre des Finances en 1895 et 1921, gouverneur général de l'Indochine de 1896 à 1902, président du Sénat en 1927 et président de la République en 1931. Il fut assassiné par le Russe Gorguloff.

DOUMERGUE, Gaston (1863-1937) : député radical à partir de 1893, ministre des Colonies et des Affaires étrangères, président du Conseil en 1913, il fut élu président de la République en 1924. Après les émeutes de février 1934, il fut rappelé de sa retraite pour constituer un cabinet d'« Union nationale ».

DREUX-BRÉZÉ, Henri Évrard, marquis de (1762-1829) : grand maître des cérémonies du roi de France depuis 1781, c'est lui qui fut chargé par Louis XVI d'inviter les députés du Tiers État à quitter la salle des séances. En exil pendant la Révolution, il reprit ses fonctions à la Cour sous Louis XVIII.

DROUET D'ERLON, Jean-Baptiste, comte (1765-1844) : gouverneur général de l'Algérie en 1834 et 1835.

DUMOURIEZ, Charles François Du Périer, dit (1739-1823) : ministre des Affaires étrangères dans le gouvernement girondin de 1792, il devint ensuite commandant en chef des armées du Nord et se mit en 1793 au service des Autrichiens.

DUPONT DE L'EURE, Jacques Charles Dupont, dit (1767-1855) : membre du Conseil des Cinq-Cents sous le Directoire, membre du Corps législatif en 1813, il fut ministre de la Justice après la révolution de 1830 et président du gouvernement provisoire en 1848.

DUPONT DE NEMOURS, Pierre Samuel (1739-1817) : collaborateur de Turgot, il fut élu député du Tiers État en 1789 mais dut s'exiler après le 18 fructidor.

ÉBOUÉ, Félix (1884-1944) : gouverneur de la Guadeloupe, puis du Tchad, enfin de l'A.E.F., il se rallia à la France Libre et fut l'un des organisateurs de la conférence de Brazzaville.

ESPRÉMESNIL, Jean-Jacques Duval d' (1746-1794) : élu en 1789 député de la noblesse aux États généraux, il fut condamné à mort pendant la Terreur.

EUDES, Émile François (1843-1888) : disciple de Blanqui, il appartint en 1871 au Comité de salut public de la Commune de Paris et fut le général des bataillons fédérés de la Garde nationale.

FAURE, Félix (1841-1899) : député républicain modéré à partir de 1881, il fut successivement ministre des Colonies, puis de la Marine avant d'être élu, en 1895, président de la République.

FAVRE, Jules (1809-1880) : député à l'Assemblée constituante de 1848, puis à l'Assemblée législative de 1849 ; il siégea avec l'opposition républicaine au Corps législatif à partir de 1857. Il participa activement à la journée du 4 septembre 1870 et devint ministre des Affaires étrangères dans le gouvernement de Défense nationale. Il fut membre de l'Académie française.

FERRY, Jules (1832-1893) : député républicain au Corps législatif à partir de 1869, il devint préfet de la Seine, puis maire de Paris après la chute de l'Empire. Il fut ministre de l'Instruction publique, président du Conseil, puis président du Sénat.

FLOCON, Ferdinand (1800-1866) : ministre de la Guerre dans le gouvernement provisoire de 1848, il fut député à l'Assemblée constituante de 1848-1849 et fut exilé après le coup d'État.

FLOQUET, Charles (1828-1896) : élu député républicain à l'Assemblée nationale de 1871, il fut président de la Chambre et président du Conseil.

FLOURENS, Gustave (1838-1871) : membre de la Commune de Paris en 1871, il fut tué le 3 avril 1871 dans les rangs des fédérés.

FOUCHÉ, Joseph (1759-1820) : député montagnard à la Convention, il devint ministre de la Police en 1790. Il resta en fonctions jusqu'en 1809 et reprit son poste pendant les Cent-Jours. Membre du gouvernement provisoire en 1814, il contribua au retour des Bourbons, fut à nouveau ministre de la Police, mais dut s'exiler en 1816.

FOY, Maximilien Sébastien (1775-1825) : général, inspecteur général de l'armée en 1814, il fut élu député en 1819 et se fit alors le champion de la liberté de la presse.

FRANÇOIS DE NEUFCHÂTEAU, Nicolas, comte François, dit (1750-1828) : ministre de l'Intérieur en 1797, il fut membre du Directoire après le

18 fructidor. A nouveau ministre en 1798 et 1799, il fut président du Sénat de 1804 à 1806. Membre de l'Académie française.

GAMBETTA, Léon (1838-1882) : auteur du programme radical de Belleville en 1869, il siégea au Corps législatif. Ministre de l'Intérieur dans le gouvernement de Défense nationale, il fut l'un des artisans de la victoire de la gauche républicaine en 1877. Président de la Chambre et président du Conseil.

GRÉGOIRE, Henri (1750-1831) : prêtre, il fut élu en 1789 député du clergé aux États généraux et se rallia au Tiers État. Évêque constitutionnel de Blois en 1791, il fut élu à la Convention et se battit alors pour les droits civils et politiques des juifs, ainsi que pour l'abolition de l'esclavage. Membre des Cinq-Cents, du Corps législatif, puis du Sénat, il fut député libéral de l'Isère sous la Restauration.

GRÉVY, Jules (1807-1891) : député à l'Assemblée constituante de 1848, puis à l'Assemblée législative de 1849, député d'opposition au Corps législatif de 1869, il fut député à l'Assemblée nationale de 1871. Il devint président de la République en 1879. Réélu, il dut démissionner en 1887 à la suite du scandale des décorations dans lequel était mêlé son gendre.

GROUSSET, Paschal (1845-1909) : délégué aux relations extérieures de la Commune de Paris en 1871, déporté en Nouvelle-Calédonie d'où il s'évada en 1874, il fut député de Paris de 1898 à 1909.

GUILLOTIN, Joseph Ignace (1738-1814) : professeur d'anatomie, il fut élu député de Paris aux États généraux. Il fut l'inventeur de la guillotine.

GUIZOT, François (1787-1874) : élu député en 1830, ministre de l'Intérieur, puis ministre de l'Instruction publique de 1832 à 1836 et de 1836 à 1837, ministre des Affaires étrangères en 1840, président du Conseil en 1847 et 1848. Membre de l'Académie française.

HÉBERT, Jacques René (1757-1794) : fondateur du *Père Duchesne* en 1790, chef du club des Cordeliers, il fut condamné à mort par le Tribunal révolutionnaire.

HELVÉTIUS, Claude Adrien (1715-1771) : fermier général, il collabora à *l'Encyclopédie.*

HERNU, Charles, né en 1923 : député radical de 1956 à 1958, élu député socialiste du Rhône en 1978, ministre de la Défense à partir de 1981 dans les gouvernements Mauroy et Fabius. Démissionne en 1985.

HUGUES, Clovis (1851-1907) : condamné en 1871 pour sa participation à la Commune de Marseille, il devint député socialiste en 1881. Connu surtout comme poète.

LABORDE, Alexandre, comte de (1774-1842) : député libéral sous la Restauration et sous la monarchie de Juillet, il fut préfet de la Seine en 1830, puis aide de camp du roi Louis-Philippe.

LACEPÈDE, Bernard Germain Étienne de La Ville, comte de (1756-1825) : savant naturaliste, il fut président de l'Assemblée législative.

LA FAYETTE, Marie Joseph Paul Yves Roch Gilbert Motier, marquis de (1757-1834) : après avoir participé à la guerre de l'indépendance américaine, il fut élu en 1789 député de la noblesse aux États généraux. Nommé commandant de la Garde nationale après la prise de la Bastille, il commanda l'armée du Centre, puis l'armée du Nord. Il fut député de la Sarthe en 1818, député de Meaux en 1827 et fut l'un des artisans de la révolution de 1830.

LAFFITTE, Jacques (1767-1844) : régent de la Banque de France en 1809, il en devint le gouverneur en 1814. Député libéral de 1816 à 1827. Ministre des Finances, puis président du Conseil en 1830.

LAMETH, Théodore, comte de (1756-1854) : général, il fut élu député du Jura à l'Assemblée législative. Il émigra jusqu'au 18 brumaire.

LAMETH, Malo François Charles, comte de (1757-1832) : frère du précédent, général comme lui, il participa à la guerre de l'indépendance américaine, puis fut élu, en 1789, député de la noblesse de l'Artois aux États généraux. Il émigra en 1792, puis servit dans les armées de Napoléon. Élu député de Seine-et-Oise en 1829.

LE PELETIER DE SAINT-FARGEAU, Louis Michel (1760-1793) : élu en 1789 député de la noblesse aux États généraux, il se rallia au Tiers État. Réélu à la Convention, il fut assassiné par un royaliste après avoir voté la mort du roi Louis XVI.

LOUIS XVIII (1755-1824) : petit-fils de Louis XV, frère de Louis XVI, il fut lui-même roi de France de 1814 à 1824.

MACÉ, Jean (1815-1894) : fondateur en 1866 de la Ligue française pour l'enseignement.

MAGNAN, Bernard Pierre (1791-1865) : député et commandant de l'armée de Paris en 1851, nommé maréchal après sa participation au coup d'État du 2 décembre, il fut nommé par Napoléon III grand maître du Grand Orient de France.

MAISTRE, comte Joseph de (1753-1821) : écrivain et philosophe, adversaire de la Révolution.

MANUEL, Jacques Antoine (1775-1827) : député libéral, il fut expulsé *manu militari* de la Chambre le 4 mars 1823 en raison de son opposition à l'expédition d'Espagne.

MARAT, Jean-Paul (1743-1793) : médecin et publiciste, fondateur en 1789 du journal *l'Ami du peuple*, il siégea à la Convention avec les Montagnards. Il fut assassiné par Charlotte Corday.

MARET, Hugues Bernard, duc de Bassano (1763-1839) : secrétaire général des consuls après le coup d'État du 18 brumaire, il fut ministre des Relations étrangères en 1811 et secrétaire d'État pendant les Cent-Jours.

MARTY, André (1886-1956) : chef de la mutinerie des marins de la mer Noire en 1919, il fut élu député et devint l'un des principaux dirigeants du parti communiste.

MÉLINE, Jules (1838-1925) : ministre de l'Agriculture de 1883 à 1885, il devint président du Conseil en 1896. Il fut à nouveau chargé de l'Agriculture en 1915 et 1916.

MENDÈS FRANCE, Pierre (1907-1982) : élu député radical-socialiste en 1932, sous-secrétaire d'État dans le cabinet Blum de 1938. Membre du gouvernement provisoire du général de Gaulle en 1944, il fut président du Conseil et ministre des Affaires étrangères en 1954. Il fut ministre d'État dans le gouvernement Guy Mollet de 1956. En 1944, après la Libération, il avait refusé de reprendre son activité dans la maçonnerie.

MERLIN, Antoine Christophe, dit Merlin de Thionville (1762-1833) : élu en 1791 à l'Assemblée législative, il siégea à la Montagne. Membre du Conseil des Cinq-Cents, il fut nommé en 1798 directeur des Postes.

MICHEL, Louise (1830-1905) : institutrice, militante révolutionnaire, elle fut déportée en Nouvelle-Calédonie après sa participation à l'insurrection de la Commune en 1871.

MILLERAND, Étienne Alexandre (1859-1943) : ministre du Commerce et de l'Industrie dans le gouvernement Waldeck-Rousseau de 1899 à 1902, ministre des Travaux publics en 1909, ministre de la Guerre de 1912 à 1915, président du Conseil en 1920, il fut président de la République de 1920 à 1924 et dut démissionner après la victoire électorale du Cartel des gauches.

MIRABEAU, Honoré Gabriel Riqueti, comte de (1749-1791) : élu en 1789 député du Tiers État d'Aix, il s'imposa à la tribune des États généraux, puis à l'Assemblée constituante. Peu de temps avant sa mort, il fut élu président de l'Assemblée.

MOLLET, Guy (1905-1975) : élu député d'Arras en 1946, il fut secrétaire général du parti socialiste S.F.I.O. de 1946 à 1969 et fut président du Conseil du 31 janvier 1956 au 21 mai 1957. Peu avant sa mort, il démissionna du Grand Orient de France.

MONGE, Gaspard, comte de Péluse (1746-1818) : mathématicien, il fut nommé par la Révolution ministre de la Marine, et participa à la création de l'École normale, puis de l'École polytechnique.

MONNERVILLE, Gaston, né en 1897 : président du Conseil de la République de 1947 à 1958, président du Sénat de 1958 à 1968.

MONTMORENCY-LAVAL, Mathieu Jean Félicité, duc de (1766-1826) : après avoir participé à la guerre d'indépendance américaine, il fut élu en 1789 député de la noblesse aux États généraux et se rallia au Tiers État. Il émigra en 1792. Il fut ministre des Affaires étrangères en 1821 et 1822.

MORTIER, Édouard Adolphe Casimir Joseph (1768-1835) : fait maréchal en 1804, il fut président du Conseil et ministre de la Guerre en 1834 et 1835. Il fut tué en juillet 1835 lors de l'attentat de Fieschi.

MOUCHY, Philippe de Noailles, duc de (1715-1794) : maréchal de France, nommé gouverneur de Versailles en 1740, gouverneur de la Guyenne de 1775 à 1786, il siégea en 1787 et 1788 à l'Assemblée des notables et fut guillotiné pendant la Terreur.

MOULIN, Jean (1899-1943) : préfet de Chartres en 1940, il se rallia au général de Gaulle pendant l'occupation allemande et fut chargé d'unifier les mouvements de résistance. Premier président du Conseil national de la résistance, il fut arrêté par la police allemande et mourut des suites des tortures qui lui furent infligées. Son appartenance à la franc-maçonnerie est considérée comme probable mais n'a pas été prouvée.

MURAT, Joachim (1767-1815) : commandant de la garde consulaire, il épousa Caroline Bonaparte et fut fait en 1804 maréchal et prince d'Empire. Roi de Naples à partir de juillet 1808, il fut fusillé en Calabre en 1815.

NECKER, Jacques (1732-1804) : banquier, il fut nommé directeur du Trésor royal en 1776 et directeur des Finances en 1777. Louis XVI l'appela comme ministre d'État en 1788. Après la convocation des États généraux, ce fut lui qui réunit l'Assemblée des notables. Son renvoi, le 11 juillet 1789 provoqua l'insurrection du peuple de Paris. Rappelé le 15 juillet, après la prise de la Bastille, il tenta vainement de redresser la situation économique et il se retira en 1790.

NOAILLES, Adrien Maurice, comte d'Ayen, duc de (1678-1766) : président du Conseil des Finances de 1715 à 1718, il fut fait maréchal de France en 1743 et fut ministre des Affaires étrangères en 1744 et 1745.

NOAILLES, Louis Marie, chevalier d'Arpajon, vicomte de (1756-1804) : général, il participa à la guerre de l'Indépendance américaine, puis fut élu en 1789 député de la noblesse aux États généraux. Il vota le 4 août l'abolition des privilèges. Il s'exila aux États-Unis en 1792 et fut grièvement blessé en combattant à Saint-Domingue aux côtés de Rochambeau.

ORLÉANS, Louis Philippe Joseph, duc d'Orléans, dit Philippe Égalité (1747-1793) : grand maître du Grand Orient de France à partir de 1786, il fut élu en 1789 député de la noblesse aux États généraux et se rallia au Tiers État. Député à la Convention, il vota la mort de son cousin, le roi Louis XVI. Accusé d'avoir aspiré à la royauté, il fut condamné à mort et guillotiné.

PELLETAN, Camille (1846-1915) : élu député radical en 1881, il fut ministre de la Marine dans le cabinet Combes de 1902 à 1905.

PICARD, Ernest (1821-1877) : avocat et journaliste, il fut élu en 1857 au Corps législatif et y siégea avec l'opposition républicaine. Ministre des Finances dans le gouvernement de Défense nationale en 1870, il devint ministre de l'Intérieur en février 1871.

POTTIER, Eugène (1816-1887) : après avoir participé aux combats de la Commune de Paris, il écrivit en juin 1871 les paroles de *l'Internationale.*

PRASLIN, Gabriel de Choiseul-Chevigny, duc de (1712-1785) : il succéda à son cousin le duc de Choiseul comme ministre des Affaires étrangères.

PROUDHON, Pierre-Joseph (1809-1865) : journaliste socialiste, père de l'anarchisme, théoricien du syndicalisme ouvrier, il fut élu en 1848 représentant du peuple à l'Assemblée nationale, fut incarcéré sous le second Empire en raison de son opposition.

RAMADIER, Paul (1888-1961) : élu député en 1928, il fut ministre du Travail dans les cabinets Chautemps et Daladier de 1938, ministre du Ravitaillement dans le premier cabinet de Gaulle de 1944 et garde des Sceaux dans le cabinet Blum de 1946, avant d'être désigné comme président du Conseil en 1947. Ce fut lui qui chassa les ministres communistes du gouvernement. Il fut par la suite ministre de la Défense nationale dans le cabinet Queuille de 1948 et ministre des Affaires économiques dans le cabinet Mollet de 1956.

RASPAIL, François Vincent (1794-1878) : biologiste et chimiste, il fut candidat malheureux à la présidence de la République en 1848. Élu député en 1869, il représenta les Bouches-du-Rhône à la Chambre des députés de 1876 à 1878.

RICHELIEU, Armand Emmanuel du Plessis de Chinon, duc de Fronsac, puis duc de (1766-1822) : émigré en 1790, il fut appelé sous la Restauration à succéder à Talleyrand comme Premier ministre et ministre des Affaires étrangères. Remplacé par un ministère Decazes en 1818, il retrouva la direction du gouvernement en 1820 après l'assassinat du duc de Berry.

ROMME, Charles Gilbert (1750-1795) : député à l'Assemblée législative en 1791, puis à la Convention en 1792, il rallia la Montagne. Il fut condamné à mort et se suicida.

ROUGET DE L'ISLE, Claude Joseph (1760-1836) : auteur du *Chant de guerre pour l'armée du Rhin* qui devait devenir *la Marseillaise.*

ROUVIER, Maurice (1842-1911) : journaliste républicain, il fut député à partir de 1871 puis sénateur à partir de 1903. Ministre du Commerce en 1881 et 1884, président du Conseil en 1887, il devint ministre des Finances en 1889 et succéda à Combes à la tête du gouvernement en 1905.

SALICETTI, Antoine Christophe (1757-1809) : député de la Corse à la Constituante et à la Convention, membre du Conseil des Cinq-Cents, il fut ministre de la Police et de la Guerre à Naples sous le règne de Joseph Bonaparte.

SAY, Léon (1826-1896) : fils de l'économiste Horace Say, petit-fils de l'économiste Jean-Baptiste Say, il fut préfet de la Seine en 1871, et ministre des Finances de 1872 à 1873, et de 1875 à 1879. Membre de l'Académie française.

SCHŒLCHER, Victor (1804-1893) : sous-secrétaire d'État dans le gouvernement provisoire de 1848, ce fut lui qui fit voter le décret sur l'abolition de l'esclavage dans les colonies françaises. Député de gauche de la Martinique et de la Guadeloupe de 1848 à 1851, il fut exilé sous le second Empire. En 1871, il fut réélu député de la Martinique et en 1873 il devint sénateur inamovible.

SEBASTIANI DE LA PORTA, Bastien Horace François, comte (1772-1851) : ambassadeur et général sous l'Empire, il devint sous la Restauration ministre de la Marine et ministre des Affaires étrangères. Il fut fait maréchal en 1840.

SÉGUR, Henri Philippe, marquis de (1724-1801) : secrétaire d'État à la Guerre sous le règne de Louis XVI.

SERVAN DE GERBEY, Joseph (1741-1808) : collaborateur de *l'Encyclopédie*, il devint ministre de la Guerre dans le gouvernement girondin de 1792. Commandant de l'armée des Pyrénées occidentales, il fut interné comme Girondin pendant la Terreur.

SIMON, Jules Suisse, dit Jules (1814-1896) : député républicain sous le second Empire, il devint ministre de l'Instruction publique en septembre 1870, puis chef du gouvernement en 1876. Membre de l'Académie française.

SOULT, Nicolas Jean de Dieu (1769-1851) : général sous l'Empire, il devint ministre de la Guerre en 1814 et 1815. A nouveau ministre de la Guerre en 1830 et 1831, il fut président du Conseil de 1832 à 1834, puis de 1840 à 1847.

STOFFLET, Jean Nicolas (1751-1796) : chef vendéen, il fut exécuté à Angers.

TALLEYRAND, Charles Maurice de Talleyrand-Périgord (1754-1838) : évêque d'Autun, il fut élu en 1789 député du clergé aux États généraux. Ministre des Relations extérieures sous la Révolution, il conserva ce poste jusqu'en 1807. Chef du gouvernement provisoire en 1814, ministre des Affaires étrangères sous Louis XVIII, il devint président du Conseil en juillet 1815. Après la révolution de 1830, il fut ambassadeur à Londres.

THIBAUDEAU, Antoine Claire, comte (1765-1854) : député à la Convention, membre du Conseil des Cinq-Cents, préfet et conseiller d'État sous l'Empire, il participa à la rédaction du Code civil. Il fut sénateur sous le second Empire.

TIRARD, Pierre-Emmanuel (1827-1893) : député à l'Assemblée nationale de 1871, plusieurs fois ministre de l'Agriculture, du Commerce et des Finances entre 1879 et 1893, il fut président du Conseil en 1887 et 1888, puis en 1889 et 1890.

VILLARET DE JOYEUSE, Louis-Thomas, comte de (1747-1812) : amiral, membre du Conseil des Cinq-Cents en 1797, proscrit comme royaliste après le 18 fructidor, il fut gouverneur général de Sainte-Lucie et de la Martinique, puis gouverneur général de Venise.

VIVIANI, René (1863-1925) : député socialiste de 1893 à 1902, puis député socialiste indépendant de 1906 à 1922, il fut ministre du Travail de 1906 à 1910, ministre de l'Instruction publique en 1913 et 1914, président du Conseil de juin 1914 à octobre 1915, puis ministre de la Justice jusqu'en septembre 1917.

VOYER D'ARGENSON, Marc René Marie (1771-1842) : préfet sous l'Empire, député pendant les Cent-Jours, membre de la Chambre introuvable en 1815, il fut député libéral sous la monarchie de Juillet.

ANNEXE VI

MINISTRES DE L'INTÉRIEUR FRANCS-MAÇONS

16 juillet 1797 : François de Neufchâteau.
17 juin 1798 : François de Neufchâteau.
25 décembre 1799 : Lucien Bonaparte.

29 juin 1809 (par intérim) : Joseph Fouché.
29 décembre 1818 : comte Élie Decazes.
19 novembre 1819 : comte Élie Decazes.
1er août 1830 : François Guizot.
11 août 1830 : François Guizot.
10 novembre 1834 : Hugues Bernard Maret, duc de Bassano.
29 décembre 1848 : Léon Faucher.
10 avril 1851 : Léon Faucher.
4 septembre 1870 : Léon Gambetta.
19 février 1871 : Ernest Picard.
9 mars 1873 : P. Ricard, de la Grande Loge Symbolique Écossaise.
28 décembre 1879 : Albert Constans, sénateur de la Haute-Garonne, membre de la loge de Toulouse L'Encyclopédie, puis Lepère, député de l'Yonne.
23 septembre 1880 : Albert Constans.
30 janvier 1882 : René Goblet, député de la Somme.
6 avril 1885 : Allain-Targé, député de la Seine, membre de la loge de Boulogne-sur-Seine Le Réveil Maçonnique.
11 décembre 1886 : René Goblet.
22 février 1889 : Albert Constans, puis Léon Bourgeois, de la loge de Reims La Sincérité.
17 mars 1890 : Albert Constans.
3 décembre 1893 : David Raynal, député puis sénateur de la Gironde, membre de la loge de Bordeaux L'Anglaise.
30 mai 1894 : Charles Dupuy, député puis sénateur de la Haute-Loire, membre de la loge de Saint-Étienne L'Industrie.
1er juillet 1894 : Charles Dupuy.
1er novembre 1895 : Léon Bourgeois.
28 juin 1898 : Henri Brisson, député de la Seine, membre de la loge écossaise La Justice.
1er novembre 1898 : Charles Dupuy.
7 juin 1902 : Émile Combes, membre de la loge de Barbezieux Les Amis Réunis et de la loge de Pons La Tolérance et l'Étoile de la Saintonge réunies.
24 janvier 1905 : Eugène Étienne, sénateur d'Oran, membre de la loge parisienne Cosmos.
18 février 1906 : Dubief, député de la Saône-et-Loire, membre du Conseil de l'Ordre du Grand Orient de France.
2 mars 1911 : Ernest Monis, membre de la loge de Cognac Les Frères Sincères Amis de l'Union.
14 janvier 1912 : T. Steeg, député de la Gironde.
22 mars 1913 : L.L. Klotz, sénateur de la Somme, membre de la loge parisienne Les Droits de l'Homme et de la loge d'Amiens Picardie.
9 décembre 1913 : René Renoult.
20 mars 1917 : T. Steeg.
12 septembre 1917 : T. Steeg.
16 novembre 1917 : Jules Pams, sénateur des Pyrénées-Orientales.

20 janvier 1920 : T. Steeg.
18 février 1920 : T. Steeg.
24 septembre 1920 : T. Steeg.
14 juin 1924 : Camille Chautemps, sénateur du Loir-et-Cher, membre de la loge de Tours Les Démophiles.
17 avril 1925 : Abraham Schrameck, sénateur des Bouches-du-Rhône, membre de la loge La Justice.
29 octobre 1925 : Abraham Schrameck.
29 novembre 1925 : Camille Chautemps.
19 juillet 1926 : Camille Chautemps.
21 février 1930 : Camille Chautemps.
4 juin 1932 : Camille Chautemps.
19 décembre 1932 : Camille Chautemps.
1er février 1933 : Camille Chautemps.
27 octobre 1933 : Camille Chautemps.
27 novembre 1933 : Camille Chautemps.
30 janvier 1934 : Eugène Frot.
6 juin 1935 : Paganon, sénateur de l'Isère, membre de la loge L'Alliance Écossaise.
9 novembre 1935 : Marcel Régnier, sénateur de l'Allier, membre de la loge de Moulins L'Équerre.
21 mars 1940 : Henri Roy, sénateur du Loiret, membre de la loge d'Orléans Étienne Dolet.
6 septembre 1940 : Marcel Peyrouton, membre de la loge parisienne Action.
28 juin 1953 : Léon Martinaud-Déplat.
1er juin 1958 : Émile Pelletier.

Annexe VII

MINISTRES DE L'INSTRUCTION PUBLIQUE ET DE L'ÉDUCATION NATIONALE FRANCS-MAÇONS

11 octobre 1832 : François Guizot.
18 novembre 1834 : François Guizot.
12 mars 1835 : François Guizot.
6 septembre 1836 : François Guizot.
24 février 1848 : Hippolyte Carnot.
11 mai 1848 : Hippolyte Carnot.
28 juin 1848 : Hippolyte Carnot.

4 septembre 1870 : Jules Simon.
19 février 1871 : Jules Simon, membre de la loge de Boulogne-sur-Seine Le Réveil Maçonnique.
30 janvier 1879 : Jules Ferry, membre des loges parisiennes La Clémente Amitié et Alsace-Lorraine.
30 janvier 1882 : Jules Ferry.
21 février 1883 : Jules Ferry.
6 avril 1885 : René Goblet.
7 janvier 1886 : René Goblet.
11 décembre 1886 : André Berthelot, député puis sénateur de la Seine, membre de la loge La Fraternité Universelle.
30 mai 1887 : Eugène Spuller.
3 avril 1888 : Étienne Édouard Lockroy, député des Bouches-du-Rhône, membre des loges parisiennes Voltaire, La Justice et La Mutualité.
17 mars 1890 : Léon Bourgeois.
27 février 1892 : Léon Bourgeois.
8 décembre 1892 : Charles Dupuy.
11 janvier 1893 : Charles Dupuy.
3 décembre 1893 : Eugène Spuller.
1er novembre 1895 : Émile Combes.
28 juin 1898 : Léon Bourgeois.
24 janvier 1905 : Bienvenu-Martin.
18 février 1906 : Bienvenu-Martin.
25 octobre 1906 : Gaston Doumergue, membre du Conseil de l'Ordre du Grand Orient de France.
3 novembre 1910 : Maurice Faure, député puis sénateur de la Drôme.
2 mars 1911 : Steeg.
27 juin 1911 : Steeg.
21 janvier 1913 : Steeg.
18 février 1913 : Steeg.
9 décembre 1913 : René Viviani, membre de la loge parisienne Droit et Justice.
13 juin 1914 : Victor Augagneur, vénérable de la loge de Lyon Les Amis de la Vérité, membre du Conseil de l'Ordre du Grand Orient de France.
20 mars 1917 : Steeg.
18 février 1920 : Honnorat.
24 septembre 1920 : Honnorat.
14 décembre 1930 : Camille Chautemps.
27 janvier 1931 : Mario Roustan, sénateur de l'Hérault, 33° du Droit Humain, membre de la loge de Sète Les Vrais Amis Fidèles.
13 juin 1931 : Mario Roustan.
21 février 1932 : Mario Roustan.
19 décembre 1932 : Albert Dalimier, député de Seine-et-Oise, membre de la loge Les Philanthropes Réunis.
1er juin 1935 : Mario Roustan.
4 juin 1936 : Jean Zay, député du Loiret, membre de la loge d'Orléans Étienne-Dolet.

23 juin 1937 : Jean Zay.
19 janvier 1938 : Jean Zay.
13 mars 1938 : Jean Zay.
10 avril 1938 : Jean Zay.
25 avril 1938 : Jean Zay.
2 juillet 1950 : André Morice.
11 août 1951 : André Marie.
20 janvier 1952 : André Marie.
8 mars 1952 : André Marie.
8 janvier 1953 : André Marie.
28 juin 1953 : André Marie.

Annexe VIII

MINISTRES ET SECRÉTAIRES D'ÉTAT DES COLONIES ET DE LA FRANCE D'OUTRE-MER FRANCS-MAÇONS

14 décembre 1881 : Maurice Rouvier. Félix Faure (sous-secrétaire d'État).
21 janvier 1883 : Félix Faure (sous-secrétaire d'État).
27 janvier 1883 : de Mahy.
30 mai 1887 : Eugène Étienne (sous-secrétaire d'État).
12 décembre 1887 : de Mahy. Félix Faure (sous-secrétaire d'État).
22 février 1889 : Tirard. Eugène Étienne (sous-secrétaire d'État).
17 mars 1890 : Eugène Étienne (sous-secrétaire d'État).
27 février 1892 : Burdeau.
11 janvier 1893 : Théophile Delcassé (sous-secrétaire d'État).
4 avril 1893 : Théophile Delcassé (sous-secrétaire d'État).
30 mai 1894 : Théophile Delcassé.
1er juillet 1894 : Théophile Delcassé.
26 janvier 1895 : Émile Chautemps.
1er novembre 1895 : Paul Guieysse.
29 avril 1896 : André Lebon.
7 juin 1902 : Gaston Doumergue.
12 janvier 1913 : René Besnard.
18 février 1913 : Morel.
22 mars 1913 : Morel.
26 août 1914 : Gaston Doumergue.
29 octobre 1915 : Gaston Doumergue.
12 septembre 1917 : René Besnard.
17 avril 1925 : A. Hesse.

29 octobre 1925 : Léon Perrier.
29 novembre 1925 : Léon Perrier.
9 mars 1926 : Léon Perrier.
23 juin 1926 : Léon Perrier.
23 juillet 1926 : Léon Perrier.
3 novembre 1929 : Alcide Delmont (sous-secrétaire d'État).
21 février 1930 : Léon Archimbaud.
2 mars 1930 : Alcide Delmont (sous-secrétaire d'État).
14 décembre 1930 : Théodore Steeg. Auguste Brunet (sous-secrétaire d'État).
27 janvier 1931 : Blaise Diagne (sous-secrétaire d'État).
14 janvier 1932 : Blaise Diagne (sous-secrétaire d'État).
4 juin 1932 : Gratien Candace (sous-secrétaire d'État).
19 décembre 1932 : Gratien Candace (sous-secrétaire d'État).
27 octobre 1933 : Auguste Brunet (sous-secrétaire d'État).
27 novembre 1933 : Dalimier.
23 juin 1937 : Gaston Monnerville (sous-secrétaire d'État).
19 janvier 1938 : Steeg. Gaston Monnerville (sous-secrétaire d'État).
26 janvier 1946 : Marius Moutet.
24 juin 1946 : Marius Moutet.
16 décembre 1946 : Marius Moutet.
22 janvier 1947 : Marius Moutet.
10 janvier 1953 : Henri Caillavet (secrétaire d'État).
13 juin 1957 : Gérard Jaquet.
6 novembre 1957 : Gérard Jaquet.

ANNEXE IX

EXPRESSIONS MAÇONNIQUES

ATELIER : Groupe de francs-maçons travaillant en communauté ; cellule de base de la franc-maçonnerie. Synonyme : Loge.

CONSEIL DE L'ORDRE : Assemblée permanente de 33 francs-maçons élus, chargée de l'administration du Grand Orient de France. Détient le pouvoir exécutif. Centre naturel des informations, et organisme de consultation et d'avis, en rapports constants avec les ateliers. A la Grande Loge de France, un organisme identique porte le nom de Conseil fédéral.

CONVENT : Assemblée générale annuelle des délégués des ateliers. Détient le pouvoir législatif.

GRADES : Étapes de l'éducation maçonnique. On y accède par une initiation. Les trois grades de base sont : apprenti, compagnon et maître.
INITIATION : Cérémonie au cours de laquelle sont révélés les symboles maçonniques correspondant à chaque grade.
LOGE : Synonyme d'atelier. Chaque loge porte un titre distinctif. (Ex. : la loge « La Vérité ».)
OBÉDIENCE : Fédération de loges acceptant une même autorité.
OFFICIERS : Francs-maçons maîtres, élus annuellement, exerçant des fonctions au sein d'un atelier. On en compte au moins dix par atelier.
ORDRE : Ensemble de la franc-maçonnerie universelle.
ORIENT : Le siège maçonnique d'une ville donnée. (Ex. : la loge « La Vérité », Or ∴ de Paris = le temple de cette loge, à Paris.)
OUTILS MAÇONNIQUES : Instruments symboliques du travail maçonnique. Les plus connus sont l'équerre et le compas.
PLANCHE : Lettre ou tout autre document écrit de caractère maçonnique.
PROFANE : Personne non initiée. Adjectif s'appliquant à tout ce qui est extérieur à la franc-maçonnerie. (Ex. : « monde profane ».)
RITE : Ensemble de règles fixant le déroulement et les formes du travail en loge.
TENUE : Réunion de travail d'un atelier.
VÉNÉRABLE : Président d'un atelier.

BIBLIOGRAPHIE

AGULHON (Maurice) : *Pénitents et francs-maçons de l'ancienne Provence* (Paris, Fayard, 1968).

ALLAIN-TARGÉ : *La République sous l'Empire. Lettres 1864-1870* (Paris, Grasset, 1939).

ALQUIER : *La Franc-Maçonnerie castraise, de 1774 à 1914* (Mazamet, 1938).

ALQUIER : *Le Président Émile Combes* (Castres, 1962).

AMIABLE (Louis) : *Une loge maçonnique d'avant 1789 : la Révérende Loge Les Neuf Sœurs.*

AMIABLE et COLFAVRU : *La Franc-Maçonnerie vue sous le second Empire* (La Chaîne d'Union, 1938-1939).

Les Authentiques Fils de la Lumière (Paris, Éditions de la Colombe) sans nom d'auteur.

F. BALDENSPERGER : *Le Mouvement des idées dans l'émigration française 1789-1815* (Paris, Plon, 1924).

E. BARBIER : *Les Infiltrations maçonniques dans l'Église* (Paris, 1910).

BARRAL (Pierre) : *Les Fondateurs de la Troisième République* (Paris, A. Colin, 1968).

BARRUEL (Augustin) : *Mémoires pour servir à l'histoire du jacobinisme* (Hambourg, R. Fauche, 1798-1799).

BAYLOT (Jean) : *Un siècle de travail maçonnique : Les Amis de l'Humanité, Orient de Montrouge* (Paris, 1947).

BERNARDIN (Ch.) : *Notes pour servir à l'histoire de la franc-maçonnerie à Nancy jusqu'en 1805,* précédées d'un *Précis historique du Grand Orient de France* jusqu'à la même époque (Nancy, Imprimerie de L. Bertrand, 1909).

BESUCHET : *Précis historique de l'Ordre de la franc-maçonnerie* (Paris, 1829).

R.P. BERTELOOT : *Les Francs-Maçons devant l'histoire.*

BIDEGAIN (J.) : *Le Grand Orient de France, ses doctrines et ses actes* (Paris, Librairie antisémite, 1905).

BIDEGAIN (J.) : *Masques et visages maçonniques* (Paris, Librairie antisémite, 1909).
BLANC (Louis) : *Histoire de Dix Ans.*
BLOCH (Roger) : *Histoire du Parti radical-socialiste. Des radicaux d'hier aux démocrates socialistes de demain* (Paris, Librairie générale de droit et de jurisprudence, 1968).
BONNEFOUS (Georges et Édouard) : *Histoire politique de la Troisième République* (Paris, P.U.F., 1956-1967), 7 volumes.
BONNEVILLE (Nicolas de) : *Les Jésuites chassés de la maçonnerie et leur poignard brisé par les maçons* (Londres, J.C. Robinson, 1788), 2 volumes.
BORD (Gustave) : *La Franc-Maçonnerie en France, des origines à 1815* (Paris, Nouvelle librairie nationale, 1909).
BOSSU (Jean) : *La Franc-Maçonnerie ancienne en Côte-d'Or* (Les Lettres mensuelles, n° 6).
BOSSU (Jean) : *La Franc-Maçonnerie ancienne en Haute-Saône* (Les Lettres mensuelles, juin 1954).
BOSSU (Jean) : *Quelques francs-maçons vosgiens d'autrefois* (Épinal, Imprimerie coopérative, 1960).
BOURNAND : *Histoire de la franc-maçonnerie* (Paris, Daragon, 1905).
BOUBÉE : *Souvenirs maçonniques* (Paris, 1866).
BOUTON (André) : *Les Luttes ardentes des francs-maçons manceaux pour l'établissement de la République* (Le Mans, Imprimerie Monnoyer, 1966).
BOUTON (André) : *Les Francs-Maçons manceaux et la Révolution française* (Le Mans, Imprimerie Monnoyer, 1958).
BOUTON (André) et LEPAGE (Marius) : *Histoire de la franc-maçonnerie dans la Mayenne.*
BOYAU (Rémi) : *Histoire de la Fédération française de l'Ordre maçonnique mixte international Le Droit Humain* (Bordeaux, Imprimerie Jarlet, 1962).
Bulletin du Centre de Documentation du Grand Orient de France.
Cahiers de la Grande Loge de France.
CAILLE (A.) : *Napoléon Ier, à propos de la franc-maçonnerie, une réponse* (Fontenay, Imprimerie Gourand, 1886).
La Chaîne d'Union (revue).
CHAMPVILLE (G. Fabius de) : *Le Comité exécutif du parti républicain radical et radical-socialiste de 1897 à 1907* (Paris, F. Delaunay, 1908).
CHARPENTIER (A.) : *Le Parti radical et radical-socialiste à travers ses congrès* (Paris, M. Giard et E. Brière, 1913).
CHEVALLIER (Pierre) : *Les Ducs sous l'Acacia, ou les premiers pas de la franc-maçonnerie française* (Paris, Librairie Philosophique J. Vrin, 1968).
CHEVALLIER (Pierre) : *La Première profanation du temple maçonnique, ou Louis XV et la fraternité* (Paris, Librairie Philosophique J. Vrin, 1968).
CHEVALLIER (Pierre) : *Histoire de la franc-maçonnerie française* (Paris, Fayard), 3 volumes.
CHEVRIER (Félix) : *Mirabeau était-il franc-maçon ?* (Les lettres mensuelles, 15 novembre 1953).
CHEVRIER (Félix) et ALESSANDRI (Antoine) : *La Vie hermétique de Marseille.*

Claver (F.T.B.) : *Histoire pittoresque de la franc-maçonnerie et des sociétés secrètes anciennes et modernes* (Paris, Pagnerre, 1843).
Clavel (F.T.B.) : *Almanach pittoresque de la franc-maçonnerie* (Paris, Pagnerre, 1844-1848).
Chastenet (Jacques) : *Histoire de la Troisième République* (Paris, Hachette).
Cochin (Augustin) : *Les Sociétés de pensée et la Révolution en Bretagne.*
Coen (Antonio) et Dumesnil de Gramont (Michel) : *La Franc-Maçonnerie écossaise.*
Colinon (Maurice) : *L'Église en face de la franc-maçonnerie.*
Combes (Émile) : *Mon ministère. Mémoires 1902-1905* (Paris, 1956).
Comeau (baron) : *Souvenirs des guerres d'Allemagne pendant la Révolution et l'Empire* (Paris, Plon, 1900).
Coston (Henry) : *Quand la franc-maçonnerie gouvernait la France* (Paris, C.A.D., 1941).
Coston (Henry) : *La Franc-Maçonnerie sous la Troisième République* (Paris, C.A.D., 1942).
Coston (Henry) : *La République du Grand Orient* (Paris, Lectures françaises, 1976).
Collaveri (François) : *La Franc-Maçonnerie des Bonaparte* (Paris, Payot, 1982).
Coutura (J.) : *La Franc-Maçonnerie à Bordeaux,* XVIIIe *et* XIXe *siècles* (Marseille, Éditions Jeanne Laffitte, 1978).
Le Crapouillot (numéros spéciaux).
Des Étangs (N.C.J.) : *Œuvres maçonniques* (Paris, Berlandier, 1848).
Deschamps (Nicolas) : *Les Sociétés secrètes et la Société ou philosophie de l'Histoire contemporaine* (Paris, 1880).
Faucher (Jean-André) : *La Véritable Histoire de la Commune* (Paris, Éditions Atlantic, 1960), 3 volumes.
Faucher (Jean-André) : *Histoire de la Grande Loge de France* (Paris, Éditions Albatros, 1981).
Faucher (Jean-André) : *Dictionnaire maçonnique* (Paris, Éditions Jean Picolec, 1981).
Faucher (Jean-André) et Ricker (Achille) : *Histoire de la franc-maçonnerie en France* (Paris, Nouvelles Éditions latines, 1968).
Faucher (Jean-André) et Ricker (Achille) : *La Franc-Maçonnerie, vous connaissez ?* (Paris, Nouvelles Éditions latines, 1978).
Faucher (Jean-Claude) : *Histoire des francs-maçons dans le département des Deux-Sèvres (1738-1945)* (Poitiers, Brissaud, 1977).
Faucher (Jean-Claude) : *Histoire de la franc-maçonnerie et des sociétés secrètes dans le département de la Vienne (1750-1943)* (Poitiers, Brissaud, 1982).
Faÿ (Bernard) : *La Franc-Maçonnerie et la Révolution intellectuelle au XVIIIe siècle* (Paris, Éditions de Cluny, 1935).
Feneant (Jacques) : *Histoire de la franc-maçonnerie en Touraine* (Tours, C.L.D., 1981).
Feuillette (R.-C.) : *Précis de l'histoire du Grand Orient de France* (Paris, Imprimerie nouvelle, 1928).

FILLEUL (Paul) : *Le duc de Montmorency-Luxembourg, fondateur du Grand Orient* (Bruges, Desclée de Brouwer, 1939).
FINDEL (J.-C.) : *Histoire de la franc-maçonnerie* (Paris, Librairie Internationale, 1866), 2 volumes.
FOURNIER (M.) : *Le Parti radical de 1906 à 1914* (Paris, 1949).
FRANCEZ (J.) : *La Loge La Paix à l'Orient de Tarbes.*
FLAHAUT (Charles de) : *Les Francs-Maçons fossoyeurs du premier Empire* (Paris, 1943).
GAIGNEUX (Georges) : *La Franc-Maçonnerie du Morbihan.*
GOGUEL (F.) et DUPEUX (G.) : *Sociologie électorale* (Paris, A. Colin, 1951).
GRÉGOIRE (Joseph) : *Histoire régionale de la franc-maçonnerie* (Paris, Gédalge, 1971).
GUICHARD (Alain) : *Les Francs-Maçons* (Paris, Grasset, 1969).
HAMBURGER (M.) : *Léon Bourgeois* (Paris, 1931).
HASTIER (Louis) : *La Vérité sur l'affaire du collier* (Paris, 1955).
Historia, hors série n° 30 : « Les francs-maçons ».
Humanisme (revue).
HUTIN (Serge) : *Les Sociétés secrètes* (Paris, 1963).
HUARD (G.) : *L'Art royal. Essai sur l'histoire de la franc-maçonnerie* (Paris, M. Giard, 1930).
JOLY (Alice) : *Un mystique lyonnais et les mystères de la franc-maçonnerie, 1730-1824* (Mâcon, 1938).
JOUAUST : *Histoire du Grand Orient de France* (Rennes et Paris, 1865).
JANET (Claudio) : *Les Sociétés secrètes* (Paris, 1878).
JOUHAUD (Léon) : *Pages d'histoire vécues* (Limoges, Desvilles, 1947).
JULES (Ch.-F.) : *Les Premières Loges maçonniques en Alsace au XVIIIe siècle.*
JUVANON (A.) : *Quelques pages d'histoire maçonnique. Vers la Lumière* (Paris, 1926).
KEYSER (J.) : *L'Affaire Dreyfus* (Paris, 1946).
KAYSER (J.) : *Les Grandes Batailles du radicalisme* (Paris, M. Rivière et Cie, 1961).
KAYSER (J.) : *La Presse de province sous la Troisième République* (Revue française de science politique, 1955).
KAYSER (J.) : *Souvenirs d'un militant, 1934-1939* (Cahiers de la République, 1958).
LADRET (Albert) : *Le Grand Siècle de la franc-maçonnerie* (Paris, Dervy, 1976).
LALANDE (Jean) : *Mémoire historique sur la maçonnerie* (Paris, 1746).
LAMARQUE (Pierre) : *Les Francs-Maçons aux États généraux de 1789 et à l'Assemblée nationale* (Paris, Édimaf, 1981).
LAMETH (Théodore de) : *Mémoires* (Paris, Welvert, 1913).
LANTOINE (Albert) : *La Franc-Maçonnerie dans l'État* (Paris. E. Nourry, 1935).
LARUDAN (abbé) : *Les Francs-Maçons écrasés* (Paris, 1746).
LATREILLE (A.) : *L'Église catholique et la Révolution* (Paris, 1947).
LEBEY (André) : *Le Socialisme et la franc-maçonnerie* (Paris, Rivière, 1910).

LE BIHAN (Alain) : *Francs-Maçons parisiens du Grand Orient de France, fin du XVIIIe siècle* (Paris, Bibliothèque nationale, 1966).
LE BIHAN (Alain) : *Francs-Maçons et ateliers parisiens de la Grande Loge de France au XVIIIe siècle* (Paris, Bibliothèque nationale, 1973).
Lectures françaises (revue).
LE FORESTIER (René) : *Les Illuminés de Bavière.*
LEMAÎTRE (E.) : *La Franc-Maçonnerie à Pau au XVIIIe siècle* (Pau, 1922).
LEPAGE (Marius) : *L'Ordre et les obédiences. Histoire et doctrine de la franc-maçonnerie* (Lyon, Derain, 1956).
LESUEUR (E.) : *La Franc-Maçonnerie artésienne au XVIIIe siècle.*
Les Lettres M. (publication).
LEVASSEUR (Arthur) : *Le Rôle historique de la franc-maçonnerie dans la Révolution de 1789.*
LIBREC (Henri) : *La Franc-Maçonnerie dans la Loire-Inférieure, 1714-1948* (Nantes, S.N.E.P., 1948).
LIGOU (Daniel) : *Frédéric Desmons et la franc-maçonnerie sous la Troisième République* (Paris, Gédalge, 1966).
LIGOU (Daniel) : *Histoire des francs-maçons français* (Paris, Privat, 1981).
LOMBARD DE LANGRES : *Histoire des sociétés secrètes de l'armée et des conspirations militaires qui ont eu pour objet la destruction du gouvernement de Bonaparte* (Paris, 1815).
LORULOT (André) : *La Franc-Maçonnerie et la Guerre* (Paris, 1923).
LUQUET (G.-H.) : *La Franc-Maçonnerie et l'État en France au XVIIIe siècle* (Paris, Éditions Vitiano, 1963).
LOYAU D'ALLERAY (Yves) : *Histoire de la franc-maçonnerie en Eure-et-Loir* (Chartres, Imprimerie du Petit Beauceron).
MARCY (H.-F.) : *Essai sur l'origine de la franc-maçonnerie et l'histoire du Grand Orient de France* (Paris, Édition du Foyer philosophique, 1956).
MARIEL (Pierre) sous la direction de : *Dictionnaire des sociétés secrètes en Occident* (Paris, 1971).
MARTIN (Gaston) : *Manuel d'histoire de la franc-maçonnerie française* (Paris, Presses universitaires de France, 1929).
MARTIN (Gaston) : *La Franc-Maçonnerie française et la préparation de la Révolution* (Paris, Presses universitaires de France, 1926).
MATHIEZ (A.) : *Chaumette franc-maçon. La Révolution française* (1902).
MAURICE (Gaston) : *Le Parti radical* (Paris, Rivière, 1929).
MELLOR (Alec) : *Nos frères séparés, les francs-maçons* (Paris, Mame, 1961).
MELLOR (Alec) : *La Franc-Maçonnerie à l'heure du choix* (Paris, Mame, 1963).
MELLOR (Alec) : *Dictionnaire de la franc-maçonnerie et des francs-maçons* (Paris, 1972).
MELLOR (Alec) : *Catholicisme d'aujourd'hui et sociétés secrètes* (Paris, 1968).
MELLOR (Alec) : *La Charte inconnue de la franc-maçonnerie chrétienne* (Tours, 1965).
MONDUC (Guy) : *Essai sur l'origine et l'histoire de la franc-maçonnerie en Guadeloupe* (Paris; 1985).

MILHAUD (Albert) : *Histoire du radicalisme* (Paris, Société d'éditions française et internationale, 1951).
MITTERRAND (Jacques) : *La Politique des francs-maçons* (Paris, 1973).
MITTLER (Eugène) : *La Question des rapports entre le socialisme, le syndicalisme et la franc-maçonnerie* (Paris, L'Universala, 1911).
MOLLIN (capitaine) : *La Vérité sur l'affaire des fiches* (Paris, 1905).
MOREAU (César) : *Précis de la franc-maçonnerie, son origine, son histoire, ses doctrines* (Paris, 1856).
MORVAN (Jean) : *Le Soldat impérial (1800-1814)* (Paris, Plon, 1904).
MOUNIER (J.-J.) : *De l'influence attribuée aux philosophes, aux francs-maçons et aux illuminés sur la Révolution en France* (Tübingen, 1811).
NAUDON (Paul) : *La Franc-Maçonnerie* (Paris, Presses universitaires, 1963).
NORDMANN (Jean-Thomas) : *Histoire des radicaux, 1820-1973* (Paris, La Table Ronde, 1974).
PAINE (Thomas) : *De l'origine de la franc-maçonnerie* (Paris, 1812).
PALÉOLOGUE (Maurice) : *Journal de l'affaire Dreyfus, 1894-1899* (Paris, Plon, 1955).
PALOU (J.) : *La Franc-Maçonnerie* (Paris, Payot, 1964).
PÉRAU (abbé) : *L'Ordre des francs-maçons trahi et le secret révélé* (Avignon, Albert Joly, 1744).
PETER (Émile) : *L'Égalité sociale, ou les jésuites et les francs-maçons dans le gouvernement des peuples depuis leur origine jusqu'à nos jours* (Paris, Bibliothèque littéraire internationale, 1893).
PEYREFITTE (Roger) : *Les Fils de la lumière* (Paris, Flammarion, 1961).
PHILIPPOT (Théodore) : *Notice sur la maçonnerie de l'île de Ré* (La Rochelle, Imprimerie Noël Texier, 1896).
Points de vue initiatiques (revue).
PRESSAC (Pierre de) : *Les Forces historiques de la France* (Paris, Hachette, 1928).
PRIOURET (Roger) : *La Franc-Maçonnerie sous les lys* (Paris, Grasset, 1953).
REBOLD (E.) : *Histoire des trois Grandes Loges de francs-maçons* (Paris, Collignon, 1864).
Recueil des actes du Suprême Conseil de France de 1806 à 1830 (Paris, Setier, 1832).
Revue internationale des sociétés secrètes.
ROBINSON : *Preuves de conspirations contre toutes les religions et tous les gouvernements* (Londres, 1798), 2 volumes.
ROMAINS (Jules) : *Les Hommes de bonne volonté,* VII : *Recherche d'une Église* (Paris, Flammarion, 1934).
ROSSIGNOL (Gilles) : *Le Parti radical-socialiste dans le département de l'Eure, 1919-1940* (Paris, 1965).
ROSTAING (Léon) : *Les Anciennes Loges maçonniques d'Annonay et les clubs, 1766-1815.*
RUAULT (Eugène) : *Histoire des loges bretonnes de 1774 à 1850* (La Chaîne d'Union).
RUBY (Marcel) : *La Vie et l'Œuvre de Jean Zay* (Paris, Gédalge, 1969).
SÉGUR (Mgr L.G. de) : *Les Francs-Maçons* (Paris, Tolra et Haton, 1887).

SIMON (François) : *La Franc-Maçonnerie en Anjou pendant la Révolution de 1848.*
Le Symbolisme (revue).
SOBOUL (Albert) : *Mouvement populaire et gouvernement révolutionnaire en l'an II, 1793-1794* (Paris, Flammarion, 1973).
SUAREZ (Georges) : *Les Heures héroïques du Cartel* (Paris, Grasset, 1934).
THIBAUDET (Albert) : *La République des professeurs* (Paris, Grasset, 1927).
THOMAS (abbé) : *Les Origines d'une loge maçonnique de Dijon.*
THORY : *Histoire de la fondation du Grand Orient de France* (Paris, 1812).
TUDESQ (André-Jean) : *La Démocratie en France depuis 1815* (Paris, P.U.F., 1971).
VACHERON (E.) : *Éphémérides des loges maçonniques de Lyon* (Lyon, Imprimerie Besson et Parrellon, 1875).
VERMALE (F.) : *La Franc-maçonnerie savoisienne.*
VERRIER (René) : *La Mère Loge Écossaise en France à l'Orient de Marseille.*
VERRIER (René) : *Mirabeau franc-maçon.*
VINATREL (Guy) : *Communisme et franc-maçonnerie* (Paris, Les presses continentales, 1961).
WEILL (Georges) : *Histoire du Parti républicain en France, de 1814 à 1870* (Paris, Alcan, 1900).
WERTH (Alexandre) : *Le Mouvement « Jeunes Turcs », phénomène radical d'entre les deux guerres* (Paris, Les Cahiers de la République, 1956).
ZELLER (André) : *Soldats perdus, des armées de Napoléon aux garnisons de Louis XVIII* (Paris, Librairie Académique Perrin, 1977).
ZELLER (Fred) : *Trois points, c'est tout* (Paris, Robert Laffont, 1976).

INDEX

A

B

D

E

F

G

K

L

M

Q

R

S

W

Z

TABLE DES MATIÈRES

Achevé d'imprimer le 13 mars 1986
sur presse CAMERON,
dans les ateliers de la S.E.P.C.
à Saint-Amand-Montrond (Cher)

Dépôt légal : mars 1986
N° d'Éditeur : 727. N° d'Impression : 487.